PATHS OF WISDOM

生命之樹卡巴拉

西方神祕學的魔法根本

A Guide to the Magical Cabala

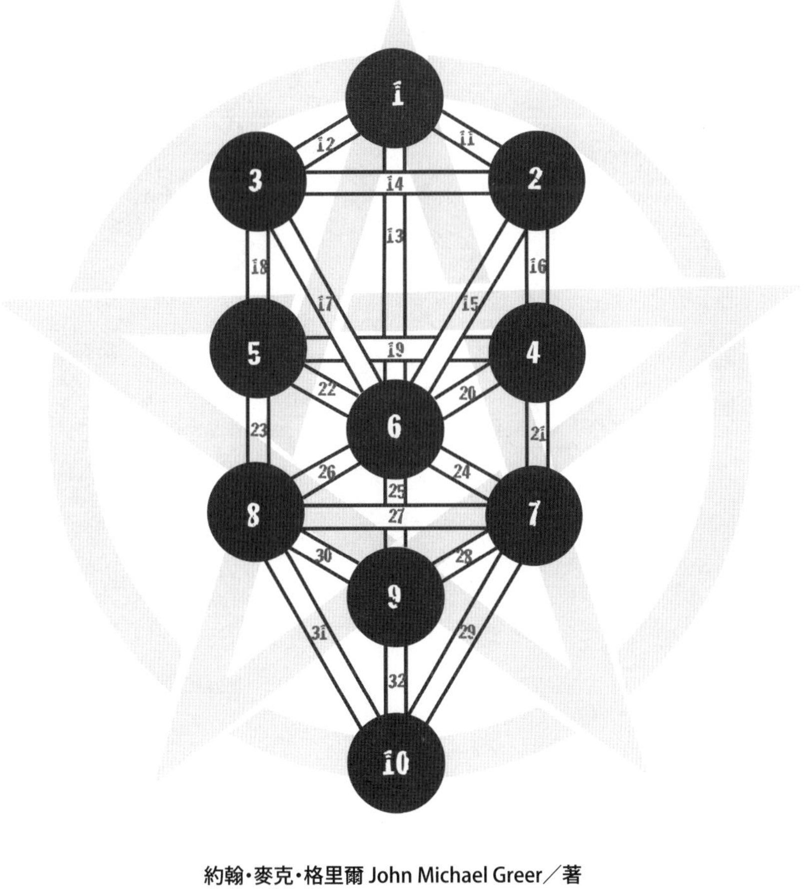

約翰·麥克·格里爾 John Michael Greer／著
蕭漢婷／譯

目錄

【插圖索引】

【前言】

黃金黎明傳統中的卡巴拉

曾經有一段時間，其實就在還不那麼久遠之前，對當時大部分人來說，西方世界現下的魔法復興活動似乎是完全不可想像的。由於物質科學與科技的主導力量，西方的祕傳學傳統被完全排除在視線之外，只有在某些鮮爲人知的地下魔法結社中才得以被保存下來；而一般的外行人，不僅對這些事情完全不瞭解，通常也毫不在乎。在一些「將概念形塑後加以行銷」的活動場所，諸如大學院校、教堂、媒體、以及範疇更廣的大眾意見中，「魔法」總被視爲某種只有原始部落、不識字的鄉巴佬和瘋子才會做的事情，也就是某種文明時代的人們早已不再需要的愚行。

時代不斷在變。三百年來在科技上的突飛猛進，已經太過清楚地向我們展現了科學許下的承諾的另一面——原本應該「以理性施行科學性計畫與行動」的那個文化，現在居然快要製造出一個更適於機器生存、而非人類生存的世界；在這個世界中，數字是唯一的現實，效率是僅剩的價值。爲了作出回應，越來越多人開始去尋找一種不那麼失衡、也更加人性化的生活方式，或者嘗試各種新舊方式，爲的是要以一種更能深入滿足的方式來與世界相遇。有些人轉向東方傳統、或是去學習逐漸消失中的部落智慧，也有一些人進入全新的方向；此外還有一群數目不斷增加的人，正在開始重新發現西方世界自身的古老智慧傳承。

本書所談的，就是眾多西方智慧傳承中的其中一種型態——這是一個具有理論、經驗與實修的系統，目的是讓我們對自己以及我們的世界擁有更深刻的理解。那個型態、或是系統，稱爲「魔法卡巴拉」；更精確的說是，魔法卡巴拉的黃金黎明傳承。

對於當今大部分人來說，這些並非家喻戶曉的名字，但卻值得我們花一點時間來解釋它們的意義。那麼，卡巴拉究竟是什麼？它到底是否具有魔法？黃金黎明傳承又是什麼？或者說，它過去曾是什麼？並且，這一切之中最重要的一點或許是：在這個時代，「傳承」這個麻煩的詞到底是什麼意思？它爲何具備了某種重要性？

卡巴拉的起源

「卡巴拉」（Cabala）這個字——也可以拼爲Kabbalah或Qabalah，或者其他任何五、六種英文拼寫方式——是來自於希伯來文，קבלה，QBLH，「口傳」（口頭傳授的傳統）。一開始，卡巴拉是猶太教的一個神祕分支，是一種對於猶太的「崇敬與生活等傳統」的詮釋方式，它超越了僅只是對外在律法與儀式的遵從，而從事物的精神層面去尋求直接的個人經驗。猶太傳承的卡巴拉所關注的重點，到現在都還一樣，是根據特殊而神祕的意涵去解釋猶太經典典籍，且其修行也與一般的猶太宗教生活緊密交織在一起。

卡巴拉的起源，至今仍無法確定。第一份確切的卡巴拉文獻始於一一五〇年。但每個人都知道，若要用書寫文獻去鎖定某個口傳系統的源頭，有如登天一般困難！關於卡巴拉法教的源頭，不論說其源頭主要是來自於古老的猶太神祕學法教、或是也來自於猶太教以外的源頭，這些說法又是另一個持續在爭辯中的議題。對於這一點，卡巴拉的書寫文獻無法多給予指示。根據許多這些闡釋源頭的內容，卡巴拉最早是起源自「伊甸園」，在那裡，天使們將卡巴拉的內容揭示給亞當。

然而，隨著卡巴拉的歷史演進，許多興趣遠超出正統猶太教範圍的人，開始注意到了這門知識。當時的文藝復興不僅促成了許多事物的重生，也見證了魔法這門「形塑人類覺知與經驗之隱藏面」的傳統技藝的主要復興。中古世紀所流傳下來的魔法傳承，被當時最優異傑出的心靈所學習，他們將魔法跟許多從古老世界被重新發現的智慧法教做比較。對這一群文藝復興的新生代魔法師來說，這些魔法練習的方法具有高度潛能，遠超過一般人所理解的魔法：他們將魔法視為是一種個人與集體的轉化方式，而這個經驗能使深刻的精神經驗向個人意識開啓。

文藝復興的魔法師，在追尋古老知識的早期階段就知道了卡巴拉的存在，並且發現卡巴拉思想中的許多核心概念都可以用來與魔法練習做結合，形成一個強大的新合成體。在最終的融合中，還有許多來自其他源頭能兼容運行的材料：古希臘赫密特祕密協會與新柏拉圖主義哲學、畢達哥拉斯的神祕數字學、煉金術傳承，以及基督教一系列較為壓迫的面向——從古老的諾斯替教派到文藝復興較晚期的極端神學系統。在經過許多世紀的演進之後，終於成就了「魔法卡巴拉」這個結合哲學思想與修行練習的系統，且這個系統將成為從文藝復興時期以降到當代大部分西方魔法法教的基石。

黃金黎明傳承的起源

十九世紀末，許多這些法教，連同一長串數目驚人、零星瑣碎的消失古老知識，被一個由幾位英國魔法師所組成的團體，全數集結起來，這個團體名為「黃金黎明赫密特派修會」（The Hermetic Order of the Golden Dawn）。就如同卡巴拉本身，黃金黎明傳承本身的起源也相當隱晦，其所自稱的起源是一則哥德式的故事，其中包含了一份以密碼編寫而成的神祕手稿，以及一位難以追蹤的德國籍「達人」（adept）等級的神祕入會者，這其中還借用了許多當時玄祕小說中的一些陳腔濫調。但其實黃金黎明傳承真正的起源，似乎是來自於以下兩人的傑作：威廉．偉恩．威斯考特（William Wynn Westcott）與塞繆爾．馬瑟斯（Samuel Mathers），這兩個人都是共濟會成員，也都是對神祕學內容的研究與合成具有獨到訣竅的專業魔法師，他們打造了黃金黎明協會法教的基本架構，並且吸引了一群極具天分的男男女女加入團體。

雖然如此，姑且不論其背景究竟爲何，猶如指路燈塔般的黃金黎明協會所策畫出來的魔法與神祕學系統，不論在規模、複雜度或力量上，都是世界上數一數二的祕傳學法教之一。其中一個評量基準就在於其內容龐大的數量。作爲一個黃金黎明傳承的達人，當他將協會文件中所定下的完整課表全部學習完畢時，他便已幾乎研讀並練習過了西方世界中爲人所知的所有一切玄學知識的分支——從卡巴拉與煉金術理論的基礎開始，接著進入儀式魔法、神通能力、占星學、地占術、塔羅占卜術、實用煉金術、護身符的設計與填充，以及更多其他的等等。所有這些學習都奠基於魔法卡巴拉的法教之上，並以一個和諧的理論與實踐架構連結起來。當入會成員隨著協會中的各種等級與階級持續進展，這些內容將會一步步地教給他們。

後來，原本的黃金黎明赫密特派修會內部發生一連多次災難性的嚴重分歧，由於組織架構過於脆弱，無法處理庸常人類的不端行爲，該組織於一九〇〇年首度分裂後便徹底瓦解。從其灰燼中，有許多承接的神祕學結社後續崛起，有些協會仍然沿用起初的組織所定下的相同課程大綱，其他協會則往新的方向出發。漸漸地，許多曾經被視爲重大祕密的法教開始被出版，其中最著名的是以色拉．雷葛迪（Israel Regardie）針對黃金黎明協會的文件所出版的巨集，名爲《黃金黎明》（*The Golden Dawn*）。這些出版品，連同其他主要的承接結社，如蒂昂．芙泉（Dion Fortune）的「內在光明會」（Fraternity of the Inner Light），以及保羅．佛斯特．凱斯（Paul Foster Case）的「內殿建造者會」（Builders of the Adytum），共同協力，使得黃金黎明所設計的魔法系統成爲當今西方世界所有魔法傳承中，或許是最廣爲人知的一個。

然而，現在當人們說到「傳承」或「傳統」時，總是會引來大量的困惑與不解。這個詞時不時地就會被人用來作爲「系統」、或甚至是「風格」的同義詞，有時還被刻意製造成一種行銷手法：「某某與某某的傳承」，聽起來比「這是我上星期四剛想出來的新點子」更加重要且高尚，特別當後者可能才是較正確的描述時。黃金黎明傳承確實是一種系統，並且從某些方面來說，它也定義了一種風格；但同時，在某些極爲重要的面向上，它又遠遠超越這一切。

「傳承」的英文字tradition，最初是來自於拉丁字根trans，意思是「對面」，以及dare，意思是「給予」；因此，tradition的意思代表「從對面被給予的事物」，或者是如我們所說的「被傳下來的事物」。不論是拉丁文或英文，這兩個字的核心意義都是關於：「傳承」是某件在眾人當中被交接或傳下來的事物。它不是某人的創造物，而是集體的產物，並且通常是在一段長時間的過程中發展出來的。

現代社會中有一種慣性思維，經常嚴厲而粗暴的對待「傳承」這類事物；我們總是認爲，唯有原創與新穎的事物才有價值，有時甚至將任何其他元素都排除在外。在魔法領域，也如同在其他地方，如此這般的態度所造成的結果是，人們花費大量的時間進行那些多此一舉的事，就好像重新發明車輪一樣；並且還有好些個系統，將當前的文化偏見視爲有如宇宙眞理一般。更細微的來說，單一個人所創造的思想體系，幾乎必定會同等的承擔到那個人的優點與缺點、不平衡與盲點。在一個目的是「促進個人成長」的魔法哲學與練習的系統中，這一點可能會冒著「將問題強化而非解決」的風險，而成爲一個嚴重的過失。

要迴避這種種困難，其中一個方法就是採用傳承的方式。一個具有傳承的系統，依照我們剛剛探索過的字義來說，是多年來經過許多人手腦並用、集體工作的結果，而其中的不平衡幾乎不可能只是與「任何一位特定學生或時代」的問題相符。若能夠明智的（相對於以僵化無彈性、或是不加思索的方式）去跟隨一個系統，將能對那有時困難、有時危險、且永遠無法被預期的內在轉化之道，提供一個更加平衡且健全的架構。

如何使用本書

黃金黎明傳承的精髓，也就是修行工作中一切錯綜複雜事物所盤繞的核心處，便是關於如何學習這個我稱之爲「魔法卡巴拉」的理論與實修系統。本書的目的在於提供人們一個進入黃金黎明傳承的卡巴拉系統的方式，不論是從零開始的初學者、想要再精進技能的專業魔法師、或是想要感受卡巴拉富足內涵的另一個系統的達人成員。本書內容可以被獨立研讀與實修，或是與其他魔法相關的書籍做結合；舉凡從廣大的黃金黎明傳承中所得到的任何方法，都可以與本書做有效地結合。

對於初學者來說，學習魔法卡巴拉會是一個極具挑戰性的任務；其中有很多內容要學習，也有一些不尋常的看待世界的方式需要被吸收。在面對學習過程時，至少有兩種方式，分別是傳統的與較不傳統的。

傳統學習的方式

在過去，我們現在所學習的內容曾經是一個祕密傳承，只有在黃金黎明與其後繼協會的分部才能被傳授。當時學生們每次只學習本書所教的理論系統的一部分，並且在大部分情況下，這些學生會在一開始學習卡巴拉時，就持續練習基本儀式和冥想工作。那些想要依此程序學習的讀者，可能會想要跟隨以下指導：

生命之樹的基本理論，亦即魔法卡巴拉的主要圖示，會在第一章與第二章加以解釋。首先要閱讀的就是這兩章，並且要對所述內容獲得十分透澈的瞭解。此處的內容是，讓黃金黎明的卡巴拉整個架構能夠建立於其上的基礎。

修煉（練習或修行）的基本原則會在第十章講述，這應該是下一個閱讀的內容。從許多方面來說，這是本書最重要的章節。

這個系統中的第一組修法是第十一章講述的「小五芒星儀式」（見379頁），以及第十二章講述的「第一階段的冥想」（見391頁）。最好在開始進行練習前就讀過上述的每一章節，因為其中闡述了許多儀式與冥想的基本概念。

這五章的閱讀內容涵蓋了整個系統的精要，並且給了初學者一個機會，能夠立即啓動魔法訓練的實際工作。接下來應該學習本書第一部分的剩餘章節（第三章至第六章），之後則是第二部分（第七章至第九章）的卡巴拉象徵系統。關於魔法練習的其餘部分，也就是第三部分（第十章至第十五章），可以在任何時候閱讀。

直接學習的方式

另一方面，讀者也完全可以直接將本書內容從頭讀到尾。這個方法的好處是，在學習修法之前，就會先認識理論與象徵，而這些正是修法所奠基的基礎。這麼做的缺點則是，要在閱讀了數百頁的內容之後，才能知道魔法修行的第一步——而從一個很眞實的角度來說，修法要比任何數量的理論來得重要。

關於來源與拼法的說明

沒有哪一個版本的魔法卡巴拉，能夠被在黃金黎明傳承下工作的每一個人都接受。看一個現行系統是否仍活躍運作的一個徵兆是，這個系統會不斷的成長以及改變，而成長與改變不可避免地將不同的人帶往不同的方向。結果就是，不論在理論、象徵或修法方面，當中每一個最基本的細節，都會隨著每一位老師、每一本書或每一個學派的不同而有所差異。

《生命之樹卡巴拉》這本書中對於魔法卡巴拉的詮釋方法，是奠基於黃金黎明赫密特派修會所發展出來的內容。然而，黃金黎明的法教，在某些方面就像是大雜燴，在某些方面又自相矛盾，甚至還有一些就是單純的文義錯誤。因此在必要時，我會對某些內容做出改變，並且在適當情況下將這些改變提出來討論。之前參與了以本書手稿爲內容的遠距通信課程的學生們，他們以各自的問題、意見及回應，幫助形塑了這本書的模樣；而另外有幾個人（其中有兩個人是本書所致獻的對象），不論本書擁有什麼樣的優點，他們都扮演著「催生出這些優點」的重要角色。

在此列舉出《生命之樹卡巴拉》這本書中所使用到的其他來源。關於希伯來文字的拼法與意涵，是來自於大衛．古德溫（David Godwin）的《古德溫的卡巴拉百科全書》（*Godwin's Cabalistic Encyclopedia*），天使名字的意涵則是來自於古斯塔夫．大衛森（Gustav Davidson）的《天使大全》（*A Dictionary of Angels*）。在任何一位卡巴拉學者的書架上，都會看見這兩本書。關於另一個較爲棘手的問題，也就是如何詮釋傳統的「智慧的三十二條路徑」中的「路徑文本」，我主要使用了威廉．偉恩．威斯考特的翻譯（這是黃金黎明的慣例），但我同時也參考了已故的拉比．阿葉．卡普藍（Rabbi Aryeh Kaplan）的翻譯。

最後，我想要提一下拼法的議題（如果這是個問題的話）。有人說，在現今的魔法社群中，只要有任三人以相同拼法拼出卡巴拉（Cabala）與魔法（magic）等字，就能組成一個傳承。很多人將各種重要性加諸於這些不同的拼法上，而在使用不同的拼法時，就好像團體發生口角時，手中各自揮舞著自己的戰旗一般。儘管如此，《生命之樹卡巴拉》使用了字典中的標準拼法。這兩個字都是（或者說，曾經是）普遍的英語詞彙，因此這樣的處理方式似乎是恰當的。

第二版後記

對於我近期出版的書，特別是《一個眾神充滿的世界》（*A World Full of Gods*），許多讀者可能會注意到，自從《生命之樹卡巴拉》一書於一九九六年出版以來，我對於某些重要的哲學以及神學主題的見解已經改變了。然而，儘管如此，我決定讓本書保持其原貌，僅只修正了幾個與事實及風格不符之處。本書所呈現的觀點與黃金黎明傳承的主流觀點非常接近，後來我從黃金黎明（那是我獲得自己最初的訓練之處）離開，轉向我現在所跟隨的精神之道，而背離先前的觀點，亦是我這整個轉變的一部分。有許多仍然留在黃金黎明傳承的人告訴我，《生命之樹卡巴拉》這本書在他們進行工作時十分實用。如果之後有任何再版需求的話，就讓這個說法成為本書付印的理由吧！

第一部

魔法卡巴拉的法則

1 卡巴拉系統的核心：生命之樹

剛開始進行「魔法卡巴拉」的學習工作時，其中一個最大的困難在於這個系統多年來所累積的大量內容，這也是人們普遍認爲這個魔法與神祕學系統既複雜又隱晦難懂的原因之一。魔法卡巴拉根源於比自己古老數世紀之久的其他傳承，它是透過許多世代的魔法師、神祕學家以及學者們的努力，才有今日如此豐富的面貌，成爲一個擁有超過四百年歷史且持續成長中的傳承。這段期間，大量的傳統、知識和經驗被集結進來。如同一座古老的森林，四周長滿了矮樹叢，在這一大片茂密的樹叢當中，很容易就會迷失方向，因爲不僅僅是森林本身，就連樹木都被隱藏在視線之外。

然而，在這一切之下，其實是一個極爲單純的基本架構。如同所有神祕哲學最初的誕生那般，此架構也是從「人類在面對內在存在時所產生的經驗、以及試圖去描述這些經驗的種種嘗試」當中所生起的。即便保守來說，這樣的嘗試就已經充滿問題，因爲從現實的角度看，人類的語言——任何人類的語言——只能夠清楚地表達出某些特定的感知經驗。

思考的心智，也就是創造並且使用著語言的「那部分我們」，主要是在處理我們每日所經驗的世界；語言則是從那個世界裡面，也就是從那些大部分人都普遍能感覺到的事物當中，去汲取自己的意義。但是當你試著談論大多數人都沒有感知過的神祕經驗，並且跟別人解釋這神祕之道上的所有奇怪活動與經驗到底是怎麼一回事時，你必須做出嘗試。在此過程中，全世界的神祕學者都會使用象徵符號作爲指向眞理的暗示，因爲其他方式無法表達。

卡巴拉傳承的創始者也使用了相同對策來表達他們的見解。隨著時間推移，他們（就像其他幾個傳承的創始者那般）瞭解到象徵與經驗之間的「連結」，能夠以多於一種以上的方式運作：不僅精神經驗能夠以象徵性的詞彙來溝通，其他人還能藉由使用這些被創造出來的象徵而親身經驗那些事物。有了這樣的理解之後，卡巴拉的資深達人開始去探索某一象徵與另一象徵之間、以及象徵與其所代表事物之間的細微連結。一旦這些都被徹底瞭解並掌握，通往較高層次的人類經驗之隱藏大門便打開了。

象徵與現實的分別

現在，讓我們花一點時間來看一個離我們不遠的物品，比方說，一個杯子。如果你和大多數人一樣，那麼你可能一直以來都認爲你看見的東西「眞的」就在那裡。這個假設在我們的思考模式中是如此地根深柢固，以至於我們大多數人甚至從來不曾瞭解到這是一個假設。

當你看著那個杯子時，試想一下你看到的這個影像究竟是如何形成的。首先，光波撞擊到杯子，而取決於杯子表面的原子結構，有一些波會被吸收，有一些波會被反射、然後往各個方向分散。這當中，有些光波會到達你的眼睛，接著在你的視網膜裡引發一組化學變化。這些變化會激發視神經裡的細胞作爲回應，這些細胞會發出一組電流經過大腦的許多不同部位，最後傳到你後腦上方的區塊，接著透過一個尚未有人瞭解的過程，這個神經訊息再被處理爲你實際看到的杯子影像。我們只能夠猜測，這麼多道過程究竟會對最終影像產生多大的影響，然而我們能夠確定的一件事是，杯子和那個影像是不一樣的。以心智的詞彙來說，影像是杯子的代表物，就如同一種心理模型。簡言之，影像就是一種象徵。

如果此刻你不止觀看、甚至開始談論或者書寫這個杯子，你會發現自己更加深入到象徵的世界當中。除了杯子或者你對杯子的影像之外，你還將處理話語發出的聲音或是筆所書寫的符號。這些聲音符號與它們所代表的事物之間，只存在著一種再人爲不過的關係，因此如果你旅行到世界另一端，你可能需要用一組完全不一樣的聲音與符號來讓別人瞭解你。相反地，任何一個擁有正常視力的人看著你的杯子時，都會看到一個與你所見十分相似的影像。

在處理象徵時，卡巴拉系統的中心見解是，與此相同的區別性，不僅適用於我們以五種庸常感官所感覺到的事物，也適用於那些被我們的精神感官所感知到的事物。人們在形容超越一般物理世界以外的經驗領域時，所使用的那些名字、詞彙與概念都是人爲的，並且也和語言一般，會隨著地域及時間的不同而改變。另一方面，當人們勇敢地一腳踏入精神領域時，即使他們來自不同的文化背景與歷史時代，所得到的基本影像和經驗卻大多是連貫一致的。獨立發現此相同結論的還有心理學家榮格，透過他所書寫的文獻，這個概念在近年來得到了一些注意。然而，榮格所處理的只是這個見解在心理上所產生的影響，魔法卡巴拉的資深達人在這一點上走得更加深入。

讓我們再回到杯子上。如我們所見，「杯子」這個詞（或是其他語言的同義字）是一個象徵，可以被用來代表你所看見的杯子的影像。這個詞的意思來自於文字本身與影像之間的連結，而在這個連結之外、以及此文字與其他「文字—象徵」的關聯以外，這個詞本身完全沒有意義。但是影像本身是一個象徵，它代表了杯子本身的現實。我們對那個現實幾乎一無所知。如果我們恰好具備哲學頭腦，我們可以推想說杯子確實存在，並且是因爲它而產生了影像以及我們其他的感官經驗；我們同時假設，這個杯子的心智代表物，與杯子本身夠相近、也夠正確，因此我們能夠利用這個代表物，如同它就是那個事物本身。也因此，比方說，如果我們將咖啡倒進我們感知到的杯子中，咖啡會留在杯子裡，而不會穿過杯子的骨瓷杯壁直接流到我們的大腿上。

對於卡巴拉學者來說，這些相同的考量也適用於宇宙整體。我們用來形容宇宙的那些字詞，是對於我們自己宇宙經驗的一種象徵，而宇宙本身又是「其他事物」的象徵。關於這個「其他事物」，我們對它幾乎一無所知。不論我們是用自己的庸常感官去感知物質界的每日世界、或者是將其用來發展那些「能讓我們感知到其他隱藏的存在領域」的特殊感官力，我們所能眞正經驗到的，從來都只是那個「其他事物」在我們心智中所創造出來的象徵性影像。但是，我們仍然可以勉強地做出一番理論。我們可以假定該事物在某種程度上存在。我們知道它高於我們所經驗的宇宙，且以一種我們不瞭解的方式讓那個宇宙生起。我們知道它的眞正本質，是完全無法被我們所得知的。並且當我們思索這些特徵時，我們可能會開始理解到，這個「其他事物」聽起來非常類似於古今中外各地神祕學者所稱的「神」。

未化現者的三道面紗

神祕思想從已建立的西方宗教中借用了這個詞，但從字面上看卻讓人似懂非懂。我們已經知道，我們所尋找的「究竟現實」（ultimate reality）無法用語言清楚地表達。那麼，人又該如何表達那些不可被表達的呢？這個問題可能看似荒謬，卻是一個必要的問題。即使單純地將「究竟現實的存在」帶進考量之中，我們仍必須要有某些可用來思考這件事物的方式，不論那方式本身多麼地不足。如同一個語言必須延展至自己的極限後，才能去處理超越物理世界以外的經驗，象徵的語言也必須延展至它自己更加廣義的極限後，才能去處理超越任何一切經驗之外的「現實」。

在尋找處理這個問題的辦法時，如同各地的神祕學者一般，卡巴拉的創造者以矛盾的「悖論」作爲唯一可用的工具。在其象徵的最外層，卡巴拉爲「超越一切存在之外的存在」提供了三個相互矛盾的影像，稱之爲「未化現者的三道面紗」，這是用來提醒我們，作爲象徵的它們，勢必將隱藏起它們所想表達之物。

第一道面紗的名字是「恩」（AIN），希伯來文的意思爲「否」或者「無」。如果究竟現實是某件與任何我們所經驗過的一切全然不同的事物，那麼依人類的詞彙來說，就不能將它稱之爲「某物」，而更應該是「無」。如果我們試圖談論究竟現實，那麼我們所能對它說的一切，事實上都是它的「無」。在此，這個象徵僅僅是「不在」；此處的面紗，亦指藏於此象徵之中的陷阱在於：我們只從字面上理解這個象徵，並因此決定究竟現實根本就不存在。

第二道面紗的名字是「恩索夫」（AIN SOPH），意思是「無限、無盡」。任何我們可知的事物，不論多大或多小，都是有限的。沙灘上的沙粒或是天空落下的雨滴，其數量之大，或許超出我們可數盡的能力範圍，但只要運用一點邏輯，就能推敲出不論沙粒或雨滴的數目多麼龐大，那個數字總會有一個結束的終點。不論我們所選擇的有限數字多麼巨大，它總是比無限大還少了無限大的數量，而古代的卡巴拉學者在這個「絕對性的區別」中看到了一個隱喻，可以用來比喻我們所經驗到的宇宙以及究竟現實之間的不同。在此，象徵是如星際太空般的廣闊無垠，面紗則在於：我們認爲這代表「究竟」就如同我們所知的事物，只是更大了許多。

第三道面紗的名字是「恩索夫歐爾」（AIN SOPH AUR），意思是「無盡光」。將庸常經驗的世界比喻爲黑暗，將位於底下的精神領域比喻爲光明，這是所有象徵當中最古老且最普遍的一種。正如杯子的心理影像，精神之光的影像也是來自於經驗：某些神祕覺知狀態的能量，極普遍地以物質之光的形式被人類感知到。因此之故，「啓發」（illumination，英文字義爲「照明」）與「開悟」（enlightenment，英文字義爲「被點亮的」）等詞彙都被用來形容精神經驗。在卡巴拉思想當中，內在之光的經驗是一個指向更高領域之成就的路標，並且由於這些領域會提供我們一個較不受侷限的方式來接近隱藏的現實，以致光也被用來作爲那個現實的象徵。此處的象徵當然就是「光耀」，面紗則在於：將光耀誤認爲是它自己所示意的那個不可知的存在。

在實際的卡巴拉工作當中，這三道面紗只扮演次要的角色。它們的地位是作爲一種提醒，在某種程度上也算是一種警告，提醒我們介於象徵與現實之間的區別。

這個區別必須謹記在心。同時，覺察到不同之處並不代表象徵就應該被唾棄或拒絕，如同某些哲學論調所宣稱的那般。這樣的態度就像是一個抱怨自己除了食物以外什麼都沒得吃、除了衣服以外什麼都沒得穿的人。本質上，我們原本就是活在象徵性現實中的生物，我們的任務是去理解並掌握那個現實，而不是徒勞無功地浪費時間來逃離它。

同樣地，卡巴拉學者也不會尋求摒棄物質層面的經驗，如同某些教法所鼓勵的那般。再強調一次，我們的整個宇宙就是一個在表達究竟現實的象徵，它所含藏的每一個面向與經驗對我們都具有價值，也都有我們需要學習的課題。我們每日生活的世界，就如其他事物一樣神聖。卡巴拉魔法師的目標是：讓自己在所有層次的人類經驗中安然自得，能隨己意從某一層經驗旅行到另一層，並且以此方式讓自己完全發揮潛能，體現身爲人類的眞正意義。

究竟現實的象徵

但是這些「經驗的層次」究竟是什麼？有好幾種方式可以解釋這個想法，然而在解釋時也可能犯下好幾種常見的錯誤。依後者來說，最普遍的錯誤或許是：認為這些「層次」、「面」或是「世界」（這三個詞彙各自被不同的原始資料所使用），其實是個別的存在領域，就像奇幻小說中的其他維度空間。只有在最毫無保留地使用隱喻時，這樣說才是正確的。比較有用的是，將它們想成是不同的意識模式，或者是在見到同一個隱藏現實並對其給予象徵時的不同方式。

在卡巴拉當中，這些看待世界的每一種方式都受到「存在的十個基礎分類」所定義。我們可以藉由思考現實本身的這個想法，來探索這些不同的分類，從最基本的概念開始。由於這些概念都是象徵，它們無法觸碰到「超越所有象徵之外的存在」本身；另一方面，由於它們是象徵，於是提供了整個卡巴拉象徵架構的基礎。

這些概念的第一個便是「存在」本身的概念，而我們對於「現實」本身所能說的第一件事情，就僅僅是「它是」。

第二個概念是「行動」的概念。現實看似包含了改變與動作的可能性，因此我們可以將另外一個想法套用到現實之中：「它行動」。第三個概念跟這一點緊密相關；現實也彷彿包含了「沒有動作」的可能性，因此我們也可以說：「它靜止」。然而，行動與靜止的概念無法同時被施用；要將它們同時包含在我們對現實的概念之中，就暗指了「轉換」，這也就是時間這個概念的本源。

目前為止，這些概念的每一個都將現實視為是一個整體來討論；我們並不需要再去假設任何其他事物。但是若要繼續下去的話，我們就必須往這個方向前進。在前三個概念所創造出來的脈絡中，行動以「時間中特定行爲」的形式出現，且每一個新的行動都會在現實中延展整個行動的範圍。這個增加或是延展的想法，給了我們另外一件可以用來形容現實的事情：「它延展」。同樣地，我們也可以說靜止，而不是抽象的靜止，這些靜止中的每一個都可以被視爲是一個行動的結束或極限，因此我們可以說：「它限制」。若談到特定的行爲與靜止，便是暗示，我們的第一個概念也可以應用在它們身上；一旦我們允許它們存在之後，其他的概念就會跟著出現，我們將擁有許多事物而不是只有一件事物，並且每一個都存在著、行動著、靜止著、延展著、限制著。我們有兩種方式來看：從「一」的角度來看，「它分割」；從「多」的角度來看，「這些是」（these are）。

一旦現實當中有超過一個以上的事物，我們能使用的概念範圍就大大增加了。這些存在事物的其中任何一個都能與其他事物聯繫，因此我們可以說：「這些結合」。一旦進入聯繫，它們也能夠離開這個狀態，因此我們可以說：「這些分離」。這些各種不同的融合與分離會創造一個脈絡，此脈絡能夠形塑其他事物，同時也受到其他概念的影響而被塑造，只要是存在的事物都能參與這個脈絡，因此我們可以說：「這些參與」。

最終，這所有考量都能應用到每一個行動與靜止當中、每一個融合與區分當中、以及每一個存在事物的每一次參與當中。這些全部同時存在，並且在完整的分類當中進行參與；它們的行動、靜止、以及諸如此類做同樣的事情；這個過程持續直到無窮盡，創造出一個「現實是由數不清的無窮事物所組成，且它們彼此以不同方式進行互動」的印象，這個影像看起來就像是我們每日意識狀態中所經驗到的宇宙。這個影像代表在原始「存在」概念中之潛能的完全化現，因此我們終於可以說最後一條：「它化現了」。

從卡巴拉的角度來說，這十大分類——存在、行動、靜止、延展、限制、繁殖、融合、分離、參與、以及化現，形成了人類思想的基本架構，以及那個我們所能夠感知的宇宙。此外，這些就是位於傳承珍珠中央的那些沙粒，每一顆沙粒的周圍都一層接著一層，生起了十大偉大象徵模式之一，這些便組成了卡巴拉系統的最核心：生命之樹。

生命之樹的架構

傳統的生命之樹圖，請見第25頁。你必須花一點時間來熟悉這個圖，因爲本書裡的所有內容都會以這個圖作爲直接依據。圖中的圓圈和直線的順序絕對不是沒有規則的；在這裡，爲了單純起見，我們分別以「圓質」與「路徑」等詞彙來稱呼圖中的各個圓圈和直線，而不是用希伯來語的「塞菲羅斯」（Sephiroth）或「奈提伯特」（Netibhoth）。生命之樹架構下的每一個細節都在教導一個特殊的課題，當你在卡巴拉學習工作上有所進展後，這一點將會得到證明。

十個圓質中的第一個是「克特」（KETHER），意指皇冠，其本質是全然同一*。在生命之樹圖中，三層面紗位於克特的正上方，代表了在所有象徵存在的領域中，這個圓質是最簡單也最不受定義所限的，它同時也是從「象徵」到超越「不可知的現實」以外最近的途徑。克特超越一切對立與二元。除了純粹的存在，它沒有任何性質或是特徵；它以及它可能擁有的任何特質都會變成二，而它永遠是「一」。作爲一個意識的狀態，它是與萬物同一的覺知——這裡所說的並不是知識上的理解，因爲那很容易獲得；這裡所說的是個人直

譯註：

＊「同一」（Unity）：作為一個意識的狀態，「同一」是與萬物合一的覺知。這個意識是人類所能達到的意識當中最高的一種，並且代表了一切神祕修行的最高目標。

圖1　生命之樹的十個圓質

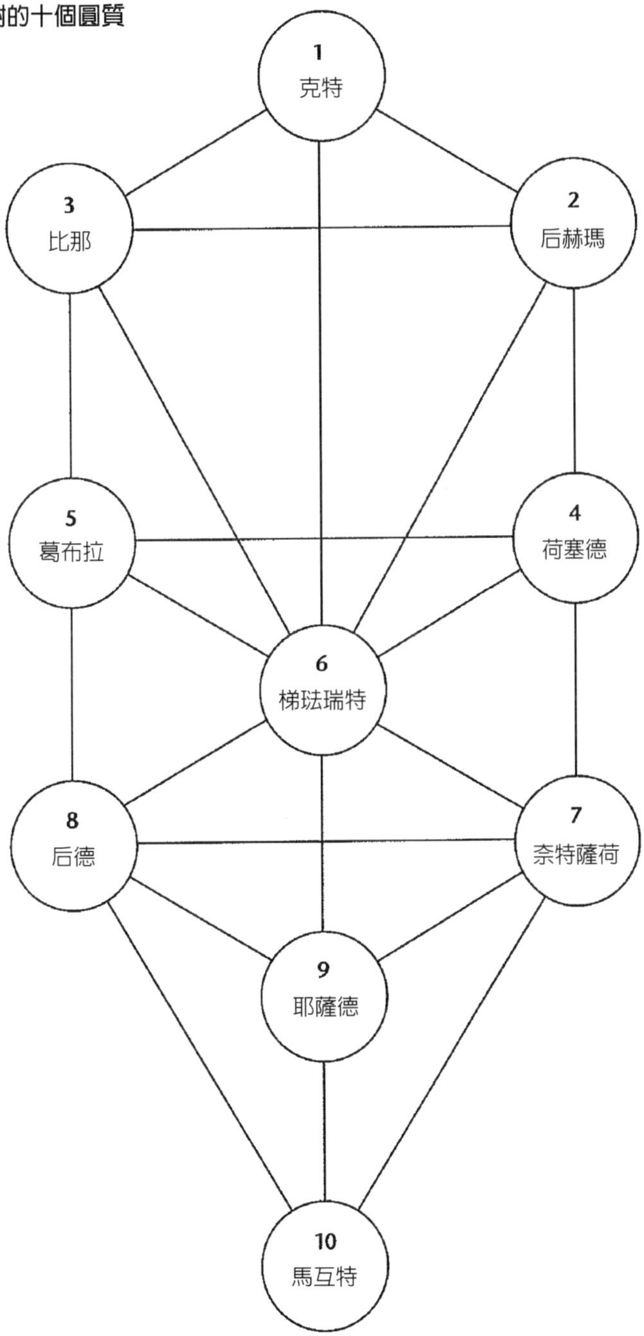

接的經驗。這個意識是人類所能達到的意識當中最高的一種，代表了一切神祕修行的最高目標。

圓質當中的第二個是「后赫瑪」（CHOKMAH），意指智慧。這是創造性能量以及擴張性的源頭，與中國哲學所說的「陽」十分相似。后赫瑪在象徵上屬於「男性的」，因爲它藉由走出自己之外而進行創造。依此原因，它也被稱爲「阿巴」（ABBA），超凡之父。在后赫瑪中，原初的同一從原本自給自足的狀態下降進入行動，進入創造行爲。藉由這麼做，它從一個「同一」變成一個「二元」：創造者與創造物，行動者以及被行動的。

第三個圓質是「比那」（BINAH），意指瞭解。這是接受性能量以及收縮性的源頭，很類似於中國哲學所說的「陰」。象徵上來說，它被視爲是「女性的」，這是因爲它藉由將在外面的帶進自己之內而進行創造。依此原因，它也被稱爲「艾瑪」（AIMA），超凡之母。比那接收了后赫瑪所發出的創造性能量，將其體現在形體之中，當其生命期結束了，再將其吸收。就如同河流向下流入大海，因此一切的創造物也終將回歸比那。以此之故，比那還有一個別名叫做「瑪拉」（MARAH），偉大的海洋。

這三個圓質被稱爲「超凡三角」，代表了我們所能知道宇宙中三個最高的力量，以及我們能夠到達的三個最高意識狀態。在這些狀態以及所有其他的人類經驗當中，還有一個屏障，稱爲「深淵」。

超凡三角當中的所有三個圓質，以其不同面相表達了同一，這些面相包括：接收性形體的同一、創造性力量的同一、超越這兩者的無上同一。爲了進入這些經驗層次中，我們必須有能力將整個宇宙（感知者的意識也包含在內），感知爲一個完好無損的整體。當然，我們通常不會自然地以此方式來感知事物。每一個新生兒要從生命當中學習的第一件事，就是將經驗區分爲「內在的」（他自己的想法、感覺和感官）以及「外在的」（他在自己周圍所感知到的充滿移動物體的世界）。這是我們所有思考慣性中最根深柢固的一個，但這樣的思考方式只有在某些層次的覺知當中才是正確的。在這些層次之外，就必須將這種思考方式置之一旁；唯有如此，同一的經驗——這個被東方神祕學者稱爲「開悟」，西方神祕學者稱爲「與神合一」的經驗——才能被達成。

在深淵之中，則是類圓質「達特」（DAATH），意指知識。達特並不是從以上這些基本分類的其中之一生起的，從其本身來說，它也不是某種層次的存在；反而，它是「超凡三角」以及「位於深淵下方的七個圓質」這兩股力量的交匯點，因此它同時是位於「同一之境」以及「個別存在之境」兩者間的一道大門，並且也是一道屏障。

第四個圓質，也就是位於深淵下方的存在的第一個層次，是「荷塞德」（CHESED），意指仁慈。如同后赫瑪，這個圓質象徵著向外傾洩的創造性能量，並且被認爲是「男性的」。荷塞德同時具有秩序、組織、法律等特徵。早在現代的混沌理論發展之前，卡巴拉學者就瞭解到擴張的能量會在覺醒時留下它的模式。作爲一種意識的層次，荷塞德代表內在架構的深層覺知，也是一種能夠認知到「我們所經驗世界中的底層模式與各種可能性」的能力。以人類的詞彙來說，它代表著記憶。

第五個圓質是「葛布拉」（GEBURAH），意指嚴厲。就如同荷塞德在某方面與后赫瑪相關，葛布拉也與比那有一些相關性；它象徵著一種收縮與限制的力量，並且被認爲是「女性的」。作爲一個「用來平衡荷塞德的規律創造力」的圓質，葛布拉卻代表著毀滅、解體、混亂。它是一股「將對自我已不再有用的事物清除掉」的力量；它將多餘的架構拆掉，形成更簡單且更有彈性的元素。作爲一種意識的層次，它代表內在自由的覺知，也是一股「能夠突破自我設限、並且有意識地選擇自己人生道路」的力量。以人類的詞彙來說，它代表著意志。

第六個圓質是「梯琺瑞特」（TIPHARETH），意指和諧。如同荷塞德反映出后赫瑪，葛布拉反映出比那，在某種程度上，梯琺瑞特是在深淵下方的克特之反映，它所表達的眞理是：宇宙當中的每一個獨立事物或生命體，都是一種小型同一，同時，它們每一個也都能反映出宇宙本身的巨大同一。位於生命之樹中央，梯琺瑞特的功能是作爲一種平衡的力量，讓荷塞德與葛布拉的力量、男性和女性的能量、以及生命之樹的較高與較低層次，皆能達到和諧。作爲一種意識的層次，梯琺瑞特代表自我覺知，一種全然誠實的內在狀態，免於驕傲或罪惡感；在此，我們第一次能夠清楚地看見自己。以人類的詞彙來說，它代表著想像力。

在這三個圓質以及剩餘的四個圓質當中，存在著第二個屏障，此屏障反映了深淵，就如同方才所討論的圓質反映了超凡三角。第二個屏障稱爲「聖殿之面紗」。如同一道面紗，它會部分地隱藏起那些超越於自己之上的事物，只允許它們朦朧的邊緣與陰影被看到。因此，荷塞德、葛布拉與梯琺瑞特所象徵的力量，以及它們所代表的意識層次，只會稍微地滲透到我們日常經驗的世界裡——除非特意地透過一種稱爲「面紗之演繹」的轉化行動，克服屏障的效力，使得這些力量與意識層次能夠進入。此行動在很多方面來說，都是卡巴拉訓練以及修行的主要目標；在傳統文獻中，它也會以許多象徵性的型態出現。

在聖殿之面紗的下方，便是第七個圓質「奈特薩荷」（NETZACH），意指勝利。就如同它上方的荷塞德與后赫瑪，第七個圓質也是向外傾湧之能量的源頭，但奈特薩荷的本質是女性、而非男性，並且它的力量具有吸引力以及向內吸引的功能。所有那些能夠將事物吸引到一起使其互動的力量，都根源於奈特薩荷——從物理領域的地心引力到人類之間的愛，皆是如此。以人類的詞彙來說，奈特薩荷代表著情感的本質。

下一個是第八個圓質「后德」（HOD），意指榮耀。如同它正上方的葛布拉與比那，后德是限制與形體的中心，但具有男性的本質、而非女性。從后德當中生起的形體和各項分支，自由地傾湧而出，一如后赫瑪的能量般。后德是那些「能夠區分以及分辨種種事物」之力量的源頭，特別是指各種形式的思考和感知。以人類的詞彙來說，后德代表著智力的本質，特別是指思考的心智。

第九個圓質是「耶薩德」（YESOD），意指基礎。這是生命之樹上最大的「凝固中心」，正是在此圓質中，較高層次的無形能量將化為能夠影響物質層次之經驗的力量。正如同梯琺瑞特（六）平衡了荷塞德（四）與葛布拉（五）的相對力量，耶薩德（九）也使得奈特薩荷（七）與后德（八）的力量達到和諧，並將不可摧的穩定性以及恆常的變化，在自身之內結合起來。作為一個「位於物質界之上一層」的存在層次來說，耶薩德是屬於願景、夢想以及通靈現象的世界。以人類的詞彙來說，耶薩德代表著本能和潛意識的心。

第十個、也是最後一個圓質是「馬互特」（MALKUTH），意指王國。這是我們每天經驗的物質世界。對於之前提及的卡巴拉學者來說，馬互特與其他任何圓質具有同等的重要性，在此所要學習的課題、所要接觸的力量，與生命之樹上的其他任何課題和力量同等珍貴。這是人類所在的自然層次，至少在他們這一階段的進化當中，而在其他任何圓質當中所獲得的智慧或力量，都必須以某種方式在馬互特付諸實行，如此，這些智慧與力量才會有長遠的人類價值。以人類的詞彙來說，馬互特代表著物質身體和五種庸常感官。

這十個存在領域，組成了魔法卡巴拉所運作的行動場域。為了將其解釋清楚，這裡的解釋方式可能有點枯燥乏味，但就以經驗它們本身來說，有一個更好的解釋方法，我們可以想像一個「連結著靈與物質」、或者「連結著完美同一與廣大多樣性的每日經驗」兩端的光譜，這十個圓質便是連結光譜兩端的顏色或特徵。這當中有許多混合的狀態，實際地在發生中，比方說在每一個圓質的邊緣，每一個圓質還能被視為是「內部同時體現著一個完整的生命之樹」。因此，譬如馬互特自身亦含有其他每一個圓質的面相或是反射，則「馬互特的克特」（此即在物質世界核心中最重要的同一）與「耶薩德的馬互特」（此即細微能量領域的最終化現），兩者將具有頗爲可觀的相關性。

如此一來，這些理論中分明的稜角開始變得模糊，因此當人們要在卡巴拉傳承之內描述「存在之光譜」時，一方面，這個情況產生了大量吹毛求疵的說法，另一方面也產生了許多另類的說法。總結來說，它們將「存在之相續」歸類爲七個、五個或三個層次的系統。

然而，十個圓質系統仍然是魔法卡巴拉的核心，原因很簡單，因爲它提供了比其他任何系統更爲完整的架構來修煉魔法。花在學習這套系統的時間，絕對不會白費。

2 生命之樹的路徑：探索高層次存在之門

目前爲止，作爲「存在光譜上各階段」的每一個圓質，我們都已經分別看過了，但這只是完整全貌的一半而已。每一個圓質都處於一個互動網絡的中心，以某些特定的方式和其他圓質做連結，而這些連結可以被用來作爲從一個圓質移動到另一個圓質的橋梁。這樣的連結總共有二十二個，並以生命之樹的二十二條路徑作爲象徵。

你可以在第33頁的生命之樹圖找到上述路徑。你會注意到，每一個圓質都透過路徑再連結到至少其他三個圓質，但是沒有任何一個圓質與其他全部圓質保持接觸。這些路徑的安排方式，是用來教導幾個關於「圓質以及圓質之間關係」的重要課題，稍後本書會對這些課題作出詳細的解釋。

從一種觀點來說，路徑代表了圓質之間的互動，也就是宇宙的某一面向與另一面向之間的能量遊戲。但是，這些互動還有另外一個極大的重要性：每一條路徑都代表了一個覺知上的轉換，或者在不同意識狀態中的移動。以此觀點，路徑就代表了生命之樹上的旅行者從一個圓質旅行到另一個圓質時，必須採取的途徑。而第二個觀點便是所有實際的卡巴拉工作的基礎，比起其他要點，你會更經常用到這一點。這兩點都必須謹記在心。當你跟著這本書進行學習時，這兩點也都會在不同情況下顯示出各自不同的重要性。

二十二條路徑中，每一條路徑都帶有一個數字、希伯來文字母表中的一個字母，以及一組與其相關的象徵和概念。路徑的數字是從11數到32，而不是讀者可能認爲的從1數到22，這是因爲傳統上，數字1到10只能被圓質所使用。這個排序系統來自於一本古老的神祕文獻《塞弗耶其拉》（*Sepher Yetzirah*），或稱《結構之書》（*Book of Formation*），這是卡巴拉思想最早的源頭之一。

希伯來文字母分配給路徑的方式，大部分也是取用自《塞弗耶其拉》。對於希伯來文語言的神祕意涵進行推敲，一直以來都是猶太神祕學中極爲重大的一部分，這也在卡巴拉本身的緣起當中扮演了重要的角色。過去人們相信猶太人是特別的、「被選中」的民族，因此，早期有許多作家寫了諸多辭藻華麗的宣言，比方說，「希伯來文是天使所使用的語言」，又或者，「神只會聆聽以希伯來文念誦的祈禱文」。

雖然有一些忠貞基本教義派的卡巴拉作家還是會不斷地重複這些想法，但是在魔法卡巴拉的傳承中，諸如此類的想法已經沒有立足之地了。經過神祕學家和學者們數世紀以來的使用，希伯來文字母被賦予了許多從現代人的心智看來可能是很奇怪的連結。每一個字母都有一個描述性的標語，這可以追溯到一開始誕生出希伯來文字母的古老象形文字書寫系統，就像我們的文字系統一樣，並且每一個字母也都代表了一個數字，而這個數字跟路徑的數字是不一樣的。《塞弗耶其拉》提供了其他連結，包含了占星中的星座與行星，並且將字母區分爲「單字母」（分派給黃道十二宮的星座）、「雙字母」（分派給七個傳統行星），以及「母字母」（分派給四大元素當中的三個元素）。在前幾個世紀，更多具有關聯性的事物（比方塔羅牌牌卡）被加進系統裡。因此，希伯來文字母便成爲現存象徵系統中最完整的系統之一，且即便它們只不過是幾個抽象潦草的字符，在卡巴拉工作中仍然具有價值。

對於剛才所提到的最後一組關聯性事物，在此必須稍加解釋。占卜行爲——也就是藉由某些象徵系統來

圖2　生命之樹的二十二條路徑

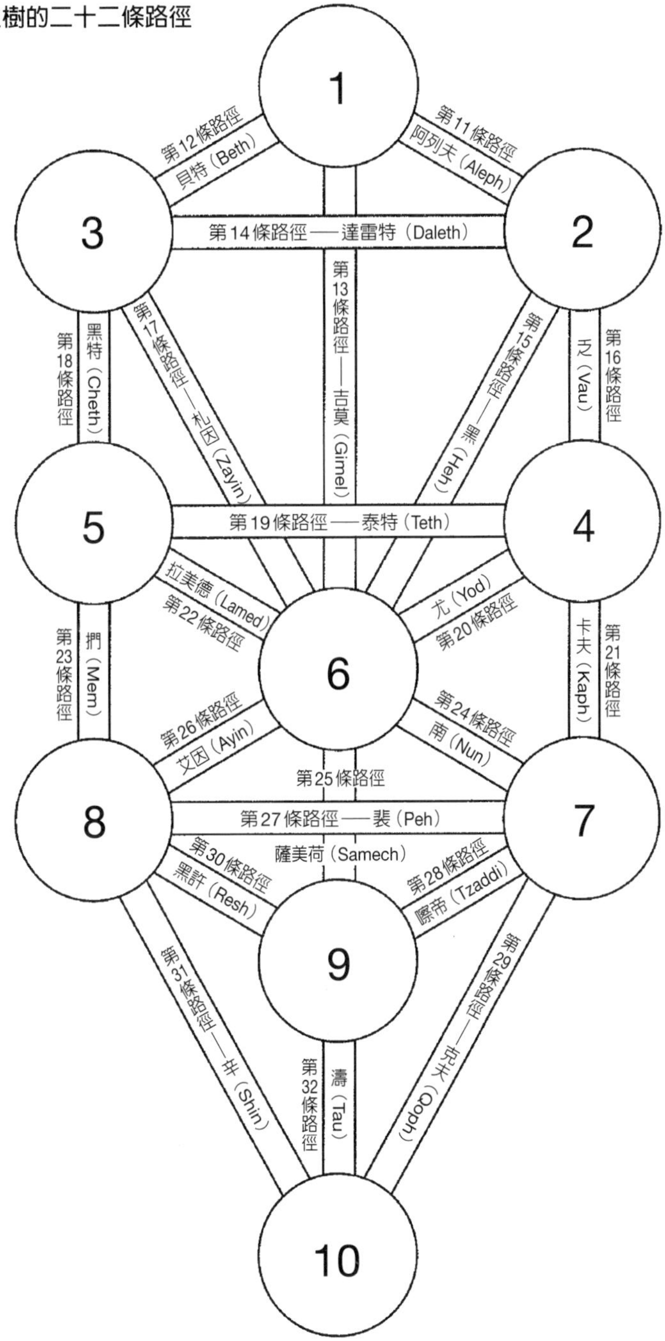

表1

字母	路徑	標題	數字	相應的占星符號	塔羅大阿卡納牌
א, A	11	阿列夫，閹牛	1	風元素	0號牌，愚者
ב, B	12	貝特，房子	2	水星	1號牌，魔術師
ג, G	13	吉莫，駱駝	3	月亮	2號牌，女祭司
ד, D	14	達雷特，門	4	金星	3號牌，皇后
ה, H	15	黑，窗戶	5	牡羊座	4號牌，皇帝
ו, U, V	16	乏，木釘	6	金牛座	5號牌，教皇
ז, Z	17	札因，寶劍	7	雙子座	6號牌，戀人
ח, Ch	18	黑特，圍籬	8	巨蟹座	7號牌，戰車
ט, T	19	泰特，蛇	9	獅子座	8號牌，力量
י, I, Y	20	尤，拳頭	10	處女座	9號牌，隱者
כ, K	21	卡夫，手	20	木星	10號牌，命運之輪
ל, L	22	拉美德，趕牛棒	30	天秤座	11號牌，正義
מ, M	23	捫，水	40	水元素	12號牌，吊人
נ, N	24	南，魚	50	天蠍座	13號牌，死神
ס, S	25	薩美荷，支撐物	60	射手座	14號牌，節制
ע, Aa	26	艾因，眼睛	70	摩羯座	15號牌，惡魔
פ, P	27	裴，嘴巴	80	火星	16號牌，塔
צ, Tz	28	嚓帝，魚鉤	90	水瓶座	17號牌，星星
ק, Q	29	克夫，後腦勺	100	雙魚座	18號牌，月亮
ר, R	30	黑許，頭	200	太陽	19號牌，太陽
ש, Sh	31	辛，牙齒	300	火元素	20號牌，審判
ת, Th	32	濤，十字架	400	土星	21號牌，世界
以下這些字母當寫在一個字的結尾時，會有不同的形狀與數值：					
字母		最終型態	數值		
Kaph，卡夫		ך	500		
Mem，捫		ם	600		
Nun，南		ן	700		
Peh，裴		ף	800		
Tzaddi，嚓帝		ץ	900		

預測未來，或者瞭解當前的狀況——早在卡巴拉開始之前就存在很長一段時間了。從史前的中國神諭所使用的甲骨文占卜、到今日報紙上的占星專欄，人們總是會從這類事物中尋求解答，在這過程裡也創造了多組在神祕修行當中很有用的象徵，比方說我們現在正在學習的這些。以此方式，這些占卜系統中，便有幾個開始跟卡巴拉傳承產生了緊密的連結。

藉由將希伯來文字母的每一個字母分派給圓質之間的一段特定關係，並且用一整組相關聯的象徵來表達這些關係中的每一個，每當卡巴拉學者看到一個字母時，這個字母將代表聲音以及基本的概念和經驗。這些概念並不受限於神祕學或哲學的見解。正如同圓質所代表的力量能夠在宇宙中的每一個生命體與每一件事物當中找到，路徑所代表的經驗也會化現在每日生活的事件當中。每一個人類存在的重要面向，都會在生命之樹的某一條路徑中找到它自己的迴響與象徵。因此，我們可以說，卡巴拉的字母便是物質層次上人類經驗的字母。

同時，這些路徑當然也提供了我們超越物質層次的旅行方式，我們可以和那些深埋於我們自身以及宇宙之中的現實和更深層的力量進行接觸。這聽起來或許自相矛盾，事實上卻表達了卡巴拉眞理中最重要的一個。獲得智慧與精神成長的關鍵，並不存在於某個遙遠的夢幻國度裡。這些關鍵就在此時此刻的當下，在每日生活的事件中。只要能夠適當的理解並且正確的運用，最尋常的經驗也能夠成爲通往較高層次之存在的大門。

神的名字

一旦「帶有象徵、連帶聲音」的字母概念被早期的卡巴拉學者建立起來，對於這個概念的各種使用便迅速展開。在虔誠的猶太圈當中，也就是卡巴拉的起源處，有一個很受歡迎的方式，就是將象徵性字母的概念，作爲解釋猶太教神聖典籍的方法。如果每一個字母都有一個內在意義，那麼每一個「字」就代表了這些意義序列中的一個順序，就像是一個象徵性的句子，但它或許跟這些字的庸常意思有少許關聯、或者完全沒有關聯。

由於每一個字母也都代表了一個數字，因此對任一個字來說，可以將其中每一個字母的數字相加，然後產生一個總數。有一個說法是，任何兩個字，如果它們有相同的數字，就是擁有某種神祕的連結。由此，一整個稱爲「數字密碼學」的玄學數字系統便誕生了，並且被用來按照文字的數字來分析古代的經典。其他類似的方法還有很多。多年來，人們開始相信，整部《舊約聖經》是一部巨大的密碼檢索本，也是神給予人類的祕密信息，其中以加密的方式含藏了所有宇宙的智慧。

這樣的想法仍然可以在正統猶太教的卡巴拉圈子裡發現，但是當前的魔法卡巴拉傳承，其發展走向，遠在很久之前，就超越了對任何一部傳統經典的教條式依賴。姑且不論古老的卡巴拉學者多麼的心靈手巧，這些對《舊約聖經》所做的解碼嘗試，究竟會帶來多麼持久的價值，仍是一個問題。但在這些嘗試當中，卻也發展出許多極有價值的方法。雖然像這樣將所有的注意力放在文字及其意義上，可能沒辦法成功地找出經典中的隱藏訊息，但這卻使我們得以弄清楚卡巴拉的一個重要面向：那些傳承稱之爲「神的名字」的奇怪文字。

這些名字是什麼？它們大部分來自《舊約聖經》，看起來就像是古老猶太教部落之神的名字或稱號。《聖經》的英文翻譯經常會尋求各種委婉的說法來表現這些——上帝、全能的神、萬軍之主。在原始的文本中，神有許多的名字與稱號出現。《聖經》學者告訴我們，這些名稱來自不同的歷史傳承，也來自不同的書寫文獻，這些在西元前五世紀被合併於我們現在所知道的《舊約聖經》中。然而，傳統猶太神祕學的教導說，不同的「聖名」存在是爲了要表現神的不同面相。每一個傳承所持守的名字都是一種象徵的形式，用來向人類心智表達一個原本不可知的現實之部分本質。

卡巴拉的資深達人將這些想法帶得更遠。他們教導，字母的每一種組合都象徵神聖性的某些面相、或者象徵對於存在之問題的解決方法，這些還可以在修行中實際運用。在這些之中，從經典裡所發現的傳統聖名，被視爲是最有用且地位最高的，但是每一個名字都有自己的價值，並且人們繼續發明新的方法來創造新的名字，用於表達某特定眞理或是存在的某個面向。

從傳統名字當中，有十個名字被選出並分派給生命之樹的十個圓質，用來代表每一個存在的層次中，所能達成的最高「現實」的概念。這十個神的名稱，是我們課程的實作中很重要的一部分，當我們開始與個別的圓質進行工作時，你將會詳細地研讀到每一個神之名的細節。然而，在卡巴拉思想中，有一個名字的地位甚至比這些都還要高。它或許是所有名字當中最古老的，而它在猶太傳統中的地位是如此神聖，以至於人們僅只以「名字」（ha- Shem）來稱呼它，且永遠不可大聲說出它的名號。在卡巴拉當中，它的象徵性地位之高，就如同生命之樹本身。

神聖之名「特措果瑪頓」

這個名字就稱爲「特措果瑪頓」（the Tetragrammaton），意指四個字母的名字。它被書寫爲יהוה、或是英文字母YHVH。《聖經》學者告訴我們，它的發音是「亞維」（Yahweh），祕傳傳承則建議其他幾種不同的發音。有些現代的語言學家推測，這可能是希伯來文動詞「存在」（to be）非常古老的寫法。如果我們使用卡巴拉的分析方法會發現，從極眞實的層面來說，「特措果瑪頓」確實表達了這個概念。這個最神聖之聖名的四個字母，不僅組成了一個完整的創造過程的象徵，也象徵了存在本身的本質。

י，「尤」（Yod），第一個字母，代表能量的第一道火花，是讓創造性過程開始啟動的原始驅動力。在卡巴拉當中，字母「尤」和獨處、孤立以及天眞的概念相關；它是尚未發芽的種子、性慾尚未覺醒的孩子。「尤」這個字的意思是拳頭，朝自身合攏的手，暗示著同樣的概念。在「尤」的特徵中，包含占星學的處女座、處女，以及塔羅九號牌隱者，這兩者都擁有相同的象徵意涵。創造的第一階段，代表了尚未與任何事物接觸的那股初始力量。傳統來說，「特措果瑪頓」的「尤」被稱爲父親。

ה，「黑」（Heh），第二個字母，代表的是「尤的能量化現出自己」的那個環境。它是創造性過程的母體、事物的存在模式，它是如此穩定和平衡，因此它無法自己進行創造。然而，只要它接受了外力推動而開始運行之後，便擁有無窮的力量。因此，字母「黑」跟兩種概念相關聯，一種是接受性、被動性和穩定性的概念，另一種是運行中的力量、平靜但巨大無比如同滔滔不絕的大江流水。「黑」這個字的意思是窗戶，在象徵上指的是被動的那一面。「黑」的特性——包含了占星學的白羊座、公羊，以及塔羅四號牌皇帝——則象徵了較爲主動的一面。在傳統文獻中，「特措果瑪頓」的「黑」被稱爲母親。

ו，「乏」（Vau），第三個字母，代表的是「尤」與「黑」的產物，亦即當純粹的創造之力遇到穩定但被動的情況時，兩者之間的互動。它是一種創造行爲、事物的舊有秩序在汰舊更新時所產生的改變過程。在此一階段的過程中，「尤」的能量完全被「黑」所吸收，「黑」的環境則完全被「尤」所轉化。從某個角度來看，前兩個字母相互摧毀了對方，而讓第三個字母將創造過程繼續下去。因此，字母「乏」跟「過程與延續、結合了穩定性的動作、以及勞動與毅力」等概念相關。「乏」這個字意思是木釘，再次暗示著勞力、建築工作。「乇」的特徵包含了占星學的金牛座、公牛，以及塔羅五號牌教皇。在傳統文獻中，「特措果瑪頓」的「乇」被稱爲兒子。

ה，「黑」（Heh）再次重複，第四個字母，代表的是創造性過程的結束，一個已達諸力平衡的新模式之建立。它代表著結晶、凝固、回歸穩定性。這個字母的關聯與特性跟先前一樣，指出了新環境仍帶有很多舊環境的特質，雖然它們絕非一樣。傳統來說，「特措果瑪頓」的第二個「黑」被稱爲女兒。這個新的模式一旦建立，便能成爲一個容器，使新的創造性力量傾湧於其中，由此重啓循環；在一些卡巴拉文獻當中，這被頗具詩意地形容爲「被安排坐上母親王位的女兒」。這將「特措果瑪頓」從一個靜止的線性序列，變成一個具循環性且永不結束的創造與重生的過程。

很明顯的，卡巴拉思想從「特措果瑪頓」中衍生得來的神的概念，與一般教條式的猶太教、伊斯蘭教或基督教的神學傳統的神之概念，是非常不一樣的。以「特措果瑪頓」作爲象徵的這個神，比起一個「人」，祂更像是一個「過程」；你也可以說，比起「名詞」，祂更像個「動詞」。之所以要擁有並使用不同的「神的名字」，是因爲如此一來，我們將能處理一系列不同的神聖概念，而非只有一個。畢竟，要將一個「無窮無盡的現實」塞進任何一個「單一、有限的人類概念」之中，兩者很難能夠吻合一致。其他名字也表達了對神的其他理解，在這當中有一些是我們所熟悉的神祇印象，如：初因（First Cause）、全能以及其他等等。

「特措果瑪頓」的一個價值是來自於，它容許我們將每一個創造行爲都視爲是對此「單一而具有普遍性過程」的不同表達。透過它，無論類型的任何一種創造性行爲都能以象徵性的形式來分析。（比方說，我想要教導卡巴拉的動機是「尤」，我對於卡巴拉傳承以及英語的知識是「黑」，將這些文字寫在紙上的行爲是「乇」，而你現在拿在手上的書是最後的「黑」。）同樣的方式，「特措果瑪頓」也可以被運用在我們所經驗的這個宇宙的誕生過程，也正是在此之中，這個名字得到了它最大的力量。

過往的卡巴拉學者藉由表明「特措果瑪頓」保存了宇宙創造的祕密，來表達這一點。這個主張其實並沒有表面上聽起來那麼狂妄。談到「宇宙創造」的概念，一般的猶太—基督教徒堅持創造的過程在很久以前發生過一次，卡巴拉的教導則表示創造隨時都在發生。我們所知道的宇宙，透過我們的覺知以及一個不可知的現實這兩者間的互動，在每一剎那不斷地被重新創造出來。任何事物都無法在最短的剎那間保持相同不變。如果我們透過「特措果瑪頓」的象徵來探索這個創造的過程，會發現，四個字母代表了四個不同的存在、從我們所知的宇宙到其背後無上力量之間的四部曲。

四個世界

這就是卡巴拉傳統所說的四個世界。第一個世界稱爲「阿其路」（ATZILUTH），原型世界，代表：在我們對它的覺知之外、自性存在的現實本身。第二個世界稱爲「貝來亞」（BRIAH），創造性世界，代表：存在於「限制了人類（與其他）覺知」的各要素當中的現實，因此它能影響現實被經驗的方式。第三個世界稱爲「耶其拉」（YETZIRAH），結構的世界，代表：前兩個世界的互動，即我們所感知到的任何事物，在抵達我們的覺知之前所要經歷的那段很長的轉化過程。最後，第四個世界稱爲「阿希亞」（ASSIAH），物質世界，代表：所有這些轉化的結果，即我們實際經驗到的現實版本、人類依其本性所居住的象徵性的存在領域。

雖然聽起來可能十分抽象，但這一切都可以追溯到所感知的每個分解動作中。如你之前所做，花一點時間看一下身邊的物品：同樣的那個杯子，假設杯子還在你旁邊。根據卡巴拉的教導，杯子以四種不同的方式存在；事實上，就算說你面前有四個不一樣的杯子，也不算誇張。首先是被你平常所感知與思考的那個杯子，亦即在「阿希亞」中的杯子。接著是「從抵達你眼睛的光粒子模式、到變成你神經系統內的電荷、接著再成爲被你的心智總結而出的感知」的那個杯子，也就是在「耶其拉」中的杯子。再者，有一個已經存在於你心中與記憶中的杯子，從「對杯子的基本概念」，一直到「先前你將杯子倒滿咖啡之後、放在你的椅子旁、然後開始閱讀這本書」的那段記憶，連同使這個杯子的經驗能在你心中運作的那些感官與感知的結構，這一切組成了在「貝來亞」中的杯子。最後，有一個存在於自己本身的杯子，它的任何一切，你完全無法得知，這就是在「阿其路」中的杯子。

在卡巴拉思想中，同樣的這四種存在，可以被追溯到宇宙的整體性之中，就如同我們剛才對杯子所做的細察那般。同樣地，在此若說我們周圍每一剎那間都存在四個不同的宇宙，也不算是不正確的：「阿其路」的宇宙，即「處於自身絕對不可被接近性」之中的眞正宇宙；「貝來亞」的宇宙，即「在宇宙所有有意識個體的覺知中，能感知到一個宇宙」的潛能；「耶其拉」的宇宙，即「所有這些個體一切覺知過程的總和」；「阿希亞」的宇宙，即「被反映在宇宙各個層次的意識當中」、一切林林總總關於現實的印象。

生命之樹的每一個圓質都存在於所有四個世界當中，就像杯子一樣，被分配給每一個圓質的許多象徵符號會再依不同的世界而被區分。因此，比方說，「被歸給圓質」的神的名字，代表了在「阿其路」世界中的圓質。傳統而言，每個圓質只會與四個世界當中的某一個有特別關聯。這是爲了指出不同層次的意識會專注在不同的事物上，而當覺知從每一個圓質上升到另一個圓質時，它當時最重要的關注點可能會是四個世界當中的某一個或其他世界。因此，馬互特與「阿希亞」連結在一起，因爲在一般的意識狀態下，每日經驗中的宇宙是唯一看起來眞實的事物。

從耶薩德（九）到荷塞德（四）的圓質與「耶其拉」連結在一起，因爲在這些層次上，現實顯現爲一連串互動與改變的過程，就像一場轉化之舞，其中的舞者是想像的，只有舞蹈本身是眞實的。圓質后赫瑪和比那與「貝來亞」相連結，因爲在這些層次上，現實看起來就像是一組位於底層的必要模式，從此，「耶其拉」之舞開始產生自己的旋律與內涵形式。最後，圓質克特與「阿其路」連結在一起，因爲在這個最高的層次上，被經驗宇宙中的一切現象皆看似是從不可知的現實當中直接出現的，而這個不可知的現實則在另一方面以克特上方的三層面紗作爲象徵。

生命之樹的特殊幾何學

圓質和世界之間的關聯，也可以用其他的方式來理解。如上所述的生命之樹，包含了一組特定的層次、存在狀態、以及轉化的過程。較不明顯的是，它也包含了一種特殊的幾何學，在圖中的整體架構和意義的組織上，扮演了極爲核心的角色。

即使是當今學習西方祕傳傳統的人，也很少人會記得幾何學曾經是這些傳承很重要的一部分，在學習與修行的許多面向上都占有重要的核心地位。然而，任何一位魔法師，只要曾經在空中畫過五芒星、或是依其星球數字製造出某種特殊形狀的護身符，都一定經驗過幾何形體的力量。更早的時候，在大迫害發生之前，很多人將精力放在分析、理解形狀、以及比例的內在效用上，並且在哲學、音樂和魔法當中找出與這些事物等價的元素。

雖然幾何這門學科很重要，但是在這裡我們無法詳細研讀那些尚且留存的片段知識。然而，幾何仍然是構成生命之樹的最基本結構，我們可以透過一個簡單的練習，在某種程度上加以探討。

在做練習之前，你需要一張白紙、一支鉛筆、一把尺和一把圓規，圓規就像你在學校使用的那種，一端夾著一支小小的鉛筆，這樣就可以了。

首先，在白紙的中央畫一條直線。將圓規調到適當的寬度，或許是六公分左右，接著將圓規的針腳放在直線上方的最末端，如圖3所示畫出一個圓弧。

接著，將圓規的針腳移動到你剛剛畫出來的圓弧與直線的交會點，以這個點爲圓心，保持半徑不變，再畫一個圓。這個圓的上端將會碰到第一個圓弧的中心點，如圖4所示。

下一步，重複上一個動作，將圓規的針腳移動到你剛剛畫出來的圓弧與直線的交會點，以相同半徑畫出另一個圓，如圖5所示。接著再重複一次相同的步驟。現在你可以看到有三個圓與一個半圓相互重疊並對齊於一條直線上，如圖6所示。

最後，如圖6所示，將數字1到10標記在圖上。想當然，這些點便是十個圓質，它們的位置也跟傳統的生命之樹圖相吻合。三個圓與一個半圓代表了四個世界，其中，「阿其路」無法被定義的現實，是以位於頂端打開且不完整的圓弧作爲象徵，這顯然是頗爲恰當的。在此圖中，就如同在被經驗的現實

圖3

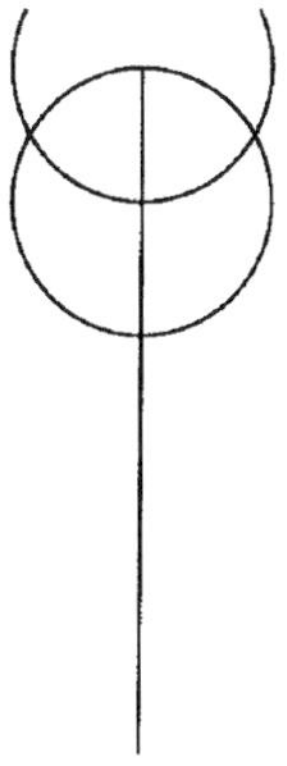
圖4

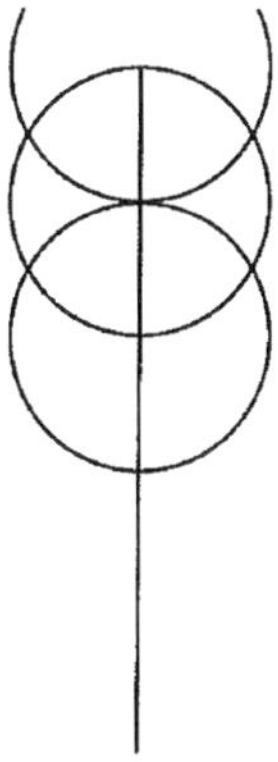
圖5

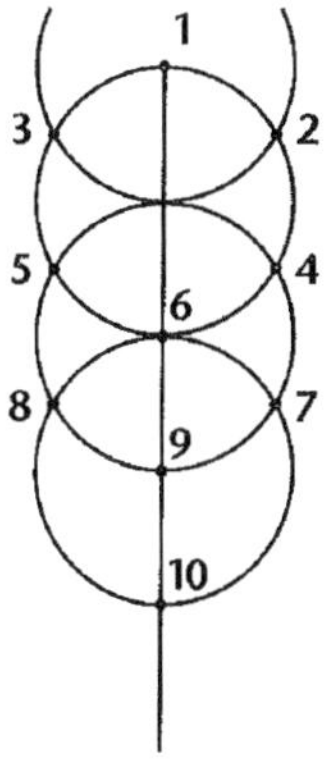

圖6　代表四個世界的圓

當中，圓質和世界能夠定義彼此、但也受到彼此的定義。

從這個看生命之樹的方法中，上述將世界分配給圓質的方式可能有點像是任意而爲，但實際上它們表達了一個很重要的要點。這裡的分配方式將一半以上的圓質——也就是包含在「耶其拉」圓圈中的所有圓質——都分配給第三個世界「耶其拉」，剩下的圓質則分配在其他三個圓圈中。這樣的不平衡是刻意的，並且是來自於實際運作的考量。結構的世界，也就是「一切有意識的有情，在感知周圍宇宙時」的那個感知過程的領域，是魔法卡巴拉工作的主要關注焦點，因爲這也是在進行有自覺的領會與改變時，最容易進入的領域。前兩個世界無法被人類的行爲所改變，第四個世界（也就是兩者結合後的穩定產物）依其本質而抗拒改變，但第三個世界，一旦它的律法被瞭解與遵從後，它便能夠順從意志而作出回應。一旦開始啓動之後，在「耶其拉」世界裡的改變便會在「阿希亞」世界裡化現出來，成爲自然的創造過程的一部分。在所有世界中，「耶其拉」代表魔法世界，具有流動性與變動性，它也是你之後所要面對的主要工作領域。

3 理解卡巴拉的關鍵：存在的極性

在黃金黎明傳承中，生命之樹的圓質與路徑，是卡巴拉的象徵和哲學的核心。然而，眞實來說，理解這些不同層次以及它們之間的互動，只是理解卡巴拉的第一步。交織在生命之樹枝幹上的，還有一整個系列的架構和互動，我們稱之爲「能量關係」。在這裡以「能量」作爲隱喻使用，並非卡巴拉傳統象徵的一部分，但是比起舊有的詞彙，它能夠更清楚地對現代人的心智揭示出生命之樹具動態性、轉化性這方面的特徵。

由於這是一個隱喻——我們所討論的這個能量，並不會顯示在某個測量儀器上，或是能夠讓你的烤箱加熱——爲了增進理解，可以將生命之樹想像成是一個充滿流動與勃發的能量架構。這些能量是創造的驅動力，也是宇宙在所有層次上得以形成並維持下去的力量，同時也是卡巴拉修行者在魔法以及其他種類的實際工作中所使用的力量。就像任何形式的能量，如果使用得不得體或不恰當，可能會帶來危險，因此若對它們運作的法則有基本的瞭解，學生們便能少走一些可能受傷的冤枉路。

極性的法則

這些法則當中，最重要的一條便是「極性的概念」，這同時也是理解生命之樹能量關係的關鍵。在某些當前的魔法圈中，這個詞彙是用來表示人類的「性」背後的力量。某方面來說這是適當的：極性的法則確實是構成性的基礎，就如同它也是構成「種種對立面之間任何互動」的基礎一樣。其實，性本身也只是極性過程這整個領域中一個很小的面向而已。

極性法則背後的精要概念是：宇宙中的任何事物，都能夠以魔法術語的解釋方式被理解爲兩個對立力量之間的能量關係，最後形成第三個平衡的力量。在這個關係中，其中一個力量通常是一種向心力，也就是它傾向於將被自己所影響的事物吸引到一個共同的中心點；另外一個力量通常是一種離心力，傾向於驅使那些被自己所影響的事物彼此分離。這些力量之間的平衡與關係，能夠決定最終平衡力的型態和方向。

比方說，你的物質身體是透過生物成長之力以及死亡與衰敗之力的互動而形成的，這兩者之間的相互作用產生了第三個力量，我們稱之爲「生命」。同樣地，一群人聚在一起練習魔法，一方面，彼此的共同興趣會創造出一種互動，另一方面，每個人的個人需求與目標又會產生另外一種分離的力量；這兩者的融合，便可能創造出一種「團體心靈」或者「團體人格」來平衡這個團體的和諧。或許它可能會產生紛爭與離間的力量而將團體拆散——這兩種結果，都以各自的方式涉及了平衡的建立。

很重要的是要理解到以上給出的定義中所沒有說的部分。宇宙中的任何事物都能夠被視爲是一種極性關係，但這並不表示所有的事物都必須以這樣的方式看待，也不代表任何其他方式對於卡巴拉修煉者來說都是沒有用的。正好相反！關於宇宙，卡巴拉中充滿了彼此不同且相互重疊的模型和隱喻，正是因爲不同的概念工具，才能用來最好的理解不同部分的宇宙，並且理解不同部分的實際工作。這就好像一個小男孩得到一支鐵鎚作爲生日禮物，因而認爲世界上所有事物都需要被敲一敲；或者像是現代科學的擁護者，試著將所有人類經驗都放進同一個模式當中，只爲了搞清楚物理學。我們太輕易就能將「在單一領域有用的隱喻」，誤解爲是「此隱喻可以被應用在任何地方的證據」，或者更糟的情況是，作爲「這個隱喻彷彿是眞理的證明」。就好像那個小男孩或科學家，以此方式行事的結果通常是一團糟。

同時，能量的隱喻以及極性的模型，兩者配合能夠形成卡巴拉思考工具箱中最有用的工具。一旦這些概念被用來弄清楚事情後，大部分複雜的卡巴拉思想和所有實際魔法的細節，都會變得清楚明晰。

智慧之柱

生命之樹上極性關係的存在，以數種方式塑造了生命之樹的結構與象徵，有些明顯、有些細微。這些當中，最明顯的或許就是十個圓質在三個垂直的圓柱或柱子上所擺放的位置，剛好對應於極性過程的三個階段。

圖7顯示了支柱在生命之樹上的位置。左右兩邊的支柱可以視爲宇宙中負極與正極的力量；或者是再借用一個有效的詞彙，即中國哲學中的陰與陽。中央的支柱則是「將前兩者融合並使其完整」的平衡之力。從某一觀點來說，這三個支柱即是頂部三個圓質的向下延伸體。但這麼說，並不代表它們的重要性僅侷限於此；它們的概念更爲廣大，且擁有更大範圍的應用性。

生命之樹右側的支柱，在某些卡巴拉傳統的分支中，被稱爲「威力之柱」或「恩慈之柱」。此支柱中包含了后赫瑪，主要創造性力量的圓質；荷塞德，秩序、架構與律法的圓質；以及奈特薩荷，愛與吸引力的圓質。它代表了宇宙向外傾湧、可見的與活躍的那一面向，在象徵上屬於「男性」；也就是說，它透過向外流動的能量，在自身之外帶來創造。

左側的支柱被稱爲「形體之柱」，或是在其他資料中稱爲「嚴厲之柱」。此支柱中包含了比那，主要接

圖7　生命之樹的三根支柱

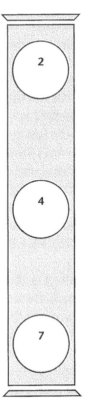

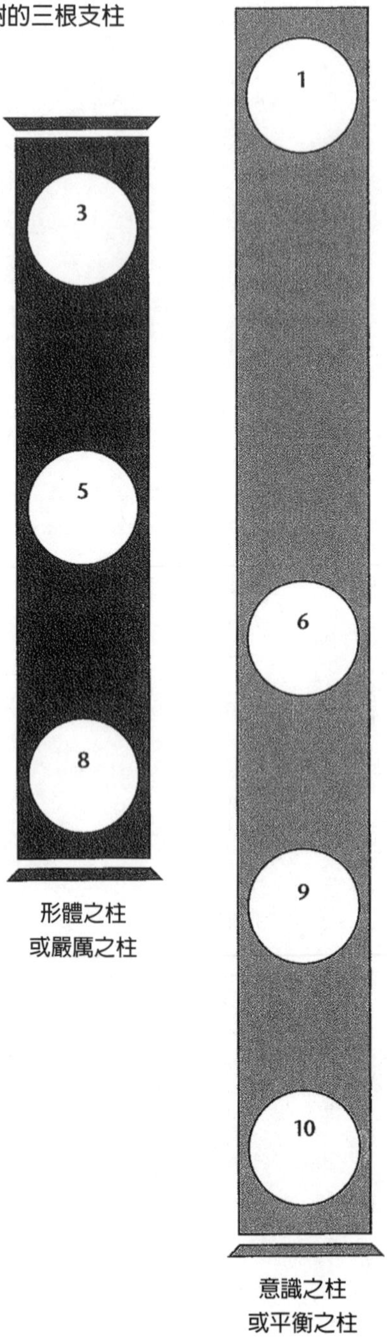

受性形體的圓質；葛布拉，毀滅、分解與混亂的圓質；以及后德，智性思考與分析的圓質。它代表了宇宙往內吸引、隱藏與接受性的那個面向，在象徵上屬於「女性」；也就是說，它藉由將在自己之外的事物吸引到自身之內，而於自身之內帶來創造。

中間的支柱稱為「中柱」，其他的名字包含有「意識之柱」、「溫和之柱」及「平衡之柱」。此支柱中包含了克特，代表「原初與最終之結合」的圓質；梯琺瑞特，和諧與均衡的圓質；耶薩德，根基力量的圓質；以及馬互特，物質現實的圓質。它代表了兩側支柱相互衝突之力的融合與平衡，和諧之力將它們導引向上進入結合狀態，也將其導引向下進入物質化現。象徵上來說，它代表的是在創造行為當中，男性與女性本質的結合，也是男性與女性在做愛中結合的精確反映。

值得一提的是，在一般的象徵中，每一個支柱的開頭與結尾都是它自己的圓質之一，而在另一種圖中則是所有的支柱皆以克特為開頭、以馬互特為結尾。以克特為開頭指出了，所有極性在最高層次皆相互融合於完美同一之中；以馬互特為結尾指出了，所有極性都在日常經驗領域的無數對立面中的某處，有自己的化現。這些觀點在較深層次的卡巴拉理論以及魔法修行中，都有各自的應用方式。

三支柱不僅是生命之樹最基礎的能量元素，也是整個生命之樹象徵系統之組織方式的基本架構，同時亦是卡巴拉理論中所使用的極性關係的主要模型。以某些觀點來看，三支柱的重要性在於，支柱上的圓質可以被視為是支柱本身的精華能量之轉化。

同時，這些支柱也不應該被視為只是靜止的形體。它們的主要角色是為一系列更廣泛的能量關係提供一個背景，在整個生命之樹的架構上，不斷進行垂直與水平移動的力量之舞。就如同一個無限的織布機，它們提供了一個架構，使得宇宙的織物能夠編織於其上。

火焰之劍與蛇的路徑

在這些能量關係當中，垂直的關係——從克特到馬互特再回來——在實際情況中是較爲重要的，應該優先考量。它們能以兩種方式被理解，第一種方式是從生命之樹的上到下，第二種方式則是從下到上。傳統上，第一種方式被認爲能夠傳達創造的祕密，第二種方式則是在處理救贖的工作，亦即人類精神的轉化與療癒。第一種方式屬於宏觀宇宙，即我們周遭的宇宙；第二種方式屬於微觀宇宙，即我們自身之外的宇宙。在生命之樹上，第一種方式主要是跟圓質相關，第二種方式則是跟路徑相關。在它們之間，這兩個能量之流的模式組成了魔法卡巴拉所有實際工作的底層架構，包含了冥想性、願景性、儀式性、神祕性等工作。

第一個模式、或稱下降模式，是依照各圓質的排列順序走，從克特向下到馬互特。因爲它以鋸齒狀下到生命之樹下方，如下頁圖8所示，因此它最普遍的名稱是「閃電」。

這個模式是創造性能量流經圓質的主要途徑，被繪製在支柱結構上。如果你沿著閃電在生命之樹的途徑上走過一遍，其中一些意涵當會立即清楚起來。注意到，閃電在第三個圓質比那和第四個圓質荷塞德之間的部分，並不屬於生命之樹的任何一條路徑；這個間隔是深淵的另一種代表，而深淵即是生命之樹最重要的障礙。這裡還要注意的是，「從擴張到收縮、從恩德到嚴厲，再回到中央之平衡」的閃電節奏。這個節奏性模式是對於「極性力量之潮起潮落」的一種動態回應，不斷地在生命之樹的能量力學中，一遍又一遍的出現。

閃電在卡巴拉理論中有另一種重要性，以及另一個名稱：火焰之劍。傳統教學內容中，在創造性行爲的第一階段，每一個圓質都是一個未達平衡、也未達和諧的能量中心。這種不平衡被擬人化爲一個如惡魔般的個體——在這裡，我們將使用「負面力量」這個詞彙來取代「外殼」或「碎片」（即希伯來文的Qlippah）等專有名詞——而下降的創造性能量「使每個圓質達到平衡與均衡」的這個行爲，則被比喻爲是針對混亂力量

圖8　閃電下降模式：火焰之劍

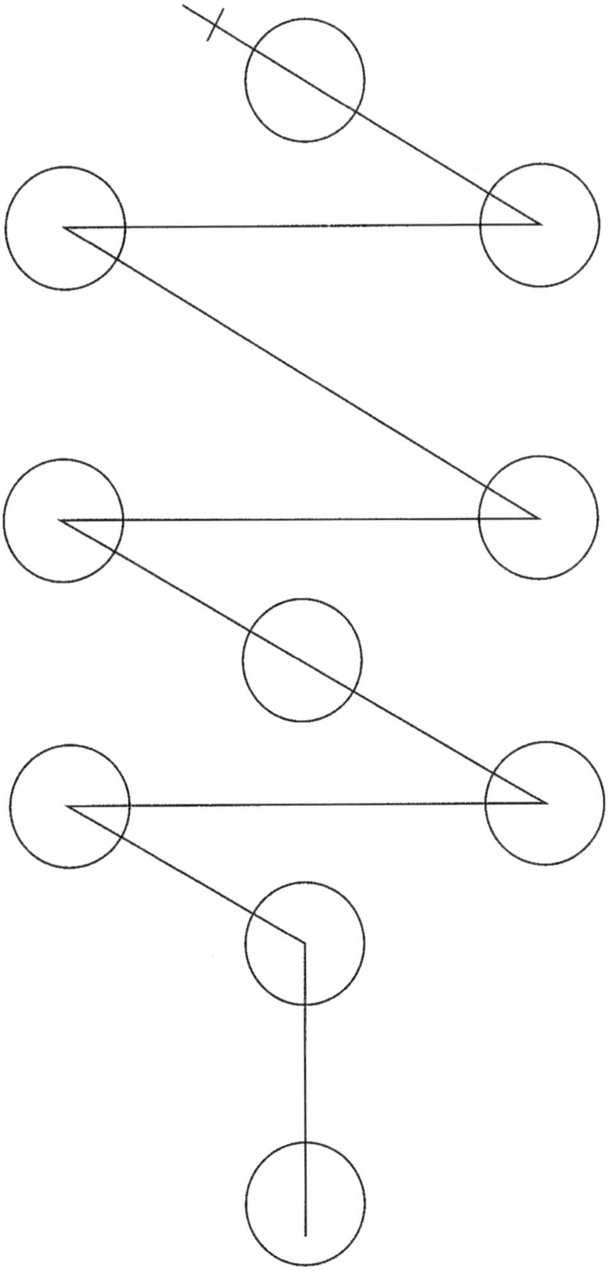

而打的一場戰爭。作爲劍，在圓質與圓質之間下降的能量，將成爲擊敗毀滅性力量並將其驅逐的武器。在實際的魔法中，劍的公式是魔法師用來對抗內在不平衡之源頭的主要工具，也是這些惡魔力量在微觀宇宙中的反映。

因此，閃電的下降，會將生命之樹的能量從絕對同一的圓質，往下帶到每日經驗的領域之中。那個下降會因爲一個「從馬互特沿著生命之樹上升回到克特」的上升能量流而達到平衡；事實上，這裡的平衡也可以說是被帶進了一個極性的關係中。這個上升的能量流跟隨著一條複雜的環繞路徑，在卡巴拉的傳統比喻中，便是以「蛇的路徑」圖像作爲象徵，如左頁圖9所示。

蛇在路徑與路徑之間所走的途徑，或許看來有點奇怪，但絕對不是隨機而爲。第一眼望去，蛇的軌跡好像與十個圓質沒有太大的關係，這也是不正確的。

事實上，蛇的路徑代表了在魔法卡巴拉修行者的意識當中，圓質與圓質之間打開的路徑。更精確地說，它代表了這些路徑以一種「謹慎地維持著平衡」的特殊順序，一個接著一個打開，從生命之樹底部上升到頂部，並且在完美的和諧之中，將人類覺知與潛能的最高層次打開。稍後的章節會討論到，這個開啓的過程便是卡巴拉對於個人轉化方法的核心；在傳統教學內容當中，它也是整個創造性過程的最終實現與完成。

蛇的路徑與極性的法則在兩個方面有所相關。首先，蛇的路徑是在生命之樹的兩側來回移動、在支柱之間來回移動再回到中心，在更高的複雜層次上，它回應了閃電鋸齒狀的途徑。第二點、同時也是更重要的一點是，在圓質之間的每一條路徑本身，首先就是一個極性關係，即通過兩個互動圓質間的衝突所產生的一種平衡之力。因此，蛇的每一個曲線都代表了一個已達平衡的極性；以人類微觀宇宙的詞彙來說，它代表的是意識的兩個面向，結合而進入一個更偉大的整體之中。

圖9　意識上升模式：蛇的路徑

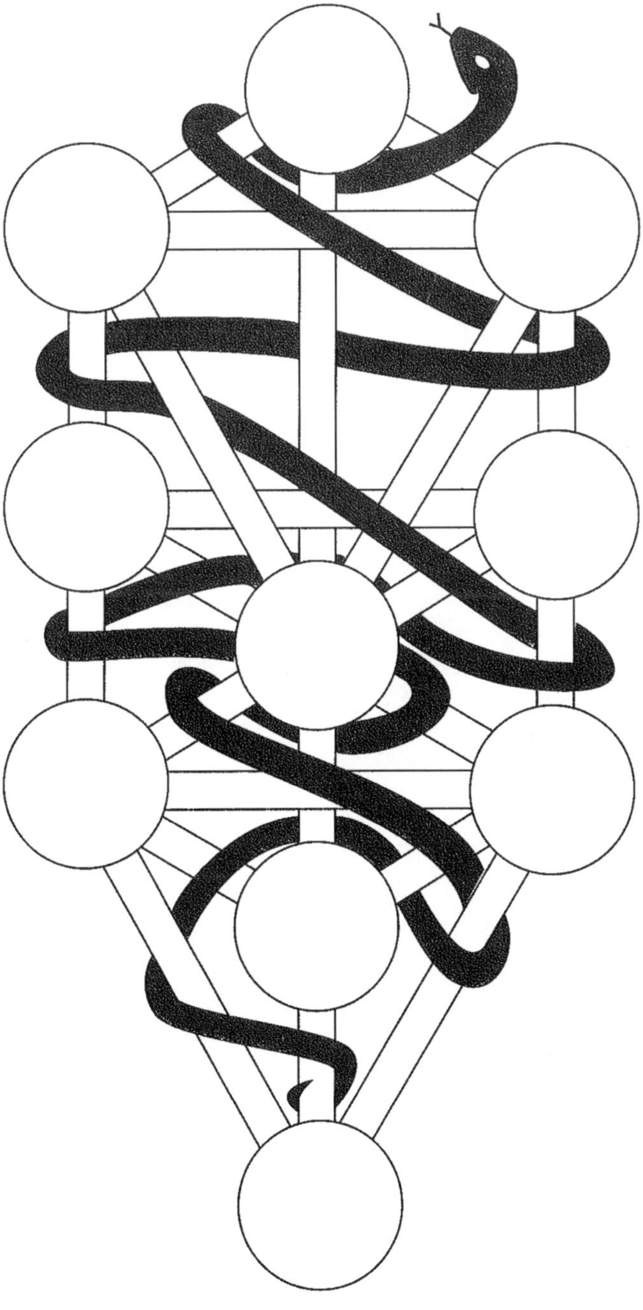

生命之樹的極性

路徑作爲「圓質之間極性的互動」這個角色，會帶進另一個問題。如上所述，在所有的極性關係中，兩個主要力量的其中之一會有向心性或使合爲一體的效果，另一個則會有離心性或使分散開的效果。在生命之樹的圓質與圓質間的關係中，不論是象徵上或實際工作上，這些角色都是頗爲重要的因素，應該要去理解形塑它們的模式爲何。

這個模式並非如我們所預期只是一種支柱的模式，雖然它是從支柱引申而來。反而，這種模式在生命之樹上進行著一種來來回回的移動，這種移動也出現在劍與蛇的圖當中。爲了方便起見，傳統教學使用古代科學中的四個元素來標記不同圓質的極性角色，而相較於其他任何一種象徵，這個象徵至今仍然十分有用。

因此，左頁的圖10能夠展現這些角色「被繪製到生命之樹的圓質上」的方式。以傳統詞彙來說，火元素代表了離心力的角色，因爲物質的火會將其所燃燒的事物燒到碎裂分解；水元素代表向心力的角色，因爲當水倒入水之中，兩個水體會完全融合；風和土，則可以被用來象徵最終的平衡之力。這整組象徵的根源來自於「特措果瑪頓」，YHVH，並且還可以在相同的支線上繼續延伸發展。

當我們在生命之樹上沿著極性角色的軌跡探尋時，被分配給火與水的圓質，在每次互動當中都會維持原本的角色。因此，比方說，葛布拉在與其他圓質的關係中，永遠是離心力的角色。被分派給風與土的圓質，則會採取扮演使其他互動圓質平衡的角色。因此，比方說，相對於葛布拉，梯琺瑞特是一個向心力的角色；但是相對於荷塞德，它又是一個離心力的角色。最後，在中柱的三條路徑上，平衡中的圓質彼此互動，較高的圓質是作爲向心力，較低的圓質則扮演離心力，因此，梯琺瑞特在第二十五條路徑上是使結合的力量，但在第十三條路徑上又是使分解與分散的力量。

圖10　生命之樹與四元素

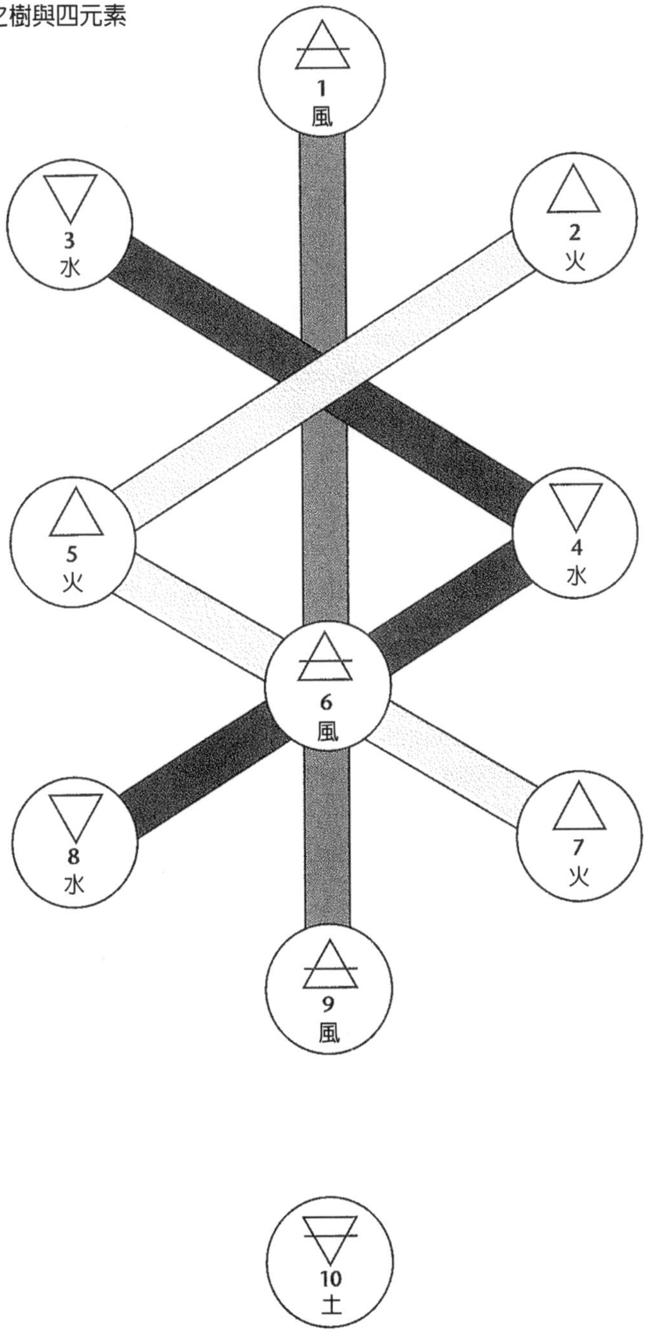

主三位一體與次三位一體

在這個元素模式的系統之外，還有另一個方式可以用來看生命之樹的極性關係，且這個方式還有重要的實際應用性。在這第二個系統當中，路徑被視爲僅只是極性過程中的調節者，而極性關係的所有三個元素——兩個初始的力量，以及最終平衡的力量——都是圓質。生命之樹上的力量之舞，便生起了一系列「圓質的三位一體」，它們每一個都跟一個「路徑的三位一體」相連結。

這些三位一體爲生命之樹的能量力學加進大量細微的層次。在這個背景當中，圓質在極性關係中的角色更加具有流動性。此外，這些關係本身有時也會有一些不預期的功能。有些三位一體會在一個層次上涉及兩個圓質，而在較低層次上涉及第三個圓質；這些代表了帶有創造性功能的互動——也就是向「參與了使世界誕生之過程」的閃電對齊的那些過程——在從蛇的路徑上升的過程中，分開爲對立的力量。其他的會在較低的層次上涉及兩個圓質，接著在更高層次上產生第三個圓質；這些主要是救贖的過程——與蛇對齊，因此對轉化工作來說是很重要的——並在閃電的創造性能量下降過程中，產生對立的力量。還有其他的會在三個不同的層次上將圓質結合起來，並且有一個混合性的功能。這些互動如果放在路徑與圓質的象徵背景來看，可能更有道理，之後也會有更加詳細的解釋，但很重要的是，你開始感覺到其中所涉及的種種可能性。

在這些三位一體當中，有三個是最爲重要的：克特—后赫瑪—比那之三角形，荷塞德—葛布拉—梯琺瑞特之三角形，以及奈特薩荷—后德—耶薩德之三角形。這些三位一體當中的每一個，都與三支柱上的每一個支柱的圓質有所連結，而且每一個都奠基於生命之樹的三個水平路徑——這些路徑攜帶了強度密集的巨大能量，在稍後的章節中會說明。這三個三位一體本身也是生命之樹主要的水平能量架構，其重要性可以跟三支柱相比。在這裡，我們將它們稱爲「主三位一體」。

對於這三個三位一體以及它們與生命之樹其他象徵的關係，人們有許多的困惑。有些作家將它們分派爲四個世界當中的前三個，而將馬互特單獨分派給第四個世界；這雖然是個可用的象徵，但卻不恰當地過分限制了三位一體的意義。其他較不那麼有用的象徵，稱它們爲（以下降順序）智力的、道德的以及物質的世界；這些都是詞不達意的希伯來文翻譯，完全表達不出三位一體的重要性。這三個當中最高的，以傳統詞彙來說，即「超凡三位一體」，這個字目前的意思中沒有任何「智力」之義，而奈特薩荷、后德與耶薩德也沒有任何「物質」的意義。

要理解這些三位一體，一個有效的方式就是將它們視爲是三支柱當中不同的關係模式，即生命之樹的主要極性。當支柱延展越過生命之樹的障礙時，會有三個這樣的模式：一個在深淵之上，一個在深淵與面紗之間，還有一個在面紗下方。（同樣地，我們也可以說這三個模式其實是同一個，從這三個出發點去感知。在實際用語中，這兩種陳述物質的方式是相同的。）這三個模式，再加上第四個，也就是它們在馬互特的融合，會製造出另一個對「特措果瑪頓」的表達。因此，「超凡三位一體」是完美同一的模式，第二個主三位一體是一種具有接受性的活躍力量，第三個則是戲劇性的轉化，以及它們在極性之馬互特中的化現，如同我們平常經驗它們的那般。

在這些主三位一體之外，還有十三個次三位一體，也就是路徑連結到圓質的三角關係，這些在生命之樹的能量力學上較不重要。這些當中的三個，即后赫瑪—比那—梯琺瑞特、梯琺瑞特—奈特薩荷—后德、以及奈特薩荷—后德—馬互特所組成的三角形，也同時將三個支柱連結起來，但是由於它們跨過了面紗或是深淵，因而強度沒有那麼大。剩下的則是將一個支柱上的兩個圓質與另一個支柱上的一個圓質相連結。這些次三位一體的每一個都建立了自己的極性關係，並且將它們的能量加強在生命之樹上，透過其他的三位一體得到平衡，接著再透過各支柱的整體極性而集結在一起。

此刻，或許應當說幾句關於所謂生命之樹的「隱藏路徑」。有一些現代的卡巴拉學派認為，任何兩個沒有被傳統二十二條路徑當中的一個所連結起來的兩個圓質，其實是被一條隱藏路徑連結起來的。這個概念在卡巴拉理論當中能夠有一些作用，但彷彿跟生命之樹的能量力學關聯不大，並且從我們能在個人經驗當中體現的程度來說，它在實際的魔法工作中價值不高。

同樣地，生命之樹的路徑安排也有幾種不同的方式，並以不同的方式連結圓質。這幾個方式當中，有幾個至少是跟黃金黎明傳承所用的這個圖一樣古老，有一些則是比較近代的產物。這些系統當中的擁護者宣稱他們自己的特定圖示是絕對眞理，其他人使用的圖都是虛假的，但這樣的宣稱錯失了一個重點：一個象徵系統、一個為了「一不可被理解且不可言喻之現實」所做的比喻，不可能是「眞的」，而只能是「有用的」。無論這些其他的系統有用與否，都是個人經驗的範疇，不在本書所談論的範圍內。

極性的實際應用

在這個階段，這些內容看起來似乎跟卡巴拉練習的主題關係不大。事實上，極性與能量的概念是理解卡巴拉非常關鍵的要點，可以應用於內在轉化的工作以及實用魔法這門藝術上。

只要掌握了生命之樹上的極性關係，這個理解便能成為我們邁向人類意識之更高可能性的地圖。以極性的法則來說，任何狀態都是「處於平衡狀態的兩個對立力量」的產物，而你自己在此刻以及任何其他時刻的覺知狀態，也不例外。要改變這個狀態，你所需要做的就是辨認出「使這個狀態維持平衡」的那兩個力量，並且對它們其中一個採取行動。辨識出這樣的力量，便是卡巴拉理論的其中一個功能；對這些力量採取行動，則是卡巴拉練習的其中一項功能。

比方說，一個想要清除某種毀滅性情緒模式的卡巴拉魔法師，可能會將那個模式放在奈特薩荷中，並將問題的根本推回到梯琺瑞特中的想像力與自我認知的問題、荷塞德中的精神性記憶與概念、以及上述這些通過以下「尤、卡夫與南」路徑所形成的次三位一體所做的互動。一個儀式、一組轉化性的「路徑工作」、或是對於問題的一些其他種類的魔法回應，可以被放在一起，使用一個適當的象徵來恢復一個更健康的平衡；比方說，使用一個通過祝聖儀式的護身符來將荷塞德的正面力量運作得更加完整，或是透過「吉莫」的路徑工作來清除與事實不符的低落自我形象。一旦這些法則被理解了，練習就會自然發生。

對於每一個層次的卡巴拉練習，上述也都同樣適用，從最基本形式的覺知練習，到思維與儀式魔法等最高且最難的領域。若對理論有了扎實而清楚的理解，學生便能在實修的領域上，避免掉許多的死胡同和無謂浪費的精力。

4
傳統西方魔法哲學的核心：宏觀宇宙與微觀宇宙法則

本書之前涵蓋的許多內容，在加以實際運用時，於某種程度上會產生一個問題。當我們將生命之樹的「極性」或其任一面向，應用到人類心智的運作過程時，就意謂著這個宇宙地圖也同樣是一張人類個體的地圖。如此這般地對一個「隱喻—地圖」進行多重使用，從很多方面來看，都不是我們當代社會所熟悉的思考方式；比方說，我們通常不會以化學作爲瞭解心理學的關鍵。

然而，這樣的思維模式卻是傳統西方魔法哲學的核心。這個概念甚至還有個正式名稱：「宏觀宇宙」與「微觀宇宙」法則。宏觀宇宙（字義爲「大宇宙」）是代表我們周遭的宇宙，微觀宇宙（或稱「小宇宙」）則是代表個別的人類個體，結合這兩者的準則爲：存在於某一者之中的任何模式，也同樣存在於另一者之中。比方說，生命之樹是一個象徵性的宇宙地圖，但它同時也是一張關於人類靈魂的示意圖。同樣地，人類的身體並非僅只是存在於某一偏遠星球上的一個頗不尋常的動物形體（雖然確實是如此）；身體本身也是一個宇宙整體的形象。

由於一不小心就會過度延伸或是導入錯誤方向，因此研讀時必須謹慎以待。在宇宙與人類個體之間，兩者的模式並非總是呈現絕對鏡射，特別是在物質層面上。（比方說，宇宙也有雙腳嗎？）另一方面，宏觀宇宙與微觀宇宙之間的相似處，並非只是個頗具詩意的比喻。在某種特定情況以及特定方式下，兩者具有精確的等值性。

要瞭解這一點，可以回頭複習第一章中所涵蓋的某些概念，並且探究人類究竟是如何感知事物的。就我們看來，從（眼前這）一杯咖啡到你心智中那杯咖啡的形象，連結於兩者之間的連鎖事件是如此冗長複雜，「杯子本身的現實」成爲了哲學家們爭辯不休的對象。絕大部分的連鎖事件，若不是被人類的感官和神經系統所定義，就是被那些已進化的感官及神經系統所掌控的「某部分宇宙」所定義。因此，你心中的杯子形象主要取決於，該杯子是在一個人類環境中被人類所見。你以人類的方式感知到杯子，連帶宇宙中的所有一切事物，因此，你所感知到的宇宙也是一個人類的宇宙，透過你帶有「人類性」的自我形象反射，形塑出其種種細節。

有些哲學家對於這種思維的反應方式是：駁斥一切能被感知的事物，將其統稱爲「幻覺」。但這種想法完全錯失了重點。要再次強調的是，這個讓我們居住於其中的象徵宇宙，也是唯一一個我們能於其中居住的宇宙；它是我們的自然環境，是我們的家。在魔法之道上發生的轉化，會重塑魔法師與此象徵領域之間的關係，但是他們不會、也無法將象徵拋在身後。即使是最高層次的神祕經驗，也是以一種象徵性的方式被神祕主義者感知到。

「亞當卡德蒙」的概念

對於宏觀宇宙與微觀宇宙的法則，卡巴拉思想以及象徵學有一種詮釋方式，以現代角度來看，可能是特別古怪的。這就是「亞當卡德蒙」的概念。「亞當」（Adam；希伯來文爲ADM）這個字只是單純代表「人類」，這一點或許可以讓眾多西方宗教學者免去對字義過多猜測的麻煩；「卡德蒙」（Cadmon；希伯來文為QDMVN）代表「原初」或「原型」。亞當卡德蒙，人類原型，即是縮影於人類形體中的「宇宙」，亦是被投射到宇宙中的「人類個體之形象」。

從這個象徵中，有人引申出一些奇怪的推論以及某些更為古怪的比喻。為滿足我們的目的，在此只需注意三件事情就夠了：

第一，生命之樹圖通常被視為是一幅抽象的亞當卡德蒙形象，因此它也同樣是每一個人類個體的形象。這個想法所產生的結果就是，存在於宇宙中的每個層次的覺知與經驗，也同樣存在於每個個體之中；反之亦如是。

第二，生命之樹圖也被視為是亞當卡德蒙的不同「層次」、或不同「精微體」，後者是更普遍一點的說法；因此，此圖也意指每個人類個體的不同層次或精微體。十個圓質中的每一個圓質，都會被反映在每個層次的人類經驗當中。從這裡開始會有一系列魔法運作的實際公式，這些會在本章的後半段加以介紹。

第三，亞當卡德蒙是分派於四個世界當中的阿其路世界。在理解這一點時必須十分謹慎。原初人類——就像我們所能經驗或談論的任何事情一樣——並不屬於阿其路本身；反而，原初人類是第一世界裡（即究竟實相的世界）最重要的象徵之一。原初人類所要傳達的訊息讓人心生敬畏，同時具有重大的實用性：當我們最接近那個實相時，我們能為其選用的最好象徵，終究會帶有我們自我形象的反射。

五十道理解之闡門

在講述宏觀宇宙時，「亞當卡德蒙」的形象並非魔法卡巴拉所用的唯一方式。過去還有一個曾在卡巴拉著作中占有一席之地的系統也被用來解釋宇宙，這個系統被稱爲「五十道理解之閘門」。之所以選擇這個名稱，是爲了與「智慧的三十二條路徑」（亦即生命之樹），做出明顯的區別，並以此方式突顯一個重點：對應著智慧或是后赫瑪的生命之樹，象徵的是宇宙的威力；對應著理解或是比那的五十道閘門，象徵的則是宇宙的形體。

過去在西方世界，曾有過對宇宙一致的解釋方法，而這些理解之閘門的系統就是該宇宙模型的後續發展之一；然而在幾個世紀以前，因爲物質科學的崛起，這些理論又被全部摒棄了。這個思考方式，將宇宙看成是一個階梯或鎖鏈（以現代用語來說，「光譜」可能是最接近的意象），於此階梯或光譜上，物質位於其中一端，神在另一端——先不論這個神如何被定義。許多現代的哲學與神學理論都主張，位於物質與靈之間、或自然與超自然之間的是一道堅固的障牆；而此處所講述的方法，則是將我們所經驗的宇宙設想爲一個「結合了這兩端」的相續體。

這個概念被稱爲「偉大的存在之鏈」，明顯地跟卡巴拉的中心思想有極大關聯性，並且在包含魔法卡巴拉在內的所有西方神祕學傳統的世界觀當中，亦是很重要的一部分。這個概念在卡巴拉圓（Circles）中會有詳細的介紹。而處在純粹物質以及純粹靈之間的那道光譜，則象徵性地被形容爲是五十道階梯或五十個階段，稱爲「閘門」。

雖然黃金黎明協會創始人之一的威廉．偉恩．威斯考特，有將五十道閘門的理論包含在他的《創造之書》（*Sepher Yetzirah*）譯本當中，但黃金黎明協會內部卻鮮少使用到這個理論。雖然如此，對卡巴拉的魔法師來說，這些理解之閘門及其象徵意涵仍是極具價值的工具。每一道理解之閘門，條列如下：

1 原初物質，混亂。
2 已化現的物質：無形、空無、無生命。
3 吸引與排拒的自然力：深淵。
4 四大元素的分離與初始階段。
5 土元素，至此一切種子尚未存在。
6 水元素，於世界之中行動。
7 風元素，從水之深淵中發出。
8 火元素，給予溫暖與生命。
9 元素透過彼此的特性進行互動（熱、冷、乾、濕）。
10 全體元素意欲混爲同一體的傾向。
11 透過土壤的再細分，金屬出現。
12 花朵和樹液依令出現在金屬世代。
13 地球孔穴中的大海、湖泊、神祕花朵。
14 綠草、樹木以及所有植物生命的進化過程。
15 植物王國的生長以及再繁殖過程。
16 最簡構造的動物生命之進化過程。
17 昆蟲、蟲以及其他無脊椎生物的進化過程。
18 魚類的進化過程。

19 鳥類的進化過程。
20 哺乳類的進化過程。
21 人類的出現。
22 人類解剖以及生理學。
23 人類的細微解剖學、以太結構、靈魂。
24 人類的性慾與再繁殖能力。
25 人類作爲微型宇宙。
26 五種外在能力：聽覺、觸覺、視覺、味覺、嗅覺。
27 五種內在能力：記憶、意志、想像、情感、智力。
28 人類作爲靈。
29 人類作爲天使。
30 人類作爲神之形象與相似體。
31 月亮的星體與靈。
32 水星的星體與靈。
33 金星的星體與靈。
34 太陽的星體與靈。
35 火星的星體與靈。
36 木星的星體與靈。

37 土星的星體與靈。
38 黃道十二宮以及恆星的星體與靈。
39「原動天」的星體與靈。
40「伊辛」，人類作爲一支天使組織。
41「基路伯」，耶薩德的天使。
42「貝尼艾羅因」，后德的天使。
43「塔序辛」，奈特薩荷的天使。
44「瑪拉基」，梯琺瑞特的天使。
45「撒拉弗」，葛布拉的天使。
46「卡絮瑪林」，荷塞德的天使。
47「阿拉林」，比那的天使。
48「歐珐倪」，后赫瑪的天使。
49「卡特哈—克德序」，克特的天使。
50「恩索夫」，無限神性。

卡巴拉的宇宙

第一眼看去，這一長串的玄祕詞彙，或許有點令人摸不著頭緒。這些「理解之闡門」底下存在著一個我們之前已經檢視過的架構。這五十道闡門以每十道爲一組，共分爲五組。每一組的十道闡門皆依倒序代表十個圓質，五組則代表五種不同的存在狀態。閘門1到10，反映了「處於元素物質界之領域」的圓質；閘門11到20反映了「位於大自然中的礦物王國、植物王國與動物王國」的圓質；閘門21到30反映了「位於人類之領域」的圓質；閘門31到40反映了「位於靈與星球力之魔法領域」的圓質；閘門41到50反映了「位於天使與神性之領域」的圓質。

在魔法卡巴拉的傳統教學中，這些領域當中的每一個都或多或少受到討論，並且它們之中的每一個也都是某些特定的魔法修行所專注的內容。雖然說位於中央的領域，也就是人類，也同樣是魔法卡巴拉工作的中心，但這全部五個領域都有值得我們去探索的力量與神祕性。

元素物質界以及天使之領域，在魔法工作中有某些相同的特徵。傳統宇宙學中，四大元素是指物質的基本狀態，而不是指「元素」這個詞的當代意涵；它們可以被想成是固體狀、液體狀、氣體狀態以及發光的物質，也可以被想成是這些狀態在其他經驗層次上的模式或反映。另一方面，天使們則是靈的基本力量，並且也是這些力量在其他層次上的模式或反映。這兩個都代表了宇宙底層的架構，一個從物質的觀點出發，另一個從精神的觀點出發；在一個魔法儀式的開頭與結尾，通常會祈請其中一個、或經常是兩個同時祈請，讓儀式在那個架構中更加穩固。

自然以及精神力量的領域，則爲魔法師提供了範圍廣大的可能性。過去幾個世紀以來，魔法卡巴拉大部分是在城市場景中進行，這也導致了這個傳承當中有太多古老的自然魔法流失，但是重要的教學內容仍然留存下來。根據這個傳承，動物、植物和礦物有許多不同的等級，它們每一個都反映了多種精神力量之間的關係模式，而且每一個都能夠以希伯來文的字母作爲代表——即那些能夠被用來形成一個魔法名字或是「魔力之字」的字母。每種動物都帶著一個「元素字母」、一個「星球字母」和一個「黃道帶字母」；每一種植物都帶著一個星球字母以及一個黃道帶字母；每一種礦物都帶著一個單一字母——普通的礦物帶著黃道帶字母，金屬帶著星球字母，寶石帶著元素字母。

某些植物也會與某些恆星的能量相應，並且自然界中的一切事物都與元素們有著細微的關係，無論這些是否對魔法名字有所影響。當我們對這些象徵的模式進行魔法和冥想工作時，我們便有可能開始與這個領域當中的任何事物進行溝通。對於卡巴拉魔法師來說，動物、植物和礦物都擁有生命與意識，它們各自也都有要貢獻的天賦以及要教導的課題。

對於那些我們以其傳統名稱「靈」稱呼的個體們，也同樣是如此。奇怪的是，現代社會中有很多人對於一個「精神領域或者超自然之存在領域」的想法，感到完全認同，但是當他們聽到有人說這個領域當中可能有人居住時，卻感到很不自在。即使情況如此，大部分的西方魔法傳統接受並使用靈的概念，也就是指那些不擁有物質身體的智慧有情。通常，如同在五十道閘門中所顯示的，這些有情會以傳統的星球系統被分類，但這只是一個非常約略且簡短的速記；在魔法文獻中所記載的靈的範疇與種類之廣，會讓任何想像力都覺得膽戰心驚。

西方世界中，人們對於靈有兩個非常普遍且彼此相對的錯誤觀點，至今還不斷地重複發生。第一個是正統的基督教思考模式，認為所有的靈都是充滿惡意、不誠實且邪惡的；第二種觀點是相對的思考模式，特別是在當今許多新時代的圈子中更為普遍，也就是認為所有的靈都是慈愛的、充滿智慧且善良的。當這兩種態度被應用在靈身上時，就好像是將其應用在人類身上一樣的愚蠢。靈當中有樂意助人的，也有會傷害人的，就好像人類之中也有人會幫助、有人會傷害一樣。我們必須記住，每一個種類的靈對我們來說都是陌生的；其思考模式不同，採取行動的原因也跟人類不一樣，我們無法每次都正確地預測靈的行為。依此之故，那些與靈打交道的魔法師——並非所有的魔法師都這樣做，或者應該這樣做——經常（且有智慧地）會使用傳統的驅逐法與保護法來確保安全。

在五十道閘門所勾勒出的五種領域當中，第三個領域，即人類領域，是目前來說最重要的。一部分是因爲這是離人類魔法師最近的領域，因此也會對他（她）的生命帶來最大的影響；一部分是因爲這個領域是人類意識的家園，因此也是最容易進入以及掌握的；還有另外一部分則是因爲人類領域「位於閘門系統最中央」的這個特殊角色。那些位於精神以及天使層次的有情並不會一路下降到物質當中，而那些位於元素界物質以及自然世界的有情也不會一路上升到靈之中；但另一方面，人類領域以及每一個人類個體，卻能夠雙向進入「存在之鎖鏈」的兩頭。從物質身體的元素界物質到精神自我的最高面向，人類整體便是五十道閘門以及宇宙整體的完整反映。

自我的結構與面向

對於那些「被反映在人類個體當中」不同層次的有情，魔法卡巴拉給了他們特別的分類方式和一組特別的希伯來文詞彙。在這裡，我們會使用這些詞彙，因爲英文沒有適合的等義詞。

圖11顯示了「反映在生命之樹當中」的人類有機體的各個層次。由於我們的文化偏向物質主義，因此本架構中除了最低層次外，其他所有層次對很多人來說都是不熟悉的領域，我們將由下至上來探索這個圖。

在最底部，相應於馬互特，便是「古弗」（Guph），物質身體。這指的是大多數人在聽到「身體」這個詞時，心中所出現的肉體物質之形體。然而，在魔法卡巴拉當中，古弗被視爲是各種人類身體當中最不重要的一個——它不過就是一個物質的殼，使得各種更高層次的精微體能夠存在，並且在馬互特的層次上運作。

圖11　人類精微體的不同層次

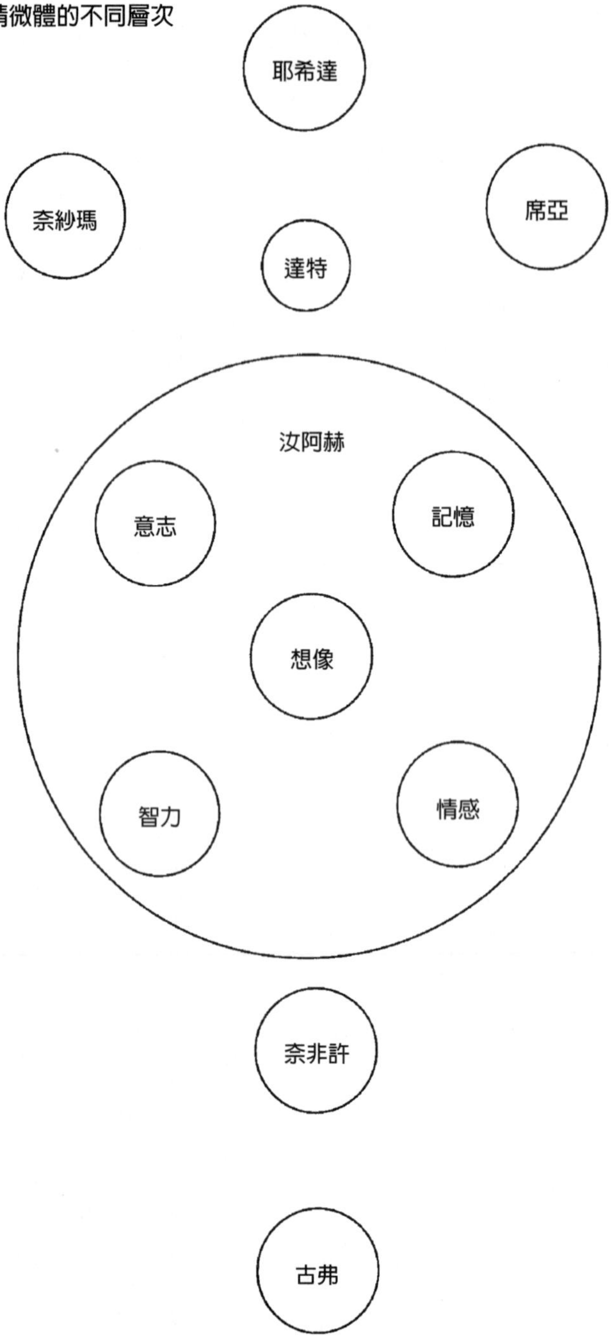

就在古弗的上方，與耶薩德相應的位置上，便是「奈非許」（Nephesh），或者有時被稱爲「以太體」。以太，是一個從十九世紀物理學中借來的詞彙，也是耶薩德層次之經驗中的實質；它能夠組織馬互特層次的厚重物質，使其具有結構。奈非許可被分爲兩部分，一個是蛋形的能量殼，延伸至古弗約幾公尺外之處；另一個是較厚重的盔甲或者護套，與古弗呈現完全鏡射。這兩者當中的第一個稱爲「光環」、或者「靈氣」、或者在另一種情況中稱爲「感官之球體」，另外一個則是「以太分身」。當其作爲物質身體的組織者時，奈非許會設立起以太實質的電流（即東方醫學中的經線），並使其依隨特定模式流經物質身體的表面。奈非許具備有限但眞實的覺知與智力；它控管本能之領域以及人性之面向，後者是它從自己的動物祖先那裡遺傳得來的。某種程度來說，奈非許可以被視爲是當前心理學理論中的「潛意識之心智」。

在這之上，對應於從后德一直到荷塞德的圓質，便是「汝阿赫」（Ruach），有意識的自我。就如同這部分的生命之樹是由五個圓質組成，這部分的自我也是由五個官能所組成：智力、情感、想像、意志、以及記憶。這些當中的前兩個，對應於后德與奈特薩荷，它們是人類心智的庸常思考與感受之過程。其他三個，分別對應於梯琺瑞特、葛布拉與荷塞德，較爲複雜。

這個複雜度的產生，主要是因爲汝阿赫不只反映了圓質，也反映了面紗，也就是生命之樹的兩大屏障中位置較低者。以人類詞彙來說，面紗的存在屏蔽了汝阿赫，因而障礙了三個較高官能，使其不能完全運作。因此，當心智與心，也就是思考與感覺的過程，多多少少在大部分人身上運作時，眞正的想像、意志與記憶卻沒有在作用。我們只能夠反映形式來經驗這些事情，且通常是被扭曲並被削弱後的，連它們眞實潛能的極小部分都鮮少經驗到。

同時，我們大部分人也都經驗過這些官能中的某個展示了它無法預期的力量。很多人可能無意中看到過往的一個紀念物，如一件童年的玩具、過去某段關係中的一封信，卻發現自己不僅只是憶起一般記憶中片段的影像和事件，而是全然進入往事的氛圍中，被某部分過去那難以言喻的感觸所圍繞。許多人做了一些刻意的決定或是選擇，接著發現自己被一連串不預期的好運和能量所席捲，而這些看起來並不像是從內而來的。也有很多人在靈光乍現的瞬間，產生了創造性的洞見，毫無相關的大量信息一下子豁然開朗，形成意義斐然的模式。

所有這些普遍的經驗，都能帶我們一窺汝阿赫之更高官能的潛在力量。我們也可以輕鬆地指出這些相同的官能，在天才男女的生命中所扮演的角色，但是我們社會上那些由卓越人士組成的小團體，卻使大部分的人不願意相信他們自己也擁有相同層次的功能。儘管如此，這個能力存在於每個人身上，而魔法卡巴拉的紀律，有一部分的意圖即是要使此能力覺醒的過程開始啓動。

在汝阿赫的上方，便是「生命之樹第二個屏障」的人類等值物。深淵的本質，正如人類詞彙所表達的那般，在更廣義的範圍上緊密跟隨著它自己的本質；正是在這個節點上，個人開始臣服於超越個人的，自我融進同一之中。這也是「那些隨著物質身體死去的某部分自我」以及「那些未隨其死去的部分自我」兩者之間的分界線。在這條線上，相應的「達特」，即覺知本身，可能會被向下翻轉進入汝阿赫、或者向上翻轉進入自我的永恆。

就像是它所鏡射的超凡三角，這個最高面向是由三個部分所組成的。三個之中的最低者被稱爲「奈紗瑪」（Neshamah），對應於生命之樹的比那。奈紗瑪是人類微觀宇宙的感知與覺知力量之根源，其功能是接受性的。奈紗瑪有時被稱爲精神性的理解。奈紗瑪是自我的超凡三角上最容易被接近的圓質，代表了所有這些自我的較高面向，同時也影響著自我的較低面向。「奈紗瑪」這個詞彙，有時也被用來代表三個最高的層次——當這三個被視爲是一體時。

在奈紗瑪的上方，雖然也可以說是與其平行的，便是「席亞」（Chiah），或是精神意志，即最高活躍元素，也是人類微觀宇宙中一切行動力的根源。最後，在圖示以及人類有機體的最高點，便是「耶希達」（Yechidah），自我的靈性之精要。在古老文獻的神學語言當中，這部分的自我據說永遠與神的存在同在，而這也是其本質的眞實寫照；這是在超越一切表象之外，最接近實相的那部分自我。

它本身，並不是那個實相。這一點必須要強調，因爲現今許多非主流的靈性團體中，有一個非常普遍的觀點是（我們再稍微回到神學語言當中），認爲自我之核心其實與神是完全相同的、或者說是神的一小部分。這個觀點非常吸引人。從某種角度來說，作爲一個社會現象，它提供了一個很有用的平衡點，用以抗衡西方傳統宗教經常表現出的對人類的憎恨。然而，自大與自我憎恨都是同樣不好的壞習慣，而且這兩者通常有著類似的源頭。

因此，耶希達，便是自我的克特；它不是恩索夫歐爾、不是恩索夫、也不是恩；它也不是超越上述這一切之上的「如是」。它是最高且最圓滿的自我層次，因此當它以及有意識自我兩者的接觸開啓時，便是所有轉化經驗中最高的一種，但是它仍然在一個象徵性存在的層次上，存在著以及運作著。

魔法解剖學

以上所給出的分類，是生命之樹對於人類微觀宇宙最重要的應用方式，但這絕對不是唯一的方式。如同在「亞當卡德蒙」的討論中所談到的，自我的每一個面向，從古弗到耶希達，都含藏著一個完整的生命之樹，而這些之中有幾個在實際的魔法工作裡是非常重要的。

物質身體中的生命之樹，特別需要被清楚地理解，因爲這是一個被熟知爲「中柱」練習的魔法修行基礎，也是卡巴拉魔法工具箱中最有效的基礎修行之一。幸運的是，生命之樹圖是簡單的。在站立的人體上即可直接標繪出生命之樹圖——克特位於頭部正上方，馬互特在腳掌心的部位。恩慈之柱位於左邊，嚴厲之柱位於右邊；效果就像是，一個人轉過身回到生命之樹圖中。整個型態可以參閱左頁圖12。

很明顯的，物質身體在圓質所標出的點上，並沒有包含著圓質一般的器官。但這並不表示，圓質在古弗當中沒有其物質存在。物質身體，即使就其本身來說，也並非只是一團肉塊。此外，就如同一些醫學研究正要開始重新發現的，身體也是一個具有韻律或者振動行爲的結構。血液、淋巴、腦脊髓液以及身體的其他部位，皆恆常地以一種複雜的節奏模式進行脈動，它們透過身體振動著，就好像透過吉他的弦在振動一樣。那些定義了音符能在弦樂器上何處被演奏的數學公式，也同樣定義了任何其他振動物的諧音點，而人類身體也不例外。

在這些振動的數學公式中，最簡單、同時也是最重要的被稱爲「八度關係」。手撥一根吉他的弦，於其中點處下壓——將其分爲兩半——再撥弦一次，第二個音符聽起來會像是第一個音符更高的等値音。在專業術語中，第二個音符稱爲第一個音符的高八度音；在八度關係中的兩個音符會有相同的字母名稱（比方說，C），且彼此的音色會完全和諧。如果在中點以及另一端點之間的中點處下壓，於較短部分再次撥弦，結果會產生一個再高八度音的相同音符。這個過程可以不斷地進行下去，一次又一次地將弦分爲兩半，並製造出越來越高的高八度音，直到間隔相近到無法度量。

我們也可以用不同的方式，將這相同的過程應用在我們稱爲「人體」的這個振動系統上。想像身體從頭到腳是一根弦。第一個八度點，即將身體劃分爲兩半的第一個中點，落在生殖器官的位置上；第二個，是

圖12　物質身體中的生命之樹

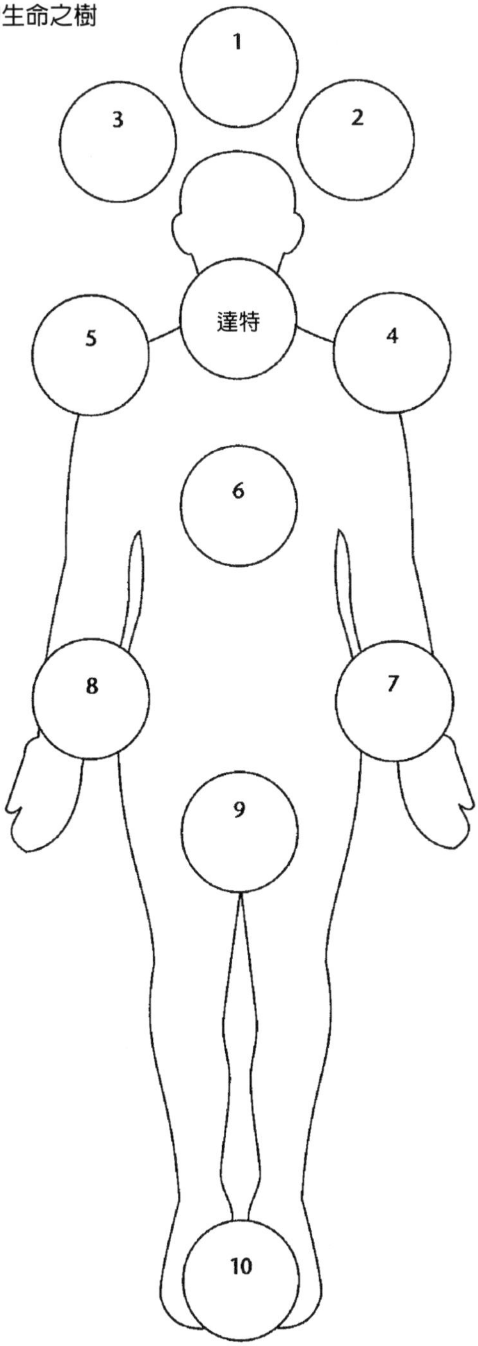

將生殖器與頂輪之間的距離一分爲二，也就是胸部中央；第三個，再將最後這一段距離取中點，則會落在喉嚨上。這些八度點便是古弗的中柱之中心點，並且當我們使用後面章節中所講述的一些技巧時，它們可以用來平衡身體所有層次的能量。在修行上來說較不重要，但仍然與身體的振動結構相關的，則是那些振動進入「雙手與雙腳之共振箱」、以及「腦部中充滿液體之空間」的進入點，這些形成了古弗兩側支柱的圓質。

中柱的中心點有時會與印度教傳統的七個脊柱中心點、或稱脈輪，混淆在一起，但是這兩組中心點並不相同。中柱的中心點位在身體的中線上，而不是在脊柱上，並且它們與特定的身體器官沒有太大關係；相反地，脈輪位在脊柱上，並且與內分泌腺體以及神經叢相連。在某些魔法卡巴拉系統中，脈輪有其扮演的角色，但是它們不該與此處所談論的中心點混淆。脈輪是人類細微解剖學中另一個不同的部分，是以不同方式發展出來的。

知覺之圓質

生命之樹也以特殊方式應用在奈非許或者以太體上。在此，再次地，從這個象徵中也引申出了一些魔法修行上的問題，雖然這些問題通常出現在比中柱練習更高等級的訓練上。生命之樹在奈非許中的角色，涉及了剛已提及的所謂「知覺之圓質」，而如果我們想要領會這部分的象徵，則這個圓質必須被理解。

什麼是知覺之圓質？最簡單的來說，如先前提過的，它便是光環、奈非許的蛋形外層，延伸超出我們物質身體約數公尺外。然而，它並非是一個簡單而毫無特徵的形體。有些文獻稱它爲「宇宙之魔鏡」，這個詞需要按其字面意義來理解，即整個宇宙，其一切的複雜性都被反映在它的表面上。

佛教的《華嚴經》用了一個古老的印度傳說來表達相同的洞見。據說，天神因陀羅（又名帝釋天）有一張無窮大的網，線與線交錯處都有一顆光澤圓潤的珍珠。每一顆珍珠表面都反映了其他每一顆珍珠，因此只要看任何一部分，就能得知整張網的全貌。在這個比喻當中，珍珠就是個別的個體，此網則是「成爲之舞」（dance of becoming），而一切有情都被捕獲於此羅網之中。

因此，知覺之圓質，可以被想像成是這張網中的一顆珍珠，或者用一個更現代的比喻來說則是「整個原始形象都包含於其中」的全息圖的一部分。以實用性來說，知覺之圓質是作爲「意識」以及「某種等級的形象與感知」兩者之間的介面，這個整體有時被稱爲「星光層」。

這個詞彙在很多方面都讓人感到相當困惑，同時它也被用來代表範圍繁雜龐大的各種層次以及階段的有情。在魔法卡巴拉中，「星光」這個詞通常代表的是：在所謂的「想像」之中所經歷之各種各樣的「感知」，即心理意象、心智之眼中的影像。現代人的態度通常認爲這種事情是完全主觀的、或只是無用想法的產物，故而不予以重視；但是卡巴拉的法教徹底駁斥這種說法。有些心理影像確實是從心智當中來的，但有些並不是；而且這全部毫無例外地都被反映到知覺之圓質上，由此再反映到作爲整體的宇宙之上。

因此，心理意象同時是一種感知的方式，也是一種行動的方法。作爲一種感知方式，它允許魔法師去感覺到流經其他心智的模式，連同尚未在馬互特層次上化現之事件的形狀；作爲一種行動方法，它能讓魔法師形塑意識——他（她）自己以及別人的意識——透過「自己所選擇、並且受到意志激活」的那個形象。這是所有的遠見工作、所有的占卜、以及大部分魔法的主要工具。

正是透過知覺之圓質這個器具，心理意象得以作用，而西方魔法圈已經對知覺之圓質做過徹底而詳盡的研究。魔法的象徵性結構可以被標繪於其上，這些地圖則是用來作爲激活特定意象之模式的方法。因此，比方在一些圖表中，星座被標繪在知覺之圓質上，作爲占星魔法的基礎。

然而，這些都是高階層次的工作。目前來說，較重要的是另一個比對組，也就是在知覺之圓質上描繪出生命之樹。在這個系統當中，生命之樹兩側的支柱變成雙柱，並且沿著圓質的外側彎曲，因此每一個人的圓質當中都有兩個比那中心點、兩個奈特薩荷中心點、以及其他等等。然而，中柱並沒有變成雙柱，它走在身體的中線上，並且它在以太體的中心點與其在物質身體上對應的中心點，兩者位置相同。這一點使得中柱練習變得額外重要，因爲此練習會在這些以及其他層次上，與這些中心點進行工作。

微觀宇宙與轉化工作

生命之樹也可以在汝阿赫的每一個官能上、或在奈紗瑪、席亞與耶希達上標記出。然而，目前來說，魔法卡巴拉當中並沒有很多這類的應用，有的幾乎全部都是理論，而未與實修的領域產生連結。然而，還有一種方式可以將生命之樹與人類的微觀宇宙連結起來。這個方式專注在精神發展的轉化過程上，古時的煉金術士稱之爲「偉大工作」。

這個特徵顯示在左頁圖13中。其中有一些元素，特別是最低的，是從一部分的卡巴拉理論中衍生出來的，這些會在下一章做解釋，而其完整的應用要等到稍後講完轉化工作後，才會繼續涵蓋。總之，這整個大綱應該是很清楚的。

在底部是「負面人格」，可以被視爲自我的一切扭曲與不平衡之總和。「人格」（persona）這個詞，拉丁文的意思是「面具」；負面人格的作用就像是面具一樣，將自我眞正的形狀隱藏在眾人的視線之外，包含自己。因爲某些稍後會解釋的原因，它被分派在馬互特。

在這之上，但完全與之纏繞在一起的，便是「較低自我」。這就是庸常意識所感知到的自我之層次，是

圖13　生命之樹與自我的不同層次

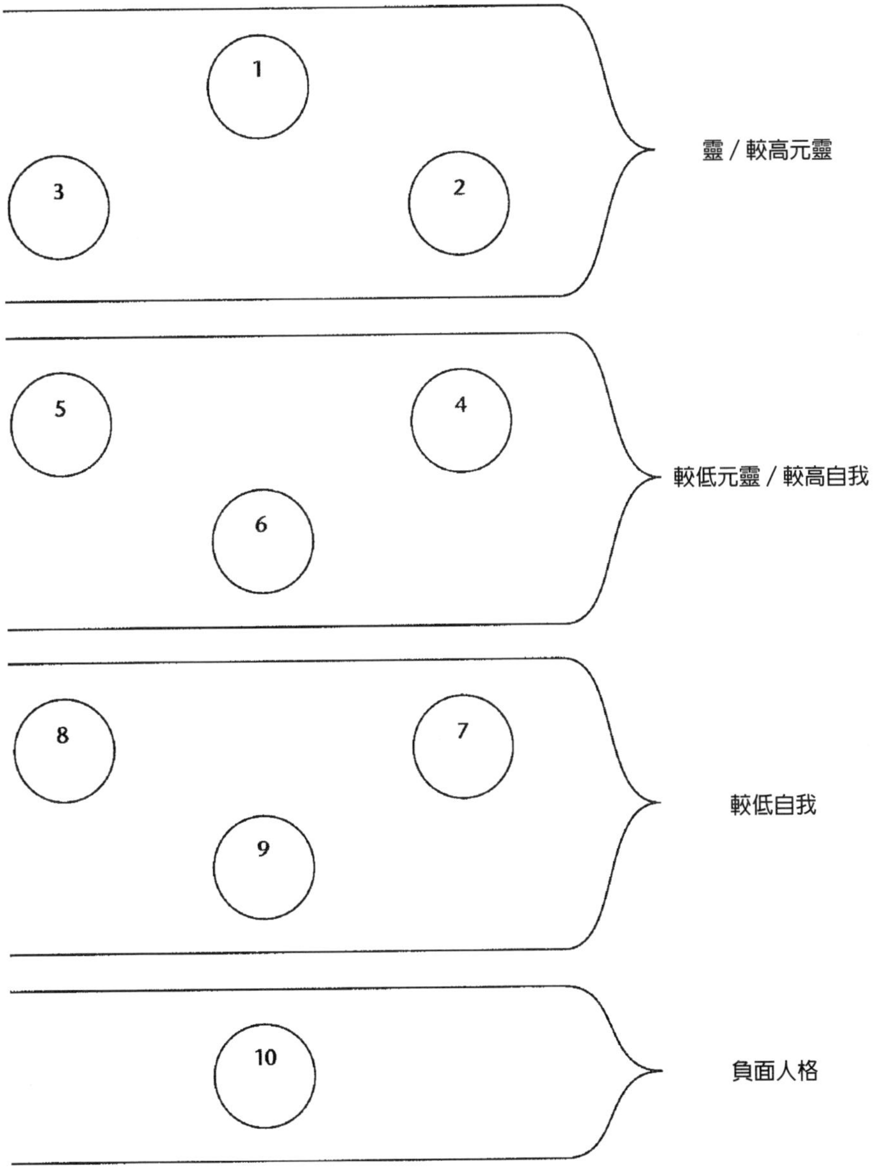

由汝阿赫的較低部分、奈非許及汝阿赫所持有的古弗形象所共同組成——雖然經常不是古弗本身。在現代用語中，「個性」（personality）一詞與魔法概念中的較低自我頗爲相符。在生命之樹上，個性被分派給馬互特與面紗之間的圓質。

圖中的下一個是「較高自我」。這是能被庸常意識所感知到的自我之層次，但通常不被感知；它是由在面紗之上的所有潛能組成的，但除非面紗已然揭開，否則無法取用。有時候我們能夠一窺這些潛能，使其降臨到較低自我，並且經常扮演一個具有指導性與方向性的角色。因爲如此，「元靈、天才」（genius）這個詞——在其被稀釋字義並用來代表一種不尋常的天賦之前，它的意義是守護靈——被使用在這裡以及下一個階段上。因此，在這個術語中，或是我們將會使用的術語版本中（同一個詞彙還有其他的用法，對於一個已經很困難的主題來說，好像又增添了更多的困惑），這一部分的自我也被稱爲「較低元靈」。

最終，最高層次的自我，便是「靈」、或是「較高元靈」，也就是在深淵之上的那部分自我，完全超出庸常意識範圍之外的自我。很重要的是，這一部分的人類微觀宇宙，完全不能被稱爲是自我的一部分；它存在於「同一」的領域中，完全超出「自他分離」的層次之外；它創造了我們通常認爲的自我，以及自我在肉體生命的終點時回歸的那個模式。

有一些魔法傳承想要強調這個無比強大的力量以及庸常的個性兩者間的不同，卻導致了一種困惑的狀況發生。他們將靈稱爲神聖的守護天使；而在卡巴拉中細緻度更高的其他傳承，他們藉由將其取名爲ADNI，阿兜奈（Adonai），一個代表神的希伯來文名字，意指「上帝」，也容易產生另一種困惑。這兩個詞彙雖有各自的缺點，但目前都仍在使用當中，因爲這兩者都有效地將專注力放在更高元靈最重要的「他者性」（otherness）之上。兩者都強調了，人類微觀宇宙的這個面向，並非只是另外一種談論較低自我、或者是談論較低自我加上負面人格的方式。

最後這個觀點可能看來過於基礎。其實不然。有一種態度，即心理學家所說的自我膨脹、以及傳統卡巴拉魔法所說的靈性驕傲，一個從宗教借來的詞彙，正是這個工作當中最嚴重的危險之一。那些因太想受到讚譽、或者帶著需固化自我之強大需求而進入魔法之道的人，他們通常會找到這些事物，但他們也同樣可能遭遇狂熱主義、妄自尊大和心理崩潰等等。在西方的魔法史上，這些事情頻繁地發生，層出不窮。

5 魔法卡巴拉的信息（一）：創造之道

我們目前已涵蓋的內容，包括象徵的本質、生命之樹的結構、能量的隱喻、讓生命之樹能夠用於實修的極性、對生命之樹在宏觀宇宙與微觀宇宙中的一些想法，都是藉由先理解魔法卡巴拉的哲學，而此概念的支配系統不僅是卡巴拉系統的基礎，也給予了此系統形體與潛能。

然而，在傳統猶太卡巴拉文獻中，這類事物只占了一小部分內容。那些對於經典中文句的詳細分析，也就是試圖要對《聖經》進行解碼的任務，占了更大部分。但是有很大一部分內容都是關於（也只能被稱爲是）「卡巴拉神話的創造」：也就是對於整個宇宙的誕生、歷史以及結束的大量說明，其中涵蓋了巨量的時間循環與廣大無垠的空間，在此，《聖經》神話被當作跳板以獲得一些令人驚訝的推測，而人類的生命與歷史於眾多精神力量之中，屬於一齣充滿愛、戰爭、失去和救贖劇碼的一部分。在文化復興時期以及稍後，那些將卡巴拉調整爲適合己用的魔法師們，大部分都將這些戲劇拋諸腦後，但是還有一大部分的卡巴拉神話被保存下來，並且在黃金黎明傳承的法教中扮演重大的角色。

對於現代人來說，這個怪誕的謀畫可能看來毫無用處或者甚至更糟，但是四個世紀以來，強迫性的專注於物質經驗上，已經讓我們的文化變得盲目，看不見曾經是一種很普遍的傳遞訊息方式。卡巴拉傳承的神話結構，就如同任何神話一樣，是象徵的語言，它們以戲劇化且容易被記得的形式傳遞知識。一個文化的神話，會表達該文化的價值以及其中的宇宙形象；而宗教的神話，則是該宗教特殊的內在轉化之道的核心概念與元素。

因此，同樣地，卡巴拉神話也有一個要傳遞的信息。那個信息，以及包含了信息的神話，可被區分為兩部分：一個處理的是當下的世界以及人性的本質，藉由描述出兩者接軌的歷史；另外一個表達了人性以及世界的潛能，藉由預示出兩者所接軌的未來。在神學詞彙中，我們稱這些為「創造之道」以及「救贖之道」。

同時，這個架構是一個神話，而且它對過去所做的陳述，不應該被天真地視為歷史來看待——也就是作為那些「真正發生過」的事情的闡述。（對於這個議題，大部分在所有時代中被我們當作歷史的那些事情，包括我們自己的歷史在內，其實都是稍微偽裝後的神話所組成的。）傳統的卡巴拉對於事物之起源，提供了一組強大的隱喻，使人能夠瞭解宇宙以及其中人類的所在地方與本質，但是這些隱喻並不必然與目前同樣充滿隱喻的科學理論相吻合。同樣地，預言的結構雖主導了魔法卡巴拉對於救贖過程的概念，但也不應該被視為是未來的藍圖。畢竟，每一個歷經生命的人，都會有一個不同的未來，就好像每一個能記得的人，都有一個不同的過去。

創造宇宙的三個階段

在卡巴拉傳承以及正統《聖經》信仰的神話當中，兩者之間的某些分歧概念，可以從卡巴拉對於宇宙起初的陳述中得到。這個陳述是依照《創世紀》中的版本，分為一系列階段而得來，其中有一些可以被追溯到較古老的文獻；許多時代的學者與神祕學者，會使用第二章中所提到的對於經典的解碼，從各個方向去填補極為基礎的《創世紀》陳述，有一些從現在眼光看來是極為古怪的。這些材料當中的一部分，後來被西方魔法圈拿去使用，並發展成一個多少還算和諧的陳述文本，也就是我們要在這裡討論的版本。

從魔法卡巴拉的觀點來看，宇宙的創始分為三個階段發生。第一階段稱為「撤退階段」。從象徵上來說——在這裡，我們是位於隱喻的最大極限之中——據說神的存在填滿了所有可能存在的領域，它是如此全然地飽和，以至於其他任何事物沒有空間能夠存在。在宇宙能被創造之前，有一個空間必須被清空以騰出位置，因此神聖存在必須撤離。這個撤離的動作可以被視為是「空無」的創造，因此它與三道面紗中的第一道「恩」相關。

創造的第二階段可被稱為「原初世界階段」。古代文本在談到這部分的過程時，通常使用模糊不清且經常自相矛盾的文字來描述，但是在這些敘述中的一個相同點是，在創造的開端階段中，見證了一個世界系統或是圓質系統的誕生，其先於我們現在這個宇宙的存在。正如黃金黎明的「哲學儀式」所描述的，它被丟擲向前，如同鐵匠鐵錘下冒出的火花，這些原始的存在領域，每一個都是即將存在的宇宙之部分潛能的純粹表達——互不相關、無極性、並且因此是不平衡的，即《創世紀》中「無有形體與空無」的世界。另外一個隱喻將它們比喻為是一個迴旋中的混沌，向外衝出了由撤離所形成的空間界限。由於自身的不平衡，它們無法持續，並且在下一階段來臨之際，它們便解體了。初始世界的階段，建立起了向宇宙開放的種種可能性，因此它對應於第二道面紗「恩索夫」。

創造工作的第三階段可被稱為「下降之光階段」。在這個階段當中，於第一階段撤離的神之存在又回復了，但是以不同的姿態：也就是閃電的姿態。在這個隱喻中，在先於「撤離」的無區別之存在汪洋中，神性現實以十個創造之力進入宇宙，也就是生命之樹的十個圓質。在這十個力量周圍，從它們的能量當中生出了整個宇宙光譜，從靈魂到物質，一切激增進入存在。《創世紀》中所描述的七天創世，在這裡可以被解釋爲是光透過生命之樹七個較低圓質的下降，即深淵下方的化現之領域。由於光在這個階段的角色，它與三道面紗的最後一道「恩索夫歐爾」相關。

卡巴拉中的惡魔：負面力量

在下降之光階段中，原初世界據說已經被摧毀了。然而，它們並非沒有任何重要性。在原初世界的許多面向之一，它們代表了使生命之樹的圓質能夠存在的潛能：以隱喻來說，便是等待著被下降的閃電盛滿的「容器」。在另一個面向，它們便是那些處於不平衡原始狀態中的圓質本身，等待著被上方湧入的能量將其導入和諧。

然而，在卡巴拉思想與練習的許多分支中，有一個不同的面向，扮演了一個更重要的角色。於不平衡的領域，原初世界對立於同一的創造之光，前者的反對力量成了一個惡魔般的角色。在這裡，光之下降採用了劍的象徵性形體，粉碎了「混沌與老夜」（Chaos and old Night）的領域——粉碎，但非消滅。

原初世界的碎片，持續地存在於我們當前的宇宙中。它們仍然處於極度不平衡的狀態、仍然與同一相互對立，它們是負面力量，也就是卡巴拉中的惡魔以及宇宙中的邪惡源頭。由於微觀宇宙反映出了宏觀宇宙，因此，這些負面力量也以無知、殘忍、自私、暴力、以及其他任何一種形式的邪惡人性，鏡射於人類的靈魂當中。

負面力量所使用的象徵，與西方正統信仰中詳盡的魔鬼論一樣，擁有相同的來源。但如果將它們視爲與傳統宗教中的惡魔相同，這是不正確的。它們並非是那些因違抗神而受到永恆詛咒的墮落天使；反而，它們是創造過程中的必要部分，它們的角色以及工作，以宗教詞彙來說，是屬於神之意志的一部分；它們也並不是因爲做了那些最終成爲其工作的事情，而被丟入某種永恆審判官的小房間當中。它們是屬於救贖之道的一部分，就如同它們是屬於創造之道的一部分，並且它們在卡巴拉的神祕結構中扮演了關鍵性的角色。

解讀「伊甸園祭壇示意圖」

當創造的三個初始階段結束後，宇宙便以一種完美的平衡狀態，存在於所有十個覺知層次中。這個狀態對應於「亞當卡德蒙」的完整性；這在卡巴拉中被描述爲「伊甸」，延續了經文中隱喻的使用。然而，這個伊甸跟人們在正統基督教與猶太教思想中所想像的伊甸園，沒有太大關係。

若要從卡巴拉的觀點來理解伊甸的意義，重要的關鍵是上一章所討論的宏觀宇宙與微觀宇宙法則；若某事對亞當卡德蒙來說爲眞，從另一觀點，對每一個人類來說也爲眞。接著，後續所談到的神話，可以從至少兩個層次來解讀：第一，是作爲宇宙的誕生、轉化以及命運的隱喻；第二，是作爲我們每一個人的起源、墮落以及救贖的隱喻。

左頁圖14展示了黃金黎明實修儀式中的「伊甸園祭壇圖」。這個圖是一個生命之樹圖的特定版本，並有一系列額外的象徵附加於其上，有些是從《創世紀》而來，有些是從《啓示錄》而來（這也是西方的魔法師與神祕學者另一個最喜歡引用的隱喻來源之一）。

位於圖中頂端的人物，頭戴星辰、身著太陽、站立於月亮之上，被稱爲「艾瑪阿羅因」（希伯來文爲AIMA ALHIM，即Aima Elohim），超凡之母。她是超凡三角的三個圓質之總集，透過象徵女性的圓質比那被反映出來，也因此代表宇宙中最高的精神力量。同時，這個圖中的每一部分，從人類的微觀宇宙來看，又

圖14　伊甸園祭壇示意圖

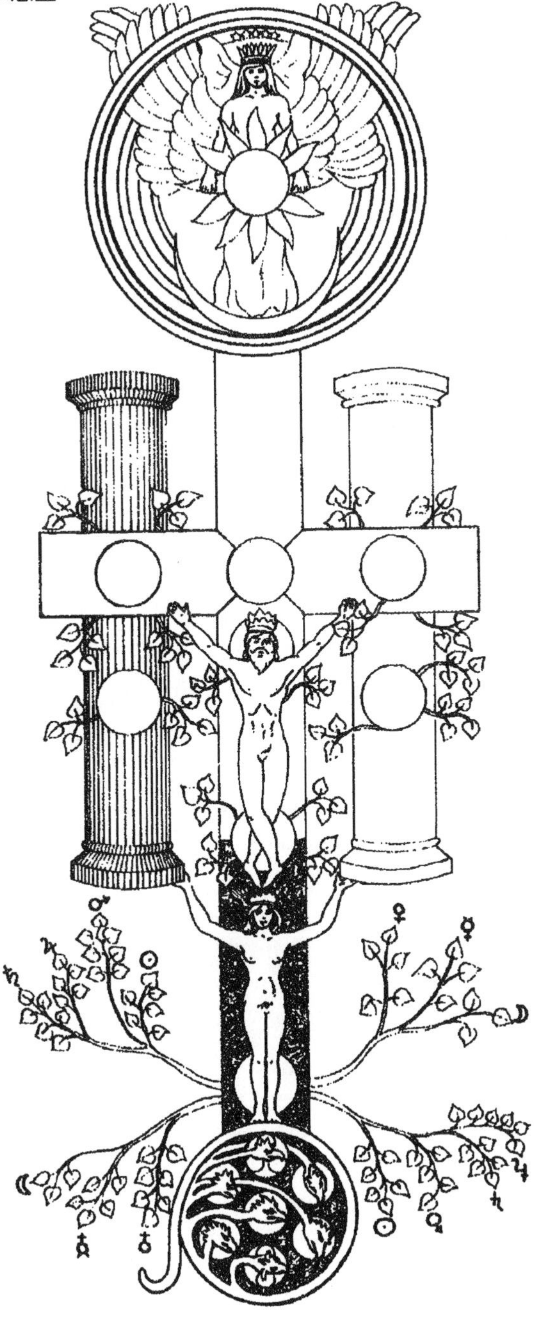

各有其意涵。以此觀點來說，「身著太陽的女人」便是反映在人類靈魂中的超凡三角，即不朽、超脫的那部分自我——奈紗瑪。

從艾瑪阿羅因，一股創造能量之流下降到圖的中央，在此分流，形成一個十字架。從象徵上來說，這股能量之流被稱爲「河流」。據《創世紀》說，它流出伊甸後分成四個支流，象徵「特措果瑪頓」的力量。這些支流也顯示在圖中：第一個，名爲「皮森」（Pison），被分配給「尤」與火，從分流點向外流到葛布拉；第二個，名爲「吉虹」（Gihon），被分派給「黑」與水，並向外流到荷塞德；第三個，名爲「席德克」（Hiddekel），連結著「乏」與風，並向下流到梯琺瑞特；第四個，名爲「琺拉特」（Phrath）、或者「尤琺拉特」（Euphrates），跟最後的「黑」與土相關聯，並從梯琺瑞特一路下降到圖中最底部的馬互特。

這些能量之流的分流點是在「達特」，即深淵中的類圓質之處。此處就如同於生命之樹圖中，達特同時作爲橋梁以及屏障。在達特上方的圖部分，傳統上稱爲「較高伊甸」、或者「超凡伊甸」，下方稱爲「較低伊甸」，達特則是作爲這兩者之間的閘門。

在達特下方的圖上，站立著第二個人類形象，他的頭在梯琺瑞特、腳在耶薩德，頭戴皇冠，全身赤裸。這代表著亞當。若依字面將亞當解釋爲第一個人類，便錯失了重點；如先前所提，「亞當」在希伯來文中僅只是代表「人類」。亞當是抽象概念的人類：從某一個觀點來說，即所有的人；從另一個觀點來說，這是「人類以及人類潛能，過去、現在與即將到來的，連同反映在宇宙整體當中的人類形象」以上一切的總結。他頭戴皇冠，象徵他與從克特下降之能量的接觸；而他伸手向上觸摸荷塞德與葛布拉，象徵他在生命之樹的巨大極性之間保持著平衡。以微觀宇宙的詞彙來說，這個人形代表著汝阿赫，即「由記憶、意志、想像、情感以及智力等官能所組成的」有意識的自我或個性。

在亞當的下方，站在馬互特之上的是另外一個受到加冕的人形，也就是夏娃的形體。再次地，字面上的解釋會錯失了重點；「夏娃」這個名字（希伯來文爲ChVH，即Chavvah）來自於一個字義爲「生命」的字。在宏觀宇宙當中，夏娃可以被準確地看成是生物生命的力量與潛能——從一個角度來說，也就是母性之本質。在微觀宇宙當中，她是奈非許，人類靈魂中代表本能和動物的那一面，也就是我們與其他擁有肉身投身的有情所共享的那部分。因此，每一個有生命的人類，不論男性或女性，都同時是亞當與夏娃、靈與動物的結合，並且擁有奈非許或靈（極性的第三個元素）永恆而不朽的存在。很重要的是需注意到，在這個圖當中，夏娃也受到皇冠加冕，並且她的雙手支撐著力量與形體之柱。因此，她與「超凡存在」相連結，就如同亞當一樣，而她的特殊角色在於維持整個系統的平衡。

在圖的底部，也就是馬互特的位置上，有另外一個從《啓示錄》引用的象徵。這是一隻有七顆頭和十支角的龍。多年來，根據各種象徵性、宗教及政治情況，這隻龍被賦予了諸多不同的意思。然而，在這裡，牠也代表了伊甸神話中的蛇，並且代表了負面力量的存在。十支角代表了十個圓質，七顆頭代表牠們領域中的七個地獄——格旱那（Gehenna），軀殼之王國。

在古代的耶路撒冷，格旱那山谷是城市中垃圾的集中焚燒地。雖然它被借用來作爲正統宗教的地獄形象，但它還是能夠被作爲一個隱喻，用來代表原初世界的剩餘物在當前宇宙中的存在模式。下降之劍，粉碎並驅逐了那些造成原初世界不平衡的能量，並將這些能量推送到馬互特最外圍的部分，也就是物質層次最厚重處，同時也是距離創造過程最遙遠的地方。如圖所示，牠們在這裡沉睡：較不隱喻地說法爲，牠們是「存在但不活躍、且尚未開始化現」的潛能。

從第十個圓質，在它們之上，「善惡知識樹」生出了枝幹，延續了伊甸的象徵。此樹代表了眞正自我覺知的可能性，不論好壞；它向上到達樹的較高圓質，但也向下延伸到格旱那。它從馬互特開始上升，因爲物質領域以及其中所有的抗爭力量，是唯一一個「能夠讓人類如實地認識自己以及自己力量」的存在層次。

在上方，如同一個承諾般，達特下方的圓質顯示爲擁有自己的枝幹，並且象徵性地將這些枝幹與伊甸的生命之樹相連在一起。這棵樹也同樣有一條蛇，雖然牠沒有顯示在圖中：這條蛇的蜿蜒路徑是從馬互特一直延伸到位於克特的樹的峰頂。

作爲一個整體來說，這個圖像有許多解讀的方式，可以從微觀宇宙來看，也可以從宏觀宇宙來看。所有解釋當中的共同點是一種天眞無知之意味，但也有一種未實現的潛能之意味。亞當仍然與物質領域分離，而知識樹所代表的「自我覺知、知識與自我掌控」的可能性也尚未被碰觸。這個階段，便是事物尚未與經驗當中的「嗡鳴般繁盛的困惑」分開來的嬰兒期階段；這也是精神或魔法修煉的第一階段，此時，魔法師尚未感受到「對於改變與成長之恐懼」的擾動，而此擾動是以「臨界點的看守者」作爲象徵。更廣義來說，它指的是我們種族「在眞正的自我覺知誕生之前」的進化階段，也就是當夏娃所代表的本能以及自然驅力，在平衡狀態中抓住了「即將浮現的自我」之柱：智人之先驅那段長久的史前動物時期，便是我們種族的嬰兒期，也是自我精神發展的第一階段。

在任何解讀中，這個人形都代表著「開始」的形象；更廣義來說，這些開始都已經過去了。要來到下一個圖，我們所經驗的世界才開始成型。

解讀「墮落祭壇示意圖」

伊甸所象徵的狀態，處於一種完美的平衡之中，但這個平衡是靜止不動的；在改變來臨時，它無法存續。將平衡擊倒的那個改變，其本質及結果可在圖15中看到，也就是哲學儀式當中的「墮落祭壇示意圖」。

正統宗教對於「原罪」以及類似的概念，使得「墮落」成了人類歷史與人性急轉直下的關鍵點，對於許多現代人的眼光來說，這是高度可疑的。但是這個概念並非西方一神論的宗教所獨有。人類對自己的同胞以及所身處的這個世界，所做出的種種駭人聽聞的行爲，讓許多人，不分種族與時空，懷疑在人類各種毀滅性行爲的化現背後，有一些核心的缺陷存在。許多東方的傳統——佛教是一個很好的例子——傾向於將此缺陷視爲是無始、但可以被治癒的；相反地，西方世界傾向於將人類的邪惡視爲暫時的苦難，但有一個確切的開始與終點。在最後一個分析當中，不同之處或許只是來自於不同的文化風格。

卡巴拉中關於墮落的神話，最終也是與那些正統信仰中的乏味故事，引申自相同的《聖經》陳述。然而，同樣地，卡巴拉有自己的途徑與解釋方法。要理解這一點，最好的方式就是將墮落圖詳細看過。在這個例子當中，方向是由下往上。

圖的底部是格旱那的領域，即宇宙的廢棄物集中地。在伊甸圖當中，紅色的龍代表了沉睡在這裡的負面力量，遲鈍而無行動力。然而，現在這個力量醒過來了，繞了兩個巨大的弧線形席捲並包圍了圓質馬互特，且攻擊深淵下方的其他圓質。在它們的位置上，掉落到「軀殼之王國」當中的是圖14中的夏娃。

《創世紀》中的故事描述了夏娃如何一嚐善惡知識樹的果實。這部分故事也被吸收到卡巴拉的神話中，不過是以一種非常不同的方式。這裡的知識樹乃精確地意指：使人能夠做出眞正選擇的那個自我覺知的知識。在這裡，夏娃，即生命，獲得了這個自我覺知；但是在這個過程中，她所抓住並維持平衡的那兩個支柱，便失去了支撐。在此圖中，支柱不見了，系統的平衡被粉碎了，夏娃自己則下降到純粹非平衡的領域中。

圖15　墮落祭壇示意圖

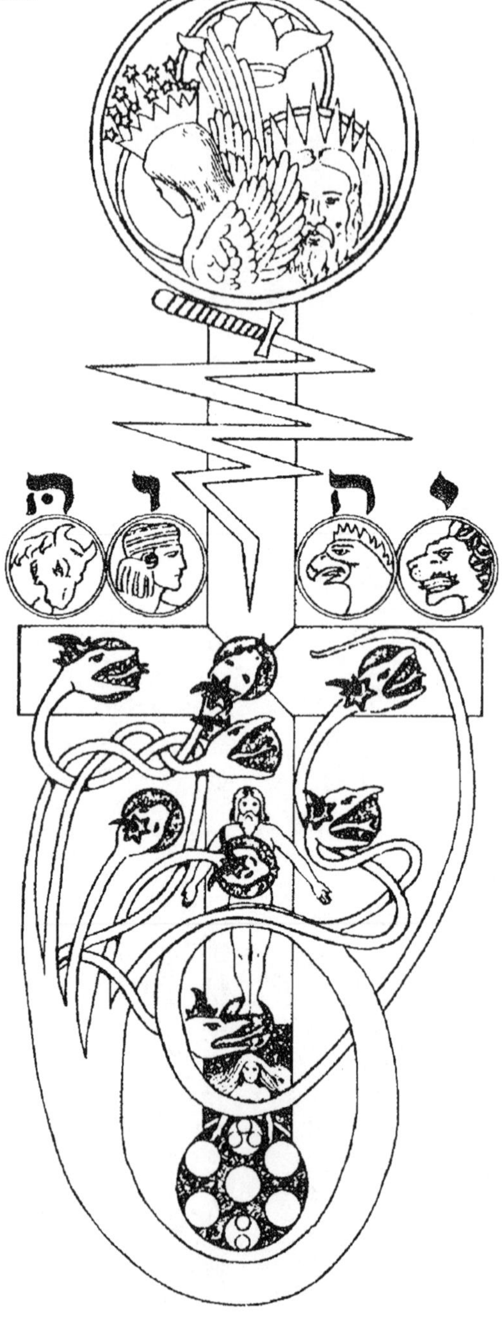

隨著夏娃的下降，亞當也從自己原本的地方下降；他的雙腳現在站在馬互特上，他的頭只碰觸到奈特薩荷與后德之間的空間。他與夏娃都沒有了皇冠，因爲從超凡存在直接降下的能量已經被切斷了。本來是七顆頭的龍，現在生出了第八顆頭來對應達特，也就是伊甸之四條河流的分流點，並且頭戴皇冠，象徵著與更高存在的接觸；龍的毒液玷汙了降下的水，將其從伊甸之河轉化爲地獄之河。

但是負面力量之龍、極端不平衡與邪惡之龍，無法穿過深淵到達同一的層次。更高伊甸的閘門對其關閉。在《創世紀》中，在墮落之後，伊甸的閘門據說被「基路伯以及熾燃之劍」守護著。在這裡也一樣，但是卡巴拉爲這些文字注入更多意涵。基路伯（在現代魔法語言中，Kerubim這個拼法可能比較普遍）並非像是歐洲藝術中白胖柔軟的嬰兒天使，而是「掌管四大元素並代表了特措果瑪頓的四個字母」的天使之力。在圖中，它們通常以一頭獅子、一隻老鷹、一個人類、以及一頭公牛的形象作爲象徵。另一方面，熾燃之劍則反映了創造的閃電形象以及原初世界的最初粉碎。

在上方，即圖的頂部，艾瑪阿羅因的同一也已經被摧毀了。她的形象仍在，但轉過身子，好似在默哀。在她旁邊是超凡之父的臉，代表后赫瑪，克特的皇冠盤旋於一切之上。下方的毀滅則鏡射於上方的分流點。

就如同圖14，圖15這組神祕形象也有好幾種解讀方式，可從宏觀宇宙以及微觀宇宙的角度來看。從星球的規模來看，它代表我們的種族開始成熟，在地球的一部分動物生命當中的自我覺知與個人責任的覺醒。「化現爲本能以及環境壓力」的自然之力，已經無法在這個世界繼續保持人類的平衡；取而代之的是相同的生物驅動力，一旦它維持了自己的平衡，便會將人類在各個方向上朝著「過度」驅趕，而這些驅動力所釋放出的力量——那些「遠遠超越人類或自然」的力量——會汙染了人類的思想與行動的每一個面向。一個人甚至可能在夏娃「被驅逐到格旱那」的命運中，同樣看到了自然世界在人類手中「成爲一團垃圾與火焰之境」

的命運。對於亞當（即人性）而言，現在他的雙腳穩穩地踩在馬互特的土地上，但具有內在導引的皇冠從他頭上消失，他必須盡自己一切所能找到他的方向。

同樣地，此圖也能依照微觀宇宙的方式來解讀，如同人類靈魂在目前狀態下的地圖。在這個解讀當中，奈非許以及它的原始本能，曾經是自我平衡的最大源頭，現在將其引向不平衡；慾望變成上癮，恐懼變成執著；原本只是要保衛自己免於狩獵者的反應，被扭曲成慣性殺人的暴力，因此，男人與女人都成了狩獵者。這些不平衡汙染了整個汝阿赫，即有意識的自我，而且使情況變得更糟的是，汝阿赫已經掉到了梯琺瑞特下方，並且不再有直接管道能通往自己的更高官能；面紗已經閉合了。於上方，在奈紗瑪溫和的內在導引的位置上，一個屏障開始隱約出現，而在這之外，奈紗瑪本身已經轉開；如果有任何事物透過屏障而來，那通常都是一個命令、而非一個洞見，也就是從背後來的驅動力，而非對於眼前目標的理解。

還有許多其他的解讀方式。在這些解讀的其中任何一個，主導性的概念仍然是災難以及失去。但是如果對正統宗教對於墮落的態度進行過多的解讀，因而開始責怪或是悲悼這個事件，將會是一個錯誤。墮落本身並非犯罪行爲，也不是意外；反而，它從過去到現在都是任何覺醒過程中必要的階段。大部分的小孩也在成長過程中經歷過數次相同的過程，例如自我覺知已覺醒的「最壞的兩歲兒」、性能量開始啓動的青少年時期等等。同樣地，在任何精神傳承中，大部分的學生也至少會經歷過一次神祕學者所謂的「乾涸期」，以及魔法師遭遇到的「臨界點的看守者」，也就是那個「無聊、厭惡以及恐懼生起，以反對內在生命之覺醒」的狀態。

因此，同樣地，我們的種族也是如此。爲了要獲得自我覺知，本能所扮演的平衡角色必須被廢除；爲了讓進化繼續進行，必須將伊甸中靜止的安寧拋在腦後。但是，墮落圖並非沒有自己的某種承諾。深淵上方的基路伯與熾燃之劍並非只是簡單的屏障而已，它們提供了一條前進的道路，因爲墮落標示著創造之道的結束以及救贖之道的開端。

6 魔法卡巴拉的信息（二）：救贖之道

如同上一章所提到的，卡巴拉的神話結構處理的是現在、未來與過去。在處理這些主題時，特別重要的是要避免某些特別容易犯下的錯誤。其中之一便是之前已經討論過的，習慣性地將神話的隱喻當作是對「我們所謂的事實」的直白描述；這就如同西方正統宗教所做的一樣，比方說認爲亞當、夏娃和蛇，是跟美國首任總統喬治．華盛頓及其夫人瑪莎．華盛頓是一樣的歷史人物。另一個同樣常犯的錯誤是，習慣性地認爲神話是無意義的，只因它不是對於庸常現實的一個描述。

但是在我們試圖去理解神話隱喻的意義時，如同我們在這裡所檢視的那些，還有一個更細微的錯誤，也會對我們每一次的嘗試造成影響。這個錯誤就是無法認知到，雖然神話是象徵性的，但是它也有實際應用的影響力。

普吉特海灣地區的美國原住民有一個傳說，描述了一位被森林之火追趕著的神話英雄，名爲「月亮」。在逃難的路上，他遇見了許多事物，每一個他都詢問是否能夠作爲他的庇護所。許多森林裡的樹木和植物都無法保護他，最後，他遇到了一條小徑。小徑回答他，「在我身上躺下來，我將庇護你。」於是他便這麼做了。大火和煙霧從月亮身上經過，他雖然微微燒焦，但卻保住了性命。

我們能夠以數種不同的象徵方式來解讀這個故事，或者是花時間爭辯「月亮」這個人是否眞正存在過、那場森林大火是在何時何地發生的等等。另一方面，當撒利希海岸人將這個故事轉述給他們的孩子聽時，他們心中至少還有另一個想法。當一個人被大火困在森林中時，躺在一條挖有深凹槽的小徑上，確實會比其他可能的做法帶來更大的存活機率。而不論這個故事中含有多少眞實的歷史成分，這條實際忠告的價值仍將長存。

上述的觀點同樣適用於魔法卡巴拉的神話學。（但是不可否認的，當你被困在森林大火之中時，這些關於墮落與復位的陳述，可能不會給你太大的幫助；不同的神話有不同的目的。）卡巴拉當中關於原初世界與下降之光、以及伊甸與墮落的各種故事，可能跟科學家和歷史學家所要尋找的那種信息有些關係、或者沒有任何關係；它們主要的重要性在其他地方。它們是設計來幫助卡巴拉學者解釋並回應在魔法訓練過程中，所會碰到的各個階段、經驗以及轉化事件。

對於魔法卡巴拉神話學的第二階段，這尤其是正確的，而第二階段被稱爲「救贖之道」。這一部分的陳述，將傳說、預言與實際忠告都編織到同樣的材料中，並且我們並非永遠都能將這些不同的線索再拆解開來。從實修經驗的角度來看這些神話的意義，可能是用來理解這個經常令人困惑的主題最好的方式。

新神話的出現

在魔法卡巴拉中談論救贖之道的另外一個困難點在於，傳承這部分的神話結構，目前正經歷一個主要的轉化階段。直到這一世紀以前，魔法文獻中對於救贖過程的陳述，大量使用了基督教的語言與象徵，而幾乎沒有幾個現代魔法師能夠忍受這點。某種程度上，這也並非只是語言的問題；大部分西方傳統的魔法師，其中也包含黃金黎明的資深入會者，他們認爲自己是基督教徒，雖然不可否認地，他們所謂的「基督徒性質」極少能夠通過神學上的檢驗。同樣地，在猶太卡巴拉的原始文獻中，救贖之道也是依照猶太教對於彌賽亞的信仰、以及對於猶太人被選上的特殊地位來做解讀。

同時，一組非常不同的影像也在西方魔法傳承內部流傳。就像傳承本身一樣，這些圖像是取自於古代的赫密特傳承與新柏拉圖哲學的法教、歐洲民間傳說以及民間魔法，近期甚至還引進了東方哲學的材料。從十七世紀初期，第一個薔薇十字會的寫作開始催化整個過程，直到第一個明顯非基督教的魔法教派出現在本世紀的前半部時，這兩個神祕結構便開始以一種些微不安的共生型態共存著，它們借用彼此的內容，相互間的界限逐漸變得模糊，但是最終仍然注定要分裂。

這個分裂並不徹底。但由於這兩個神話分開得足夠遙遠，因此還能加以辨別，並且魔法卡巴拉也能依自己的規則，呈現出一套自己的神話結構，以相異於那些較古老文獻中的基督教背景。

在較古老的半基督教神話以及較新結構之間的主要區別，可以被很清楚的定義出來。較古老的神話接受了一種基督教的想法，也就是來自拿撒勒的耶穌的生命，在某種程度上是在救贖過程中的轉捩點，並且給予了基督教在世界宗教當中一個特殊的地位；新的神話並不這麼做。與其將救贖的重擔全部放到一位彌賽亞的肩頭上，魔法神話將其歸還給每一個個體，並將每一個個體放到一條廣義的修道路徑上，而不是將其置於一個神聖而專制審判的刺目白光下。

賽斯的旅程

若要從這個發展中的神話學觀點出發來探索救贖之道，很矛盾的是，先去瞭解一段古老的猶太傳說會是很有幫助的。在《創世紀》的陳述中，亞當與夏娃有三個兒子，他們的名字都被記載下來；前兩個兒子，該隱與亞伯，作爲史上第一位謀殺者與第一位受害者，他們的聲譽不佳。第三個兒子，名爲賽斯，他的命運大不相同。《聖經》上對他甚少提及，但傳說中，他旅行回到伊甸的大門，並與守門的天使們對話。根據其中一個故事，他從這些天使身上獲得了祕密的法教，這些便成爲了後來的卡巴拉。

在猶太文獻中，關於卡巴拉的緣起，有好幾種不同的傳說，以上所述是其中一個；其他的傳說則說亞伯拉罕、摩斯或是亞當本身是第一位卡巴拉行者。就我們學習的目的來說，塞斯的故事或許是較爲有用的，因爲它將上一章所討論的兩個圖的象徵連結起來。雖然這個故事的圖並沒有被畫出來——最相近的圖會是黃金黎明協會的資深修煉者「較小儀式」當中的「帕斯多斯之蓋」（The lid of the Pastos），此圖使用的是基督教的比喻——但完全可能設計一幅圍繞著塞斯前往伊甸之旅的第三個圖，而這樣一個圖將會在討論中占有重要地位，因爲那趟旅程象徵著救贖之道的整個過程。

我們再回來看一下墮落這幅圖。在已被褻瀆的較低伊甸的上方，守衛著通往更高者之道的，便是四個基路伯與劍。如我們所見，這些是創造性能量的象徵，也是原初世界最初破碎的形象，它們也同時是卡巴拉法教中核心且關鍵的元素。在利劍以及特措果瑪頓的四個字母所標記的十個圓質當中，我們可以看到整個卡巴拉的象徵，而伊甸的大門成爲一個「啓示」，同時也是一道「屛障」。

同時間，在到達那個「啓示」的旅程中，涉及了一個層次上的轉換，就如同墮落本身所帶來的轉換一樣戲劇性。在紅龍的盤繞下，路徑從馬互特向上攀升到被下毒的「土與風」之河流中，一直到「達特」，並且在距離龍的盤圈最遠之處。只有在此處，當從超凡存在下降的能量之流暢通無阻時，才有可能感知到伊甸大門的守護者；不過一旦這發生了，熾燃之劍與偉大名號的力量被經驗了，那個力量可能會轉移到被驅趕出較低伊甸的龍與負面力量身上。

因此，在我們想像的圖中，可能會看到賽斯上升到達特，他的雙手朝向荷塞德與葛布拉伸展，重建支柱的平衡，龍的多頭則從牠們所攻擊的圓質掉落回原處。事實上，與此非常相似的比喻也出現在「帕斯多斯」（Pastos）中，雖然此象徵中的基督教元素將耶穌當作核心人物，並將整個模式繪製到十字架上。無論如何，它們的意思幾乎是一樣的。

因此，這趟回歸的旅程共有三個階段。第一階段涉及了擺脫龍的糾纏盤圈；第二階段是上升到達特，並且領受該處守護者的禮物；第三階段則是運用這些禮物來擊敗龍，並且淨化被染汙的伊甸園。這三個階段概括了整個救贖之道的工作。

然而，有兩個要點必須注意。第一點是，龍必須被擊敗，而非被屠殺。從開始到結束，負面力量在一切事物的大計畫中有其存在的必要性。在宏觀宇宙中，它們可以被視爲是存在初期的能量，純粹而未混雜，也因此是不平衡的，必須將它們導入平衡、而非將其摧毀。在微觀宇宙中，如果流經自我之中的混亂力量被導入平衡以及紀律，則負面力量的反映會是很強大的；這樣的混亂力量如果未經控制，將會是毀滅性的，但同時也是無窮力量的潛在來源。不論選擇哪一種解釋，它們都會回歸到自己的領域當中，但是在那裡，它們是清醒的。因此，伊甸並沒有恢復先前的狀態，墮落也沒有延長；反而是，一個「攜帶著前兩種狀態之元素」的第三種狀態，會將整個系統帶進一個重生的和諧之中。

然而，第二點是比較不祥的。傳說中，完成旅程的並非亞當（即人性），而是亞當的兒子塞斯；或者，以一個較古老但仍然懷舊的翻譯來說，「人類之子」（Son of Man）。人性，於其庸常狀態下，仍然被阻擋在伊甸大門之外。我們能夠以宏觀宇宙的觀點來解讀：人性必須經歷過更多的進化階段，才能夠完成救贖的工作。我們也可以用微觀宇宙的觀點來解讀：每一個個體必須超越「人類」本身，才能夠完成那項工作。不論如何，回到伊甸的旅程是一段遙遠到令人恐懼的朝聖之旅。

傳承的兩條路徑

同時間，塞斯的旅程也將一個新的元素引介到過程之中。根據故事，他將自己所學到的東西傳予他人，由這些人再傳承下去。從這個傳說中的起源開始，一個祕密的智慧傳承便誕生了。那個傳承從來沒有廣泛流傳過，因爲在任何世代當中，能夠讓自己從龍的糾結盤圈中解開到足以聆聽與理解的人，爲數甚稀。儘管如此，這個傳承亦從未消失過，並且當人們完成了回到伊甸的旅程，他們所帶回的經驗又爲這個傳承增添了廣度、複雜度與細緻度。

那個傳承的基調，來自於之前研習過的圖中的兩個觀點——也就是宏觀宇宙與微觀宇宙——之間的分歧。簡單來說，救贖之道可以藉由跟隨進化的緩慢路徑，由整個人類族群一起走過；它也可以由任何一個人類個體，以更加快速的方式走完。不論集體之道或是個人之道，這兩條道路都會經歷類似的階段，最終到達相同的目標；兩者之間的不同，只是時間長短的差異。

庸常的宗教傳統與修行方法屬於集體之道，或稱「共道」。在最佳情況下，宗教有助於養成正派合宜的行爲舉止，以及對超然存在的敬畏，而這些都是幫助人類在進化之路上繼續邁進的重要因素。從卡巴拉的觀點來看，更重要的一點在於，宗教的紀律也能給予人們機會學習自我規範與自我認知，使人不再只是著眼於滿足自己的生物需求，進而培養一個更超越的世界觀，並爲個人的進展奠定基礎。

另一方面，與整個世界的神祕學及魔法系統有關係的，其實是個人之道，正確名稱是「祕密道」。在健全運作的情況下，這些道路至少能藉由培養所需的態度與成長方式，使人類的集體行動持續進行下去。然而，它們主要的功能是向個人展示通往伊甸大門的路徑，以幫助這些人自行以較快的方式，完成其餘的人類要歷經整段進化期才能做到的事情。同時，對於旅程上的眞正危險，這些道路也會提供或是試圖提供一些保護。

從這兩種道路中，兩種不同的人類歷史將相繼生起。第一部屬於外在的歷史，是我們種族的集體進化紀錄，一部交織著血淚、苦難以及短暫榮光的冗長編年史，而研讀這些紀錄是庸常的歷史學家的責任。第二部屬於內在的歷史，則較爲無形，它是世世代代相傳下來的祕密傳承，以及隱藏的組織、書籍與未記載的傳說，它們突然出現，然後又陷入長時的寂靜中。後面這部歷史，便是祕密道的歷史。

第二部祕密歷史的某些面向，近年來已經成爲學術圈裡頗感興趣的主題，因爲學者們開始注意到，魔法傳承與祕密協會在西方文化和政治生命中所扮演的角色。其他面向大多都還尚未被觸及，至少有一部分是因爲西方世界的魔法傳承，這幾年來有些關於世界以及人類歷史的古怪想法已被混雜在一起。

比方說，有許多關於亞特蘭提斯以及其他失落的文明的說法，在魔法群體當中已經流傳了好幾個世紀。針對亞特蘭提斯這個主題所寫下的荒謬言論所占篇幅之大，極可能超過任何其他單一主題。此外，大部分這些言論都是白費唇舌，因爲一個古老的亞特蘭提斯大陸究竟是否存在，對於當前實修中的魔法師工作，意義不大。亞特蘭提斯神話是一個力量強大的神話，它能夠教導魔法師特別是關於權力傲慢的課題；確實，某些證據顯示，在冰河時期有可能出現過更加進化的人類文明，其進化程度超出目前人類學理論想承認的範圍之外，即便這些證據也並非完全不可駁斥。不論如何，以上每一個都不是使亞特蘭提斯在過去某些時期中，成爲魔法圈裡炙手可熱之議題的理由。

在嘗試討論世界的內部歷史時，有許多類似的議題、或者非議題會出來攪局。然而，以下這個說法是頗爲確定的：在非常早期的時候，流傳下來一個、或是一組傳承，它們教導了一套哲學與技巧，目的是讓每個人類個體在所有層次上獲得重生。魔法卡巴拉即是那個傳承的其中一個支脈，其法教也就是那些哲學與技巧當中的一部分內容。於此之外，祕密歷史中更細微的細節，當可留待學者去鑽研了。

啓蒙的階梯

如上所述，救贖之道可以被分爲許多階段，魔法卡巴拉也運用了這些階段中的幾個不同系統，來瞭解救贖工作的過程。在傳承的歷史中，有一個或許是最爲普遍的系統，將順序分爲三個階段或是「程度」；這個系統便是之前用在塞斯三階段旅程中的基本結構。這三個程度，有時僅只是被排序而已，有時則被給予了類似共濟會的稱號，例如學徒、同伴或實修兄弟以及大師。

不過較近期以來，在魔法術語中，奠基於生命之樹詳盡的黃金黎明系統，已經或多或少成爲「標準」的代名詞了。這個系統還有一個附加優勢在於，它不僅包含了祕密道的核心工作，還超越並且延伸到最高階的成就階段，而這是在墮落所造成的傷害被療癒之後，才會開始呈現的。序列中的每一個階段或是「級別」，都有一個頭銜和兩個數字，第一個數字代表這些級別被達成的順序，第二個數字代表這些級別在生命之樹上的位置。整個系統請參見表2。

第一階段是0＝0、或者「入會者」級別。正如數字所指出的，與其說這本身是一個階段，不如說是一個內在探求的開端，是對於一個「超越生物需求以及社會角色」之生活的覺醒。

之後的四個級別，從1＝10到4＝7，代表了「從這個覺醒一直到面紗揭開之間」的工作階段。在

「信仰者」級別（Zelator這個字是一個被曲解的中古世紀拉丁文，意指「狂熱者」），學生在此要學習充滿熱情地去執行傳承的實際工作。在「理論者」級別，他（她）開始感知到耶薩德層次的非物質力量以及存在，並且學習基本理論。在「實踐者」級別，他（她）全然掌握了實際工作，並且學習如何形塑非物質領域的力量。在「哲人」級別，他（她）開始理解到理論背後更深的議題，並且開始學習結合理論與實修、概念與應用，將其融合成一種自我蛻變的方式。

在這四個級別以及接下來的三個級別之間，出現一個轉換階段，稱爲「門戶」。這個系統的前五個級別可以被分派到塞斯旅程的第一階段，而這一個級別則可以被分派到第二階段；在這個節點上，到目前爲止所發展出來的工具，開始被用在「意識穿越面紗的上升過程」中。

這個工作的達成，便是接下來三個階段的基調，從5＝6到7＝4。「小達人」級別的主要

表2

數字	級別	意義	圓質
0 ＝ 0	入會者	「新植物」、新手	（無）
1 ＝ 10	信仰者	狂熱者	馬互特
2 ＝ 9	理論者	理論的學生	耶薩德
3 ＝ 8	實踐者	實踐的學生	后德
4 ＝ 7	哲人	哲學的學生	奈特薩荷
5 ＝ 6	小達人	低階的達人	梯琺瑞特
6 ＝ 5	大達人	高階的達人	葛布拉
7 ＝ 4	赦免達人	赦免的達人	荷塞德
8 ＝ 3	殿堂領袖	聖堂的主人	比那
9 ＝ 2	魔法師	魔法師	后赫瑪
10 ＝ 1	究竟之我	「最我」	克特

工作是，在新的層次上將意識穩定下來，繼續完成「首度越過面紗之後」的後續工作。「大達人」的主要工作則是，使用這個新層次的力量來打破負面力量對自己的控制，並將負面力量所造成的混亂廢墟清理乾淨。「赦免達人」的工作則是導向自我認知的達成，透過這個過程，徹底掌握再生的過程。

在越過深淵之後，也就是達成了之前討論過的「同一意識」之成就，接著便是「殿堂領袖」級別。這個級別的主要工作是教學。在這個級別之上，即「魔法師」，其任務是在宏觀宇宙中參與創造工作。而最高級別的工作，也就是「究竟之我」，完全無法從任何較低級別去理解。另外，「究竟之我」這個詞彙是一個很巧妙但幾乎無法翻譯的拉丁文，大概意思是「最完全、最完整的自己」。

這三個最高級別在卡巴拉的神話結構中還有另一個角色，其實際重要性超越了它們在理論上之角色的重要性。許多卡巴拉魔法傳承的分支都教導說，那些達成這些層次的人將超越庸常生活，進入另外一種生活或行爲之中，即一種隱藏的存在模式或體現模式——從這件事之於個體的意義，可以看出「整個進化模式的完成，之於人類集體」的意義。有一個古怪但是頗爲有用的詞彙，「內在層面之達人」，被用來形容達成如此成就的人。

有一些團體試圖將這些達人的地位與力量，拔高到一種令人尷尬的程度，而某些病態的魔法訓練就源自於這類型的愚蠢。同時，這個現象也是眞實的；某些種類的魔法工作會帶來與這些個體的接觸，這種接觸又會帶來重要知識的溝通，以及極高層次魔法力量的傳遞。正是透過這樣的接觸，我們才能夠區分誰是眞正的魔法教團、而誰僅只是個魔法讀書會。

在許多文本中，攀升級別階梯的過程，被稱爲「神啓之道」或「啓蒙之道」；而在獲得任何級別時，可以稱爲該級別之啓蒙。然而，這樣的語言使用可能會帶來某種程度的困惑，因爲「啓蒙」（initiation）這個詞彙也可以被用來代表某種魔法儀式的等級，此儀式是用來加速某個教團或工作團體會員的內在發展。爲了讓人更加困惑，黃金黎明用這裡的級別結構，作爲啓蒙儀式的基本結構。結果就是，小達人級別的啓蒙，有可能是一個穿越面紗的轉化經驗，也有可能是一個有用但完全不具備相同力量的儀式——或者，如果是對的人在對的時間，也有可能兩者皆是。因此在本書中，當我們提到啓蒙與級別時，指的會是圖中所列轉化過程的實際階段。

最終，可能值得一提的是，與這些級別相同的順序也可以被用來繪製出「共道」的路線，以及與之對應的隱藏部分，而這將讓我們在觀看人類歷史時，產生一些前所未有的洞見。目前爲止，我們可以很安全的假設，大部分的人類都站在實踐者的級別上，帶著后德的力量和缺點，以及存在於我們的文化與思考方式中的智力主導權。我們從「以影像爲主且經常隱晦朦朧」的耶薩德之意識中浮出，而「著重於理性與溝通」的后德之潛能漸漸覺醒，這個過程約莫占用了我們種族兩千五百年的時間，且距離結束那天還很遠。進化並非一個快速的過程，而就是這個事實，點出了神祕學與魔法祕密道的價值。

歷史的終點

最後，未來會是怎麼樣的呢？就如西方的正統宗教有許多關於世界末日前耶穌復臨以及彌賽亞式的預言，多年來，魔法卡巴拉也積累了巨量的預言和預測，將我們剛剛探索的那些神話結構延伸到未來的時空。然而，這些內容很少能在卡巴拉工作中有什麼實際的應用，它們大部分就像大量的基督教與猶太教預言般，反倒是帶著更多希望夢想成真與幻想的成分。如同正統宗教的預言，卡巴拉傳承所提出對於「未來的轉化」的各種願景中，有一個壓倒性的相同點，也就是：那些被按其字面意涵進行驗證的預言，幾乎毫無例外地，全都錯了。

原本在此提及這一點並沒有太大意義，唯一的原因在於，當今的魔法團體仍然保有動輒宣揚世界末日預言的習慣，而這種習慣可能具有致命的危險。一九九四年太陽聖殿教在瑞士和加拿大進行的教派自殺事件，可說是對發生於西元一千年的事件的一種回應，當時有數百人將自己關進由自己搭建的高塔中，一個個在等待耶穌降臨時餓死：這兩者如警鐘般提醒了我們，必須仔細謹慎地區別神話與歷史的不同之處。

「新時代」的願景，就像新耶路撒冷的願景般，如神話一樣有價值；它們展示了人類可能性的種種影像，以及這些影像所奠基之事物的深層結構。未來會自己走出自己的路，並且——即使是在我們已經探索過的卡巴拉神話的眼光中——那條路很可能與過去的路頗爲相似。從外部歷史的觀點，文化和文明總是不斷地崛起與衰敗，新的一切會從舊廢墟中再度崛起。很有可能，某未來時期的學者會認爲，我們登陸月球的傳說只是個童話故事而不予採信，就像我們的學者不接受古老文明的故事那般。從內部歷史的觀點，祕密道的傳承會延續下去，不論它最終是被迫害、被忽略或是被頌揚，那些準備好走上這條道路的人，便會碰見它。

那條道路還會被人們需要很長一段時間。作爲一個種族，我們距離生命之樹的底部還沒有很遠，並且據說每一個人的靈魂都必須在亞當變成塞斯之前，以及在我們當前的人性覺醒成爲光耀的人類之子之前，跟隨共道或祕密道，到達生命之樹的頂端。

第二部

魔法卡巴拉的象徵系統

7 面紗下方的生命之樹

從本書第一部分所涵蓋的傳統與神話，一路來到生命之樹的圓質與路徑的詳細對照說明（也就是目前第二部分的主題），彷彿做了一個巨大的躍進。然而，主掌這兩部分主題的象徵原則與象徵式思考都是相同的，而魔法卡巴拉的原則亦提供了這些對照內容所奠基的基礎。

傳統上，那些關於生命之樹的書總是以下降順序來介紹圓質，也就是跟隨創造之道中閃電的動向。相反地，這部分的三章內容會以反向順序來介紹圓質，也就是跟隨蛇的路線，在圓質與圓質、以及路徑與路徑間一路上升。與正向順序不同的是，反向順序決定了生命之樹實際工作的順序，而魔法卡巴拉的首要價值也正是在於它的實修工作。

圓質⑩：馬互特（王國）

項目	內容
標題／稱號	MLKVTh，Malkuth，馬互特（王國）
神之名	ADNI，Adonai，阿兜奈（上帝）

大天使	MThThRVN，Metatron，美特創（面容王子）；SNDLPVN，Sandalphon，撒達風（孿生兄弟）
天使宿主	AIShIM，Ishim，以旬（人類）
相應的占星符號	AaVLM YSVDVTh，Olam Yesodoth，歐藍耶索兜斯（元素的圓質）
相應的塔羅符號	牌組中的四張十號牌，以及四張侍衛或公主
相應的元素符號	土
路徑文本	「第十條路徑是『燦爛智力』，因為它被高舉至每個頭的上方，並且坐在比那的寶座上。它放射出一切光的燦爛輝煌，促使一種影響力從面容王子之處下降。」
魔法形象	一個年輕女子穿著混雜的大地色系長袍，赤著雙腳，長髮披垂，坐在一個形狀略似黑色石頭的寶座上。
額外象徵	祭壇、等臂十字架、殿堂、善惡知識樹
顏色	在阿其路：純黃色 在貝來亞：柑橘色、橄欖色、紅褐色、黑色 在耶其拉：如同貝來亞，但帶著金色斑點 在阿希亞：閃耀著黃光的黑色
微觀宇宙的相應符號	GVP，Guph，物質身體
身體的相應符號	雙腳
啓蒙級別	1＝10，信仰者
負面力量	LILITh，Lilith，莉莉絲，夜晚的女子

在描述卡巴拉工作時，有幾個傳統的形象，其中一個主要的形象是將其比喻成登上一座階梯，階梯的基座在地球，上端在天堂。就像任何一個想要爬上階梯的人，魔法卡巴拉的學生必須確保階梯的基礎穩固，才能踏出上升的第一步。卡巴拉階梯的基座是在馬互特，即第十個、也是最低的圓質，因此我們從這裡開始，通過生命之樹的象徵，進入上升的旅程。

從最基本的概念來說，圓質馬互特是我們日常的物質世界，大部分人類也在此活出他們整個清醒意識的生活。馬互特也是我們用五種庸常感官所感知到的宇宙。在與馬互特相應的意識狀態中，世界顯現爲是由各種運行中的物理物質所組成。在愛因斯坦與早期的量子理論出現之前，大部分的科學家只接受存在的這一個面向，認爲這是唯一眞實且值得關注的，甚至到了今天，這樣的態度仍遺留下來，並阻礙了許多科學研究的分支發展。

另外一個立場相反但呈現互補的態度，也就是認爲物質世界在根本上是不眞實或不值得去關注的概念，也在我們的文化和許多其他的文化中，同樣扮演了一個阻礙精神與靈性研究的角色。在一些精神傳承中——諾斯替教派就是一個例子——甚至相信物質存在基本上是邪惡的，也是一個必須不計一切代價逃開的幻覺和圈套。

這兩種典型的失衡態度，都在不同的時間點上影響了魔法卡巴拉的發展，但總體來說，最後仍是由較明智的態度勝出。從卡巴拉的觀點來看，物理物質的領域與任何其他我們能夠感知到的領域，同樣眞實。因爲馬互特立於生命之樹底部，具有一個特殊的地位，即作爲「創造工作的最終完成」；任何在較高層次所獲得的力量或智慧，都必須在馬互特層次得到化現，如此才可能有任何長久而顯著的影響力。

有些傳承將庸常的現實視爲邪惡的或是不眞實的，他們會談到很多與更高存在層次的接觸，並將其描述成是一種「解脫」。從某個角度來說，這個說法是完全有效的，因爲在較爲不受限的意識狀態中所得到的經驗，能讓我們免除於那些限制性的態度與假設，也就是英國浪漫主義詩人威廉・布萊克所描述的「心所鍛造的鐐銬」，在卡巴拉的神話語言中則是「蛇的盤圈」。然而，眞正的解脫並不是使用這些經驗作爲逃避。解脫是發生在當你帶著自己在較高層次所獲得的新領悟，再度回到日常世界中，且因爲如此而有能力清楚看到一個太常被我們視爲理所當然的存在領域中的神祕與力量。再次使用神話語言來說，便是：魔法師上升到天堂，因此他（她）才能夠帶著禮物重返地球。

就像物質世界本身，第十個圓質的象徵，在看似乏味的形象下，其實含藏了一些驚人的可能性。比方說，這個圓質的稱號是馬互特，代表王國。王國是指一個國王行動與力量的範疇。再往生命之樹上方走去，我們就會看到卡巴拉文本中的王位，它指的並非只是一種過時的政治系統，而是有著更豐富的意涵。

被指派給馬互特的神之名，也就是從這個圓質的觀點所能領會的最高實相的象徵，是ADNI，發音是阿兜奈，意思是單純的，上帝。正如同它的英文翻譯，阿兜奈是一個代表榮耀與尊崇的個人稱號；這個字的意涵很容易看出，因爲從黑暗時代早期的一神教勝利之後，這種司空見慣的神聖概念早已充斥於西方文化中。

從某個觀點來說，這個解釋有其有效性，但它只是碰觸了一個更加複雜的議題的表面。數千年來，世界各地大多數的人都認爲統治世界的力量或多種力量，無論如何，基本上就是人類。（這種思考神性的方式是來自於一個「能在動物形體當中見到神性」的較老模式，而當然，這個較老的模式仍然留存在一些部落文化中。）由於對此想法太過熟悉，因此看不見它有多麼奇怪。你可能會問，爲什麼超越於一切顯相之上的實相要用一個人作爲象徵呢？

答案便是，如同本書先前所指出的，這就是人類意識所習慣的運作方式。一個會慣常地與寵物說話以及詛咒壞掉的工具的種族，會將自己的「人的經驗」投射到他所碰到的一切事情身上，因此當在想到超越性的力量時，如果能將那些力量想成是具有某種人類形體，對他來說會比較簡單。更具體而言，當人們在馬互特的覺知層次上運作時，用擬人化的方式去想像神性，對他們來說是比較簡單的。

因此，人類在馬互特中對神性的感知，某種程度上，其實是人類本身對人性感知的一種產物。同時，這些感知與更高層次的人類覺知之間，經常存在著一種細微的緊張關係。無論以何種方式，這所有的層次無時無刻都在我們每一個人之中運作著，而存在於其他層次的神性感知，與那些存在於馬互特的神性感知，並沒有太大關聯。造成這種緊繃狀態的，可能更多是來自於某些行事總是令人緊張不安的神祕主義者，而這麼做的結果，最終只是讓自己成爲他人眼中最糟糕的審判官。

「阿兜奈」這個名字蘊含很多的教導。就像所有神的名字一樣，它也可以按照卡巴拉的象徵性字母表，一字接著一字解讀。

א，Aleph，阿列夫，第一個字母，象徵著形式最純粹的創造性能量，自由而無限。它與循環的開端相關，與春天、青春和早晨相關，同時也與愚蠢及成癮行爲相關。阿列夫字母本身的意思是「閹牛」，象徵農業以及春耕。在阿列夫的許多相關屬性中有：風元素，以及塔羅大阿卡納零號牌，愚者。

ד，Daleth，達雷特，第二個字母，表達了繁殖力與繁衍，對立物的歡樂結合。在這當中，阿列夫的創造性能量得以成形並結出果實。達雷特的象徵大部分與生物性相關，甚至包含性在內；達雷特代表一切形式的自然，但特別指在繁衍當中的本能與能量。達雷特的意思是「門」，並且經常被解釋爲是子宮的象徵。達雷特的其他相關屬性有：在古典愛神系統中被視爲神聖的金星，以及塔羅大阿卡納三號牌，皇后。

נ，Nun，南，第三個字母，象徵極端改變，例如蛻變與腐壞等。正如達雷特指的是「愛」，南指的則是「愛的結束」。南的意思是「魚」，代表的是隱藏在水面下方的生命形象，並且也是（由於魚是冷的且不呼吸）代表死亡的傳統象徵。南的一些相關屬性有：占星學的天蠍座、天蠍，以及塔羅大阿卡納十三號牌，死神。

י，Yod，尤，第四個字母，作爲「特措果瑪頓」的第一個字母，對你來說應該是很熟悉的。如果你還記得，它與獨處及天眞相關。這個種子本身攜帶著生命的祕密火花。字母尤代表「拳頭」，握緊的手，再次象徵著遏止與隱藏。尤的相關屬性有：占星學的處女座、處女，以及塔羅大阿卡納九號牌，隱者。

這四個字母全部放在一起，描繪出一個熟悉序列的外形。在阿列夫中，創造性能量噴湧而出；在達雷特，能量開始成形並有了結果；在南之中，這些達到了它們完成的終點，並且消滅，留下隱藏在尤之中的種子，如此使得循環能夠重新開始。這四個階段是早晨、白晝、傍晚、以及夜晚；春、夏、秋、冬；出生、生命、死亡、以及死後的狀態。阿兜奈掌管了所有這些，並且在自身當中含帶著「能形塑我們在馬互特層次之生命」的存在循環。值得在此處提起的是，那些強烈專注於個人神聖性的宗教，也經常會將他們的祭典安排在與此循環相同的季節性月曆中。

「阿兜奈」這個名字經常作爲神的其他兩個名字的部分出現，而它們也被分派給第十個圓質。第一個名字是**ADNI MLK**，**Adonai Malak**，阿兜奈馬拉克，意指「神與國王」。這個名字強調阿兜奈與馬互特（即王國）之間的連結。第二個名字是ADNI HARTz，Adonai ha-Aretz，阿兜奈哈—阿瑞茲，意指「地球上的神」，它強調神之形象的處所，是作爲物理物質世界中神性的主要面向。

象徵列表上的下兩欄是大天使和天使宿主，這些是卡巴拉從猶太教的宗教世界中所取得的概念。能對人類生命造成影響的非物質力量領域是極其複雜的，很難簡單地將其簡化爲任何種類的有規律系統。古代世界中大部分的文化族群，對於這個普遍的經驗，他們的反應是隨處創造出一個個充滿天神與女神的萬神殿，用以代表這些力量的多樣性。在西方的古老文化中，只有猶太人彷彿拒絕了這個方法。在巴比倫之囚事件之後，猶太教派強硬地堅持一神論立場，由此使得這樣一個系統變得不可能。相反地，從波斯文獻資料中借來的一些概念，被重新塑造後，產生了臣服於神之下的天使、種種非物質存在體、以及力量的概念。

以上所述原本只是宗教歷史的註腳，但其中有兩點很重要。第一點，正是這個天使的系統，而非任何一個異教徒的萬神殿系統，成爲了從中古世紀早期以來，西方儀式魔法中的主要結構。第二點（至少是從卡巴拉的觀點），宇宙中各種超越性力量的運作方式，確實看似是被一個更高的同一所主宰，因此在談論這些力量以及與其進行運作時，對於天使的舊有信仰的確能夠組成一個頗爲足夠的象徵系統。

在魔法卡巴拉，於此上下文中，兩種等級的天使存在扮演了核心的角色。正如同屬於生命之樹十個圓質的神之名被分派給阿其路，大天使們被分派給貝來亞，天使們則被分派給耶其拉。同樣地，究竟實相最容易被人類以「人的型態」在馬互特構想出來，關於超越性能量較低階的表達，也能夠以相同方式做出最好的表達。這樣的表達方式並非只是爲了給理論家一個方便；很大一部分儀式魔法的組織系統中，便以極爲實際的方式大量運用了這一點。

當我們心中有了這些理解後，就可以來看馬互特的大天使以及天使。其他的圓質，每一個圓質有一個大天使，但馬互特卻有兩個大天使。兩個大天使的第一個是美特創，他同時也是第一個圓質克特的大天使。在大天使當中，他是唯一一個名字在希伯來文中沒有意義的字〔就事實而言，它是希伯來文中的「密特拉斯」（Mithras），這是一個來自波斯的羅馬救世主神〕。他被人熟知爲是「面容王子」，代表了連接最高圓質與最低圓質的一個祕密連結。

卡巴拉傳承對於分派給克特的美特創、以及分派給馬互特的美特創，在這兩者的不同面向之間，做出了一個有用的區別，也就是將大天使的名字給予不同的拼法。在馬互特的美特創被視爲是轉化後的以諾（Enoch），依照《聖經》的神話，他的肉身被帶進天堂，並且他作爲一個天上的抄寫者，將所有人類行爲記錄下來；他的名字拼法是MThThRVN，如表所示。相反地，克特的美特創被視爲是一個超越性的力量，在宇宙誕生之前被創造的「較小的特措果瑪頓」，名字的拼法上多了一個額外的Yod，MIThThRVN。對於這一點，我們會在第九章中有更多說明。無論是哪一種寫法，美特創都能夠被觀想爲一個帶有純淨光的天使形象。

馬互特的第二個大天使名爲撒達風。正如同美特創代表了由上方進入馬互特的精神能量，撒達風則代表了馬互特本身的精神能量；這兩個大天使在傳統象徵中通常成對出現，並且與在「約櫃」（Ark of the Covenant）上方的兩個天使形象相關，美特創位於右方，撒達風位於左方。正如美特創與以諾相連，撒達風通常也與伊萊亞（Elijah）等同而論。伊萊亞是一個據說直接上升到天堂的《舊約聖經》人物。除了這個以及名字的意義之外，撒達風經常被以女性樣貌呈現，被稱爲「地球的天上靈魂」。她代表了進化的驅動力，

圓質10 馬互特

也就是每一個被創造事物不斷向上尋求精神性的努力。作爲光耀美特創的另一半，她有時被想像爲是一個身穿黑衣的光亮形體。

被分派給馬互特的天使宿主或天使等級的是「以旬」，字面意思是「人類」，但對其眞正涵義更好的表達應該是「已臻完美的靈魂」。根據舊時的信仰，天使們會在被創造的世界中執行神性的目的，而這個交流的作用就是在指出人類——至少在潛能上——有能力作爲偉大創造工作的參與者。

被分派給生命之樹的大天使和天使們也有另外一個作用，他們代表著每一個圓質的貝來亞與耶其拉的面向。因此，美特創與撒達風象徵了意識中的模式，這些模式在形塑我們物質世界的經驗時，扮演了重大角色；有些模式根源於從更高層次降下的力量，由美特創爲代表，有些模式根源於進化過程，由撒達風爲代表。另外，以旬象徵著人類感知的過程，能爲我們帶來物質領域的知識。

接下來三個屬性則相對直接，它們涵蓋了馬互特在占星學、塔羅牌以及元素象徵中的相應物。這些當中唯一需要特別解說的是相應的占星符號，也就是「元素的圓質」。正如神性、大天使以及天使的名字相應於四個世界的前三個，每一個圓質的占星學象徵也代表了位於阿希亞世界的那個圓質。

表格中接下來是路徑文本。這是卡巴拉法教中的一段引用文字，而這又是從幾世紀前的猶太文獻中借用來的。智慧的三十二條路徑，是在約莫一千年前由一位不知名的卡巴拉學者所寫，並在一六四二年由約翰納·力塔格列斯（Johannes Rittangelius）翻譯成拉丁文。因爲這些對於生命之樹圓質與路徑的解說，經常會跟《塞弗耶其拉》一起翻印，因此它們經常被（不正確地）稱爲《耶其拉文本》（*Yetziratic Text*）。但不論被稱爲什麼名字，它們是當前存在的卡巴拉法教中最棒的概述。

在文本當中，馬互特被形容爲是「被高舉至每個頭的上方」，因爲它是整個生命之樹的完成以及圓滿，因此從某個角度來說，它也是所有圓質中最重要的一個。它「坐在比那的寶座上」，因爲比那是形體的起源，馬互特則是其最終結果；從一特殊觀點來說，馬互特也是特措果瑪頓最後那一個「黑」，比那則是第一個「黑」。它「放射出一切光的燦爛輝煌」，因爲在這之中所有的圓質（也被稱爲「光」）對人類來說，變成是可見的。最後，「從面容王子之處下降」的影響力，指的是美特創同時作爲克特與馬互特之大天使的雙重角色，以及在此二元屬性中所涉及的隱藏連結。

剩下的象徵，大部分都需要一點解說。魔法形象是一個傳統圖像，以圖形的方式表達了馬互特的基本概念，在稍後的實際工作中會有廣泛運用。其他剩餘的象徵都是在各種卡巴拉寫作以及傳統中用來表達馬互特的方式，並且可用來作爲冥想的主題。

被分派給馬互特的顏色也有象徵性的意義，但是它們主要是來自於練習而非理論，而且其主要作用是在實際的運作過程中。那些用自己的更高感官探索過生命之樹不同層次的夢想家，發現馬互特的各種能量經常以這些顏色的形體被感知到。如表所示，第一個顏色代表了馬互特的神性能量，第二個是大天使能量，第三個是天使能量，第四個是星球能量。（順道一提，柑橘色是指淺褐黃，橄欖色是指深褐綠，紅褐色是指濃豔的赤褐色。）

接下來三個項目，也就是微觀宇宙的相應符號、身體、以及啓蒙級別的相應符號，都已經在前面的章節中解釋過了，在這裡列出來只是作爲參照之用。

第十個圓質的負面力量是莉莉絲，這個傳說中的故事人物背後流傳著許多非常古怪的故事。據說她是一個會偷走年輕孩子並將他們吞噬掉的「夜魔」，她還會誘惑單獨睡覺的男人，用他們的精子來培養怪獸和惡靈。她與沙漠和海洋、以及所有對人類具有惡意的大自然面向合爲一體。傳統上，她被描繪爲具魅惑性的美麗女子，且能變身成長毛、扭曲、如猴子般的惡魔。中古世紀的猶太作家在一則陰沉的小寓言中將她塑造成一個壞人，在那裡，她是亞當的第一個老婆，但是她被亞當拋棄，並且被神詛咒，因爲她堅持自己必須與亞當平等，而非只是亞當的所有物。然而，在這之前，她又好像是受到許多不同的中東人們所害怕的邪靈，並且在更久遠以前，莉莉絲的原始形象還能依稀勾勒出來：一位異教徒的女神，統治所有大自然以及人類本性中的毀滅性能量。

她的形象以及象徵，結合了死亡與性、慾望與恐懼。這個二元性便是理解她在馬互特象徵中的地位。再次地，負面能量指的是失衡圓質的能量，而當我們意識中的馬互特面向失去平衡時，我們就會執著於物質事物，亦即我們會渴望某些事物，而懼怕其他事物。我們的慾望和恐懼能夠掌控我們每一部分生命，不斷地驅趕我們朝這、朝那而去，如同狗追著兔子。對大部分人來說，最強的慾望是那些與性行爲相關的，最強的恐懼則是那些與死亡相關的。由於莉莉絲同時包含了這兩種，她成爲了使我們在物質世界中保持失衡狀態之力量的主要象徵，因此，我們在存在的其他層次上也同樣失衡。

我們應該要理解，莉莉絲的力量並不限於那部分被稱爲純粹物質之面向的生活；畢竟，從魔法的角度，無論是性或是死亡，主要都不算是物質事件。莉莉絲所代表的失衡狀態與態度有關，而非與物件有關，因此，一個人完全有可能被「跟物質領域更沒有關係的恐懼和慾望」所驅使。嚴格來說，靈性追求也是相同的。太容易就能使精神領域成爲另一個慾望的對象，每日生活則成爲另一個恐懼的對象，因此你所有的努力，僅只是一個將陷阱越挖越深的行爲。

這就是爲什麼作爲任何種類的祕密學工作基礎，禪修或冥想會如此重要的原因之一。由於我們從馬互特層次開始工作，莉莉絲所代表的失衡狀態便形成了其中主要障礙之一。在冥想的安寧中，恐懼和慾望都能暫時消散，因此學生能跳脫出充滿渴求與強迫性需求的環境，轉而去思考別的事物，並開始熟悉這種通常會是全新的經驗。時間久了，這相同的清晰度便會滲透到日常的思考模式中，我們便有可能在馬互特的層次中自由運作，而不是受其掌控。

路徑㉜：濤（十字架）

項目	內容
路徑的字母	ת，Tau（十字架）
神之名	YHVH ALHIM，特措果瑪頓艾羅因（Tetragrammaton Elohim）
相應的占星符號	土星
相應的塔羅符號	大阿卡納二十一號牌，世界
祕傳學標題	時間之夜的偉大者
路徑文本	「第三十二條路徑是『行政管理式智力』，之所以這麼稱呼是因為它按照各自的進程，引導並連結七個行星的所有運作模式。」
神話學法則	下降至冥界
路徑的經驗	旅行至冥界、下降、埋葬；冥界的河流；通過一座狹窄的橋；脫下衣物或飾品；古時的遺物；繁星點點的天空。
路徑上的個體	令人畏懼的生物；死者的亡魂；臨界點的看守者。

項目	內容
魔法形象	一個深靛藍色的拱門，拱頂石上面有一個亮白色的字母「ת」，拱門裡的門上有大阿卡納二十一號牌的形象。
顏色	在阿其路：靛藍色 在貝來亞：黑色 在耶其拉：藍黑色 在阿希亞：發著藍光的黑色

第三十二條路徑連結著馬互特與耶薩德，馬互特代表庸常現實的圓質，耶薩德則代表「夢境、理想、超自然現象、以及超越物質世界之細微力量」的圓質。關於這個路徑、或者其他任何一條路徑的解釋，都比圓質的解釋來得簡單，也沒有那麼多的細節。然而，這並不代表路徑是較不重要的。以上所給的名字和形象便是指向意識轉化的路標，這些轉化又以路徑作爲代表；透過練習，路徑將成爲使轉化能夠被經驗到的關鍵。

第一個入口便是路徑的字母，也就是ת，Tau，濤。這是希伯來文字母的最後一個，發音爲T或Th，而它的名字代表十字架。更精確地說，這個字通常被用來稱呼所謂的「T字型十字架」，即一個形狀類似字母T的十字架。古時候，這種十字架是一種將人緩慢折磨致死的行刑工具。早在羅馬人啓用之前，將人釘死在十字架上就是一個流傳已久的行刑方式。依據那些研究此類事物的人說，比這更恐怖的死亡方式所剩無幾。慣常而言，受難者能夠存活個幾天，最終使他們致死的是暴露在外、休克、以及單純的身心耗盡等因素。作爲一個代表「延長痛苦」的象徵，字母濤與這個「在傳統上跟時間和死者領域相連結」的路徑，兩者可謂相符一致。

濤的路徑，據說是「土星之圓質的反映」；在一個不同的模式下，它代表了在被分配給土星、比那的圓質當中，所能找到的關乎形體、限制與傷痛的事物。列表中的第二與第三個欄目，便是從這個連結中衍生出來的。

掌管路徑的聖名是YHVH ALHIM，特措果瑪頓艾羅因，也就是分派給比那的神之名；當我們談到第三個圓質時，會對這個象徵進行詳細的解說。相應的占星符號必然地是土星，而在這裡，與路徑象徵的連結是精確而廣泛的。作爲古代人所熟悉、在七大行星中運行最慢且位於最外圍的土星，與時間、老年以及侷限性等概念相關聯。當土星在藝術創作中以人形被描繪時，總是呈現出一個身穿暗色衣物的老人，手上拿著跟時間老人與死神一樣的鐮刀。

塔羅牌的屬性是大阿卡納二十一號牌，世界。大阿卡納二十一號牌的影像通常是一個裸身女子，僅以圍巾遮蔽性器官，並在一個橢圓形中跳著舞，在有些版本中是橢圓花環，在其他版本中則是一個以七十二個圓所組成的橢圓形。她的每一隻手中都握著一根權杖。在橢圓之外，即牌卡的角落處，分別是一個男人或女人的頭、一頭獅子、一隻老鷹和一頭公牛，代表四個元素的象徵性動物。更奇怪的是，傳統上還說圍巾所遮蔽的是男性性器官，因此中央的人物其實是雌雄同體：即男性和女性結合爲一體，也就是所有對立面的融合與和解。

在理解這一類意象時，很有用的一點是試著釐清這些象徵的意涵：比方說，注意到牌中的四個元素，並將它們連結到歐藍耶索兜斯，即馬互特象徵中元素的圓質，或者是將舞者的雙性特質與中柱的平衡極性相連結。在卡巴拉的學習工作中，這是很重要的一部分，形成了我們稍後會介紹的冥想系統基礎。同時，同樣很重要的一點是，以一種更直接的方式來接近這些象徵，簡單的觀看它們，用心智之眼將它們翻轉，使其變成腦內家具的一部分。像這類意象，會透過無意識以及有意識的管道來溝通它們的意義，而那些不經意地從無意識感知的後門溜出去的事物，通常才是在冥想以及其他形式的實修工作當中最有價值的。

對於祕傳學標題「時間之夜的偉大者」，也同樣如是。祕傳學標題原本是應用在塔羅大阿卡納牌上的一些具有詩意的影像，通常含有對路徑的精確定義，並且經常引用自西方神祕學與魔法的傳統教學內容。因此在這個標題中出現的「時間」，指的是土星，「時間之夜」則與「永恆的白日」作為對比；這整體是對宇宙的一個古老形象的回溯，此形象視時間為：在時間之總主土星的統治下，被行星們創造且受其度量的，是一種「對永恆的移動式反映」。

然而，這些標題主要的價值更多是在激發對於所謂「路徑的氛圍」（尚無其他更好的詞彙）的想像力與表達。我們應該對這些標題進行沉思、禪修，使其有空間發展自己的細微隱義。

接下來的路徑文本，也會因爲這些深入的分析而受益。濤之路徑被稱爲「行政管理式智力」，是因爲它代表了耶薩德的影響力，而耶薩德是一個具有「能在馬互特（即物質世界本身）當中形塑物質現實」之能量的圓質。據說耶薩德能夠指揮七個行星的路線，因爲在古老的時間版本當中，行星們掌管時間的功能是由土星所主宰；在這裡，還提及了卡巴拉哲學中的幾個要點，七個行星是七大宮殿（即主動化現之圓質）的物質反映，濤的路徑則是「整個生命之樹平衡後的力量下降到馬互特時」所行經的路徑。

接下來這部分的象徵，我們會開始進入一些具有實際重要性的主題。分派給每一個路徑的神話學法則、經驗與個體，主要都是用來作爲「路徑工作」上的指導，雖然它們也可以被用來幫助我們在更理論的層面上，對路徑獲得一個更清晰的理解。我們應該視這些象徵爲一種暗示，而不是一個確鑿不變的定義；你自身的旅程可能會、也可能不會包含這裡所提及的任何經驗或是個體，不過幾乎可以保證的是，在大多數情況下會發生相關的類似事物。

也就是在這個前提下，第三十二條路徑被賦予了「下降至冥界」這樣的神話學法則。大部分的傳統神話學都包含了活人遊歷至死者國度的傳說；從奧菲斯（Orpheus）與伊絲塔（Ishtar）的傳說、到但丁《神曲》，這些故事的形象非常強力，並且幾乎任何一個社會的說書人都很少會錯過。這類寓言都有相似的故事主軸、甚至細節。這些故事也與「薩滿巫師在出神狀態中到冥界一遊的旅程，以及與卡巴拉行者在濤的路徑上的探險過程經驗」相仿。通常——再次強調這並非普遍情況，而是通常來說——路上會有鬼魂和猛獸一般的生物、洞窟與狹窄小徑、冥界的湍急水流、以及越過如劍鋒般的窄橋這等令人膽戰心驚的旅程；有的時候，旅行者必須放棄一些事物，可能是從一個小禮物到他（她）的骨肉等任何事物，以作爲下降的代價。旅途結束時便能回歸到光與空氣，這裡的光通常是星光。

在這條路徑上，有一群經常會遇到的個體，其中一個所扮演的角色較爲廣泛，即「臨界點的看守者」，象徵著「阻攔我們通往轉化之道的恐懼」。雖然看守者能在任何時間點上讓你感受到它的存在，但這條路徑是它最常潛伏的地方；由於土星涉入時間以及死亡的程度，使得濤的路徑成爲看守者喜愛逗留的場所。有的時候，看守者會在路徑工作的進行中化爲一個具體形象，顯現爲一頭擋路的怪獸。雖然這聽起來有點恐怖，但它經常代表學生在自己工作上的轉捩點。一旦能在任何層次上直截了當地面對看守者，它的力量便會開始消退。

圓質 9：耶薩德（基礎）

項目	內容
標題／稱號	ISVD，Yesod，耶薩德（基礎）
神之名	ShDI AL ChI，Shaddai El Chai，紗代歐柴（全能而現存的神）
大天使	GBRIAL，Gabriel，加百利（神之力量）
天使宿主	KRVBIM，Kerubim，基路伯，元素的力量
相應的占星符號	LBNH，Levanah，勒琺納（月亮）
相應的塔羅符號	牌組中的四張九號牌
相應的元素符號	風
路徑文本	「第九條路徑是『純粹智力』，之所以如此稱呼是因為它淨化了編號（Numerations）；它證明並修正了它們代表物的設計，同時將那些它們在沒有減量或是區別的情況下發生的結合都清除掉。」
魔法形象	一個面容俊美且十分健壯的男人，裸身站在一方形石塊上，他的雙手高舉，如亞特拉斯（Atlas）巨人的姿勢般，支撐著天空。
額外象徵	形象的寶藏之屋
顏色	在阿其路：靛藍色 在貝來亞：紫羅蘭色 在耶其拉：暗紫色 在阿希亞：檸檬色，飾以天藍色斑點

微觀宇宙的相應符號	奈非許
身體的相應符號	性器官
啓蒙級別	2＝9，理論者
負面力量	GMLIAL，Gamaliel，嘎瑪利歐，淫穢者

耶薩德，第九個圓質，或許是整個卡巴拉領域中問題最大的一個。在馬互特（即物理物質世界）上方的所有圓質當中，耶薩德最接近於我們的日常經驗，它的模式與力量形成了物質存在所奠基的架構。對於人類來說，耶薩德也碰觸了我們非常熟悉的那一部分，因爲它掌管了夢想與理想、本能與生物驅力、人類意識的動物面以及細微的生命力。這些全都是人類生命基本架構的一部分。

同時，在一個深信「每一部分的人類經驗都必須能以純粹物質用語來解釋」的文化中，這些事物一直都受到強烈的質疑。直到量子物理學家的發現讓這個概念重新被人接受之前，那個認爲「非物質模式可能形成了物質世界架構」的這個概念，完全被科學家的社群所駁斥。在微觀宇宙這方面，還有一些重要的心理學學派直接否認人類擁有任何的本能，但是同時，耶薩德層次的夢以及其他經驗卻在大部分情況下受到關注，這主要是因爲它們還能符合於人類心智中的物質模式。

這些困惑以及在其背後強烈的不安，都來自於在這裡解釋不了的過於複雜的文化衝突。然而，它們所留下的龐大內容卻是卡巴拉魔法師必須處理的一個因素。由於我們的文化偏向於物質主義，因此這樣的慣性思考方式讓我們很容易就輕忽了耶薩德層次的事物，並認爲它們是不真實的，只因爲它們不具物理物質的特質，而這般的忽略，將使魔法師得不到一些傳統所能提供的較爲重要的工具。

關於那些「被我們社會文化所拒絕、但對我們的工作爲必要」的概念，其中一個較爲有用的例子是「生命力」的概念；在一切有生命的有情中，都有一股「普遍存在、具有生氣與活力」的能量，它們促成了我們所謂的「生命」這個頗爲奇怪的現象。很少有概念像這個概念一般，受到科學界如此全面的抨擊；即使是頗具聲望的科學家，只要一提到這個概念，就能被批評得體無完膚。就在幾年前，一本內容沉悶乏味的英國期刊《自然》，其編輯們大力砲轟一本主題太偏向於此論點的書，他們甚至說這本書應該列在待焚燒的候選書單上。

同時在整個人類歷史上，很少有概念能像這個概念般，如此持久且廣爲流傳。在現代西方文明之外，幾乎全世界每個時代的每個文化中，都曾爲這個能量命名並給予高度重視。在東方武術中，這個能量被稱爲「氣」，它扮演了很關鍵的角色，並提供人類能夠空手或赤腳擊破木板、磚塊或石板的力量。在許多傳統的藥物系統中，同樣這個能量被視爲與呼吸相同、並且是所有療癒過程的重要因素。

這整個議題如此迷人的地方在於，人體周圍的活躍能量場，可以直接被人類的感官所感知。有一個簡單的方法可以經驗到這個能量場，就是充分地甩動你的雙手，接著將雙手伸向你的正前方，掌心相對，將手指張開，雙手彎曲呈杯狀，就好像你拿著一顆排球。現在注意你雙手之間的「空」間。過了一會兒之後，輕輕地前後移動你的雙手，就好像是在擠壓那顆球，並且注意到隨之而來的感官覺受。

你所感覺到的刺痛感以及輕微壓力，是來自於你雙手的能量中心互動的結果。位於「這些中心之中的、以及在它們之間雖看不見但幾乎可以觸摸」的內容物，便是生命力，也就是生命基本的「組成物」，這些是透過你的以太身的活動而集中起來。按照這本書所使用的詞彙——在西方魔法傳統中，還有其他好幾種說明這些事物的方式——這個「組成物」便是以太，也就是耶薩德層次之有情的內容物。雖然以太在有生命個體中的集中程度最強，它其實也存在於所有形式的物理物質當中，因此某種程度來說，一切萬物都是活著的，正如同世界各地的神祕學者和部落人們一直以來所相信的。雖然以太是流動並且恆常在轉變，它卻是作為物質存在的基礎，以網狀結構的力量將物質的粒子支撐起來，就像是念珠串在網子的網線上。

因為在所有較高的圓質中，耶薩德是距離我們所熟悉的馬互特領域最近的圓質，也在那些被我們的文化貼上「超自然」標籤的現象中，扮演了核心角色。這個問題重重的世界，最近遭受到一些當代作家的譴責，他們指出，所有的世界都能在自己那個層次上被視為是自然的，而透過祕傳學的修行方法所達到的那些奇怪且看似奇蹟般的結果，只不過是我們尚未瞭解的某種自然法則的運作而已。某種程度上來說，這點是正確的，不過超自然的概念仍有其一定的價值存在。這裡所要說的重點是，其他層次的有情以不同的方式運作，遵循不同的規則，並且產生了與「自然的」馬互特領域不同的結果。

因為如此，我們稱耶薩德為「超自然的圓質」。作為位於物質正上方的存在層次，耶薩德是大部分能影響物理世界的非物質現象之來源。大多數時候，當人們遭遇一個超自然的經驗時——也就是說，一個違背了日常現實規則的經驗——所發生的就是，人們遭遇到了耶薩德領域的一些面向，這有可能是因為圓質的能量比平常的強度來得高，或者是因為人們的覺知受到某些事物影響而被轉換到耶薩德的意識層次。

有不少人彷彿認爲，只要有能力帶來這種轉變，緊接著在過程中獲得各種通靈能力，便是精神修行的進階證明。當然，在生命之樹圖上，比起第十個圓質，第九個圓質確實在光譜上離「精神」那一端較爲接近；但是這兩者之間的區別，並沒有當代一些靠著形而上學大聲叫賣的精神小販們所宣稱的那麼大，而是小得多。從一個較廣的角度來看，以通靈現象作爲內在成長與智慧的證明，只比單純的肉體力量好那麼一點點。許多現代人並不知道，在很大程度上，通靈只是人類意識的正常功能，而在通靈方面的進展——雖然這確實需要付出一般的耐心與努力——卻與魔法卡巴拉修行者的轉化工作沒有太大關係。

當我們面對耶薩德的傳統象徵時，必須將這些議題牢記在心。而這個象徵的大部分，都與耶薩德作爲以太之圓質的角色有直接關係；如果能夠牢記這一點，就能輕易地解釋你所學到的形象與概念。因此，耶薩德這個圓質的稱號，意思爲「基礎」，指的是耶薩德的細微能量，在組織物理物質的粒子並給予其架構時所扮演的角色。正如整個建築物的架構都奠基於地基，再由此向上攀升，因此，馬互特的物質世界也完全依賴於耶薩德的以太世界所給出的架構。

每一個圓質的聖名，代表的是在那個圓質當中可能發生的絕對實相的最高概念，以此之故，這個名字能夠讓我們直接一窺圓質內在意義的最核心。對應於耶薩德的神之名是紗代歐柴，紗代意指「全能的」，柴意指「活著的」，歐是一個古老的字，唯一被知道的翻譯就是「神」。

這個名字的第一個與第三個元素，指的是「流經宇宙之耶薩德面向」的強大能量與生命之流，中間那個元素則說明了這些能量流能夠被視爲是單一同一的化現。正是由此究竟實相的概念當中，神聖的「萬有神論」概念，亦即在萬物之中存在的生命，才從這裡產生；同樣地，在這裡，用一句經常被引用的魔法諺語來說——神即壓力。

名字的字母，也跟神的每一個傳統名字一樣，可以被作爲是名字之意義的擴大閱讀。

ש，Shin，辛，第一個字母，代表了一股「由上方降下、進入物質世界」的巨大力量。此字母與以下概念相關聯，如毀滅與再生、極端的改變、無法挽回的選擇、以及不允許上訴的決定。作爲一個字，辛意指「牙齒」，這代表了進食過程，在此過程中，食物被摧毀，以便能轉化成活生生的血肉。辛的屬性包含：同樣帶有力量與轉化象徵的火元素，以及塔羅大阿卡納二十號牌，審判。

ד，Daleth，達雷特，代表所有形式的繁殖力形象，即對立面結合所帶來的新生命之創造。達雷特的每個面向都與自然息息相關，表達了繁衍、性慾和愛的概念。達雷特的屬性包含：行星金星，以及塔羅大阿卡納三號牌，皇后。

י，Yod，尤，第三個字母，一般是代表「天眞」之意，也有作爲生命潛藏之火花的「孤立」之意。尤意指「拳頭」，屬性包含：占星學的處女座、處女，以及塔羅大阿卡納九號牌，隱者。它也作爲名字第一部分的總結。

א，Aleph，阿列夫，第四個字母，象徵了「在無限能量、靈感、狂喜陶醉或瘋狂之中」的全然自由。它與春天、早晨及童年的概念相關，並且象徵了在形體建立之前那一股向外傾洩的原初力量。阿列夫意指「閹牛」，屬性包含：風元素，以及塔羅大阿卡納零號牌，愚者。

ל，Lamed，拉美德，第五個字母，代表的是在所有層次上的平衡概念。它包含了平等、調解、以及救贖的概念；在人類用語中，它所代表的力量，與東方的「業力概念、以及善有善報惡有惡報的因果法則」緊密相連。由於阿列夫是閹牛，拉美德這個字代表「趕牛棒」，那是一種用來控制與指揮公牛群的古老工具。拉美德的屬性包含：天秤座、磅秤，以及塔羅大阿卡納十一號牌，正義。拉美德也是作爲名字第二部分的總結。

ח，Cheth，黑特，第六個字母，表達了「服從於神聖力量、接受從更高存在層次降臨的能量」之概念。與它相關的概念有責任與自我紀律、信仰、以及人類靈魂是作爲內在神性之力的乘具。黑特意指「圍籬」，暗示了圍堵與圈住的概念。它的屬性包含：占星學的巨蟹座（這是接受度最高的星座）、螃蟹，以及塔羅大阿卡納七號牌，戰車。

י，Yod，尤，最後一個字母，與之前列出的「尤」字意思相同。這個序列有多種解釋方式。也許最有用的一種是將名字區分爲它自己的三個元素。在這個上下文中，紗代，全能的，可以被理解爲向外傾洩的無限能量（Sh，紗）降臨至自然世界中（D，代）、以及神性的火花四散到宇宙每一處（I，代）。柴，活著的，代表一切有生命的生物都是神聖火花（I，柴）的乘具或是容器（Ch，柴）。歐，本身就是神性、也帶有神性，表達了全然自由的矛盾（A，歐）在全然的平衡中化現它自己（L，歐）。整個名字因而提供了一個絕對實相的萬有神論形象，此形象在自己的層次上來說是正確的，無論它在其他層次上是多麼不完整。

在此圓質大部分的其他象徵中，我們看到相似的模式不斷出現。比方說，耶薩德的大天使便是「第九個圓質作爲力量」之形象的相同表達；「加百利」這個名字意指神之力量，指出了第九個圓質的貝來亞面向，可以用類似阿其路面向的方式來理解。耶薩德的天使宿主基路伯則較爲複雜——如早先的章節提過的，它們是四大元素內在面的形象，並且是「特措果瑪頓」字母的象徵——但它們意義的核心仍然是力量；它們代表了特措果瑪頓的力量（在神學語言中，便是神的創造性力量）由上而來化現在物質世界當中。

耶薩德的占星符號是月亮，這有兩個原因，一個是理論性的，一個是實際的。理論性的原因只是因爲耶薩德是距離馬互特最近的圓質，而月亮是占星學的傳統行星中距離地球最近的。當地球還被視爲是永遠靜止的宇宙中心時，生命之樹也以一種很直白的方式直接對照到行星圖上，結果是，這對照表成了很糟糕的天文學，但卻是很棒的象徵。

實際的原因則比較細微。在過去數百年間，魔法師的經驗告訴我們，物理世界的以太流會隨著規律的模式而有所增減。事實上，在不可見的世界當中也有潮汐存在，而月亮影響這些以太流的程度，就如同它影響海洋潮汐般同樣強大。這個影響力強大到，某些種類的儀式工作只能在某些月亮周期間執行才有成效。因此，月亮與耶薩德之間的關聯，自然地由此而來。

在此，路徑文本總是值得我們花大量的時間去學習與冥想。在我們目前所討論過的象徵當中，它指出了耶薩德的另一面向。第九個圓質據說能夠淨化「化身」（Emanation）——「化身」是圓質的另一個名字——因爲它接受了所有更高圓質的能量，將它們集中、並以一種可能是最清楚的方式向下經過第三十二條路徑傳導到馬互特。這個傳導是由圓質的「代表」（另一種翻譯是「形象」）所組成——換句話說，即它們在耶薩德的反映，稱爲「形象的寶藏屋」——並且是這些形成了濤之路徑的路徑文本中的七個行星。最終，那個傳導是個「沒有縮減或區分」的同一；只有在馬互特本身，也就是在物質世界中，這個同一體終於被擊碎成我們每日所經驗的各種繁雜事物。以太，即「形塑耶薩德層次之形象」的物質，自由地在它們全部之中流動，毫無區別，就像海洋的水隨著一個個浪頭上升，而不被這個行動所區隔開來。

剩下的大部分象徵不需在此一一討論。然而，表格中的最後兩個欄目需要一些解說，以避免誤解。每一個圓質被分派的身體的相應符號，指的是在古弗（即物理身體）能量中心的位置，也就是所討論的

耶薩德 圓質9

圓質力量的集中處。以耶薩德的例子來說，它的能量中心位於性器官，並與性慾的許多面向有深刻的關聯。雖然一般認爲性行爲可能是最激烈的肉體行動，但是大部分的性愛都發生在以太或是更高的層次上。若沒有了這些，性不過就是一種摩擦行爲，並且由於以太面向的性連結，包含了從奈非許、一直到使整件事情充滿能量的本能驅動力，以致它甚至不是一種特別愉快的摩擦行爲。

有一些最受保護的傳統卡巴拉法教，處理的主要就是性。之所以如此保密，可能跟社會上的假道學風潮有更大關係，而不是因爲其他因素，但在面對這個議題時卻是極其嚴肅的。本世紀初期，有一個卡巴拉魔法師迪安·芙泉，出版了一本關於這個主題且論調溫和的書，卻因此給自己惹上了許多麻煩，特別是來自於黃金黎明後續協會的領導人。相關的這些法教已經出版多次，但是與我們這種類別的介紹性書籍並沒有直接相關。然而，有一些基本法則還是可以在這裡講述清楚。

如剛剛所提，比起物質身體，性更加屬於以太身的事務。因此有些特定的方法可用來利用這項事實，其中一種方式是讓呼吸同步；但是更重要的方式，關注的是另一個方向。以太身本身是汝阿赫的乘具，而以太身的結合（這就是性行爲中所發生的事）能夠成爲、也經常成爲「汝阿赫的一種或多種層次上的相應結合」的基礎。當這個在日常生活中發生時，性便成爲愛的基礎；當這發生在「於揭開面紗的道路上已經有些進展」的兩個人身上時，結合的能量將能夠上升到一般而言無法接觸到的汝阿赫層次，並且使其對意識打開；而當這發生於「站在深淵邊緣」的兩個人時，兩個人的結合能夠綻放成「與萬物結合」的經驗。因此在這個上下文中，愛人們的交媾並非僅只是一個詩意般的比喻，而是一個神祕學者所謂「神與世界之交媾」的經驗，而這同樣是充滿性暗示的說法。

但是在魔法領域中，能夠被使用在超越性的目的上的，也同樣能被使用在自私與毀滅性的目的上；以煉金術的語言來說就是，製作萬靈神丹的原始材料也能夠被製成致命毒藥。這對性來說也通常是如此。這在卡巴拉詞彙中，則是以第九個圓質的負面力量（即嘎瑪利歐或是淫穢者）之形象作爲象徵。他們的傳統形象是一群裸體而汙穢、長著公牛頭的巨人，一個個彼此交配就像是連體嬰那般。他們代表墮落的性能量，只是一種反射性地抓取感官享受，而且對方的存在只是成爲被用來滿足渴求的物件。原本有可能透過這類結合不斷地在自我層次中上升，現在卻爲了追求一些足夠新鮮的經驗，好用來突破自己對於「單純在神經末端上摩擦」的那種麻木感而完全迷失了。在耶薩德層次，還有其他形式的不平衡與扭曲奈非許的功能的其他方式，但沒有幾個像「性」這般，讓人類潛能付出如此高昂的代價；或者不幸的是，如此普遍地存在於現今社會中。

路徑31：辛（牙齒）

項目	內容
路徑的字母	ש，辛（牙齒）
神之名	ALHIM，Elohim，艾羅因
相應的占星符號	火
相應的塔羅符號	大阿卡納二十號牌，審判
祕傳學標題	原初火之靈
路徑文本	「第三十一條路徑是『永恆智力』，為什麼如此稱呼呢？這是因為它以適當的順序規範著太陽和月亮的活動，也就是指便利於彼此運行的軌道。」

項目	內容
神話學法則	浴火重生
路徑的經驗	熱、口渴以及痛苦的感受；旅行經過一個沙漠、或是穿過火堆；物質身體燃燒殆盡；或其他轉世的影像。
路徑上的個體	果戈理（Grigori）或是看守者；火蜥蜴，火的元素靈。
魔法形象	一個清亮紅色的拱門，拱頂石上面有一個亮白色的字母「ש」，拱門裡的門上有大阿卡納二十號牌的形象。
顏色	在阿其路：光耀的紫羅蘭橘色 在貝來亞：朱紅色 在耶其拉：紫羅蘭色，帶著金色斑點 在阿希亞：朱紅色，帶著深紅與翠綠色斑點

辛的路徑是從馬互特（即庸常物質的實相領域），向上引到上方其他圓質處的三條路徑中的第二條。如同濤的路徑一般，它連接了我們平常經驗的世界。然而雖然有此相同點，這兩條路徑卻大不相同。

濤的路徑有耐心地朝著「潛藏在物質世界背後力量」的方向前進，最後終結於耶薩德，即代表細微能量與夢想的圓質。相反地，辛的路徑是一條充滿「考驗與測試、以及突然地戲劇性改變」的路徑，最後終結於后德，即代表概念與智力的圓質。

這兩條路徑還有另外一個很重要的不同處。濤的路徑是中柱的一部分，也就是生命之樹偉大的中軸，它處在其他兩柱的對立極性之間。另一方面，辛的路徑則非如此。它連結了中柱以及兩個偉大極性的其中一個，但是並沒有碰觸另一個極性，也因爲如此，它必須透過它在生命之樹另外一頭的相等物來達到平衡——也就是「克夫」的路徑，從馬互特到奈特薩荷——如此才能與生命之樹的能量達到整體平衡。

因此，濤的路徑是「從物質現實旅行到超越物質經驗領域」的一個平衡方式，但是辛的路徑並非如此。這個要點具有某些實際的重要性，因爲以馬互特爲起點的三條路徑，每一條都能夠代表「進入卡巴拉向上旅程的第一階段」的一個方法，也就是一種開始與更高面向接觸的工具。這三條路徑都在不同的時間點，被不同的神祕傳承所使用；這三條路徑也還在當代被使用。因此若能理解這三條路徑，我們便能清楚理解「日常狀態意識以及魔法狀態意識兩者之間連結的本質」。

第三十一條路徑的第一個象徵是希伯來文字母「辛」。辛意指「牙齒」；牙齒是改變的工具，它們每天都在執行營養奇蹟的第一階段，也就是將死的物質轉化成活體的能量與組織。在微笑中所展露的牙齒，象徵溫暖與友誼；在受威脅動物的下顎中所露出的利齒，則警示著立即的危險。同時，牙齒也是身體中最堅硬的部分之一，因此在死亡之後，當身體其他部分都化爲塵土，牙齒仍會存留很長一段時間。因此，象徵性地來說，牙齒能造成食物的改變，也能表達感覺的改變，但是它們本身抗拒改變。

一如傳統詞彙所說，辛的路徑受到「火的圓質之反映」所掌管。這個屬性是瞭解這條路徑本質的關鍵。火象徵能量、意志、力量，它表達了「讓事情開始活動並帶來明確改變」的力量。就像牙齒的象徵一樣，火也具有矛盾的本質：當火在壁爐中燃燒時，它表達了溫暖與好客之意；而當火失控的蔓延燒開時，則預示著痛苦與死亡。火能夠轉化它所碰到的幾乎任何事物，但永遠保持著不變的自己，遵循著自己特殊的法則。

這個屬性也就是路徑接下來兩個象徵的源頭。艾羅因，便是傳承分派給火元素的聖名。這裡，它代表了在這條路徑上運作的最高精神影響力。這條路徑相應的占星符號就單純是火，接著它將路徑再連結到牡羊座、獅子座和射手座等火象星座。

在下一個欄目中，象徵意涵開始變得更加深入。辛的路徑相應的塔羅符號是大阿卡納二十號牌，審判。通常第一眼看去，出現在這張牌上的圖像，不過就像是基督神話中全部死者復活的那一幕：亦即所謂的最後一張牌，被描繪在倒數第二張大阿卡納牌之中。在牌卡的上半部，有一位天使向下彎，吹響號角，將死者從他們的墳墓中喚醒；在牌面下方，有幾個人類從地面向上升起。

正如先前討論過的伊甸的比喻，這裡所呈現的審判日形象也不需完全以嚴格的基督教方式來解讀。有些最古老的西方神祕學以及魔法傳承，使用了一個連結兩個希臘字的雙關語，這兩個字是soma與sema，分別代表身體與墳墓，用來表示當人類的靈下降進入物理物質中，將涉及失去和侷限那些經常跟死亡概念連結的特性。在這些法教中，肉體身被視爲是靈魂的墳墓，因此，復活的圖像在西方魔法傳承中不太被用來指涉死後的復活，反而更是用來指涉我們所謂「生命的極端轉化」。因此，從馬互特上升到一個更高的圓質，才是眞正的復活。正如我們接下來會看到的——下降，這才是眞正的自我埋葬。

在黃金黎明中，牌的這些象徵，還被加上了一組「與路徑之火的象徵相關」的關聯物和印象。同樣地，路徑的祕傳學標題指的也是火，即其基本元素的性質。相反地，路徑文本則突顯出了路徑意涵的不同面向。這個文本，與任何其他文本都不同的地方在於，它是以一個問與答的形式呈現，用意是在指出「這個連結了馬互特與后德」的路徑所扮演的角色，而后德是代表溝通與思維的圓質。整個路徑文本可以被看成是對於這個連結之本質與影響力的討論。

第三十一條路徑也被稱爲「永恆智力」，這是因爲在魔法思想中，通常所謂心智與物質之間的互動，並不是宇宙當中一個很稀有的現象，只限於某些居住在一個不起眼的銀河系中、一處極偏僻荒涼角落上、模樣古怪的猿人所獨有。應該說，心智總是存在於物質當中；不論是水晶的微型結構、還是大片的銀河系，都展示了證明心智存在的秩序與規律。作爲一個從嚴厲之柱下降到馬互特的路徑，辛的路徑展示了心智如何作爲一個「具有限制性與能成形之力量」的角色，而在卡巴拉對於「心智與心智之運作」的理解上，這是一個占有核心地位的角色。最後，心智在馬互特的環境中，通過不斷地區別它的工作，而在不同的事物當中做出區分、分類、解剖。這就是爲什麼路徑文本提到太陽與月亮，也就是西方魔法傳承中代表主要二元性的經典形象。

這個路徑的神話學法則：浴火重生，將我們帶到辛的路徑實修上的臨界點。關於浴火重生的神話，或許最爲人知的便是鳳凰的傳說，牠從自己的灰燼中重生並成爲不朽的、以及半神半人的阿基里斯，因人首馬身怪物的血而中毒，但卻無法死去——他在火葬的柴堆中將他人類的那半身燒盡，接著上升至奧林帕斯山與眾神平坐。

這些神話表達了這條路徑在人類心靈中的深切共鳴，並且提供了將其實際應用的重要線索。辛的路徑，從物質現實引向純粹心智的領域，要求那些在路徑上的旅行者，將他們的覺知從物質層次的侷限中釋放。要做到這一點有幾個間接的方式，這涉及到其他的路徑與其他的圓質，但是也有一個直接的方式。要使用這個方式，必須進入痛苦。

有一些精神傳承依賴身體的苦行來獲得通往各種存在的精神層次，這些法則的根基便是痛苦。有一些剝削身體的方法，例如禁食、禁慾，以及強制保持清醒不眠，包括直接將痛苦和不適加諸於身體上，數千年來，一直被神祕學者、先知以及薩滿巫師作爲用來「敲醒他們的心智，使其免於馬互特之掌控」的方式。這個自我施加的浴火重生方法，代表了一個刻意、甚至人爲的「上升到第三十一條路徑」的方法。

毫無疑問的，這些方法能發揮作用，也確實有效。但同時，辛的路徑在整個生命之樹的模式來說，是不平衡的，因此如果它成爲了精神發展的主要途徑，那個發展也可能會變得不平衡。在魔法卡巴拉中，濤的路徑是作爲主要上升的路線，若要進出后德，則是透過耶薩德的形象與能量，以及第三十條路徑較溫和的火焰。

同時，辛的路徑在魔法師的工作中自有其地位。生活在墮落的馬互特中，提供了我們許多痛苦的機會，即使是那些完全沒有興趣尋求痛苦的人也一樣；我們的這個世界，變化出足夠的痛苦、失望、挫折、悲痛以及心碎，來滿足任何人對受苦的需求。在辛的路徑上的冥想與工作，能夠提供魔法師方法來處理人類庸常的不幸，並將這些不幸轉向通往成就的方向。物質層面上的受苦是一位偉大的老師，當受苦無法避免時，我們應該要思慮周到地面對它，並且利用它作爲轉化的工具。

剩下的象徵主要是用來作爲你的路徑工作的背景知識。一如往常的，這些特定的事件與人物，可能會、也可能不會出現在你內在的路徑旅程上；它們的用意是要給你一個關於「你可能會遭遇到的事物」的概念，而不是事先為你的路徑工作作出定義。關於路徑的經驗，大部分應該都是不說自明的。然而，最後一個可能需要一些解釋。

某些種類的冥想工作，以及運用某些特定象徵的練習，經常會產生使你憶起其他世生命的經驗。這些顯明的記憶，範圍從淡淡的感官覺受、或是瞬間消逝的單一影像，到全面記起曾經生活在歷史上另一個時空的整個生命細節。由於這些經驗在西方魔法傳承中頗為普遍，因此那些傳承的分支，只要沒有受到基督教過度緊密的控管，都傾向於視轉世為自然的生命事實。特別是黃金黎明協會的團體，大部分也都持守如此觀點，而之所以在某些種類的魔法練習中經常會浮現其他世的生命記憶，跟這一點有極大的關聯。

雖然經驗到這些事物可能很有趣，但很重要的一點是，不要執迷於其中。同樣重要的是要記住，一廂情願的想法、幻想、未實現的慾望、甚至是你所閱讀的書籍，都可能會雜染了這些顯明的記憶。「光彩因素」（glamor factor）或許能透露這類事情發生的原因：古今中外歷史上大部分人的身分都是農民、牧人、家庭主婦、以及其他庸常的凡夫俗子，而非國王與皇后，因此一系列光彩不斷且刺激連連的過去世，可能更多是與白日夢以及個人的不安全感有關係，而非其他事物。

表格中所給予路徑上的兩個種類的個體，經常會在辛的路徑上被遇到，雖然當然還有很多其他種類的個體。第一類個體稱為「果戈理」或是「看守者」，通常顯現為從上方往下看隱約出現的巨大人形。他們幾乎從來不說話；他們的作用是看守路徑上的痛苦，並且觀察路徑上的旅行者以何種方式面對這些痛苦。火蜥蜴是火的元素靈，也就是在物理世界這一面向中的意識之擾動。它們可能會出現為是活生生、舞動中的火焰。傳統上，據說它們的進化程度與智力都比人類低，但是比人類更有活力和能量；它們所提供的經驗，一般來說比它們可能提供的任何忠告都更加有用。

路徑30：黑許（頭）

項目	內容
路徑的字母	ר，Resh，黑許（頭）
神之名	YHVH ALVH VDAaTh，Tetragrammaton Eloah va-Daath，特措果瑪頓艾羅阿之一達特
相應的占星符號	太陽
相應的塔羅符號	大阿卡納十九號牌，太陽
祕傳學標題	火的世界總主
路徑文本	「第三十條路徑是『集合智力』，之所以如此稱呼是因為占星學者藉由此項智力，推論出對於星星和天象的判斷，並依據它們解決方法的規則，使這門科學得到完善。」
神話學法則	心智的覺醒
路徑的經驗	綠地、森林以及其他區域的豐富植被；廟宇、學校以及瞭望台；非物質個體的指示；飛行或上升。
路徑上的個體	獅子與其他太陽系動物；智者以及導師們。
魔法形象	一個亮橘色的拱門，拱頂石上面有一個亮白色的字母「ר」，拱門裡的門上有大阿卡納十九號牌的形象。
顏色	在阿其路：橘色 在貝來亞：金黃色 在耶其拉：濃郁的琥珀色 在阿希亞：帶著紅光的琥珀色

如同第三十一條路徑，第三十條路徑也提供了一條通往后德的道路，它的象徵也受到火的形象所掌管。然而，它的起始點並非頑強的物質世界層面，而是「善於回應、細微且恆常變動」的耶薩德領域。如果辛的路徑主要是將自己化現爲熱——燒盡自我的不純淨處、燒焦對物質世界的貪愛——則這個更高路徑的火，黑許之火，將自己展現爲最重要的光。辛的路徑帶著粉碎一切的力量，黑許的路徑則帶著有意識的覺知、理解與心智的運作。以人類用語來說，它不是用意志在工作，而是用感知能力；它主要的象徵是，用來代表意識心智的所有象徵中最古老的一個——太陽。

當你在進行這個路徑的工作時，會處理到自己心智中的意識功能，你必須探索自己的每一部分，因爲有了它們，你才能夠去探索任何所有的事物。某種程度上，這對大部分處於西方文明中的人來說是個很熟悉的領域。由於我們社會對於物質主義的執著，造成了我們高估「有意識心智以及其功能」的價值，遠超過人類意識的許多其他面向，因爲比起意識的其他面向，理性的意識很明顯是一個更加有效的操控物質的工具。然而，若我們將自己侷限在純粹物質的焦點中，則我們的有意識心智甚至無法開始發掘它全面的能力；並且即使是在最日常的覺知行爲中，也含藏著許多潛能，但因爲純粹物質主義的處事方式，使我們無法獲得它們。

現在花一點時間，如同你在第一章所做的，開始注意一下你周遭空間中的物品——再用一次同樣的杯子，如果它還在你身邊的話。當你看著這個杯子，並經驗到它在你心智中所產生的象徵性形象時，去觀察這個影像如何影響你的覺知。當你專注於此時，去注意到這個印象如何占據了你覺知的最前沿，而其他事物都退居到背景中，還有其他事物根本就不在你的覺知當中。

任何時刻，你都可以將你的注意力轉移到某件事物上，而這個新的物品就會移動到你意識的最前沿，於是杯子開始退到背景中。這就好像你站在一間暗室裡，手上拿著一個光柱不寬的手電筒，在任何時刻，房間裡只有幾件物品會被明亮的光線照射到，其他物品則被黯淡的光籠罩著，至於剩下的物品則全部藏在不可見的黑暗之中。

在這個比喻裡，手電筒的光束是有意識的心智，而將周遭一切事物隱藏起來的黑暗，便是人類覺知領域的剩餘部分，在目前來說，我們可以將它們統整歸類爲「無意識心智」。同樣這個比喻還有一個更古老的版本，在其中，這兩者與「太陽和月亮」相關聯。這個較古老的形象，對於心智這兩個重大分野指出了一個很重要的眞理，因爲說無意識心智是黑暗，並非眞的正確。無意識也有它自己的覺知，它雖幽暗虛無、擴散瀰漫，但比起狹窄而專注的意識光束，它更具廣大的包容性。學習去連結這個月光般的無意識覺知，並將其與如太陽般清晰的有意識覺知和諧共用，是有可能的；能夠這麼做，便是進入了魔法師工作中一個極爲重大的階段。

然而，在這門課題中，我們將探索有意識心智的狹窄光束。如前所述，這個光束擁有一些在現代生活中尚未被探索的潛能。依照不同的方式，光束可能會有所不同，有些區別較明顯，有些較不明顯。如同你剛剛所看到的，它可以在物品與物品當中轉換注意力；然而，這只是它能做的轉化當中最簡單的一種。它還能夠將專注力從某一個存在層次轉移到另一個存在層次，藉由自己生命之樹的反映，在圓質與圓質之間進行移動；以此方式，它從馬互特的物質物件，轉移到耶薩德的形象、或是后德的邏輯模式；或者是，一旦生命之樹的藩籬被打開了，便能轉移到荷塞德化現的深層結構，或者是深淵上方的無上同一。

有意識覺知的「手電筒光束」，還能以其他方式做出區分，然而這裡要講的是通往其特殊力量的關鍵之一。它不僅能夠改變方向，還能夠改變強度。意識程度有很多種，就像有許多不同的層次可以讓意識在上面運行，自有歷史以來，這就是神祕學中一門很重要的功課。如果與人類心智所能獲得的清明和感知程度相比，我們庸常的「清醒」意識，渺小得不過就像是某種淺眠狀態。

在卡巴拉象徵的使用方面，有兩個要點使得黑許路徑的傳統意象，比本章目前所講過的其他內容更加隱晦。由於西方魔法象徵系統的限制，卡巴拉行者所使用的一些象徵，必須在生命之樹擔任雙倍、甚至三倍的工作。比方說，七個傳統行星中的每一個，都與一個圓質及一條路徑相關聯，而且有很大的機率是，這兩個在生命之樹上的圓質與路徑通常都距離彼此非常遙遠！此刻，我們是在思考分派給太陽的路徑，但是我們目前提到的許多要點也同樣與梯珐瑞特有所關聯。梯珐瑞特是分派給太陽的圓質，也是「眞實有意識的覺知掌握了其中心的層次」。這兩者，即路徑與圓質，有一些共同點，這也是爲什麼一個象徵會同時代表兩者的原因之一。然而，有一個很重要的特點將它們區分開來。圓質本身是一個存在的層次，也是之前所討論的太陽意識的源頭；而路徑是不同層次之間的一種關係，並且代表了讓這個意識開始工作的方式。

多年來，有大量的困惑圍繞著生命之樹的這部分結構，以下這個要點便是理解這部分的關鍵。有一些圓質與圓質間的象徵性連結，看起來彷彿毫無關聯、或甚至是完全誤導的。從耶薩德（月亮的圓質），我們有可能直接旅行到梯珐瑞特（太陽的圓質）；但如果你試圖採取太陽的路徑到達那裡，你會發現你的路線被繞行到后德。就像是一個路標指著錯誤的方向，路徑的屬性好像跟它附近圓質的屬性脫鉤了，而在生命之樹上的其他幾個地方，相同的情況還會再發生。

如同在卡巴拉中經常發生的其他情況，這個謎團中也隱藏了一個重點。當我們從一個圓質旅行到另一個圓質時，最顯明的路徑不一定總是有效。在這個特殊的案例中，若你只是藉由將覺知專注在較高圓質的太陽意識上，而想從耶薩德旅行到梯珐瑞特，那麼你會被直接帶往后德，而不是梯珐瑞特。爲什麼？因爲直到你經過聖殿的面紗以前，人類的覺知只能捉取到一點梯珐瑞特眞實意識的朦朧反映。而這個反映有它自己的用處，當它專注在耶薩德的形象上時，它將揭示在其背後的后德的模式與概念，因此，它在生命之樹上顯示爲第三十條路徑。然而，我們需要一個不一樣的方法來突破面紗，並且當黑許的路徑不再那麼撲朔迷離時，才能夠與這個階段的覺知進行接觸。

心中記著這些要點後，我們便可以開始檢視第三十條路徑的象徵。路徑的字母是ר，黑許，意指「頭」。這指的是頭腦，即「覺知以及周遭感官器官」的物理根據地。頭經常被用來作爲代表「人類本質的有意識面與智力面」的象徵，與「象徵情緒面以及潛意識面」的心剛好相反；這大多跟西方文化對於自我深層結構的特殊偏見有關，但這仍然是一個很有用的速寫圖。頭也可以象徵領導、方向和組織。就如同頭腦組織並指揮身體的各種行動，在一個有組織的團體中，有領導地位的人也通常被稱爲是首腦或主腦。

在較老的詞彙中，黑許路徑是「太陽的圓質之反射」，它以自己的方式表達了梯珐瑞特的一些能量。因爲這個連結，生起了表格的下兩個欄目。神之名，特措果瑪頓艾羅阿乏—達特，這是相應於梯珐瑞特的名字，也因此是究竟實相在生命之樹核心處最活躍的那一面。如前所述，相應的占星符號是太陽。作爲太陽系的中心點以及主要的推動者，太陽有許多象徵，與我們之前提過的黑許路徑的相關概念相同，如力量與組織力，並且如先前討論過的，它也是代表「自我的有意識面向」的一個古老象徵。

第一眼看去，相應的塔羅符號是屬於相同象徵的一部分，但它其實有著更複雜的弦外之音。大阿卡納十九號牌被稱爲太陽，其最普遍的影像是，一片翠綠草地在放射金色光芒的太陽底下茂盛地生長，草地後方是一座低矮的石牆，前方站著兩個裸身的孩子，一個女孩和一個男孩手牽著手。石牆和孩童代表「區隔以及性慾之極性」的形象，第一眼看去，好像與同一、以及我們先前討論過的「同一與回到中心點」的概念相互矛盾，但是這裡的意思不止如此。

大阿卡納十九號牌的課題是，有意識的覺知乃是建立在一種與世界的內在分離感之上，也就是從我們感知的對象中抽離回來。當你在看著這一頁時，你就覺察到書頁，並且覺察到你自己在覺察著這一頁；太陽的能量越多，你的覺知就會變得更加有意識，你也會更清楚地覺察到這兩者。當你看到書頁的心理意象時，你認爲那是與你自己完全分離的事物，你可以觀察它並思考它，就像它是一個在「作爲觀察者與思考者的你」之外的事物。這就是一個幻覺，但卻是一個高度實用的幻覺，因爲它能夠防止自我和環境模糊重疊的狀況，而這會造成一些含糊而不精確的無意識思考方式，就如同它們經常發生的那樣。在大阿卡納牌當中，觀察者與被觀察者的區別由那座牆作爲象徵，它將太陽以及太陽所照耀的草地分隔開來。

兩個孩子所指涉的也是區隔，但方式不同。一般來說，他們象徵著性慾極性以及特徵，這提醒了觀看者，有意識的心智是透過差異處來思考的。以一個非常眞實的觀點來看，所有的心智都能感知到的就是差異之處，比方說，「熱」的概念之所以存在，只是因爲它能夠用來對比「冷」，每一個其他的區別也都是如此。藉由認知到這些特徵，有意識的心智才能夠作用，並且會有創意的行使它的功能，認知到它以前所沒有感知過的特徵。以此之故，大阿卡納牌中的人物是孩子，他們代表對於某些差異的新的理解，並且他們手牽著手，指出所有的對立，事實上都是一個同一的產物——正如熱和冷都是連續性溫度光譜上的一種功能。

祕傳學標題是「火的世界總主」，將這個路徑與火的元素象徵連結起來；其中一個要點是，意志必須被智力所引導。反之，路徑文本處理的則是太陽意識的另一種應用。黑許的路徑被稱爲「集合智力」，因爲有意識的心，在最佳狀態下，並不會只像是一道任意移動的手電筒光束，從一個物品跳到另一個物品，而是它還能夠關注、比較、收集、並將雜亂的資訊集合起來成爲一個和諧的整體。下一個句子中關於占星學者的描述，是來自於以下事實，即在力塔格列斯的時代，占星是當時一門內涵最廣博的科學，同時也是「大部分試圖將宇宙視爲一個整體」之嘗試的基礎；整個「關於科學、以及關於有意識的探索自然法則」的人類過程，都包含在這裡了。文本所提及的詳細推理工作和計算工作，大體上都是屬於第三十條路徑的事宜。

接下來四個欄目的內容，大體上是作爲黑許路徑上的路徑工作背景。路徑的神話學法則是「心智的覺醒」，指的是那些「處理有意識的人類覺知之開端」的傳說，以及傳說中的形象。這些傳說中的許多都講述了導師們，即文化英雄們，將生活的傳統方式教給第一代祖先。一些早期民間傳說中的學生們，擁有的洞見可能比他們自己認爲的還多，這一類傳說稱爲「太陽神話」；他們嘗試將這些影像簡化爲簡單的天文學，卻由於太過簡單而無法運作，但他們也做了許多神話與太陽象徵之間的連結，是後人很難反駁的。

最後談到路徑上的經驗與個體，大部分應該都是不說自明的。這些個體中所提到的「太陽系動物」，代表了中古世紀偉大相應物名單的其中一面，在其中，動物、植物、石頭、以及幾乎所有你能想像到的事情，都被分派給七個傳統行星、四大元素或是其他象徵系統。獅子、老鷹、公雞以及公鹿都是屬於太陽系動物；若翻開一本好的象徵字典，還會看到其他事物。這些相應物，每一個都有自己的方式，適切地表達了黑許的路徑本身；在最糟的情況下，它們不過就是表達了一股有點走向瘋狂極端的「想分類」的激烈渴望；而在最佳的情況下，它們則是一個有價值的工具，可以用來理解一個在其他方面頗爲令人困惑的世界。在使用有意識的心智時，我們永遠要去考慮這兩種可能的情況。

圓質8：后德（光輝）

項目	內容
標題/稱號	HVD，Hod，后德（光輝）
神之名	ALHIM TzBAVTh，Elohim Tzabaoth，艾羅因際巴特（軍隊之眾神）
大天使	RPhAL，Raphael，拉菲爾（神之療癒）
天使宿主	BNI ALHIM，Beni Elohim，貝尼艾羅因（艾羅因的子嗣）
相應的占星符號	KVKB，Kokab，寇卡（水星）
相應的塔羅符號	牌組中的四張八號牌
相應的元素符號	水
路徑文本	「第八條路徑被稱為『絕對智力』或『完滿智力』，因為它是原初者的中位；它沒有能固守或休息的根基地，除了在葛杜拉（Gedulah）的隱藏處所外，而這又是從它自身特有的精華中發射出來的。」
魔法形象	一位長有雙翼的雌雄同體者，身穿橘色纏腰布和涼鞋，右手握著一根權杖，左手拿著一盞燈籠。
額外象徵	蛇杖
顏色	在阿其路：紫羅蘭紫色 在貝來亞：橘色 在耶其拉：赤褐色 在阿希亞：帶著白色斑點的黃褐色

項目	內容
微觀宇宙的相應符號	汝阿赫中的智力
身體的相應符號	右髖部
啓蒙級別	3＝8，實踐者
負面力量	SMAL，Samael，撒末爾（撒謊者）

隨著后德，在生命之樹上攀升至兩側支柱其中之一的底部。作爲嚴厲之柱的一部分，后德有一個協助生命之樹保持能量平衡的功能；后德能透過區隔與差異而生起限制，將「來自於荷塞德反映的宇宙模式中的不同元素」分離開來。它因此相應於「分析」這個詞彙的字面意涵——將一個整體打散成它們所組成的各個部分。

在一個主觀的層次上，后德是屬於「智力、語言以及理性思考」的領域。對於當代大多數人來說，這是一個頗爲熟悉的區塊，我們可能對於世界的這幾個面向感覺太過舒適，因而很容易忘記它們實際上是多麼的模稜兩可且難以捉摸。同樣的文字可以用來傳授眞理，也可以用來撒謊；同樣的邏輯思維習性，或許可以圓滿解釋經驗的某一部分，卻也可能在應用到經驗的另一部分時，造成全然的困惑與誤解。記住這個矛盾點，便是理解后德的關鍵之處，並且能夠在我們理解這個有時候令人費解的圓質象徵時，方向更爲清楚。

電腦程式設計師有一個很有效的用語，稱爲「垃圾進、垃圾出」（GIGO；Garbage In，Garbage Out）法則。GIGO這四個字母的名稱意指「無用輸入、無用輸出」，所要強調的重點是，即使是世界上最好的電腦程式，只有當它接收到有用的資訊時，才能展現出相對的價值：如果你輸入無意義的資訊，那麼你得到的也會是無意義的回應。

同樣的法則也適用於人類智力的所有功能上。如果你以一個錯誤的假設爲起頭，你也會得到一個錯誤的結論，不論中間步驟的邏輯性多麼完美。如果你假設月亮是由新鮮起司做成的，在經過完美的邏輯推理後，你可能會建議阿波羅號的太空人應該隨身攜帶紅酒和餅乾。這個例子或許無傷大雅，但如果這個「垃圾進、垃圾出」法則永遠都是如此無關痛癢的話，人類歷史或許不會像目前的紀錄這麼血腥。

同時，由於智力自身的彈性，使它容易陷入「垃圾進、垃圾出」的陷阱當中；但同樣的彈性也可以用在其他更有建設性的方面，幫助使人類心智成爲一個力量令人驚嘆的強大工具，呈現其原本面貌。我們能夠將一個仔細挑選出來的無意義事物餵養到智力的機器當中——也就是想像一件不存在的事物，接著再去思考它們最後呈現的結果爲何——這樣的能力，正是人類在科學、藝術以及日常生活領域中的創意核心。

在古代世界，現實的這些面向是由赫密士（Herme）或水星作爲象徵，即眾神的使者。水星是掌管藝術與科學、貿易、藥物以及魔法之神；它也是騙子、撒謊者以及竊賊之神。在這裡，要表達的是「位於溝通與欺騙之間」那個相同的二元性。這個位於第八圓質核心處的二元性，指出了「覺知與無知」的議題。若要清楚的理解卡巴拉工作，這一點是非常重要的。

后德的象徵是從二元性與矛盾等這些相同主題中生起的。圓質的名字HVD或者后德，可以翻譯爲「光輝」或「榮耀」。還有一些其他的字基本上帶有相同意義，但卻在生命之樹上扮演非常不同的角色，因此，比方說，克特的路徑文本會用「原初榮耀」來指涉那個圓質，后赫瑪的路徑文本則用「第二榮耀」來指涉第二個圓質。因此，一方面，第八個圓質的作用是作爲這些較高層次的形象，特別是當你從充滿迷霧與月光的耶薩德環境中去看的時候；黑許路徑的光之象徵，在這裡非常重要。另一方面，智力所持有的概念與教義，原本是被創造來表達某個經驗本身的，如果這些概念與教義被視爲比那個經驗本身更重要的話，那麼后德也可能成爲這些更高層次的僞造品。

被分派給后德的神之名是艾羅因嚓巴特，它以幾種方式表達了相同的二元性。這個名字的第一個元素本身就是一個神之名，並且還屬於最重要的名字之一；組成嚴厲之柱的三個圓質的神之名中都有這個字母。目前於生命之樹攀升過程中所遇到的名字，意思都相對地直截了當，但是這個卻不然。

「艾羅因」這個名字的複雜度，起始於字的結構本身。如同許多的語言，希伯來文對於陽性和陰性的字有許多不同的文法形式。艾羅因這個字的字根是「艾羅」（Elohe），是一個陰性的字，意思主要是「女神」，後面加上一個男性複數的後綴「因」（im），結果成爲一個奇怪的綜合體，或許它應該被翻譯爲「眾女神／眾神」。

很明顯地，這指的是在西方世界已建立的宗教系統中，一個沒什麼地位的神性概念，一個包含了數種形式與兩種性別的概念。比起任何地方，卡巴拉的概念最常在此接近古老異教徒信仰中遍地蔓生的眾神殿。超過一個以上的卡巴拉行者使用過這種相似性來解釋那些較古老的信仰——也就是將古老世界的眾神以及眾女神，視爲每一個都以一種人類可以理解的形式，在解釋和表達一種「超越同一」的最重要面向。

對「艾羅因」這個名字進行逐字分析後，將在更深刻的另一個層次得到相同的模式。

א，阿列夫，名字的第一個字母，也是希伯來文字母表的第一個字母，其象徵包含了風元素以及塔羅大阿卡納零號牌，愚者，其意義則包含了如自由、無邪以及不可定義等概念。

ל，拉美德，名字的第二個字母，爲第一個字母的自由能量提供了平衡。阿列夫意指「閹牛」，拉美德意指「趕牛棒」。作爲一個象徵，拉美德的意思包含了極性、和諧、平衡以及審判等概念。它的相應物有：占星學的天秤座、各種平衡，以及塔羅大阿卡納十一號牌，正義。

ה，黑，名字的第三個字母，代表前兩個字母的產物，也就是透過完美自由以及完美平衡之結合而開始向外傾洩的創造性力量。它同時具有接受性，又能賦予活力。黑爲即將浮現的存在模式提供了能量的母體；若只有自己獨自一個，它便是被動的，然而一旦藉由它之外的事物將其推動，它便能產生龐大力量。黑意指「窗戶」，象徵這個字母涵義的被動面向，而它的象徵的其他部分有：占星學的牡羊座、公羊，以及塔羅大阿卡納四號牌，皇帝，則表達了較爲主動的一面。

י，尤，名字的第四個字母，象徵孤立、圍堵、撤離。它代表向外傾洩的能量被區隔成個別力量的火花，也就是從同一態變成複數態的轉換過程。這個字意指「拳頭」，是另一種圍堵的形象。這個字母的屬性有：占星學的處女座、處女，以及塔羅大阿卡納九號牌，隱者。

מ，捫，名字的第五個字母，代表序列的終點，即創造性能量被吸收回原本的母體當中。捫表達了接受性、認同、犧牲、每一個模式的最後期以及每一個生命的最終階段等概念。捫意指「水」，並且正如同水是四個傳統元素中接受性最高的，這個字也帶有相同的象徵。捫的相應物有：水元素，以及塔羅大阿卡納十二號牌，吊人。

整體看來，「艾羅因」這個名字的字母告訴了我們一個理解「實相的阿其路層次」的方式，這個方式與特措果瑪頓所解釋的方法截然不同，但同時又與之互補。在「艾羅因」這個名字當中，存在被描述爲一個轉化的循環，在其中，「一」（One）是處於完美平衡中的無限能量——包含在艾羅因當中的「艾歐」（AL）這個名字——變成多個，又再回歸到一。某方面，這個存在的設想採用了個別意識的角度去面對自己的源頭與目標，而特措果瑪頓的設想則採用了「將整個宇宙視爲一個整體」的宇宙意識角度來看。

同時，這個名字所表達的存在形象，不該與那種模糊的眾神論搞混。在眾神論中，究竟實相不過就是宇宙中一切事物之總和。那個實相仍然超越於人類的理解和感知之外，並且所有的神之名只不過是代表實相的模型，即用來在人類經驗的領域中，瞭解實相某部分功能的方式而已。試圖將實相歸納爲任何一組可定義的因素或是組件——無論這些內容是關於宇宙的內含物、或是來自於某些教義宣言中的條規——這在當前各種各樣的另類精神教派中可說是非常普遍的，但從卡巴拉的觀點看來，這仍是一個錯誤，同時這種作爲也是「偶像崇拜」這詞的其中一個有效意涵。嚴格說來，這也是在后德層次的工作中，主要的危險之一。

在第八個圓質中，「艾羅因」這個名字與第二個字「嚓巴特」結合起來，後者的意思是「軍隊的」。原本這或許是一個古老戰神的名字，這個元素在卡巴拉哲學中的使用範圍較爲寬廣。軍隊這個字指的是宇宙當中一群個別的有意識個體，以此方式，「艾羅因嚓巴特」這個名字，即軍隊的眾女神/眾神，便與「艾羅因這個名字所象徵的創造性能量的巨大循環，以及其所創造的宇宙無限複雜性」兩者的關係有關。

后德的貝來亞相應物，即大天使拉菲爾，是另一個令人費解的事物。你可能還記得，傳統魔法中四個偉大的大天使，每一個都被分派給四大元素的其中之一。同樣地，生命之樹的每一個圓質也都有一個元素的相應物。如果卡巴拉直接跟隨其內在結構的模式，那麼這兩個元素象徵就會掌管「作爲貝來亞相應物的大天使」跟「圓質」相應的方式。反而，與風元素相應的大天使拉菲爾被分派給與水元素相應的后德，而加百利，即水的大天使，則被分派給耶薩德，即風的圓質。

這或許有點令人困惑，但絕非意外。在馬互特這個代表我們庸常經驗的圓質中運作的大天使們，與那些在生命之樹較高處運作的大天使們，並不完全相同，這可以從那些應用在較高處的象徵中看出來。在馬互特當中，大天使們是作爲元素的理想或是目標，特別是那些作爲個體之面向的元素。因此，拉菲爾，即「神之療癒」，表達了當智力（微觀宇宙中的風）成爲一項療癒工具時，它便成就了自己的最高形式。同樣的方式，加百利，即「神之力量」，教導我們，當情緒成爲內在力量的源頭時，它便成就了自己的最佳表達。

然而，在作爲整體的生命之樹上，大天使們表達了每一個圓質的貝來亞面向，也就是存在於每一個個體中的接受性意識面向，或者是存在於作爲整體宇宙的接受性意識上。在此，拉菲爾是在一種不同但相關的方式下，作爲一個療癒的象徵。總體而言，療癒是指：使一個被療癒中的系統回復其原本平衡狀態的過程，而且那些組成平衡的不同因素必須被認知、區別、以及個別地被瞭解。能夠這麼做的能力，正是第八個圓質經驗的核心部分；它創造了一種以智力運作來感知整個宇宙的能力，並且生起了有規律的思考模式，例如語言與邏輯。正如手術時醫生以刀切開組織，使其能乾淨的黏合，因此，后德的特性與區隔也成了在生命之樹下方的耶薩德中，重生之同一的來源。

就好像以上所述還不夠令人困惑那般，在后德的貝來亞象徵中，還有另一個要解決的難題。在卡巴拉魔法的傳統教學中，被分派給后德與梯琺瑞特的大天使，曾有一段時間是相互對調的，也就是拉菲爾分派給第六個圓質，而麥可（Michael）分配給第八個圓質。黃金黎明的文獻則是採用了這個交替使用的體系。雖然整體上來說，療癒的大天使與分派給水星的圓質最吻合，因爲水星的蛇杖仍然是代表藥物的標準象徵之一；

正如我們之後會在第八章見到的，麥克的名字與意象，清楚地將他與梯珐瑞特的象徵視爲是同一體。

接下來那四個屬於后德的象徵，就需要一些解釋。后德的耶其拉相應物，非常合理的正是貝尼艾羅因的天使會，即艾羅因的子嗣。這些是艾羅因這個名字在「耶其拉的形成性領域」的化現；他們也是神之子，傳說中，他們降臨到人類的女兒們身邊，教導她們所有的藝術與科學，包括魔法。同樣地，后德的阿希亞相應物是「寇卡」或是水星，其將第八個圓質連結到該行星的占星與神話學之意涵。關於后德的塔羅與元素相應物，這部分會在其他地方講解。

另一方面，路徑文本需要仔細的研讀和冥想。正如其他所有文本，它提供了對於圓質及其本質的精確描述，但它是從自己特殊的角度來對主題進行解說。

文本涵蓋了三個主要要點。首先，后德被稱爲「絕對智力或完滿智力」；第二，它被描述爲「原初者的中位」；第三，它的存在依賴於葛杜拉，即生命之樹第四個圓質荷塞德的第二個名字。

第一點非常清楚。后德之所以被稱爲「絕對」或是「完滿」，是因爲在它的層次上，宇宙被表述爲是一個得到全然表達的純粹概念；在后德之上，存在的模式尚未完全化現，而在后德下方，這些模式又沉降到複雜的以太與物理性物質當中。同樣地，第二點的解釋也很簡單；后德是原初者的中位——中位這個詞在此意指「平均值」或是「中點」——因爲其位於嚴厲之柱底部，因此是生命之樹最後一個行使限制與平衡的圓質，並且對於從原初圓質克特下降而來的力量，加以最後的塑形。

另一方面，第三要點又開始讓我們不解。作爲第八個圓質，后德從第七個圓質奈特薩荷接受了主要的能量流入；作爲在嚴厲之柱上位置最低的圓質，它也從葛布拉接受了第二個能量流入，並且最終到比那處。而它的其他關係則主要依賴於路徑的連結——到梯琺瑞特、到耶薩德、以及到馬互特。那麼，爲什麼荷塞德的角色在此被強調呢？

除了缺乏可見的連結之外，后德與荷塞德確實有一個共同的相應物，也就是水元素的屬性。它們也共享一些有趣的神話學連結：水星是使者，同時也是古典神話中木星的兒子。這些在元素以及神話學上類似的連結，便在葛布拉與奈特薩荷之間形成了一個鏡射影像的關係。

此處涉及了某件細微而重要的事物，這裡有一個極性關係，並不是受到生命之樹上一般以路徑爲基礎的能量流所化解。正如相應的耶薩德與陰影圓質達特的例子，在這兩者的例子當中，化解它們的因素並非一條路徑，而是一個圓質：即第六個圓質梯琺瑞特，正是它保持了整個生命之樹的平衡與和諧。圍繞著梯琺瑞特的環形圓質們，也正如（在更高層次上）圍繞著達特的圓質們，形成了一個保持著平衡但極性極爲強大的六角星形，而這些又提供了梯琺瑞特經驗中所含藏的大部分粉碎性力量。從這些考量當中，產生了一些實際魔法的公式，特別是「六角星儀式」。

在一個實驗的層次上，后德對於荷塞德的依賴可以用簡單的文字來說明。「葛杜拉的隱藏處所」，這是從葛杜拉的精華中生起的，代表荷塞德的聖名中所象徵的實相經驗。根據卡巴拉的法教，這個經驗的基調是關於事物的整體秩序，也就是關於揭示了超越性法則的宇宙。反之，這個經驗也提供了后德的脈絡——以文本的語言來說，就是后德的「根」——若沒有它，后德接連不斷的心理活動將沒有穩固的地基來開始或結束。若在一個個人經驗當中沒有了關於宇宙秩序的基礎，那麼心智可能會陷入幻覺、執著、或是沒有認清的幻想當中（正如過往許多心智，包括那些表面上看來很理性的心智在內，早已發生過的那般）。在此，同樣還是那句話，「垃圾進」等於「垃圾出」。

在此，后德的額外象徵，就如同大部分的魔法卡巴拉意象，都是取自於古典神話。蛇杖，是一根長著翅膀的權杖，上頭有兩條蛇交纏圍繞著，它是天神水星的其中一個象徵，並且如之前所提，它也是藥物的普遍象徵。然而在黃金黎明中，它則被用來作爲一個重要的指示性形象。

這個形象可以用兩種方式來解讀。第一個方式是將蛇杖視爲代表生命之樹本身的形象。權杖的基部，也就是兩條蛇的尾巴碰觸之處，代表了馬互特；在此上方，即兩條蛇第一個交叉處便是耶薩德，而在這上方的另一個交叉處則是梯琺瑞特；權杖的頭部是克特，兩側柱子上的圓質則由翅膀、兩蛇的頭部、以及其身體的中部作爲象徵。

第二個解讀蛇杖的方式是將手杖的形狀與某些希伯來文字母的形狀、以及這些字母的相應物作連結。最上端的部分是由翅膀及權杖頭部所組成，這相似於字母辛，ש，象徵火。中間的部分，從蛇的頭部到其身體的最大迴圈處，相似於字母阿列夫，א，象徵風；最底部則相似於字母摁，מ，象徵水。在這個解讀當中，蛇杖成爲了三個母親字母的象徵，也因此象徵元素的力量；上方爲火，水在下方，風在兩者之間，土是由全部三者的結合所形成。

這兩種解讀蛇杖的方式還有另一個重要性，超越了它們在象徵上的重要性。正如生命之樹或是元素的任何象徵都能夠被應用般，這兩種方式也能被應用在人類的微觀宇宙上，並且兩者都能由此而生起實修魔法的公式。作爲生命之樹的一種代表，蛇杖表達了中柱的公式，蛇杖的元素型態則提供了一個較不爲人知的公式，即如何與頭部、心臟和肚子的能量運作的方式。

同樣的字句，能夠被用來講述眞理，也能夠被用來說謊。以上所提的這一點在這裡被再度重複，因爲它與后德的最後一個相應物有些關聯：第八個圓質的負面力量，名爲「撒末爾」，傳統上稱爲「撒謊者」。代表撒末爾形象的是長著面目猙獰的惡魔之頭的狗。他們代表所有形式的刻意不誠實，從最明顯的到最細微的。從個人經驗而言，每當智力偏離了自己的崗位，並開始將它所感知到的現實用自我編織之網加以僞裝，這就是不誠實存在的開端。

從某些方面來說，不誠實的問題是最棘手的道德議題之一。正如我們已知的，每一種溝通在某種程度上都是一種曲解，也就是對於「無法被任何有限意識有效表達」的現實的扭曲。雖然如此，正如同第一章所討論的兩種象徵當中存在著相異之處——第一種是來自於直接經驗，第二種是「作爲對那個經驗的回應」而被建構的——因此，在每一種溝通當中普遍存在的不誠實，以及那種「因出於自我利益或惡意而刻意加入溝通中」的不誠實，兩者間也有相異之處。

在當前的文化中，后德是許多人熟悉的領域；同樣地，撒謊者或許也是所有負面力量最熟悉的。正因爲這種熟悉度，它們可能是所有之中最難看清楚的。因此，透過誠實的自我認識來進行「理解以及平衡這些力量」的工作，便成爲卡巴拉魔法師的主要挑戰。

圖16　蛇杖

路徑㉙：克夫（後腦勺）

項目	內容
路徑的字母	ק，Qoph，克夫（後腦勺：頭的後部）
神之名	AL，EL，艾歐
相應的占星符號	雙魚座，魚類
相應的塔羅符號	大阿卡納十八號牌，月亮
祕傳學標題	流量與回流的統治者，全能者之子嗣的孩子
路徑文本	「第二十九條路徑是『肉體智力』，之所以如此稱呼，是因為它構成了在所有世界下方所形成的每一具身體，以及它們細部的增減。」
神話學法則	從水中浮現
路徑的經驗	行經水上或水中的旅行；黑暗或微光；強烈的氣味與紋理；先於人類存在的歷史影像。
路徑上的個體	海洋與水中生物、史前動物、超靈魂動物。
魔法形象	一個紅紫色或紫紅色的拱門，拱頂石上面有一個白色的字母「ק」，拱門裡的門上有大阿卡納十八號牌的形象。
顏色	在阿其路：紫紅色 在貝來亞：淺黃色，帶有銀白色斑點 在耶其拉：灰白、半透明帶粉色的咖啡色 在阿希亞：帶咖啡色的灰色石頭

第二十九條路徑，即克夫的路徑，是連結馬互特以及整個生命之樹其餘部分的三條路徑中的最後一條，因此，這也是卡巴拉行者能夠克服「純粹的物質層次意識」的三種方式中的最後一種。正如同擁有相同功能的濤與辛的路徑，克夫的路徑可以教導我們許多關於「存在於物質層次經驗中」的限制之處，以及這些限制如何能夠被克服。濤的路徑處理的主要是「從存在以及時間兩者的精要本質中」所生起的限制，辛的路徑處理的則是那些被「掌控著我們周遭世界的律法與模式」所加諸的限制之處。另一方面，克夫的路徑與「同樣眞實且存在於我們自身之內」的限制有關。在此，我們將面對許多本書一開始所討論的，關於「感知與幻覺、象徵以及象徵背後的現實」的問題。因爲這個原因，傳統上，第二十九條路徑便經常用來表達幻覺與妄想，以及夢想、幻想和錯覺等概念。

要開始探索這個難以捉摸又方向不明的路徑，其中一個有用的方式就是將它與辛的路徑作比較，也就是它在生命之樹另外一邊的鏡射形象。這兩條路徑在某些方面是相似的，但在其他方面又完全相反。在它們的宏觀宇宙方面，作爲「從生命之樹較高層次下降的能量」之管道，這些路徑將兩個柱子的力量直接帶進馬互特的領域。就如同辛的路徑，將形體之柱的力量傳送到物質世界中，並且生起秩序以及自然法則；同樣地，克夫的路徑也在馬互特當中建立起威力之柱的能量，促使它們在「所有會移動、改變以及成長的物質事物當中」運作起來。因此，在我們的世界，克夫的路徑特別是化現在生活以及有生命的事物之中。

對於它們的實際應用，作爲能夠「使人類將覺知的焦點轉移到物質經驗之領域」的三種途徑中的兩種，這兩條路徑也有類似的功能，但所涉及的技巧卻相當不同；反之，雖然它們都能引向較高層次的覺知，但其目的地卻不相同。如前所述，與第三十一條路徑相關的實修方法，涉及自我否定與受苦。這是苦行者的路徑，他的工作是從感官和身體上轉開，並且將其清空，使得在它們之上的事物能夠穿透出來。相反地，第二十九條路徑的方法，則在工作中完全涉及了感官面。透過長袍、線香和儀式中的所有用具；透過詩歌、音樂、舞蹈和藝術；透過性衝動以及每一種肉體經驗——用什麼方式並不重要，只要這個方式所帶來的經驗能夠淹沒感官，然後再透過被淹沒的感官去淹沒情緒，接著帶來一種「在純粹物質之外，還存在著某種更爲巨大之事物」的領悟。苦行與享樂這兩種方法，都出現在大部分的宗教傳承當中，雖然它們的共存並不是件簡單的事；比方說，天主教和清教徒這兩個基督教分支之間的長期鬥爭，正是由對此觀點的相互對立所生起的。

對兩側支柱的力量來說，這種極性是一種很典型的互動方式。同樣典型的是，中柱在這個衝突中所扮演的角色。當克夫的路徑涉及填滿庸常的感官，辛的路徑卻要求清空庸常的感官，濤的路徑則是藉由開闢新的感官、與更高層次的實相對齊而超越整個情況，並且因爲如此，它更能準備好接受從較高層次所下降的力量與形體。

只要把剛剛提到的重點謹記在心，那麼，第二十九條路徑的傳統象徵相對來說算是直截了當的。路徑的字母和其他任何例子都一樣。希伯來文QVP，Qoph，克夫，字面意義是頭的後部或者後腦勺，這與我們上述的要點有兩種相關方式。首先，在解剖學上，朝向頭前方的腦部，與我們獨特的人類特徵區域有關；而在頭後方的腦部，特別是小腦、骨髓及腦幹，則跟人類與其他動物共享的那些特徵有關。因此，頭後部便成爲了「我們與生物世界、以及我們與第二十九條路徑生命意象」的內在關係的象徵。（值得一提的是，早在現代醫學崛起之前很長一段時間，人類就已經對於腦部不同部位的差異，獲得某種程度上的理解。以現在來說，頭部的不同部位受傷，也會產生不同的長期影響。過往的療癒者和聖人，也與他們的現代同胞一樣，是非常善於觀察的。）

在頭後部以及第二十九條路徑的象徵之間的第二個連結，則較爲隱微，但精確度不減。人類的眼睛，爲了感知深度的進化所需，被塑造爲視線朝前且成對的兩只眼睛；不像兔子及許多鳥類，我們無法不轉頭就看到後方的事物。因此，頭後部是一個生理學上的盲區，因爲這個原因，它也代表了人類心理上的盲區，也就是每個人的生命中，思考與覺知全體淹沒在幻覺、誤解與幻想當中的那些地方。相應地，累世生命中有許多盲區，其根源就是這條路徑的力量。

與克夫路徑相應的上帝之名是AL，發音爲EL，艾歐。這是掌管水元素的上帝之名，此元素是那些影響克夫路徑中最重要的象徵之一。「艾歐」這個名字也被分派給圓質荷塞德；雖然直白而簡單，它卻是最重要的上帝之名的其中之一，其涵意對於卡巴拉哲學與練習的許多要點，都有極爲深遠的影響。

水元素的影響，在下一個欄目相應的占星符號路徑中，再度出現。這是雙魚座、魚類，也就是黃道十二宮當中被分派給水元素的三個星座。雖然這條路徑如此滑溜且難以捉摸，魚類再次將注意力轉向我們先前提過的「生活以及有生命物」的內涵。此外，這個星座的傳統形象，即兩隻雖相連但往不同方向游去的魚，也有一個特殊而重大的涵義，可以應用在路徑上；在占星的祕傳學系統中，它經常強調物質經驗與精神經驗在人類靈魂上相互對立的拉扯。

在這些相同的要點中，許多要點又再度透過克夫路徑的相應的塔羅符號而被表達，也就是大阿卡納十八號牌，月亮。這張牌卡一般的形象是，一顆漸圓的月亮，從兩座深色的塔之間升起。塔的下方，有一隻狼和一隻狗站在沙灘上，水體邊緣處有一隻螃蟹或螯蝦向岸上爬去。這是一幅奇怪的圖片，至今已經吸引了大量意思不同且經常相互矛盾的解釋。然而，這個牌義的核心其實非常簡單。水和動物，以一個稍微做變化的版本，重述了我們之前討論過的概念；動物是從那些傳統上被分派給月亮的動物之中挑選的，因此能與大阿卡納牌的標題配合。

在此，路徑與圓質象徵之間的誤導本質，仍然是個問題。正如同太陽的路徑不會引向太陽的圓質，同樣地，不論是月亮的路徑、或是當中含有月亮作爲其塔羅屬性的路徑，都不會引向耶薩德，它代表月亮的圓質。這指出了被用在祕傳學工作上的一個簡單方法中，經常會出現的陷阱之一。若缺乏緩慢而有耐心的必要努力，透過冥想以及儀式去開啓並訓練「心的較高階段」，那麼這種我們能從馬互特層次瞥見的耶薩德力量，只不過成爲了另外一組感官經驗罷了；倘若認爲接受這些便是「更高覺知」，將會使那些疏忽大意的人掉進一個充滿困惑與幻想的汙濁領域中。當今有太多一窩蜂追趕著精神熱潮的人，他們一頭栽進的正是這種陷阱。確實有可能以這種方式獲得眞正的內在成長——第二十九條路徑確實能從馬互特向上引到更高的圓質——然而在到達的旅程中，充滿了各種潛在的死胡同，並且需要歷經「在后德及其能量之間」一個極端困難的平衡過程，如此才能穿透面紗，獲得梯琺瑞特的較高經驗。

同樣地，當我們使用辛的路徑作爲通往更高存在層次的主要途徑時，也會產生相同的困難。然而在當今社會，很少人有意願主動採取一條「刻意受苦以及全盤否定自我」的精神道路。克夫路徑上的吸引力以及危險在於，它看起來彷彿不需要太多、或甚至任何努力；唯一需要的、或看起來唯一需要的，似乎就只是對生命抱持一種接受的態度，以及願意做那些大部分人也十分享受的事情——如果事情眞的只是這麼簡單的話！

下一個欄目，即路徑的祕傳學標題，連結了塔羅屬性的月亮象徵與路徑的更深涵義。「流量與回流」是古代用來形容海水潮汐的說法，而它們確實是由月亮所主宰。另一方面，一個很奇怪的族譜性詞彙，「全能者之子嗣的孩子」，則與卡巴拉的象徵相關。在這些標題的好幾個當中，全能者或全能的，指的是后赫瑪與比那，並且是以它們「作爲阿巴，超凡父親，以及作爲艾瑪，超凡母親」的象徵性角色來看。「全能者之子嗣」是指在耶其拉世界的六個圓質，從荷塞德到耶薩德；「子嗣」是因爲耶其拉是被「特措果瑪頓的字母『乏』，即兒子」所掌管。那麼，什麼又是這些子嗣的孩子呢？

這個答案，曾經是魔法哲學中司空見慣的，可以在克夫路徑的路徑文本當中找到。在馬亙特層次的存在中，每一個有肉體之物——每一具「身體」，不論我們認爲身體是有生命或是無生命——都在物質領域中接收並表達了較高圓質的力量。全能者之子嗣的孩子，便是「自然」，也就是每一個身體形成的所有過程之總和，以及身體的「增減」、或是再繁殖發生的所有過程之總和。以現在用語來說，它可以被想成是嚴格的科學術語所說的「進化」，也就是物競天擇的過程。

路徑象徵的剩餘元素是作爲練習之用。這個路徑的神話學法則，「從水中浮現」，觸及了來自世界各地浩瀚無垠的神話與傳說。幾乎每一個神話故事，都有一段「一個英雄、一位導師或是世界本身」從水中浮現的描述。《聖經》故事裡，在蘆葦叢中的嬰兒摩西，就是這類故事的一個例子。許多這些神話都根基於誕生的象徵之中，與此相關聯的還有洗禮或者浸禮儀式，而這個方式絕對不是猶太基督教傳承所獨有。對誕生的關注，帶出了「在這條路徑與第三十一條路徑之間」的極性例子，而這通常出現在與死亡相關的神話故事中。

接下來路徑的經驗與個體，是從我們已經檢視過的象徵當中所引用，而這裡大部分的欄目應該都是不說自明的。路徑經驗當中的黑暗之處，是一件很重要的事情，它代表了人類意識變得黯淡模糊，在一個「更基本、更近生物層次」的覺知之中沉淪。因爲相同的因素，氣味與紋理在第二十九條路徑的經驗中也占有重要地位。對很多動物來說，比起特別是嗅覺和觸覺等其他感官，視覺感官是沒什麼太大重要性的。當我們與「自己在人類存在以前的面向」接觸時，通常會將兩者同時喚醒；在這條路徑上所進行的路徑工作，可能會使魔法師的嗅覺能力在之後幾小時內變得極爲靈敏。

路徑28：嚓帝（魚鈎）

項目	內容
路徑的字母	צ，Tzaddi，嚓帝（魚鈎）
神之名	YHVH，特措果瑪頓
相應的占星符號	水瓶座，水的攜帶者
相應的塔羅符號	大阿卡納十七號牌，星星
祕傳學標題	蒼穹的女兒，在水體之間的居住者
路徑文本	「第二十八條路徑被稱為『自然智力』，透過它，在太陽底下存在的一切事物之本質，皆得完整與圓滿。」

項目	內容
神話學法則	心的覺醒
路徑的經驗	森林、草地、以及其他綠色植被的場景，都在夜晚所見；薄霧、星光；土地與水之間的界限，以及一般對立物之間的界限。
路徑上的個體	夜間的自然精靈、鳥類與動物。
魔法形象	一個紫羅蘭色的拱門，拱頂石上面有一個亮白色的字母「צ」，拱門裡的門上有大阿卡納十七號牌的形象。
顏色	在阿其路：紫羅蘭色 在貝來亞：天藍色 在耶其拉：帶藍的淡紫色 在阿希亞：帶紫的白色

嚓帝的路徑，組成了恩慈之柱上的圓質以及耶薩德的細微力量之間的關係。很重要的是，它在不同層次上鏡射了克夫路徑的模式，就如同生命之樹另外一側黑許路徑的太陽鏡射了辛的路徑。克夫的路徑掌管了生物學領域，以及在最物質層次的存在上所表達的生命力領域；同樣地，嚓帝的路徑也與相同的領域相關，只不過是以一種較不具體的方式。

第二十八條路徑與一個「將包含人類在內的所有有生命物都連結在一起」的複雜網絡有關。它包含了目前被稱爲生態學的大部分內容，雖然它的範圍比任何單一科學的範疇都來得廣。它也與本能和情感的力量相關，即生物學與意識之間的連結。

就如同克夫的路徑一般，嚓帝的路徑與有生命物隨著時間演變而發生的進化、以及緩慢的轉化相關。但是，這兩條路徑與這個過程的互動方式卻有一個很重要的差異。克夫的路徑，作爲奈特薩荷以及馬互特的被動物質之間的連結，它掌管了「使每一個有生命物去適應其環境條件」的那些進化面向。嚓帝的路徑則超越這一點之上，它將奈特薩荷的能量連結著耶薩德的活力之流，並掌管了一個形式更加主動的進化過程；在這當中，有生命物不再只是對周遭條件進行反應，而是突破了這一點，開始以一種不可預期的全新方式去改變和進化。此外，第二十八條路徑的進化，是被引導（而不是隨機的）往那個「原本只是以一個可能性作爲存在的目標」移動前進。當克夫的路徑回顧過往時，嚓帝的路徑則展望著未來。

所有這些因素，都在第二十八條路徑的傳統象徵當中結合在一起。路徑的字母「嚓帝」，是剛剛提及的許多議題的一個靈巧象徵。魚鉤是一種控制工具，但只有當魚兒自發地吞下魚鉤時，它才能產生作用。因此，你還需要某種形式的魚餌。從某種角度來說，自然的引導力量通常會使用魚餌、或者比方說性的愉悅，來塑造有生命體的行爲。

嚓帝的魚鉤也與另一條更高路徑有關，即第二十四條路徑，它含帶著字母「南」，即魚類；我們會在討論到那條路徑時加以解釋。最終，還有那個魚鉤與水元素之間的簡單連結。雖然第二十八條路徑擁有風元素的屬性，但是它大部分的象徵還是跟水有所連結。這使得它與克夫路徑有了更親近的連結，就好像黑許路徑象徵中的太陽之火與辛路徑中的火元素，擁有更親近的連結一樣。它也能作爲風與水象徵性互換的另一個例子，這部分在我們討論后德時就涵蓋過了，並且它也在這個路徑上扮演了一個重要角色。

被分派給這條路徑的神之名是特措果瑪頓，它在這裡的角色顯現爲「掌管著風元素」的聖名。這個屬性在下一個相應物中，也就是連結著嚓帝路徑的占星符號，會有所擴增；這是水瓶座，水的攜帶者，我們目前所討論過的大部分要點都包含在這個符號裡面。作爲一個星宿，水瓶座的形狀是一個男人從水壺裡倒出水；雖然如此，這個星座卻被分派給風元素。在占星學中，水瓶座的特徵包含樂觀、人道主義、以及對未來充滿希望。作爲一個「將恩慈之柱的能量倒進耶薩德、接著再流進馬互特」的管道，一個人物在倒水的影像，也很符合這個路徑的位置。

這個屬性，還有另外一個層次的象徵意涵。蓋瑞斯・奈特（Gareth Knight），一個具有洞察力的卡巴拉學者，指出了傳統的水瓶座象徵，即兩個上下相疊、相同的鋸齒狀曲線，其實具有一個細微的卡巴拉涵義。上方的曲線可被視爲是閃電或火焰之劍的形象，也就是創造性能量從生命之樹的圓質由上到下的路徑；相應地，下方曲線代表的是宇宙中每一個獨立事物當中的那條路徑的反射。因此，這個象徵便代表了宏觀宇宙與微觀宇宙彼此的鏡射，但是它們的意義不止如此。在卡巴拉理論中，宏觀宇宙的閃電在許多「被創造物的微觀宇宙」中，創造出自己的閃電形象並加以維持；同樣的方式，所有較高層次的能量，會在較低層次的存在物中創造它的相應物並加以掌管。在第二十八條路徑，這個過程可能是主控的力量，而任何一種「召喚了這條路徑上的力量」的工作，都必須考量更高層次的力量所扮演的角色。

相應的塔羅符號也透過一個相關的象徵，表達了許多相同的要點。大阿卡納十七號牌星星的傳統影像是一個裸身女人，跪在土地與水中間，一隻腳在岸上，另一隻腳在海中。她兩手各拿著一個容器，由此將水倒向土地與海中。她的後方有一棵樹，樹上停著一隻鳥，在這場景上方，有一顆閃亮的七角星向下閃耀著光輝。

這個影像跟水瓶座的占星圖像有一些明顯的相似處，而且這些對大阿卡納牌的牌義來說也是重要的。同樣重要的是大阿卡納牌用來取名的星星。在傳統內容中，這是金星，即晨星，它也是奈特薩荷的占星符號。作爲這條「強烈地以目標爲取向」的路徑之目標，第七個圓質主導了此路徑的塔羅影像。在許多版本的牌卡中，星星的七個角以及環繞在周圍的七個小星星，代表了相同的屬性。鳥兒和樹木可以被看成是自然的象徵；同時，鳥兒也是古老靈魂的象徵，而在卡巴拉用語中，樹木的形象通常指的便是生命之樹。樹梢上的鳥，也可以被看成是人類靈魂在生命之樹上一路上升到克特的殊勝經驗，這就是所有生命之樹的旅行者的最終目標。

再次地，分派給這條路徑的祕傳學標題是源自於塔羅的象徵，但它還包含了一些涵義無法被立即看清的引用。這裡提到的蒼穹，指的是佈滿星星的圓形天體；在古代天文學中，人們相信這個天體圍繞著地球。根據相同的傳承，在此天體的上方與下方是水深不見底的深淵；在《聖經》神話中，大洪水的水就是出自此處。因此，要成爲一個「在水體之間的居住者」，便是要居住在我們所知道的自然世界中，而這與「超越於自然世界之上」那個令人費解的領域大不相同。

蒼穹也是后赫瑪的占星符號，並且可以被用來作爲「源自於后赫瑪」的恩慈之柱的象徵。在諾斯替教派的神話中，星星以及黃道十二宮的星座都被分派給水星的力量「永世」（Aeon），行星們則是受到嚴厲的限制性力量「執政官」（Archon）所掌管；就如同許多古老的諾斯替教派，有些人從如此對立中得出一些極端的結論，但基本的法則還是有效。因此，作爲蒼穹的女兒，第二十八條路徑展現了它的功能，也就是作爲威力之柱下降能量的產物。

不同於往常，此路徑的路徑文本，文義十分直白，但是它所觸及的卻是在「這條路徑與整個卡巴拉哲學」的理解上，具有最高重要性的議題。

如同文本所說，嚓帝的路徑是「自然智力」，其功能是使在太陽底下存在的一切事物之本質達到完整與圓滿。「自然」這個詞彙，也只是在經過世世代代的政客和廣告文案撰寫者的使用下，幾乎被稀釋到毫無意義的許多字的其中之一，但它一度曾有一個很確切的意義，這個意義源自於其字根——一個意思是「被誕生」（to be born）的字。因此，自然是指「被誕生的」，而不是「被製造出來的」。它同時是指，我們之外的自然世界，以及我們之內的人性世界：也就是我們周遭的荒漠，連同我們的內在荒漠。

因此，路徑文本將這條路徑的生態學與本能面向，連結到了路徑的未來取向以及尋找目標的運作方式。在這條路徑上、以及在這條路徑的能量所參與的所有生命階段中，本能與生物因素成了進化的驅動力。然而，這些力量的運作過程仍有一個限制，這可從「在太陽底下」這句簡單的話當中看出。

「在太陽底下存在的一切事物」，這是一句很常見的陳腔濫調，但這句話在古代跟在現代一樣眞實無誤。然而，讓我們在此回想一下，路徑文本中並未包含任何無意義的事情，而這句話亦有很深的涵義。嚓帝的路徑上若隱若現的太陽，是梯琺瑞特，也就是位於生命之樹中央的偉大圓質。卡巴拉用語中，「在太陽底下存在的一切事物」指的是位於面紗下方的四個圓質，以及將它們彼此連結的那些路徑。確實，對於庸常的人類意識來說，這些便是在太陽底下存在的一切事物，因爲面紗會防止任何位於下方的感知去意識到較高層次的存在。然而，在這裡要強調的重點是，嚓帝的路徑所代表的力量，會影響到位於生命之樹梯琺瑞特下方的部分，並且也只在這個部分。

在卡巴拉的工作當中，這一點的影響力是非常具有高度重要性的。如果自然的力量——在此以這個詞語最廣泛的意思作爲考量——並不在面紗上方運作的話，那麼，「撕裂面紗」便涉及了要走出自然之外，以及脫離「本能和進化的庸常驅動力」的控制。一般的「人性」概念，無法安全的應用到那些已經獲得了梯琺瑞特經驗的人身上。這就是煉金術中的「以工作對抗自然」，而其結果就是蛻變的力量：在此上下文中，這是指超越人類之上的能力，以及能在每一個自我的化現階段中轉化自我的能力。

每一個力量背後都伴隨著一個相應的危機；這句古老格言在此更是正確無誤。當我們被賦予了能依據意志轉化自我的力量，人們便完全有可能使用這個能力下降到「次人類」、甚至是惡魔的層次，而非將其用於上升到高處。這就是爲什麼祕密道的方法在過去如此被小心地守護的原因之一。本世紀的歷史中，就存在至少一個「將蛻變之力的影響力用於最糟糕的事件上」的例子，然而，對於德國納粹以及其至高魔法師希特勒現象的理解，卻透過一連串的刻意漠視和瘋狂的反啓蒙主義（或稱愚民政策）的想法，而被有效地嚇阻了。

嚓帝路徑的其餘象徵，主要都是在實際工作中發揮作用，並且需要一些解說。你可能會想要將這些象徵與它們在黑許路徑中的相等物作比較；比起任何地方，這兩條路徑中的極性，在這裡看得最清楚。因此，嚓帝路徑的神話學法則是「心的覺醒」，這使得「偉大的愛的神話」與「黑許路徑上的文化神話」，形成了對比；在第二十八條路徑上所遇到的經驗與個體，也與在第三十條路徑上的經驗與個體，形成明顯的極性。

這兩條路徑，既彼此對立、又互爲相等，它們代表了那些「造成面紗下方困擾」的許多衝突的兩極——感覺vs.思考，遺傳vs.環境，自然vs.文化。若能對這些對立面做出詳盡而全面的學習，將能使我們對當今許多具有爭議性的惱人議題看得更清楚，並且在一段時間之後，這也會將我們帶往這些對立中的平衡點，而此平衡點正是通往梯琺瑞特之道的起點。

路徑㉗：裴（嘴巴）

項目	內容
路徑的字母	פ，Peh，裴（嘴巴）
神之名	ALHIM GBVR，Elohim Gibor，艾羅因吉帛
相應的占星符號	火星
相應的塔羅符號	大阿卡納十六號牌，塔
祕傳學標題	全能者聚眾之總主
路徑文本	「第二十七條路徑是『興奮智力』，之所以如此稱呼是因為，每一個存在物都是透過它而接收到它的靈與行動。」
神話學法則	在世界盡頭的戰爭
路徑的經驗	掙扎與戰鬥的影像；大規模毀滅行動的場景；火與水之間的衝突；意象與場景中的突然改變。

路徑上的個體	戰士；荒野狩獵，被屠殺者的收集者；鳥類，食腐鳥類，例如禿鷹和烏鴉。
魔法形象	一個亮血紅色的拱門，拱頂石上面有一個深白色的字母「פ」，拱門裡的門上有大阿卡納十六號牌的形象。
顏色	在阿其路：猩紅色 在貝來亞：紅色 在耶其拉：赤鐵紅色 在阿希亞：亮紅色，透著天藍色與翡翠綠

在最後幾個部分，兩側支柱底部的兩個圓質間的極性互動，所扮演的角色越來越重要。然而，兩側支柱之間的互動，並不侷限於這種類型的間接過程。支柱也會透過水平橫跨生命之樹的三條路徑而進行直接的接觸。這些路徑中最低的一條，也是我們目前所要討論的，就是第二十七條路徑——裴的路徑。

這條路徑與位於上方的兩條水平路徑擁有許多相同特性——連結葛布拉與荷塞德的第十九條路徑，以及連結比那與后赫瑪的第十四條路徑。跟這兩條路徑相同，它所連結的圓質不只是擁有對立的本質，從能量學來說，它也擁有對立的性別。由於第一個對立面，所有這三條路徑都攜帶著巨大的能量之流；由於第二個對立面，這些能量擁有強大的性慾特質，並且在創作過程中扮演了強而有力的角色。

然而，這些水平路徑中存在著某些重大的差異性，這些差異給予了裴的路徑獨特的特性。位於深淵上方的第十四條路徑，其所存在的層次是如此超然，以致衝突的概念本身尚未從克特的原初同一中出現，因此在這條路徑上的相對力量，很和諧地融合成一股單一的創造性能量。第十九條路徑雖然位於深淵下方，但也以某種方式鏡射了上方的和諧，並且由於路徑所連結的圓質之本質，雖然它所攜帶的能量流是生命之樹所有路徑中最強大的，但這些能量流永遠都處於完美的控制之下。

然而，第二十七條路徑位於面紗下方，在這個層次上，這種保護並不存在。奈特薩荷與后德都位於兩側支柱的底部，表達了生命之樹上水平極性的本質，以此發展出最完全的樣貌。這兩者之間的某部分對立，已經在比較第三十一條路徑和第二十九條路徑時做過了，而在第三十條路徑和第二十八條路徑的互動當中，這個極性再度得到磨練與加強。現在，在第二十七條路徑上，這些力量在單一路徑上進行面對面的直接接觸，而唯一的結果只可能是「爆發」。

事實上，「爆發」可能是對於裴的路徑所有面向的描述中，最好的一個。這是一條帶有革命性改變的路徑，以驚人的巨大力量將事物既有的秩序完全炸毀。這個能量的運作，看起來可能像是毫無道理的毀滅性行動，但是第二十七條路徑具有淨化的功能。從宏觀宇宙的角度來說，作爲一個下降能量的管道，它清空了舊有以及過時的存在模式，讓新的能夠誕生；從微觀宇宙的角度來說，它是卡巴拉行者上升的途徑，它將自身的力量轉向阻礙更高意識的內在障礙，並且爲了穿過面紗之旅而做好準備。

因此，這條路徑的能量非常嚴苛但卻必要，它是一個在我們宇宙、連同在我們自身當中，將所有不必要的雜物清理掉的「淨除之力」。因爲此路徑位於生命之樹上的重要位置，使它主導著面紗下方的路徑；它也是一個很有用的提醒，說明了魔法師的探索追求並非毫無困難之處。

有一種在當今已過於普遍、拘謹而小心翼翼的精神修行觀點認爲，一旦人們超越了物質層次之上，一切事物便化爲中規中矩的美妙與光。這些當然可以在魔法師的旅程中找到，但你也同樣能夠找到力量、熱情、痛苦、全然恐懼、以及難以置信的喜悅。之所以進行卡巴拉工作，目的並不是要將我們的經驗侷限在一些貼著「好」的標籤、且範圍狹隘的事物上；相反地，這個工作是要讓學生朝新的經驗和新的存在層次敞開。

唯有當宇宙的每一個面向，不論正面或負面，都被感知爲是一個同一時，才能獲得最高層次的成就。在第二十七條路徑當中的對立面之融合，也能用來作爲對這項事實的提醒。

分派給這條路徑的第一個象徵就是字母「裴」。希伯來文字「裴」意指嘴巴，這對於一個代表「極端轉化」的形象來說，可能有點古怪。但作爲一個形象，一張露出滿嘴牙齒的嘴巴，確實會引發危險與恐懼的感覺，而這條路徑上的極端改變也經常與這種感覺有所關聯。作爲一個器官，嘴巴是消化過程的起點，它將固狀食物轉變爲身體的其餘部分可以開始運用的形式，並在過程當中，完全摧毀食物原本的樣貌。

在這條路徑與嘴巴之間還有另外一個連結，這是一個「連接到實際魔法細節」的祕傳學連結。在魔法師的工具箱裡，其中一個最有力的轉化技巧就是發出聲音，這個方法被稱爲「震動的藝術」。有一些聲音，如果用某些方式發出，將能轉化「發出這些聲音、或是聽到這些聲音的人」的覺知狀態，而且這個效果就如同一個玻璃杯被一位歌手的聲音瞬間震碎般，那麼的突然而具有戲劇性。那些完全掌握了這個技巧的人，能夠控制自己以及他人的意識；而對於沒有接受過訓練的人來說，這看起來就像是奇蹟似的。這種能力可以在許多關於「魔字」（magic words）以及「力量之字」（words of power）的傳說中發現，也在許多神祕學、魔法和武術系統中扮演重要角色。

接下來幾個欄目，都與籠罩著這條路徑的衝突和毀滅的概念有關。這些概念中的第一個是掌管路徑的神之名，也就是「艾羅因吉帛」。這個神之名分派給了第五個圓質葛布拉，也是生命之樹上毀滅與進化的偉大力量，以及所有圓質當中，與這條路徑最相似的一個。

接下來是相應的占星符號，即火星，這是傳統上代表戰神的行星。在現代占星學中，火星是十二星座中主要的能量來源，掌管了意志、勇氣與內在力量，連同暴力以及衝突的古老意涵。在那個時代，戰爭代表客觀的大規模毀滅，每個人都是戰鬥者，就算我們有其他的選擇也一樣。在現今社會，戰士的古老美德，在許多人與人之間的衝突上可能已經過時了，但是它們仍然保有眞正的價值，並且在處理我們每一個人心中的衝突時，占有其地位。確實，在卡巴拉的工作中，勇氣、自律、以及能排除一切萬難堅持下去的決心，都是我們要培養的特質。對這條路徑上的象徵進行冥想，能夠幫助我們發展這些特質。

下一個欄目是相應的塔羅符號，即大阿卡納十六號牌，塔。在這個圖像當中，以最簡單直白的方式表達了一個毀滅性的力量。從一片昏暗的天空中，一道閃電向下劈中一座高大石塔的頂部，撞擊的力道將塔的頂部炸開，引發了一場呑噬整個內部架構的大火。兩個頭戴皇冠、身著華服的人，從城垛處被拋出，從天空中筆直下墜，往地面的石塊落下。在牌卡的某些版本中，石牆被炸出了三個大洞；而在其他版本中，整座塔在閃電的力道下，完全被炸碎了。

如此徹底的災難影像表達了這張大阿卡納牌的一部分意義，但這個影像還有另外一層涵義。作爲一個象徵，塔（或是任何其他種類的堡壘）代表了對外在事物的抵禦，但同時也代表了身在其中的人被囚禁的狀態；因此這同時是一個保護，也是一座監牢。因此在大阿卡納牌中，塔的毀滅亦是一種解脫，從城垛上被丟下的兩個人，便是從奴役狀態中被釋放的犯人。

最常發生的情況是，特別是當它被應用在人類的微觀宇宙時，這兩個意義總是立即適用。比方說，任何一組信念或意見，既是一種對抗內心混亂的防禦系統，同時也是阻礙正確感知的障礙物，而當它被其他事情完全打亂且必須被丟棄時，這個事件代表了，在我們失去某種對世界之理解的同時，那也是一個機會，讓我們能夠找到一個更好的、更新的理解方式。每一種毀滅性行爲，同時都是一種新的誕生；並且不可避免地，每一個新的誕生，也同時是一種毀滅性行爲，亦即舊事物以及存在狀態的結束。

接下來的欄目，即路徑的祕傳學標題，包含了我們透過純粹力量的象徵所討論過的大部分事物：全能者聚眾之總主。正如同其他這類標題，「全能者」指的是阿巴與艾瑪，即圓質后赫瑪與比那；它們的「聚眾」——這個字等於希伯來文「嚓巴特」（Tzabaoth），一個「掌管后德與奈特薩荷」的神之名的元素——則是「被兩側支柱底部之間的極性所掌管」的宇宙當中各種各樣的事物。

在下一個欄目路徑文本中，許多之前提過的要點，有了更詳盡的解說。裴的路徑被稱爲「興奮智力」，「興奮」也是另一個其內涵在當代被削弱到幾乎毫無意義的詞彙，但它原本的意思是指：召喚前來、撩起、覺醒——這些絕對不是與裴的路徑相關的毫無意義的概念。從這個路徑中，存在的一切事物接收了靈與行動：行動，是路徑「能賦予能量之本質」的結果；靈，是在閃電的下降之光當中，支柱之極性角色的反映。移動與化現這兩者，都是裴的路徑所展現的那類極性關係的功能。

這條路徑的神話學法則可以直接被稱爲戰爭，但那些在世界末日、或者某時代末日發生的戰爭傳說，卻與第二十七條路徑的模式最吻合。再次地，這裡的核心法則是極性；戰爭雙方——他們可能是《啓示錄》中的天使與惡魔，「拉格納洛克」（Ragnarok，北歐神話中的世界末日）中的神與巨人，或是其他一百個災難預示性較小的神話中的英雄和壞人——形成了一個極性互動中，兩個對立的力量，唯有透過摧毀現有的秩序以及迎接新紀元的開始，才能得到解決。

在剩下的欄目中，唯一需要解釋的是在裴的路徑上經常會遇到的個體種類的其中之一。荒野狩獵，或是被屠殺者的收集者——一群幽靈戰士騎行劃過天空——這是歐洲民間傳說中一個很常見的景象，但有時也會出現在其他狀況中；比方說，很少有人注意到一首美國西部牛仔歌曲《幽靈騎士》（*Ghost Riders In The Sky*），以稍微不同的形式保留了完全相同的傳說。就像許多在這條路徑上會碰到的個體一樣，收集者會以夢魘般的恐怖形體出現，而其所激起的恐懼，或許就是這部分工作中較爲重大的障礙。

圓質7：奈特薩荷（勝利）

項目	內容
標題／稱號	NTzCh，Netzach，奈特薩荷（勝利）
神之名	YHVH TzBAVTh，Tetragrammaton Tzabaoth，特措果瑪頓嚓巴特（軍隊的總主）
大天使	HANIAL，Haniel，翰尼爾（神的恩典）
天使宿主	ThRShIShIM，Tarshishim，塔希辛（卓越者）
相應的占星符號	NVGH，Nogah，諾嘎（金星）
相應的塔羅符號	牌組中的四張七號牌
相應的元素符號	火
路徑文本	「第七條路徑是『玄祕智力』，因為它是所有智力的美德所散發出的燦爛光輝，唯有透過智力之眼與對信心的思維，才能感知到它。」
魔法形象	一個美麗、裸身的女子，披垂著長髮，頭上戴著由深紅玫瑰和綠葉編織成的皇冠，這是她唯一的裝飾。
額外象徵	玫瑰

額外標題	神祕事物的大門
顏色	在阿其路：琥珀色 在貝來亞：翡翠綠 在耶其拉：亮黃綠色 在阿希亞：帶著金色斑點的橄欖色
微觀宇宙的相應符號	汝阿赫的情感
身體的相應符號	左髖部
啓蒙級別	4＝7，哲人
負面力量	AaRB TzRQ，A'arab Tzereq，阿拉策瑞克（驅散的渡鴉）

以某種角度來說，對於實際的卡巴拉行者，奈特薩荷是生命之樹上最重要的圓質。它的額外標題「神祕事物的大門」，便表達了這種重要性。作爲面紗下方的最高圓質，奈特薩荷代表了人類意識憑著一己之力所能到達的最高層次經驗，以及在普通情況下，墮落的人性所用來獲得「與實相最密切接觸」的方法。

對於在西方文化中成長的人來說，這些角色看似好像在生命之樹上放錯了位置，因爲奈特薩荷在人類微觀宇宙中的主要屬性是：一組經常被我們貼上「情感」標籤的複雜反應。好幾個世紀以來，西方文明與人類的情感生活之間，擁有一段極爲矛盾的關係。一方面，西方的主要文化傳統重視智力遠超過情感；以卡巴拉用語來說，它們從中柱偏向形體之柱，並在這當中失去了所有被犧牲掉的平衡。許多西方文化以不信任與輕蔑的態度來對待情感。當在評判一個人的行爲與態度時，通常會要求他們在任何情況下都將那部分的情感隱藏起來，隨著其他舊垃圾一起堆積於內在閣樓中。我們應該「理性」的做出選擇，而不帶任何情感上的「干涉」。這類態度的結果就是，建築物、城市、機構和社會系統皆以邏輯來設計，甚至帶著全世界最好的發心去做，但仍被證實是枯燥乏味且不近人性的，因爲這些設計師完全沒有顧慮到人類情感上的需求。

在平衡的另外一面，西方文化中另一股普遍的暗流到達了另一個極端——讚揚情感生活，同時唾棄並詛咒智力。這樣的結果同樣具有災難性，因爲這個方法也同樣是不平衡的。這整場辯論——古典vs.浪漫主義，文化vs.反文化——並非只是在提醒我們一段曾經流傳的兩個外科手術醫生之間的紛爭，他們其中一個人喜歡右利手（右手優勢）、並想要切斷所有人的左手，另外一個人喜歡左利手（左手優勢），因此提議要移除每個人的右手；而同時擁有兩隻能夠運作的雙手是件多麼有用的事，但卻好像從來不曾進入過兩人的辯論台上！

作爲一個在雜亂無章且過度擁擠的社會中的單一個體，卡巴拉行者在面對這些古老的困惑時，解決的能力也有限。然而，相同的決心必須在自我內部發生，如此，兩側支柱的衝突力量才能化解，並將通往中柱的道路打開。若我們只是對自我的情緒部分亂棒猛打，使其沉默，就如同西方世界少數幾個最注重智力的精神教派所做的那樣，不會有任何價值。同樣地，若我們將自我的理性部分淹沒在毫無思考的情緒狂流之中，並用純粹的情感做出每一個決定，這也沒有什麼益處。平衡，即中柱的平衡，不論在何處，永遠都是精神成長的關鍵，並且在我們能獲得任何偉大的魔法工作進展之前，我們必須先獲得一些中柱上的平衡層次。對於現代的卡巴拉魔法師來說，要獲得這種平衡，可能需要更多、或者更少地專注在情感議題上；然而，確定的是，要這麼做，這個情感生活必須被理解，它的需求以及角度必須被帶進整個較大的自我圖像中做考量。

上述所提可能會讓我們認爲（並且也確實如此），奈特薩荷的工作需要我們有意願去面對極爲強大的能量。奈特薩荷位於恩慈之柱底部，代表了生命之樹的威力部分發展最完全的一種表達。作爲面紗下方的最高圓質，比起其他任何圓質，奈特薩荷在閃電較早期、也較不渙散的階段，接受了它下降的力量，並且這也是庸常意識能夠接觸的。之後，關於第七個圓質的大部分象徵都與力量有直接的關聯，便不會那麼令人驚訝了。

然而，奈特薩荷的象徵還有另外一面。在生命之樹上，第七個圓質具有將力量融合的角色，它將在梯瑞特層次所創造出來的無數個別個體全部集結在一起。奈特薩荷的力量，便是融合的力量。以人類用語來說，這個力量是以「愛」作爲表達。因爲這個原因，愛的意象在奈特薩荷的象徵中扮演了重要角色，就如同力量的意象一樣。同樣地，在許多象徵中，這兩者同時出現，猶如一個單一整體的兩面。它們結合的眞正本質，正是第七個圓質眾多內在祕密的其中之一。

以上這些討論，能夠讓我們更容易地理解奈特薩荷的傳統象徵。當你在研讀這些象徵時，心中應該要記住力量、愛、以及這兩者間的互動，在圓質的意象與概念當中所扮演的角色。

首先是圓質奈特薩荷的標題，意思是勝利。以其範圍最廣的意涵來說，這單純只是一個「力量被有效運用後」的結果：即克服障礙，以及達成渴望的目標。雖然在卡巴拉哲學的用語上，這來自於一個更精確的引用，並象徵著一個特殊的「勝利」，這是指在生命之樹下方層次，存在的部分化現。在創造性過程中的梯瑞特層次，個別的個體，透過力量與形體這兩股宏觀宇宙能量之間的互動，首度誕生。當這些新形成的微觀宇宙之物持續下降，有一個危險就是，它們可能完全轉向內在，每一個都成爲自己的宇宙，因而完全隔斷與外界的任何互動。在創造工作中，奈特薩荷的主要角色便是征服這種傾向，並將每一個被創造物與宇宙當中所有一切事物結合在一起。這個勝利是一種力量的勝利，但也是一種結合的力量——以人類用語來說，就是

圓質7 奈特薩荷

愛的力量。

在下一個欄目，分派給奈特薩荷的神之名，以一個精確的形式表達了相同的力量。這個名字代表了從第七個圓質爲立基點時，對實相所能擁有的最高理解，它是「特措果瑪頓嚓巴特」，可以翻譯爲軍隊的總主。這個名字與后德的聖名，即艾羅因嚓巴特的第二個部分相同。當然，這個相似性並不是一個意外。在后德與奈特薩荷之間的對立張力，一路向上延展，直到這兩個圓質中的絕對實相化現。在面紗上方，這個張力在梯琺瑞特的和諧中得到化解，而在面紗下方，它提供了在背後「驅動著耶薩德之力量」的極性；但在這兩個圓質的層次上，它卻以自己最強烈的形式展現出來。

關於這兩個理解實相的方法之間的對立，或許可以直接回溯到名字本身。「艾羅因嚓巴特」這個名字指的是，實相作爲一個從多樣性當中生起的同一，也就是整體大於其所有部分之總和。這就是眾神論的觀點，也就是「一切存在事物都是上帝的一部分」的概念；在神學語言當中，它視神性爲無所不在的——也就是說，神性，就在「這世界之內」，參與著整個人類的經驗領域，而非在這世界之外。

相反的觀點則在分派給奈特薩荷的聖名當中表達了。取代了複雜的複數名字艾羅因，特措果瑪頓明確的創造性能量，給了這個名字其精華的本質。第二個元素嚓巴特，意指軍隊，在象徵上，指的是「神性」以及「組成了我們所經驗世界」的個別事物之大軍兩者之間的關係，結合在一起時，「特措果瑪頓嚓巴特」這個名字代表了神學語言當中所說的，即「上帝是超越性的」這個概念；也就是說，完全與人類經驗的宇宙大不相同，它是在其上方進行創造，而不是從內部去形塑。

對於這些衝突的神性形象，若將兩個相關圓質的本質考慮進去，則不難瞭解衝突的本質。后德當中的智力，透過「分析事物、將其拆解、並且看出這些部分如何互動」而感知事情，因此，最適合智力以及后德的究竟實相的形象，便是聖名「艾羅因」所表達的交纏力量的複雜網絡。相反地，情感的運作是透過合成，亦即將分散的事物集合在一起，並結合爲一體。因此，最適合奈特薩荷與情感的無限性形象，便是由特措果瑪頓之象徵所表達的強大創造性融合。然而很重要的是，記得，這兩個名字之間的對立，並不是透過它們在這兩個圓質中的角色而被定義的；它們每一個各自在生命之樹上出現過三次，並且每一次出現，都代表了這兩個強大象徵在複雜的互動過程中，不同的階段。

「特措果瑪頓嚓巴特」這個名字表達了在阿其路世界中的奈特薩荷本質，而阿其路世界即是超越一切感知之絕對存在的領域。接下來兩個象徵，大天使與天使宿主，象徵了在貝來亞與耶其拉世界中的奈特薩荷能量，分別是，在意識當中的阿其路反映，以及現實與反映之間的互動。關於翰尼爾，即奈特薩荷的大天使，在傳說或是傳承的資料裡，很少出現在傳統教學的內容當中；它可以被理解爲，意識當中所有面向的愛之潛能。塔希辛或卓越者，在魔法傳統內容中也同樣受到忽略。它們的象徵，如珠寶般的閃亮光芒，也是十分普遍的，一方面，足夠模糊到幾乎可以被應用在生命之樹上的任何地方。另外一個額外的複雜之處在於，有些經典中使用「艾羅因」這個字作爲天使宿主的名字，並在這個上下文當中將它與奈特薩荷相連在一起；這個頗爲古怪的象徵，在一些團體中造成了許多困擾，雖然它確實擁有一個優勢，就是將奈特薩荷的耶其拉面向，連結到創造性力量的同一，而後者通常以「艾羅因」作爲象徵。之所以忽略了第七個圓質的這部分象徵，可能與西方世界的文化無法處理情感生活的困難有關。

另一方面，奈特薩荷相應的占星符號，已經聚集了足夠的傳說，幾乎彌補了差異性。諾嘎，金星，即奈特薩荷在阿希亞的表達，掌管了愛的一切化現，也是一個強大到無法受到任何一個文化完全壓抑的力量。另一方面，金星的象徵以及愛的概念，與人類性行爲這個較爲受限的領域，兩者完全被搞混了。

這些事情應該解釋清楚。如前所述，在較深的層次上，性慾包含著魔法卡巴拉當中某些最無上的祕密，因爲兩個人類在性行爲中結合在一起時，所產生的力量與互動層次，遠遠超越於物質領域之上。當然，這並不是生命的全部，也不是魔法的全部，更不是兩個人之間情感連結的唯一基礎。一般而言，性行爲主要是耶薩德的事務，而非奈特薩荷；而愛作爲奈特薩荷中的人類基調，能夠以其他許多種方式化現。有一種普遍的傾向是，將人類的每一種親密關係通通瓦解後，再將其歸類到純粹與性相關的事務上，而這又是另外一個顯現出我們的文化對於情感生活極爲盲目的指標。

在下一部分的象徵中，我們將離開奈特薩荷的物質面，上升到其意義的較高涵義處。第一眼望去，分派給奈特薩荷的路徑文本，看起來可能令人困惑、或是比那更糟。文本將奈特薩荷描述爲「智力美德的光輝」，卻好像與我們目前所討論到的奈特薩荷大部分是相反的。然而，在這看似矛盾的情況中，文本卻呈現了一個「達到第七個圓質的某些最高面向」的細微方法，而這個方法是值得跟隨的。

我們從文本的第一個句子開始。它說，奈特薩荷被稱爲是「玄祕智力」。「玄祕」這個詞彙現在帶有沉重的涵義，但它原本的意思就只是「被隱藏的」。當我們將奈特薩荷稱爲被隱藏的智力，我們可以以一種以上的方式來理解；在這個文本被書寫時，當時的西方文化對於奈特薩荷這方面經驗的價值是盲目的，就跟我們現在一樣，因此，這部分文本可以被視爲是那份盲目的參考資料。然而，它還說明了，文本所討論的奈特薩荷的那部分是隱藏的，因而無法被直接感知到。因此，唯一剩下的方法就是一個間接的方式，也就是從這個圓質在生命之樹上其他地方的影響力，去探索那個圓質，而這正是文本接下來要做的。

文本接著說，奈特薩荷是「智力的美德所散發出的燦爛光輝」。這個難懂的句子表達了一個複雜但重要的要點，並環繞著「美德」這個概念。「美德」一詞指的並不是我們現在經常使用的那種一本正經的意義，而是在古代，人們所說的，一種草藥或一顆石頭的「美德」，即力量或是影響力。在此，這暗示了從某種方面來說，奈特薩荷可以被視為是后德力量的一種影響力。藉著將第七個圓質形容成燦爛（即耀眼的）光輝，文本不只將兩個圓質視為等同（因為「后德」的表面字義就是光輝或榮耀），同時還說明了奈特薩荷在這個情況當中的特殊功能：它的作用是從后德開始引導走向生命之樹更高層次的象徵性之光。

在此隱含的了悟是，奈特薩荷並非只是后德的對立面，它甚至比后德更殊勝，且更加接近克特以及閃電能量的初始源頭。在救贖之道上，奈特薩荷的經驗在徹底掌握后德的領域後出現，就像每一個圓質在向上旅程中的下一個階段，都要從該圓質下方的前一個圓質當中出現。

文本的最後一部分是想指出這階段工作能夠被達成的方法。它給了兩種方法：智力之眼，以及對信心的思維。第一個方法很清楚指的是后德，並且說明了藉由仔細研究自我的理性面，便有可能清楚地知道理性思考的力量並非它自己有時所宣稱那般是人類意識的巔峰，而是認知到智力的侷限，並且成為智力的主人，而非智力的奴隸。

第二個方法又如何呢？在魔法議題當中，信心不應該以《湯姆歷險記》中的湯姆所說的「信心就是去相信你知道並非如此的事情」來理解；相反地，信心是指對於「宇宙、以及在宇宙中運作的過程以及驅動力」的基本信心。稍後的章節會討論到，卡巴拉將信心追溯到比那的一個根源。比那是形體之柱上的最高圓質，我們經驗中的基本模式與架構之源頭。要透過對信心的思維去尋找奈特薩荷，要依賴於宇宙當中自然的和諧過程，藉由后德之對應物的經驗，來平衡后德的經驗。

有趣的是，這兩條通往奈特薩荷的路徑，都是從形體之柱上的圓質通往威力之柱上的圓質。這本身就能教導我們很多關於魔法師工作當中的平衡與極性角色。

在圓質的其餘象徵當中，玫瑰是目前爲止最複雜的象徵，但其複雜度是來自於巨量的文化意涵，而這些在此都不適用。卡巴拉的學生如果沒有時間閱讀關於這個主題的文學作品，可以將玫瑰想成是一個愛的象徵，這麼一來也對玫瑰的意義做了一個很好的總結。

對於奈特薩荷的額外標題「神祕事物的大門」，指的是第七個圓質的兩種身分，一是作爲面紗下方的最高圓質，二是作爲「在西方文化中，最沒有被完善地統合進一般思考過程」的圓質。由於這兩個考量，在我們能夠嘗試揭開面紗並將更高層次的汝阿赫帶進意識之前，我們必須與這個圓質面對面接觸，並且使其力量達到平衡。

奈特薩荷象徵中的最後一個元素是分派給圓質的負面力量，在此，這個象徵即刻跳進了一潭困難的深池中。奈特薩荷的負面力量，也就是圓質不平衡的初始型態，被稱爲「阿拉策瑞克」，即驅散的渡鴉。它的傳統形象是一群長著惡魔頭的渡鴉，在一座噴發的火山中，像煙霧一般從火山口蜂擁而出。渡鴉是小偷，也食用屍體，牠們所代表的強大形象是一個利用其他能量維生的能量，主要專注於生命力衰減或消散之處。

對於在人類微觀宇宙當中的反映，渡鴉是自我的情感面，撒末爾（撒謊者）則是自我的智力面。渡鴉代表了情感生活中，痛苦以及毀滅性行爲的主要來源。在西方，那個來源一直沒有被好好的理解過，因爲我們的文化對於情感有一種強烈的矛盾心態，使其沒有能力能夠處理奈特薩荷的弱點，同樣也無法掌握第七個圓質的力量。

然而，奈特薩荷的負面力量並非完全是個謎；它有一個名字，那個名字是「羨慕」。羨慕是一種情感態度，將他人的快樂視爲是自我的一種失去。在羨慕當中所隱藏的概念是，這世界上所流通的快樂與痛苦，其數量是有限的；因爲這個假設，所以我們應該做的是，將所有的快樂與幸福爲了一己之私而藏起來，然後將不幸與痛苦都推到其他每一個人身上。這個假設完全不能成立——這個世界上幸福與快樂的數量，只受限於「我們願意做那些會幫忙創造快樂的行爲、並且避免做那些會減少快樂的行爲」的意願有多大——但多多少少在某種層次上，這就是大部分人對於自己情感生活的思考方式與態度。

在我們這個充滿競爭與過度消耗的社會中，許多瘋狂的愚蠢行爲背後的驅動力，便是羨慕或嫉妒。在這種情況下，凡事必須跟上潮流，擁有任何別人所擁有的東西，成了最重要的事情，卻不去思考他人所選擇的方向是否也是任何理智之人會欣然前往的。比起任何其他因素，羨慕更能滋長他人心中的不信任感，這也是爲什麼在這麼多人的生活當中，任何種類的人際關係會如此困難的原因。由於羨慕是威力之柱的一種腐敗現象，因此它會傾向於活化一件行爲，使其發生；它也同時在所有人類暴力行爲的化現中，扮演極爲重大的角色。

若要掌控渡鴉，並在自我當中平衡奈特薩荷的能量，我們就必須捨離羨慕或嫉妒，並且願意隨喜他人的快樂。在一個普遍充滿嫉妒的社會文化中，這並非簡單的事，但這確實是卡巴拉魔法師個人發展的一個必要階段。

8 面紗與深淵間的生命之樹

在奈特薩荷之上，那些組成生命之樹的智慧路徑，便不再屬於人類一般所能經驗到的領域。將這些人類更高可能性的領域打開的過程，特別是打開穿越面紗的五條路徑，便是魔法卡巴拉行者所要面對的中心工作及主要挑戰，同時也是大部分超越純粹現實目標的魔法工作所專注的要點。在面紗以及深淵之間的路徑與圓質，有許多關於魔法練習的重要課題要教導我們。同時，它們也爲卡巴拉行者打下根基，以進行攻頂之旅——即越過深淵，到達同一之境。

路徑㉕：薩美荷（支撐物）

項目	內容
路徑的字母	ס，Samech（支撐物）
神之名	ALHIM，Elohim，艾羅因
相應的占星符號	射手座，弓箭手
相應的塔羅符號	大阿卡納十四號牌，節制

祕傳學標題	和解者的女兒，帶來生命者
路徑文本	「第二十五條路徑是『鑑定智慧』或者『誘惑智慧』，之所以這麼稱呼是因為，它是創造者用來測試所有正直之人的主要誘惑。」
神話學法則	上升至天堂
路徑的經驗	向上飛行；攀登上梯子、階梯或繩子；遇見自我的形象；面臨一連串的障礙或考驗。
路徑上的個體	森圖爾以及其他半獸的生物；天使般的人物。
魔法形象	一個中間色調的清新藍色拱門，拱頂石上面有一個亮白色的字母「ס」，拱門裡的門上有大阿卡納十四號牌的形象。
顏色	在阿其路：藍色 在貝來亞：黃色 在耶其拉：綠色 在阿希亞：鮮豔的深紫色

到目前爲止，我們在生命之樹所走的路線，主要是按照路徑編號的反向順序來走。旅途中的每一個階段，這個順序會從與其相連圓質中的最低圓質開始進行；比方說，前往奈特薩荷的旅程是從克夫的路徑開始（連結奈特薩荷到馬互特），接著再到嚓帝的路徑（連結到耶薩德），接著來到裴的路徑（連結到后德）。因此，當我們上升到每一個圓質時，某方面來說，都會再回到之前已經去過的地方，而這個重複的上升節奏，便是上升旅程中平衡的重要來源。

然而，從薩美荷的路徑開始，路徑號碼不再跟隨路徑的上升順序。對於三條向上引向梯琺瑞特的路徑，順序持續如前，第一條路徑從耶薩德開始，第二條從后德開始，第三條從奈特薩荷開始。然而，數字本身卻不再跟進。上升的途徑從第二十七條路徑進入第二十五條路徑，接著來到第二十六條路徑，然後再到第二十四條路徑，之後才會再回復到原本的數列順序。

這個象徵上的細節，可以用來強調一個重點。到目前爲止，在生命之樹上攀升的旅程一直都是按部就班，一階一階的向上爬，沒有中斷或是因爲主要障礙而受到干擾。然而，在抵達薩美荷的路徑後，上升路線開始進入生命之樹兩大障礙中第一個障礙的範圍：聖殿之面紗。

在魔法卡巴拉的傳統教學內容中，向上引向梯琺瑞特的三條路徑被描繪爲是：一條狹窄的路徑夾在兩位凶悍的守護者之中。這些守護者是第二十六條路徑，即大阿卡納十五號牌惡魔，以及第二十四條路徑，即大阿卡納十三號牌死神。狹窄的路徑則是第二十五條路徑。一旦這最後一條路徑打開了，其他路徑也就得以進入；但如果在學會第二十五條路徑的課題之前，就先行走上其他條路徑，就等於是給自己帶來嚴重的麻煩。

之所以這麼做的原因，與魔法卡巴拉中的其他許多事物相同，是因爲「平衡」。薩美荷的路徑在兩側支柱的力量之間，以完美的平衡上升到生命之樹的中柱；其他兩條路徑則非如此。我們稍後會看到，艾因的路徑和南的路徑，跟支柱以及其能量學擁有一種不尋常的關係，這樣的關係如果因爲疏失而處理不當，會使這些路徑成爲不平衡狀態的強力來源。

若要瞭解揭開面紗——也就是薩美荷路徑的中心工作——意味著什麼，我們就必須重回本書所涵蓋的第一個要點。這些回顧便是，每一個人類所經驗到的現實，本質上都是象徵性的；在感知過程中，每一個階段的每個步驟，資訊流必須經過全面的改變與扭曲，以至於最終結果，即「在這裡」的心理影像，與對原始物件「在外面」的感知，兩者所擁有的關係只能在最理論的層面上成立。因此，每個人都住在一個「大部分是由人爲心理影像所構成」的世界中，而這些心理影像又受控於「大部分是由意識所創造的人爲模式」的安排下。

這個構成模式的功能，是人類心智最重要的功能之一，而正是因爲這個力量，使我們每一個人實際地創造了我們所居住於其中的宇宙。以卡巴拉用語來說，這是「眞正的想像力，人類微觀宇宙中的梯珐瑞特」。要使用這個魔法力量，我們必須將它的運作帶入有意識的覺知與控制當中；關於這一點，實踐比理論要困難許多。

許多人從未如此實踐過，因此，這個構成模式的功能繼續處於無意識狀態，並且聽從無意識的需求和驅動力的指揮。各種負面力量的影響力也開始涉入，以幫倒忙的方式將許多模式扭曲。結果就是，大部分的時間，人們對於自己「能創造世界」的力量保持消極、被動狀態，認爲他們生命中的悲慘與挫折都來自命運或是其他人的惡意阻撓，而其實這兩者大部分都是來自於他們自己不受控制的心。同時十分重要的是，人們對於自己的理解也由於這同一個過程而受到損害；一個人的自我形象幾乎等同於一個人對於世界的形象，兩者都是想像力的產物，因此它有時會從有意識的理解與控制當中脫離，並帶來同等的毀滅性結果。

這種慣性的內在被動狀態，正是面紗本身。這種習慣可能具有慰藉效果——我們總是喜歡將自己所有的麻煩和問題都怪罪到別人身上——但這卻擋在救贖工作的正中央，阻礙了任何眞正的魔法進展。如果我們只是按照某些目前很流行的思想學派所說，就決定了是你「創造了你自己的現實」，這也是不夠的。你並沒有創造你自己的現實；這正是問題所在。作爲一個魔法師，你所面臨的任務就是學習做到創造自己的現實。

我們不應該低估在此所遭遇到的這個問題。穿過面紗的道路被稱為是「一種受控下的精神崩潰」，雖然這說法並非完全正確，卻也大略描繪出了此經驗本身的特性。大部分你所知道的事情，無論是關於你自己或是你的世界，都是被「通常充滿毀滅性的無意識驅動力」所編織出來的幻想。而這些驅動力也需要力量的供給，因此在這些幻想中，通常必須包含許多那些「最受你深信的眞理」。要穿過這道面紗，就得冒著失去這些事物的風險，亦即失去大部分你認為「構成了你之所以為你」的事物。

面對這樣的失去，典型反應就是全然的驚恐。然而，就如同面對臨界點上的看守者，這個恐懼也只能藉由面對它並接受它才能被克服。這條路徑上的主要危險，就是一種不想面對「恐懼、以及恐懼背後所隱藏的自我認知」的那種誘惑力。這並不是一種微不足道的危險；那條路通往瘋狂。

穿過面紗的過程，不能被假裝，也不能被強迫。它可以透過冥想、儀式以及其他魔法訓練的練習來養成，但是最終，它會按照自己的方式，在該發生的時候發生。然而在另外一個層次，對於這種轉化的象徵進行實際工作，能讓這條道路本身變得較為暢通，它會提供「使心智能夠理解自己經驗」的方式，以及「能將旅程的目標牢記在心」的意象與概念。這就是魔法卡巴拉傳統教學內容的力量之一。

薩美荷的路徑提供了穿過面紗的主要途徑。以眞實的角度來說，它形成了魔法卡巴拉所有法則與練習的焦點所在，在這之前所做的一切，都是用來作為它的一種準備或是支持；而在打開面紗之後所做的一切，也都是從此而來，並作為它的一種結果。之後的章節會說明，即使是「越過深淵」本身，某方面來說，也是這項工作在更高、更廣層次上的一種反映。

因此，薩美荷路徑的象徵，便是屬於願景與神祕經驗的象徵，也是上升到更高存在領域的象徵；它的神話是屬於上升到天堂的神話，從傑克與豌豆的故事到基督的升天。同樣重要的第二個元素，則是由「極性間之平衡」的象徵加上去的。這兩個面向會一而再地出現在「分派給這條路徑」的形象與概念中。

對於第一個面向所涵蓋的象徵，確實如此。希伯來文字「薩美荷」，是分派給這個路徑的字母的名字，意指道具或支撐物。傳統上，它連結到主教約伯看到的願景經驗。在他的漫遊中，他在一個露天之處，以石頭作為枕頭，把頭靠在上面睡著了。睡著時，他看見一個從天堂降到地球的階梯，天使們不斷地在階梯上上下下行進。他醒來後，將這個地方取名為貝薩爾，希伯來文是「艾歐的房子」。「艾歐」這個名字是第二十五條路徑的象徵之一；然而，這裡更重要的是，它代表階梯的形象。這是薩美荷路徑最普遍廣傳的象徵之一，因為它代表了經過一連串的層次或者階梯所做的上升，這也是對這條路徑經驗的一個標準描述。

分派給這條路徑的神之名是「艾羅因」，也就是相應於火的聖名。火元素在這裡很恰當，因為眞實的火總是向上燒去；在占星傳統中，火主宰了火象星座的射手座，這也正是這條路徑相應的占星符號。

射手座、弓箭手的形象是森圖爾，一個半人半馬的怪物，身上帶著武裝配備弓和箭。森圖爾以其強大的平衡象徵，結合了人類與動物，也就是理性與本能，而平衡也正是這條路徑所代表的象徵。此外，很少有比拉弓動作更能形容「各種對立力量處於平衡狀態中」的例子了；弓的兩端被向外拉扯，弓箭手的雙手將弓同時向前與向後拉，這些都將能量全部傾注到弓身，而當這個能量正確的釋放時，箭將隨即射出，一路飛向靶心。

箭的形象還以另一種方式與卡巴拉法教有所關聯，這個形象也與這條路徑有緊密的關係。三條從馬互特開始的路徑，即克夫、辛與南，全部放在一起時會拼出「凱薛特」（QShTh，Qesheth），也就是「弓」的希伯來文字。如前所述，這三條路徑可以用來表達獲得精神經驗的三種基本方法，即感官式、禁慾式與冥想式。這三種看起來相互對立的方法，可以在魔法工作中一起使用，以提供魔法師上升的動力。在這個象徵當中，薩美荷的路徑成爲了「向上翱翔並穿過面紗」的箭，而「箭的路徑」標題經常被用在第二十五條路徑上。「凱薛特」這個字也代表彩虹，象徵承諾以及「孔雀之尾巴」煉金術階段，當彩虹的顏色在容器中閃耀時，便宣告了偉大工作的成功即將到來。

最後，射手座傳統上是被木星——中古世紀的占星系統中最善益的行星——主宰，而它接著又被分派給聖名艾歐，因此，射手座便是「貝薩爾」，木星之屋。

在下一個象徵「相應的塔羅符號」中，我們會面臨一組更複雜的議題。在塔羅中，薩美荷的路徑被分派給大阿卡納十四號牌，節制。幾乎所有已出版的牌卡中，這張牌的圖像非常簡單：一個長著翅膀的天使般人物，一隻腳站在土地上，另外一隻腳浸在水中，用手將水從一個杯子或瓶子倒進另一個容器裡。這是一個關於節制或中庸美德的普遍形象。從上個世紀以來，人們對兩個容器有過許多古怪的解釋，但其實它們所代表的不過就是「將水加到烈酒中，以削弱其致醉成分」的一種普遍行爲。當然，作爲「平衡各個對立面」的一種象徵，大阿卡納牌的形象能夠應用在第二十五條路徑的象徵上，但它是在一個非常基本的層次上做應用。

這個屬性當中的複雜度，其實是跟一件事實有關。根據黃金黎明協會，大阿卡納十四號牌目前的形象並非其原始的形象。在過去的某個時期，協會的文件宣稱，有一個更古老、也更奇怪的形象爲了一些祕密的原因而被撤出，不再提供做一般使用，並且被另外一個較無關痛癢的形象所取代。不論這是眞是假——而且無可否認的是，除了那個宣稱本身，沒有其他任何證據可以爲其證明——另外一個版本確實帶出了這條路徑所象徵的更深層面。

在另一種大阿卡納牌的版本當中，一個女人戴著五角皇冠，站在一個鍋爐旁。她的右手拿著一個杯子，將杯中的水倒進鍋爐裡；左手拿著一支火炬，火焰也掉進鍋爐中，與水混在一起。她的腰間有一道鎖鏈，還有另外兩道鎖鏈從這裡延伸到兩隻動物脖子上的項圈，左邊是一隻獅子，右邊是一隻老鷹。

這張大阿卡納牌與煉金術以及卡巴拉魔法大有關係，其核心意義是再清楚不過了。當火與水在鍋爐中融合時，就非常清楚地表達了對立面的平衡與融合的概念。獅子與老鷹也延伸了相同的概念：獅子代表占星學的獅子座，也是最強大的火象星座；老鷹是天蠍座的其中一種象徵，同時天蠍座也是最強大的水象星座。五角皇冠象徵越過面紗的五條路徑，也代表了在梯珐瑞特上方的五個圓質，也就是這條轉化路徑上更長遠的目標。

分派給第二十五條路徑的祕傳學標題與路徑文本，不同以往的，較爲直截了當。薩美荷的路徑被稱爲「和解者的女兒」，因爲作爲一條中柱的路徑，它攜帶著從克特與梯珐瑞特降下的能量，而這兩個圓質也是生命之樹上偉大的和解中心，同時亦是「帶來生命者」，因爲所有層次的生命都是不同極性間平衡的產物；以黃金黎明入會者儀式的用語來說，「不平衡的力量即是生命的衰退」。

薩美荷的路徑也可以被稱爲是「鑑定智慧」或「誘惑智慧」，以及「創造者用來測試所有正直之人的主要誘惑」，因爲那種「想要遠離平衡」的誘惑——也就是想要離開中柱，而前往威力之柱或形體之柱——便是在面紗揭開之前，以及在更高的自我潛能覺醒之前，所必須面對的主要考驗。此外，平衡的概念，正是位於卡巴拉的「正義」或是「道德」（另外一個尚未被宗教政治所濫用而腐敗的字）概念的核心。好幾個世紀以來，西方強烈的二元性思考已經讓太多人覺得，任何種類的善，都必定是某種相應之惡的對立面。其實在大部分的情況下，美德堅守著兩種衝突惡行的中間地帶。因此，勇氣抗衡怯懦，但它也抗衡魯莽；公平對抗自私，但它也對抗了自我犧牲；眞正的慷慨既不是揮霍無度，也不是小氣吝嗇。在此，就如同在其他地方，中柱一直都是卡巴拉行者的導引。

如前所述，這條路徑的神話學準則是「上升至天堂」。如同第三十二條路徑的冥界之旅，這一類神話經常出現在世界的神話學當中，有的時候，其細節甚至與卡巴拉的意象相似到令人驚嘆的程度。其中有一個神話是關於一位打開天堂之路的神射手，他將第一支箭射入蒼穹之中，再射出第二支箭，剛好射進第一支箭的箭尾處，如此不斷地射出箭，最終形成了一條由弓箭組成的階梯，一路下降到人間。

關於在這條路徑上經常會遇到的經驗與個體，唯一需要說明的就是森圖爾與牠的種族。作爲半人半獸的生物，森圖爾本身就代表了「明顯對立中的平衡」之象徵，但牠們也代表了人性的生物面與精神面之間的關係，而這是與「上升至梯珐瑞特另外兩條路徑」更相關的一種關係。

路徑㉖：艾因（眼睛）

項目	內容
路徑的字母	ע，艾因（眼睛）
神之名	ADNI，Adonai，阿兜奈

相應的占星符號	摩羯座，魚—羊
相應的塔羅符號	大阿卡納十五號牌，惡魔
祕傳學標題	物質之門的總主，時間之力的孩子
路徑文本	「第二十六條路徑稱為『翻新智力』，因為神聖之神透過它來更新，所有改變中的事物都是透過世界的創造來更新。」
神話學法則	遇見生命的力量
路徑的經驗	孤寂的荒野地帶；暴風雨與其他自然之力的表達；從動物自我當中出現的人類意識。
路徑上的個體	野外動物，野生的人類或半人的生物；薩梯（Satyrs）以及其他野外的靈。
魔法形象	一個深靛藍色的拱門，拱頂石上面有一個亮白色的字母「ע」，拱門裡的門上有大阿卡納十五號牌的形象。
顏色	在阿其路：靛藍色 在貝來亞：黑色 在耶其拉：藍黑色 在阿希亞：冷的深灰色，接近黑色

在先前所提到的隱喻中，艾因的路徑，就是通往梯珐瑞特狹窄通道上兩位凶猛守護者的其中之一。如同南的路徑，即艾因的對面路徑與互補路徑，這個路徑在某種層面來說是卡巴拉行者上升的阻礙；在魔法卡巴拉傳統的教學當中，它扮演了一個令人生畏的角色。

在這裡，值得我們花一些時間來看看爲何會如此。在生命之樹上，從個別路徑與生命之樹的主要動態相關的方式，就能看出大部分路徑的能量學以及個性。一個橫切的路徑，如裘的路徑，平衡了強烈的極性能量，因爲它的路徑是水平的；而一個垂直路徑，如薩美荷的路徑，則攜帶了位於外在極性之間、其中一個支柱的純粹能量，它的平衡會有不同（也較不具爆發性）的特徵。

在對角線的路徑當中，有八個路徑是從某一外側支柱上的較高圓質，向內接到中柱上的較低圓質。作爲創造之力的管道，這些路徑形成了下降三角，以此將平衡傳遞給宇宙；作爲救贖的向上旅程的路線，它們使得沿著中柱所獲得的某些層次的意識，能夠透過力量與形體之力，得到延展和區別。在這兩種功能當中，這些路徑都傾向於建立起自己的平衡並加以維持；此外，比起水平或垂直路徑，它們也是較容易通過的路徑。

另一方面，剩下的四條對角線路徑，是從中柱上的較高圓質接到兩側的較低圓質。作爲下降的路徑，它們建立起新的二元性，而這必須在平衡的三角當中得到和解；作爲上升的路線，它們希望能夠超越對立面之間的衝突，到達較高層次的和解狀態。在這兩個功能當中，這些路徑都具有擾亂穩定與平衡的能力，因此在這些路徑上旅行，原本就較爲困難。

在生命之樹頂部的第十一條與第十二條路徑，比較沒有被這種因素所影響，因爲它們存在於深淵上方，也就是位於同一境界中。第二十四條與第二十六條路徑就沒有這種優勢，它們所在的處境又更加困難，因爲它們必須越過面紗，即生命之樹上的主要障礙之一，因此它們要在梯瑞特中得到和解的狀態，並非是自然而然或者必然發生的事。

因此，這兩條路徑是卡巴拉行者在救贖工作中所要面臨的主要挑戰之一。即使使用了如冥想與路徑工作等相對安全的方法，作爲主要的上升方式，在行經路徑時，還是會有某些程度的危險，並且要注意在其象徵與理論中的某些陷阱。

當我們開始來看艾因路徑的象徵時，必須將這些要點謹記在心。路徑上的許多相應物有兩張臉，一張黑暗，一張明亮。黑色面指的是如上所述的危險，以及我們稍後會討論的，在人類經驗中的一些相關因素；明亮面指的是路徑的宏觀宇宙角色，其本質是作爲連結「梯珐瑞特之平衡與后德之模式這兩種能量」的管道。這兩者分別是路徑上的威脅與希望：也就是指，我們在通過這條路徑時所必須面對的危險，以及我們在終點時所要贏得的目標。

從路徑的第一個象徵，我們就能夠很清楚地看到這種二元性。路徑的字母是「艾因」，意指眼睛。一個「張開的眼睛」的形象，對於現代已開發社會中的大部分人來說，意義不大；但在西方世界一直到不久之前，這個象徵通常代表了「邪惡之眼」，也就是巫師們單憑一個眼神就能下詛咒或者殺害他人的邪惡力量。雖然這個信念看似奇怪，但卻奠基於現實之中；每一個文化中有許多能造成憂鬱、疾病和死亡的魔法法術，而運用凝視來達成的方法也並非不尋常。

從它與毀滅性魔法的相關性來說，眼睛經常被作爲「精神之惡」的強大象徵。同時，眼睛還有另外一組意涵，它所碰觸的是道德光譜上相反的一端。作爲一個感知與覺知的象徵，它被用來代表人類的靈魂；從它圓圓的形體以及與光的連結，它經常用來作爲太陽的象徵；從後者之中，在人們較爲習慣「究竟實相有一個物質形象」的時代，它也是代表神的一個普遍象徵。直到今天，它依然出現在每一張美金一塊錢紙鈔背後的圖章處。

這個二元性如何得到和解呢？當一個象徵能夠被同時用來代表神聖與惡魔時，我們可以很篤定地說，它所要表達的法教具有一定程度的複雜性。然而，還有一個關於這個象徵兩種運用上的普遍主題，這個主題就是「力量」。

艾因的路徑將梯琺瑞特的能量帶到嚴厲之柱上，並且是帶到庸常意識尚能理解或接觸的生命之樹的那一部分。很重要的一點是，它可以被理解成是梯琺瑞特的形成性力量，即約束與限制的能力。在面紗下方，這個力量的根基位於一個神祕之處，一個只能以最間接的方式去理解的意識領域當中；在面紗上方，它則是屬於太陽圓質超越宇宙平衡的自然功能。

上升到梯琺瑞特層次的魔法師，多少會獲得使用這個力量的能力。然而，這大部分取決於他們怎麼處理上升本身，因爲這個過程（我們之後會看到）並不是一個全有全無的事情；在面紗完全揭開之前，我們就能瞥見與擁有片刻的高度意識狀態。然而，即使是短暫瞥見梯琺瑞特，也會是一種力量的來源。當我們透過平衡的薩美荷路徑到達梯琺瑞特時，對其一瞥，將會以某種平衡的方式喚醒我們的力量，並將人類靈魂帶進一個具有高度和諧的更高存在領域。相反地，若是透過「失衡的且能使事物不平衡」的艾因路徑來到梯琺瑞特，這個瞥見就會使更多不平衡的可能性發生。特別是當我們從嚴厲之柱走向梯琺瑞特時，通常會喚醒我們控制、限制與掌控的力量，亦即巫師的工具。

因此，這條路徑主要是巫師的路徑，也就是那些「最高目標是獲得個人力量」的魔法師。選擇了這樣的目標，便是關閉了在生命之樹上攀升至更高的可能性，因爲平衡是救贖工作的代價與必要條件；然而，還是有大量的魔法師（現在仍持續）做出這樣的決定。從魔法卡巴拉的角度而言，他們的決定既是悲劇性的，也是愚蠢的——悲劇性在於，他們在宏觀宇宙中開始啓動這個平衡的過程，而宇宙向他們索要的代價通常是痛苦的；愚蠢的是，藉由獲得用於自私與毀滅性魔法的卑微力量，巫師們失去了在超越面紗之後所能獲得的更大力量。然而，人類有權做出自己的選擇，這是自然本質的一部分。

接下來的幾個象徵，表達了路徑意涵的不同面向。它們都與土元素相關，而土元素是四大元素中最穩定、也最受限的一個，但是也最適合這條路徑；藉由它，創造性能量從和諧與平衡的圓質中向外流到形體之柱上的最後一個，並且發展出最完全的表達。

分派給艾因路徑的神之名是阿兜奈，即分派給土元素的名字。同樣地，相應的占星符號是摩羯座，也就是分派給土元素的三個星座之一。在占星學中，摩羯座的個性保守而務實，在最佳情況下，它很具有建設性且能維持與守護；在最糟糕的情況下，它很小氣且執著於形體。摩羯座的傳統象徵是一個奇怪的複合性生物魚—羊，前半身是一隻山羊，後半身是一隻海蛇。這可以被正確地理解爲是一種對我們這個世界上「生物形體之多樣性」的指涉（我們稍後會再回到這個指涉），但它也包含了另外一組意涵。摩羯座受到土星的主宰，並且在古代，魚—羊的形象並非用於星座上，而是用於行星上。在此，很大程度上，這些較古老的意思是恰當的。

土星的象徵，至少其中有一部分是我們熟悉的，因爲它是分派給濤的路徑。你將記得，土星的核心經驗便是時間的經驗，這一點適用於濤的路徑，也同樣適用於艾因的路徑。然而，這兩條路徑並非相同。濤的路徑上沒有其他的影響，因此，時間單純地被感知爲一段經過的期間：作爲無形但永遠存在的一股恆常的前進之流，而我們居住於此流之中，如同魚住在水中。以實際用語來說，在這方面的時間，將自己化現爲一個過程，特別是有時候緩慢到令人心痛的精神成長過程。另一方面，在艾因的路徑上，時間概念受到「土元素的象徵、以及向形體面移動的行動」所影響，因此，它並非只是單純的時間，同時還作爲已經過的時間，以及成爲歷史的時間。以實際用語來說，時間的這一面向將自己化現爲歷史的影響力，也就是每個選擇與每件新事物所感受到來自過去的壓力。在此，時間成爲形體的同盟；這裡是某一條眞理的家——就像每一條不平衡路徑的眞理，雖然只是部分，但卻眞實不虛——這條眞理就是：太陽底下沒有新鮮事。

接下來，如果我們要瞭解下一部分的象徵，就必須對歷史的影響力有一點理解。艾因路徑相應的塔羅符號是大阿卡納十五號牌，惡魔。這張牌展現了一個普遍的惡魔形象：頭上長角，手上有利爪，全身長滿了毛，站在一個方形石塊上。取決於版本的不同，惡魔手中可能會拿著許多不同的物品——一支反向的火炬、一個富饒角（一種角形裝飾物）；或是可能擺出一些帶有象徵意味的姿態。另外有兩個小惡魔，長著角和尾巴，站在惡魔的兩側，被鎖鏈綁在方形石塊上。

這樣的畫面經常被視爲如先前所提的「精神之惡」，某方面來說，它確實帶有這樣的重大意義。然而，基督教神話中的惡魔，其實只是在一長串相似人物的名單中，於最近代出現的一個，而且很多都跟「邪惡」這個詞彙的一般意涵沒有什麼關係。比方說如果你讀過希臘神話，你就會立即認出牧羊神「潘」的形象，也就是那位頭上長角、腳踩獸蹄的自然之神，而其名字的字義是「一切」（all）。

人們對於「長角之神、或者動物以及自然世界之力的總主」的崇拜，可以追溯到史前時代，而這也在世界宗教上留下不可磨滅的痕跡。對於這個神的崇拜，通常會與偉大之母（Great Mother）的崇拜同時發生；這是很恰當的，因爲比那相應於母親—女神（mother-goddess）的圓質，而比那作爲土星，在這條路徑上扮演了重大的角色。

長角之神就站在介於人類與動物的介面之間，主宰人類生命的許多面向，這些是我們與其他生物共有的。從某個角度來說，這是他（以及我們）的力量，但這個力量帶有一個決定性的弱點，也就是不平衡。人類與動物領域有很多相似的特點，但我們只有部分是動物。如果我們忘記了這個相異之處，便是扭曲了人類的本性以及潛能；而接連不斷地犯下這個錯誤，正是「起始於后德」的現代科學意識型態的一個症狀。

值得一提的是，對於力量的渴望驅動了巫師，而渴望的本質是生物性的：也就是那一般「想要掌控」的動物驅力，但因爲人類在墮落之後便失去了本能的平衡功能，以致將其誇大和扭曲。再次地，即便掌控了人類整體的一半，卻讓我們失去了「人性」這個詞彙所代表的最美好意涵。

下一個路徑的象徵是祕傳學標題，總結了我們剛才提及的大部分內容，並加上了自己的另外一個元素。作爲一個跟土星擁有強烈連結的路徑，艾因的路徑幾乎就像是一個「時間之力的孩子」，路徑與土元素的連結使其成爲「物質之門的總主」。同時，第二個句子也說明了路徑「在死亡與再生過程中」的功能，這一章的稍後我們將會探討這個過程。

路徑文本也跟路徑與土星和土元素的連結，有很大的關係，但它是專注在這些連結廣泛的影響力上，連同路徑作爲「梯琺瑞特形成性之力」的角色。作爲一個「翻新智力」，第二十六條路徑是宇宙當中的穩定之力——它並不是一個反對改變的穩定性，而是一個能夠包容改變並隨其前進的穩定性。藉由持續性的創造過程來更新「所有改變中的事物」，艾因路徑的能量，在生命之樹深層的平衡模式上，扮演了極爲必要的角色。

神話學法則「遇見生命的力量」，指的是傳說中人類遇見自然與本能的原型力量，這些力量以魔法動物（特別是野人男女）作爲象徵。這些半獸人的強大形象，對於我們較文明的那一面來說，是一個很有價值的挑戰。

你可能會注意到，分派給這條路徑的經驗與個體，跟生命之樹下方第二十八條與第二十九條路徑的經驗與個體，有許多相似性。雖然這些位於中柱的另外一側，看似與艾因的路徑沒有關係，但是這兩者之間的連結並非偶然。像這樣在兩側之間、以及路徑與路徑之間意象的反映，經常會在生命之樹發生，並且它們是從支柱之間的細微平衡過程當中升起的。如果你注意到這些相似性，很有用的是，將它們記下來，並且去思考它們可能的影響。

路徑㉔：南（魚）

項目	內容
路徑的字母	נ，南（魚）
神之名	AL，EL，艾歐
相應的占星符號	天蠍座，天蠍
相應的塔羅符號	大阿卡納十三號牌，死神
祕傳學標題	偉大轉化者的孩子，死亡之門的總主

路徑文本	「第二十四條路徑是『想像智力』，之所以如此稱呼是因為它將自己的特性，給予了所有按照自己和諧的高貴特性所創造出來的相似物。」
神話學法則	遇見死亡的力量
路徑的經驗	死亡、埋葬以及腐敗的形象；越過深水或是越過血的旅程；看見死者以及未來。
路徑上的個體	骷髏以及其他與死亡相關的人物；冷血動物。
魔法形象	一個深藍綠色的拱門，拱頂石上面有一個亮白色的字母「נ」，拱門裡的門上有大阿卡納十三號牌的形象。
顏色	在阿其路：藍綠色 在貝來亞：暗沉的咖啡色 在耶其拉：極深的咖啡色 在阿希亞：青青紫紫的靛藍咖啡色，就像是甲蟲的殼

第二十四條路徑是通往梯琺瑞特通道上的兩個守衛之中的第二個。在討論第一個守衛，即第二十六條路徑時，有許多要點也能夠應用在這裡；如果兩條路徑在生命之樹上的位置是互為鏡射的兩側，那麼它們兩者的意義與象徵通常也會呈現鏡射狀態。如同第二十六條路徑，第二十四條路徑天生就不平衡，因為它的能量是向外延展到某一個側邊支柱，而不是向內走到中柱上。如同第二十六條路徑，第二十四條路徑也是所有路徑中最難通過的一條，在它的象徵當中，有許多我們在艾因的路徑已經討論過的相同危險元素。

當極性的法則開始加入運作時，這些相似性中的每一個便開始逐漸變成一個對立面。第二十六條路徑傾向於在「形體、限制、僵硬」的方向上變得不平衡，第二十四條路徑則是往「力量、延長、散播」的相反方向上變得不平衡；一個帶來囚禁狀態，另一個帶來瓦解狀態。當第二十六條以及第三十二條路徑之間的連結，是透過時間的象徵被表達時，第二十四條以及第三十二條路徑之間的連結，則主要是透過死亡的意象而作用。死亡，也是第二十四條路徑的經驗核心。當第二十六條路徑召喚出「超自然邪惡以及從遠古而來的巫術概念」時，第二十四條路徑讓卡巴拉行者看到了我們每個人總有一天要面對的一個未來事件。

這個與死亡的對抗，會使我們覺知到現實以及改變的普遍本質。對於在這條路徑上的旅行者而言，除了改變本身，沒有任何事情是恆常不變的；即使是最持久的被創造物，仍然只能視爲在自我消逝的過程中，一個轉瞬即逝的當下。這個轉瞬即逝的概念主導了第二十四條路徑的經驗，並且緊緊繫縛於路徑象徵的每一個點上。就像是對於「形塑了大部分的第二十六條路徑」的持久性模式的一種感知，轉瞬即逝的感知是部分眞理，就它本身來說是正確的，但如果過度擴大解釋就會變成是誤導。

這條路徑的象徵是以幾種方式，依照著這些議題中的許多內容而建立起來的，有些很明顯，有些很細微。路徑的字母「南」，意思是魚。對古代人來說，魚本身就是資源、象徵以及矛盾；對古代世界來說，熱度和呼吸是生命存在的證明，魚雖然兩者皆無，卻明顯是活著的。因此，牠活在一個沒有人類能夠活下去的地方，並且成爲代表死後生命、以及神祕的死後境界的象徵。在許多海岸族群的神話中，死者的國度位於海洋的另一邊或者海底深處，當人們捕魚作爲食物時，被視爲是死者給生者的禮物；而當生者加入死者的行列時，他們會再回贈以相同的禮物。

在卡巴拉理論中，字母「南」扮演了一個更具體的角色。南的路徑是魚的路徑，而第二十八條路徑，即嚓帝的路徑，則是魚鈎的路徑。在此暗示了這兩條路徑擁有親密而具體的關係，也就是控制的關係。

因爲很多原因，第二十四條路徑是一條具有高度混亂能量的路徑。它離開了平衡，移往力量那一側，以及它位於閃電的路徑上，都與此有關。要獲得生命之樹整體上的平衡，這些能量需要全部被帶回中心點，回到和諧。所有三條從下方上升進入奈特薩荷的路徑，都與此有關，但最主要的工作還是落在嚓帝的路徑上。就像一條魚嘴中的魚鈎和魚線，嚓帝循環式的自然模式限制了南的不穩定能量，將它們帶回耶薩德的中柱上。

這個象徵的細節，有一個重要的實際法教。第二十八條路徑掌管了自然的循環與過程，而它的象徵專注在朝向未來目標前進的這些方向上。我們若想掌控這條困難的路徑，不論在任何層次上，這個專注力正是我們所需要的。

這條路徑接下來的兩個象徵，大部分與南的元素屬性有關係。第一個象徵，亦即與第二十四條路徑相關的神之名是AL，發音爲EL，艾歐。這是一個我們之前已經看過的名字，艾歐被分派給水元素，並且它與第二十四條路徑的連結也來自於此關聯。在元素當中，水象徵情感，它也與這條路徑的象徵「魚」，結合得很好。水的意象也說明了第二十九條與第二十八條路徑相似的意象，而這又透過奈特薩荷連結到第二十四條路徑。

第二個象徵，即相應的占星符號，其本質較爲複雜。天蠍座與天蠍也跟水相應，但與力量、熱情、性慾及暴力相關聯。這是十二星座中一個偉大的轉化性星座，在魔法傳說中——與任何其他星座都不一樣——天蠍有三個形象，代表了轉化的三個不同階段。

天蠍是這些形象中的第一個，同時也是位置最低的。在古老傳說中，當天蠍被困在灌木叢的火災裡時，如果牠無法逃過這場火災，牠便會用尾巴螫自己，將毒液注入體內來脫離被火燒死的痛苦。聽起來雖然古怪，這個故事象徵了人類在面對世界上無處不在的無常以及改變時，其中一種回應是：自我毀滅。

天蠍的第二個形象是蛇。一條行進中的蛇會因應地形變化而左右蜿蜒的移動，但牠的路徑永遠是直朝自己的目標前進。這代表了面對改變時的態度，而不是被改變嚇得手足無措。

天蠍的第三個、也是最高的形象是老鷹。根據傳說，老鷹是唯一能夠直視太陽的生物。飛行時，老鷹在地面上方的高空中翱翔，什麼事情都逃不過牠的鷹眼，因此，老鷹象徵著人類對於第二十四條路徑力量的最高回應。牠的傳說中與太陽之間的連結，指出了牠與梯琺瑞特的連結，並且事實上，這種面對改變的模式——透過對永恆的個人經驗而超越對改變的恐懼——正是在揭開面紗後所帶來的禮物之一。

剩下的路徑象徵都是死亡的象徵。作爲我們大部分人都能想像到的最極端改變，死亡在這裡的地位是很清楚的；而關於死亡在路徑當中的角色，這個意象絕對是強烈而不隱微的。

因此，相應的塔羅符號是死神。在許多早期的塔羅牌組中，這張牌根本沒有名字，上面只有一個號碼和一個圖像。這個慣例是由於在中古世紀時期，法文「死亡」被認爲是一個很汙穢的字眼，而一張完全沒有名字的牌卡，恰好符合這個路徑的特徵。

這張牌上出現的形象，通常很貼近傳統的死亡圖像：一個面目猙獰的骷髏，手中揮舞著一把鐮刀。在一此較老舊的牌卡以及一些現代的牌卡中，這個骷髏正在收割一大片被切斷的恐怖頭顱和手臂。這可以被看成是所有人類思考的結束，以及死亡的開始。

然而，對於西方另類精神修行的觀察者而言，它還能夠表達另外一種涵義。如同艾因的路徑上，魔法師在上升到梯琺瑞特的途中，有一個必須要面對的陷阱，即巫師的陷阱，因此南的路徑也有它自己的陷阱。這個陷阱沒有一個通用的名字；爲了學習，我們可以從神學語言當中借用一個詞彙，稱之爲「寂靜主義」（quietism）。

何謂寂靜主義？本質上，這裡的概念是，若要走上精神修道，就必須放棄所有的慾望，並讓自己臣服在與更高存在者的被動關係中。在更極端的形式當中，如同某些宗教運動所做的，修行者必須完全接受所發生的一切事情，並且放棄一切帶有意志的行動；在這個極端中，寂靜主義者什麼都不做，唯有聆聽神的「內在聲音」，毫無疑問或思想的服從於祂。然而，更廣泛的來說，所有那些教導「個人在自己的精神發展過程中，扮演一個被動角色」的法教，某種程度上都可以被視爲是寂靜主義。

平心而論，我們必須說，寂靜主義的概念很少會導致像巫術通常會造成的那一類的人類痛苦。另一方面，寂靜主義對於新進的魔法師而言，就如巫術一般，兩者都是障礙。轉化的工作不外乎是：工作。要使工作發生，則在「自己的各個部分」之間必須發生一連串戲劇性的劇烈變化，使這些部分之間的關係得到轉變，而且這些變化並不是自己發生的。此外，驅動這個過程的主要能量來源之一，正是人類的慾望之力，而這也是寂靜主義者想要消滅的。

從重要的意義上而言，巫術與寂靜主義彼此互爲鏡射，就像是一個錯誤的兩面，而這個錯誤便是無法使人類整體中的生物面與精神層面得到和解。巫師著重於達成動物自我的目標，卻忽略了靈性的潛能；寂靜主義者轉向靈性，卻忽略了動物自我的需求。這兩者都會造成精神修行的停滯。這就好像兩者都想要從脖子處將自己切成兩半，唯一不同的只在於它們想要丟棄的部位。

這就是隱藏在森圖爾象徵中的課題，而森圖爾也出現在薩美荷路徑的神話與經驗中。森圖爾代表了靈性與肉體的融合、或者超越覺知與動物天性的融合，也就是非物質層次以及物質世界的課題。當巫師尋求的只是滿足慾望，而寂靜主義者只是要消滅慾望，森圖爾的方式——以及薩美荷的路徑上升到梯玹瑞特的一大部分——便是以靈性的需求和角度來平衡它們，因此身體得到了它所需要的，而無須篡奪較高自我的角色。最終且極爲重要的是，動物自我的慾望本身，就是位於較高存在層次的力量之反映，它們可以在梯玹瑞特的完美平衡當中，與這些更高力量達至和諧之境。

象徵的下一部分，即祕傳學標題，將它在第二十六條路徑上的等同物反映到更高層次上。這是物質之門的總主，亦即另外一個死亡之門的總主；它是時間之力的孩子，亦即另外一個偉大轉化者的孩子。因此，第二十六條路徑可以被視爲是形體領域之力，與物質和存在期間相連結；第二十四條路徑則扮演了力量領域之力的相應角色，與「靈離開物質的分離」以及「改變的過程」相關。

然而在這些標題當中，還有另外一個更加精確的意涵。當物質之門的總主，即艾因的路徑，代表將一個靈魂帶進轉世的那組轉化過程中時，作爲死亡之門的總主，南的路徑，代表將靈魂帶出轉世的另一種互補的轉化過程中。從死亡到再生的整個循環可以在生命之樹上加以追溯，這麼做將提供這個過程一個有用的模式。

我們可以從馬互特、即物質身體的死亡開始。從這裡，循環上升到克夫的路徑。這條路徑相應於死後過程的第一階段，在此，自我的更高狀態離開了以太身。這個分離，有時被稱為「第二死亡」，有可能不會發生，而這種情況便是鬼魂的成因。在分離應該發生的大約三天之內，靈魂會留在幻覺領域中，各種愉悅或是恐怖的人物或事件會不斷地出現與消失。

結束了第二個死亡之後，靈魂將留在奈特薩荷，這個剛結束的生命將在情感方面接受評估，而這是一個能夠幫助生起關於天堂與地獄神話的經驗。從這裡開始，藉由南的路徑，這些情感能量會回到清晰的覺知當中，被解放的靈魂將回到它在梯玹瑞特的中心。

此時，死亡的過程退開，重生開始發生。從艾因的路徑離開梯玹瑞特後，靈魂得到了具有創造形體的力量，連同那條路徑上鮮明的侷限性，並且在后德當中，在知識上理解到即將到來的生命型態。從后德開始，靈魂透過辛的路徑，下降到馬互特，得到一個新的身體，並開始受制於掌管物質經驗的力量之力。

傳統上，據說這個過程還能以另外一個方式發生，這是奠基於自我的各種身體或層次的某些深層轉化，並且將卡巴拉傳說連結到先前章節中所提過的「內在層面之達人」的狀態。這個非主流的方式，也可以在生命之樹上追溯出來。這個方法的起點是在耶薩德、而非馬互特，因為以太身才是自我經驗的聚集處以及錨定點，而非物質身體。它經由嚓帝的路徑前進到奈特薩荷，接著經由南的路徑到達梯玹瑞特；它再經由艾因的路徑從梯玹瑞特下降到后德，再經由黑許的路徑從后德下降到耶薩德。它因此能夠避免克夫的幻覺以及辛的限制性，並且讓再生的過程能在有意識的指示下發生。

透過路徑文本，這條路徑某些較深的影響開始浮現出來。南的路徑在此以幾種用語來形容——想像智力，和諧——這指的好像不是路徑本身，而是在其上方的圓質梯玹瑞特。它也被描述爲「將自己的特性，給予了所有……和諧的高貴特性……的相似物」，也就是說，一切相似的事物。

文本的古老文字，使得文字意涵帶著不必要的隱晦。這裡要說的是，南的路徑是許多其他事物的模式，它將自己的形象給予一系列的相似物或是反應物。那個形象便是死亡的形象。從這個角度來說，宇宙中的所有改變都是死亡的反映，並且就如同改變是不變的，死亡亦然；從我們所見的一切事物中——包括我們自己在鏡中的反射——死神頭顱的空洞眼神正穿過它們，凝視著我們。

然而，很重要的是，文本並沒有（如同許多人會做的那般）將這個過程描述爲是邪惡的。死亡的形象是「和諧」、「高貴」，它來自於梯玹瑞特，而不是軀殼之王國。對魔法師來說，死亡是一個已知的數量，而「知道死亡就在身旁」的覺知是一個有用的工具。從魔法卡巴拉的立基點而言，死亡和再生的循環可以被視爲「面紗揭開」的模型：一個極端的改變，但在那之後便是新的生命。

這也是這條路徑的神話學法則課題——遇見死亡的力量。任何的傳說或民間故事在形容一個活生生的人類與死亡見面時，總是會將死亡擬人化；印度哲學經典之一《卡達奧義書》，就是用了這樣一個會面作爲故事的架構。在這種傳說中，一個很常見的特徵就是這位凡人若能恰當地處理此次會面，就能從死神那裡得到一個禮物。依照傳說的不同，禮物的本質也有所差異，但是從較廣義的面向來說，死亡的禮物永遠是「智慧」。

圓質6：梯珐瑞特（美）

項目	內容
標題／稱號	ThPARTh，Tiphareth，梯珐瑞特（美）
神之名	YHVH ALVH VDAaTh，Tetragrammaton Eloah va-Daath，特措果瑪頓艾羅阿之—達特（知識之主神）
大天使	MIKAL，Michael，米迦勒（如神一般的他）
天使宿主	MLKIM，Malakim，馬拉金（國王們）
相應的占星符號	ShMSh，Shemesh，薛美許（太陽）
相應的塔羅符號	牌組中的四張六號牌與四張宮廷牌騎士或者王子
相應的元素符號	風
路徑文本	「第六條路徑被稱為『調停智力』，因為在其中，化現物之流入開始倍增，使得那個影響力流進所有至福加持的儲蓄池中，它們自己則在其中結合起來。」
魔法形象	一個裸身的金髮男孩，雙手向上高舉站立著；一個國王身穿長袍，頭戴金色皇冠，有著深色的頭髮，蓄著鬍鬚，坐在寶座上，右手握著一支寶劍，左手拿著頂部飾有盛開蓮花的權杖；一個裸身的男子被釘在一棵沒有葉子的黑色樹木上，他的手腕和腳踝被沾滿血跡的繩子綁在樹上。
額外象徵	立方體，由六個正方形組成的十字架，被截頭的金字塔。
額外標題	微顏，次要容顏。

項目	內容
顏色	在阿其路：明亮的玫瑰粉 在貝來亞：金黃色 在耶其拉：鮮豔的淺橙色 在阿希亞：帶金的琥珀色
微觀宇宙的相應符號	汝阿赫中的想像力
身體的相應符號	太陽神經叢脈輪
啓蒙級別	5＝6，小達人
負面力量	ThGRIRVN，Tagiriron，塔吉瑞隆（爭執者）

來到梯珐瑞特後，魔法師的上升路線便到達了生命之樹的心臟與神經中心。梯珐瑞特位於生命之樹正中央，功能是在生命之樹這張地圖所展開的網狀現實架構中，成爲主要的平衡與和諧力量。除了馬互特之外，其他每一個圓質都直接與梯珐瑞特相連結，經過了梯珐瑞特的極性與對稱性，形塑了整個生命之樹的結構，從戲劇性的到細微的；配對的能量體如荷塞德與后德、葛布拉與奈特薩荷、以及耶薩德與類圓質達特，都在梯珐瑞特當中達成和諧；兩側支柱上的每一個圓質，生命之樹上的每一條水平路徑，都能探索到「最終在第六個圓質中得到和解」的極性化能量。

當然，從另外一個角度看，梯珐瑞特的覺知層次，也是大部分卡巴拉魔法師使用的技巧中所想要達到的目標。反之，再從另外一個角度看，它是汝阿赫的想像力器官，也就是魔法的主要工具，將其他部分的自我所提供的數百萬個互不相關的覺知加以組合，成就了世界的模樣。

然而，在這麼多種看待第六個圓質的方式當中，最簡單的那一個，可能也是最有用的。梯琺瑞特位於連結克特與馬互特那條線的中間，也就是在「絕對同一」以及「庸常的經驗世界中之無限多樣性」兩者的中點。以神學的語言來說，這就是人類以及神性的中點；以更加哲學的角度來說，它是介於「作爲獨立個體」的自我經驗，以及「作爲萬物同一的其中一個面向」的自我經驗，兩者之間的接觸點。

受到基督教神話學所影響的卡巴拉傳承，將梯琺瑞特視爲耶穌，並以此來說明相同的觀點。然而在魔法卡巴拉中，這個概念的應用跟基督正教沒有太大關係。對卡巴拉魔法師來說，在「他、或她自己」、以及「以克特爲象徵的無限同一」之間的接觸點，不可能會在一個活在兩千年前的人身上發現。這個接觸點也不會在教堂的權力架構中找到——或者，就此而言，在一個魔法協會當中找到。它，必須也是恆常的，存在於我們每一個人的自身當中。一旦梯琺瑞特層次的覺知向有意識的自我開啓之後，這個接觸點便成了個人與無限之間的大門；而當更高階段覺醒之後，魔法師開始學習憑藉自己的意志穿越這道大門，並且能夠在大門的兩側生活以及進行魔法工作。

更廣義而言，這個在個體性以及同一之間的互動之舞，也是在面紗下方的生命之樹所表達的一切衝突的和解：先天vs.後天養成、動物性vs.精神性等等。從第六個圓質的角度看，這些全都成爲了個體存在的經驗當中不同的可能性，在某些情況中更爲恰當，在某些情況下則否。這全部都可以被理解爲是克特同一的某種角度的表達，因此，它們本身只是部分且是不完整的。就像薩美荷路徑半人半獸的森圖爾象徵，這些明顯的對立面將結合在一起，成爲一個完整的整體。

第六個圓質的象徵很緊密地反映了這些議題。圓質的標題，梯琺瑞特，最佳的翻譯是「美」。美的概念包括了諸如和諧、平衡以及優雅等概念，這些都與梯琺瑞特緊密相關；但作爲一個經驗，它不能被這些刻板的框架所定義。爲了對美的精要作出定義，眾哲學家們已經花費了好幾世紀的時間。對於神祕學者和魔法師來說，這並不令他們意外，因爲以祕傳學來說，美只能被最佳地理解爲是一種對於更高者的透明度；一種美的事物會藉由（或者透過）物質形體來表達非物質的經驗。在許多方面來說，「美的經驗」與「和梯琺瑞特層次之存在的接觸經驗」兩者，擁有近親般的關係，這個經驗通常稱爲「開悟」。在偉大的藝術作品或自然之美中，這個關係可以用來接近身分。

分派給梯琺瑞特的神之名是「特措果瑪頓艾羅阿乇—達特」，可被大略地翻譯爲「知識之主神」。另外一個較佳、但可能較鬆散的翻譯或許是「神化現在心智的圓質中」。這個名字比生命之樹上的任何一個都還要長，並且是兩個「由三個個別元素所組成」的名字之一。這個名字當中所表達的意義也同樣十分複雜。

我們可以藉由學習它的元素來學習這個神之名，並藉此解開它的意思。第一個元素，尤黑乇黑（YHVH），特措果瑪頓，當然就是代表「現實」的主要卡巴拉意象，在此，現實是作爲一個創造性的過程。第三個元素，乇—達特，是達特、知識之名，即位於深淵中的轉換性類圓質，其字首「乇」（大約意思是「誰的」）是爲了文法需要而加上的。

在這兩者之間則是第二個元素，艾羅阿（ALVH）。這個名字本身就是神之名，是從艾歐和艾羅因等名字的相同字根中得來的。在卡巴拉所使用的所有聖名當中，艾羅阿或許是字義上與英文的正式名詞「神」，意思最爲相近的，兩者都意指一個單一擬人化的神祇。因此，它代表了我們之前已經討論過的人類與神性的會合處，也就是人類個體作爲「超越三層面紗之上的絕對實相」的象徵。這個概念已經以另外一種形式介紹過了，也就是「亞當卡德蒙」的概念，但兩者所強調的重點有些許不同；亞當卡德蒙強調的是「神性化後的人類」，艾羅阿強調的是「人性化後的神」。

「艾羅阿」這個名字的更深意涵，可以從組成它的字母中看出來。前兩個字母，阿列夫和拉美德，表達了艾羅因這個名字第一部分所象徵的相同概念，即位於完美平衡之中的全然自由。後兩個字母，乏和黑，象徵了出現在特措果瑪頓後半部所代表的相同概念，即「能引向一個新的現實模式」的漸進式改變。因此，艾羅阿這個名字可以被視爲是這兩個名字結合在一起的產物；若以神話的語言來說，就是它們的孩子。

更廣義而言，梯琺瑞特可以被視爲是基本的「男性」與「女性」存在能量的產物或孩子，不論這些是由后赫瑪與比那、尤黑乏黑與艾羅因、或是由特措果瑪頓本身的尤和黑作爲象徵。聖名艾羅阿便是對此的一個有效表達。在它作爲梯琺瑞特神之名的角色當中，它與特措果瑪頓結合起來，以強調它與主要創造性力量的連結，並且藉由達特的標題來強調它本身作爲「超凡者之產物」的地位。

接下來三個象徵都以些微的變化對同一個議題做出表達，也就是梯琺瑞特作爲生命之樹的中心統治力量的概念。雖然這些象徵中的每一個都應用在四個世界中的不同一個，但它們卻都在這些不同的環境中表達了相同的模式。

因此，梯琺瑞特的大天使是米迦勒，同時也是火元素的大天使。米迦勒這個名字的字義是「相似於神的」；作爲梯琺瑞特的貝來亞相應物，即在「意識的接受性結構」中的第六個圓質之反映，它代表了在深淵下方的人類覺知中，所存在最接近現實的相似物或形象，而我們就是依照這個形象——不論是在卡巴拉理論或是《聖經》神話中——被創造的。以另外一個角度來說，這是被某些文藝復興時期的主要卡巴拉魔法師所發展出來的，這個「究竟」的「相近物」，可以被理解爲是在「被創造宇宙中」的「神的存在」或是「神的反映」，因此成爲「形塑了人類經驗之世界」的第二個創造性力量；這個概念與其應用，會在稍後加以探討。

接下來兩個象徵比較沒有那麼複雜。分派給梯琺瑞特的天使是馬拉金，即國王們，其象徵簡單而精確，運用了較早期的人類政治結構來說明統治與中央的概念，以及「將意識集中的過程」對於想像力的運作來說是絕對必要的。在魔法練習中，馬拉金被視爲是能夠掌控四個元素以及居住於其中的元素靈。梯琺瑞特相應的占星符號是太陽；即使在人們相信地球爲宇宙中心的時代，太陽也被認爲是光與生命的來源，並且也是傳統行星中最重要的一個，傳統占星學將它放在地球以及星體的正中點。

○○○

雖然文字費解饒舌，梯琺瑞特的路徑文本以一種直截了當的方式來處理第六個圓質的功能。「流入」以及「影響力」都是我們所稱呼的「在生命之樹上的能量之流」，主要是指閃電從其源頭克特開始下降的力量之流。此處的「化現物」以及「至福加持的儲蓄池」，指的都是生命之樹上的十個圓質。因此，文本的字面意義是，圓質梯琺瑞特掌管了流經生命之樹整體能量之流的模式。它作爲「調停智力」以及「無形象者之形象」的角色，給了它力量，能夠在「十個圓質」以及「最終創造出這些圓質並維持著圓質的力量」之間進行調解。

這個文本中還有另外一個意涵，將提到生命之樹到目前爲止還沒討論過的一個面向。當我們說「化現物之流入開始倍增」，暗示了第六個圓質在生命之樹能量之流的轉化上所扮演的角色，而這個轉化指的是「從簡單的閃電轉化到複雜的蛇」的過程。事實上，梯珐瑞特在這裡的角色是占有首要地位的。路徑之整體，乃集體式地來自於第六個圓質，並且是屬於第六個圓質特殊力量的功能。

要完全瞭解這一點，就必須記住我們所使用的生命之樹圖，只是「組成了人類經驗的整體能量之舞」的一種頗爲抽象的表達方式。圓質們其實並沒有眞正離開彼此而分離，特別是在生命之樹圖上有空間感的那些；它們每一個都存在於其他所有部分當中，並且十個全部都同時在每一個存在的面向中存在。就是因爲這一點，一個連結馬互特與后德的路徑，同時能成爲梯珐瑞特能量的功能，並且你在這同一條路徑上的經驗（比方說在路徑工作當中），也可以在形象與細微力量的耶薩德領域中發生。

有些關於卡巴拉的古老文獻，利用從《聖經》中借來的形象去描述梯珐瑞特角色的面向。你可能還記得在創造之道中的討論，伊甸園的那兩棵樹在卡巴拉中所具有的重要性；善惡知識之樹可以被分派給馬互特，生命之樹則被分派給其上方的圓質，特別是給梯珐瑞特。《創世紀》神話中的蛇，即相應於負面力量的龍，在此象徵中則是知識之樹的蛇。反之，生命之樹也有自己的蛇，此蛇形成了路徑的上升路線，而後者也是《聖經》神話中那條大膽無恥的銅蛇，摩西將牠放在一個桿子上來治療以色列人在野外被蛇咬的傷口。柱子上的蛇便是按照中柱的結構所畫出的路徑模式，也就是整個救贖之道的象徵，而咬出被銅蛇所治癒之傷口的那條蛇，某方面來說，便是知識之樹上的蛇。

接下來三個標題主要介紹的是，在卡巴拉傳統內容中，聚集在梯珐瑞特周圍巨大的相關象徵庫。在所有的圓質中，第六個圓質擁有最複雜的象徵。這有一部分是因爲梯玆瑞特層次的覺知是大部分神祕學以及轉化性魔法系統的主要目標，結果是，它比某些其他層次吸引了更多的注意力。此外，梯玆瑞特作爲一個和諧的力量，使其以許多不同面向出現，而這些面向各自適用於所涉及的不同極性。

度量這個複雜度的一個指標是，在所有圓質當中，唯有梯玆瑞特擁有不只一個、而是三個魔法形象。這些形象在卡巴拉理論以及魔法練習中，都具有廣大的影響。在最基本的層面上，它們代表了梯玆瑞特「相對於超凡者、相對於從荷塞德到耶薩德再到馬互特這些個別圓質」的不同角色，但是它們遠遠不止如此。它們被反映在過去的許多神話及宗教傳承中，同時也反映在許多基督教派的意象中。

以下這一點值得我們短暫的沉思，由於梯玆瑞特的許多意象都具有直白的基督教本質，很多人對於這部分的卡巴拉感到很不自在。古代世界的基督教之所以成功，是因爲基督教的意象、神學理論與神話都是從較古老的、信奉多神的古典異教徒傳承當中借用來的。聖孩、太陽之王以及被犧牲的神，都是整個廣大時代中的形象，即使是基督教版本中的精緻細節也經常來自於多神教的源頭。

一個很好的例子便是十字架釘刑。如第七章所提到的，這個可怕的行刑方式並非羅馬人所發明；它最終可以被追溯到神聖王位的傳統，也就是在某段期間結束之後，國王將成爲一個人類祭品。國王的死亡，可能主要由兩個不同的傳統掌控：有一些是砍頭，有一些是被肢解，然後將屍體碎塊灑在野外；其他則是被吊在空中，然後用某種方式使得他們的血液不會流到地面上。第一種方式通常出現在有一把劍和盾牌、石塊或是大淺木盤的神話中，第二種則出現在有一根矛和一個杯子的神話中。在基督教神話當中，他們分別以施洗者約翰與耶穌作爲代表，而他們在異教（多神教）傳說中的對等人物則不計其數。

十字架釘刑和絞刑都是最常用來安排祭品的行刑方式，雖然還有其他方法；這當中最奇怪的行刑方式則非威爾斯（Welsh）莫屬：凱爾特人一向熱衷於古怪的事物，在一次神祕的獻祭典禮中，他們的國王被刺穿在一根矛上，全身赤裸地站在溪岸邊，身體平衡後，一隻腳踏在鍋爐邊緣，另一隻腳踏在一隻公羊的背上！隨著時代演進，前兩種方式（雖然說，幸好不是最後一種）成爲了普遍的行刑方式，但還是有夠多的古老傳說承襲到羅馬時代，因此，代表基督教的十字架釘刑仍在許多人心中留下了細微但深刻的印象。當然，在基督教的歷史中，十字架被賦予了太多的意義，大部分都不適用於卡巴拉魔法師的工作。雖然十字架釘刑有許多不同的方法，這裡所使用的魔法形象，是比較不會召喚出不必要的連結性的。

爲什麼十字架釘刑的意象會被用來作爲梯琺瑞特的犧牲元素（而不是被萊伊・勞・吉費斯（Llew Llaw Gyffes）死在羊背上的高度古怪事件所取代），當我們開始考慮梯琺瑞特的額外象徵時，這一切就會變得很簡單。立方體以及六個正方形的十字架，其實是同一個象徵的兩種模式，因爲當你將一個立方體打開之後，它便會成爲一個有著六個正方形的十字架。立方體的六個面與十字架的正方形，都是透過數字而在這些象徵以及梯琺瑞特之間建立起關係。立方體的穩定性及堅硬度，可以被視爲是一種對馬互特的間接提及，但打開後的立方體便成爲了梯琺瑞特的犧牲象徵。在此所暗示的是整個墮落的傳統，人類的靈魂注定被緊縛在純粹物質經驗的十字架上；反之，這個形象也象徵著塞斯旅程的第一階段，以及其所代表的救贖工作，同時，國王代表了第二階段，發光的孩子代表第三階段。

在這些複雜的解釋結束之後，被切斷頭的金字塔，以其簡單性給了我們一個喘息的空間。簡單來說，一個截頭的金字塔就是一個頂部被切斷的金字塔，因此其上方將會出現一個平面的正方形。在此，金字塔的頂點象徵克特，正方形的底部象徵馬互特，頂部被移除象徵超凡之物的藏匿性，頂部以及底部間的平面頂部象徵了梯琺瑞特的調停功能。

表中的額外標題又是另外一回事。「微顏」指的是小臉，或者是以古老卡巴拉文獻中較華麗的辭藻來說的「次要容顏」，在卡巴拉對於存在的理解當中，它代表了一個細微但十分重要的概念。

我們已經看到，在所有經驗背後的「絕對實相」是不可能被定義、或甚至被直接感知到的，而且我們對這個絕對實相所知道的或是所猜測的，又與神祕學者所稱呼的「神」的超越性轉化力量為同一體。在卡巴拉中，要接近這個實相，最近的人類途徑便是以克特作為象徵，以更抽象的角度來說，帶著十個面向的實相本身又以不同的神之名作為代表。但還有另外一個較不直接、但更能被人類意識所使用的代表物。

實相的第三個形象，就是第一個形象在深淵下方的反射。古老諺語說，團結的整體遠比每個個體之總和來得巨大。同樣地，在深淵下方，「無限性之整體」就像是一束光穿過稜鏡後，折射出一大片個別生命與事物的光譜，而將所有這些事物連結在一起的同一仍然存在。它所扮演的維持和諧的角色，將其與梯琺瑞特相連，但它也存在於所有較低的七個圓質當中，並且可以從任何一個之中被感知到。當人類感知到它時，經常會將這形容為是一個「看見神」的經驗，但這只是部分正確而已，因為「微顏」只是一個反射物的反射，並且取決於你所在的圓質，感知內容還會受到那個圓質的影響。（這就是許多世界宗教彼此之間意見不同的起因。）

另一方面，直到我們面對了深淵，這將是人類心智所能達到與超凡者最接近的距離，而且也是一個值得追求的經驗。只要瞭解它的限制之處，以及記住將這個經驗做直白解釋的危險，那麼，看見微顏將仍是啓蒙之道上重要的一步。此外，因為這個經驗可以透過魔法禱告而獲得，稍後的章節將會對魔法禱告進行討論。

另一方面，剛才所提到的危險與限制之處，將會讓我們理解梯琺瑞特的象徵中最高到最低的面向，因爲這些正是理解第六個圓質負面力量的關鍵。

塔吉瑞隆、或者爭執者，傳統上被描繪爲一群彼此摔角、身軀龐大的巨人。其意義有兩個層面——就如同位於面紗與深淵之間的圓質的任何其他一個面向——在面紗下方時，它們以間接的形式出現；但在面紗上方時，又會以直接的形式出現。它們的意義在面紗下方是足夠清楚的；它們代表傲慢，亦即認爲自己是太陽，抱持整個宇宙都繞著自己旋轉的態度。這是一個魔法師普遍會有的缺點，而對於那些以創造性工作爲生命核心的人來說，也同樣如此；然而，傲慢的態度是一種對同一的否認，因此在前往更高人類經驗的路上，這是一個嚴重的障礙。

如同上一章所提到的，我們的社會中有一種二元式的思維模式，就是將美德與惡行視爲是光譜的相反兩端，然而更有用的應該是將美德視爲是位於各種不健康之極端的平衡點。傲慢的問題就是這個議題。古典羅馬文化中有毒的傲慢態度，將病態的謙卑以及自我貶抑等與傲慢相反的極端態度，灌注到早期的基督教徒心中，直到仇恨自我被視爲是一切美德的根基爲止。近代以來，這個過程不斷地在其他方向上自我重複，因爲當人們開始對基督教徒的自我仇恨感到厭惡之後，他們便開始往另外一個極端走去。然而，自重並非傲慢，亦非貶抑，而是一個平衡的自我認知，其中更結合了「理解到自我在整個同一之中地位」的認知。

相反地，在面紗上方的塔吉瑞隆代表了某種更邪惡的事物。就如同任何人類事務一般，精神之道也有走向毀滅的可能性。我們可以將這些視爲是修道上的疾病或是病理現象，而它們以存在於面紗上方的六種負面力量作爲象徵。這些力量當中的三個，也就是那些分派給「位於面紗以及深淵之間的圓質」的負面力量，代表的是「魔法師與世界之間的關係」的病理現象；而其他三個負面力量，也就是被分派給超凡者的，代表的是影響了「魔法師與無限性之間的關係」的更深層病理現象。

在這些病症當中，首先要面對的是塔吉瑞隆，而這個對峙通常是從「揭開面紗本身」漸進式地本質當中生起的。這個揭開的過程，很少會突然一次全部發生；經常發生的是，在規律練習的過程中，開始短暫瞥見梯玆瑞特層次的覺知，且經常是不預期的。而在往後的工作中，這些覺知將變得越來越頻繁、越來越穩定，直到最終能夠依照意志進入梯玆瑞特的層次。然而在間隔當中，這些瞥見的過程會提供高層次的洞見給心智，使其之後能夠在較低的層次上，獨自去處理這些議題。

因此只要這些洞見被視爲是很單純的個人經驗，這一切就幾乎不會有什麼問題。然而，經常發生的是，由於這些感知所蘊含的力量之大，人們開始將它們視爲是神的啓示，必須被絕對遵從，並且強迫其他人也如此照做。這樣的結果是，一種毒性強大的狂熱分子主義就此產生，這就像是一些失敗的神祕學者所專長的領域：不同意「眞理」，便是一切罪行中的最惡極之罪，必須極盡一切可能加以阻止。許多大型的宗教運動都是在這個過程中誕生的，而且這些運動的核心之處「拒不容忍」的特性，更經常反映在人類血流成河的屠殺事件當中。

瞥見了位於面紗上方的領域，也會造成某種類型的瘋狂產生；魔法和瘋狂並不像許多魔法師認爲的距離那麼遙遠。對許多宗教神祕學者而言，瘋狂也是一個不斷發生的職業災害，傳統經典經常會警告他們將這類瞥見視爲是妄想以及陷阱。後者的態度當然是一種極端，並且也是不必要的。只要如實地認知到這些「顫抖的面紗」——是轉化的經驗、而非最終的揭示——那麼，塔吉瑞隆所代表的危險就能被避免，進而實現更高階的自我潛能。

路徑23：捫（水）

項目	內容
路徑的字母	מ，Mem，捫（水）
神之名	AL，EL，艾歐
相應的占星符號	水
相應的塔羅符號	大阿卡納十二號牌，吊人
祕傳學標題	偉大水體之靈
路徑文本	「第二十三條路徑是『穩定智力』，之所以如此稱呼是因為在所有數字當中，它具有前後一致的美德。」
神話學法則	自我犧牲
路徑的經驗	各種型態的水的形象，特別是海洋；穿過水底洞穴的旅行；如溺水的人、沉船，以及亞特蘭提斯等類型的失落城市影像。
路徑上的個體	元素水的靈；水底幽靈；溺水的巨人。
魔法形象	一個純深藍色的拱門，拱頂石上面有一個亮白色的字母「מ」，拱門裡的門上有大阿卡納十二號牌的形象。
顏色	在阿其路：深藍色 在貝來亞：海綠色 在耶其拉：深橄欖綠 在阿希亞：帶著紫色斑點的白色

捫的路徑是上升到葛布拉（也就是嚴厲之柱的中央圓質）的兩條路徑中的第一條，也是形成生命之樹上該支柱的兩條路徑的其中之一。作爲創造過程的一部分，這條路徑形成了一個管道，葛布拉的力量藉由這個管道，得以在后德複雜的模式中成型；而作爲救贖之道的其中一條路線，它開闢的這條道路，使得智力能夠克服自己的侷限，成爲意志得以運作的工具。

路徑的這些面向，皆強烈受到它在生命之樹上的位置所影響。由於它垂直經過其中一個支柱，使得它與生命之樹的水平極性呈現相互平衡的狀態；同時，由於它的位置完全偏到另外一側，屬於一種特殊類型的平衡。在形體之柱本身，相對的威力之柱法則實際上並不存在。存在於這條路徑上的平衡，因而只是一種對於力量的全然掌控；它具有全然的穩定性，因爲沒有任何對立力量強大到足以影響或擾亂它。

這種與生命之樹之極性的特殊關係，以不可預期的方式形塑了捫的路徑。特別是，這給了這條路徑與另外一條穿過面紗的路徑，即南的路徑，帶來極大的相似性。這些路徑都有相同的元素象徵，並且都與相似的被動與犧牲的特徵相關。它們也可以被視爲是「面紗揭開」的嚴厲面向，因爲一個是往形體之柱的方向移動，另一個則是形成該支柱的其中一部分。（相對來說，艾因的路徑和卡夫的路徑，代表了恩慈或者力量那一側的相同過程。）

某種角度上，這四條路徑可以被視爲成對的一組道路，並在它們各自分岔的地方，一側轉向嚴厲，另一側轉向恩慈。這些道路的分岔處位於后德與奈特薩荷，這些路徑本身彼此遠離，而方向相似的道路分支也有同樣的特質。然而，它們還是有一些決定性的不同，這些當中最重要的是來自於路徑與梯琺瑞特的關係。這些「路線終結於第六個圓質」的路徑，會與生命之樹的整體平衡互動。而那些上升到其他圓質的路徑則不需要，並且它們在生命之樹的能量結構中所扮演的角色，也是較爲有限且靜態的。另一方面，這些路徑本身的平衡，會幫助它們做好上升的路徑；從它們的象徵當中所引用的技巧，也在卡巴拉魔法工具箱扮演重要的角色。

剛剛所提到的靜態特質，是捫的路徑的象徵中，一個最引人注目的因素。一般來說，這個路徑的象徵，是生命之樹所有路徑的象徵中，最簡單也最一致的。事實上，四個欄目——路徑的字母、聖名、相應的占星符號，以及祕傳學標題——主要都跟一個象徵有關，那就是水元素。

字母的名字「捫」，意指水，傳統上，其形象是象徵波濤洶湧的海洋中的波浪。就像其他四個字母，它也有一個用在字尾的最終型態，據說代表的是晴朗天氣時的海洋。聖名艾歐，是與水相關的神之名；它同時也是分派給荷塞德的名字，荷塞德的元素相應物正是水。相應的占星符號則是，更簡單的元素水。祕傳學標題是「偉大水體之靈」。在生命之樹上，沒有任何一個地方，有如此多的象徵做出相同的發聲。

相應的塔羅符號是第一個沒有直接與水相關的象徵，在此，我們進入了路徑意義的新階段。大阿卡納十二號牌吊人，展示了一個十分怪異的形象：一個男人頭部朝下，以單腳被倒吊著。依牌卡之不同，倒吊者的環境也有所差異，有一些將他放在十字架或行刑架上，黃金黎明的牌卡則是將他倒吊在一個海洋洞穴中，而這呼應了路徑的水的象徵。受到基督教意象的影響，許多現代的牌卡都在男人頭上加上一個光環以及臉上寧靜的表情。

可想而知，人們花了很多精力來解釋這幅怪異的畫面，同時我們也可以預期這個畫面的原始意義，基本上已經在洗牌般的時代變動中流失了。然而，那些在第二次世界大戰後期存活的人們，或許還記得另外一個景象。當義大利獨裁者墨索里尼被他的人民處死時，他的身體就是如圖片中的身體一樣，雙腳綁縛著被倒吊起來。對於那些背叛國家的人，這是義大利傳統的處置方式。值得一提的是，許多早期的塔羅牌並不是將這張牌命名為吊人，而是「叛徒」，畫面上就是一個已行刑後的男人屍體，單隻腳踝被倒吊起來，放任其自行腐爛。

然而很重要的是理解到，最原始的塔羅牌形式似乎與卡巴拉沒有任何關係；它們兩者之間的連結，已經在過去幾百年來不斷進化，也因此造成了各自許多確定性的改變。一個叛徒的身體在一個行刑架上漸漸腐爛，對於第二十三條路徑，這個圖像沒有什麼太多可說的。另一方面，這張牌的現代版本在此則有極大的相關性——它代表了葛布拉的力量控制了后德的模式，即思想的延伸，也就是智力受到意志的管控。此外，在一個更實際的層次上，它代表了一個穿過面紗的路線，而這在祕傳學工作中扮演了很重要的角色。

在這一章早先對艾因路徑的討論中，我們討論了「嘗試在智力上穿越面紗」的部分危險。現在回到先前所提的分岔道路的比喻，智力可以選擇恩慈的方向、或是嚴厲的方向；它可以尋求採取行動、或是尋求放棄行動。在薩美荷的路徑打開之前，這兩個選擇都無處可去。若選擇採取行動，試著用思考的方式穿越面紗，可能會以巫術終結，因為這個對非物質界知識上的「理解」，在慾望被「梯琺瑞特中的想像力之反映」點燃後，將成為無法控制之慾望的「工具」。另一方面，如果在這個情況下選擇不採取任何行動，就是冒著完全處於被動狀態並終止任何一切進展的危險。

若是透過薩美荷的路徑揭開面紗，這個情況將完全改觀。一旦達到了梯琺瑞特，選擇採取行動便是有意識地把握了想像力的自然創造能力；反之，選擇不行動，則是將心智活動靜止下來，因此超越的事物得以化現，使得葛布拉所反映的意志得以掌控智力。

就其本身而言，這個方法是不完整的，並且可能會產生不平衡的狀態；但它能夠藉由生命之樹另一側卡夫路徑的互補方式而得到平衡，並且彼此都能透過在中柱上的薩美荷路徑來得到平衡。反映於面紗下方的這個方法，正是進行冥想的主要公式；而在面紗上方，它處於自己最純粹的形式之中，並將成爲達成開悟意識的公式。

路徑文本幾乎完全沒有這類複雜度。在文本當中，捫的路徑被稱爲「穩定智力」，因爲「在所有數字當中，它具有前後一致的美德」。這些「數字」，就如同其他的路徑文本，指的是生命之樹上的「圓質」，而就如同我們已經看到的，這個路徑的象徵確實非常一致，以至於生命之樹的其他面向都無法與之相比。

爲什麼會如此呢？部分答案來自於，此路徑能量學的靜態本質的作用，但這也有其更深層的一面。捫的路徑，本質上必然是被動性與接受性的，就像它的水的象徵一樣，而這樣的極度被動性使得它不畏懼改變；由於缺乏形體，它無法被重新塑造形象；它不抵制任何事物，也無法受到其他事物的抵制。無論經過了什麼，它仍然是它自己。

這條路徑的神話學法則還有另外一個課題，就是「自我犧牲」。從某個角度來說，這個法則只是一個「在梯玆瑞特中得到化解的矛盾」的一半，在這當中，太陽之王以及被犧牲的受害者，其實是同一者。然而，自我犧牲的神話主要屬於這條路徑，並且可以從路徑的立基點獲得最佳的理解。

何謂犧牲？這個字的字義是「使神聖化」。以我們使用的詞彙來說，犧牲某件事物，就是將其移動到生命之樹的更高層次上，遠離「化現」而朝向「同一」移動。某種程度上，這涉及了該事物在較低層面上之存在的毀滅。但毀滅也有許多理解的方式，其較具體的面向，實際上幾乎不怎麼實用，更不用說這其中所涉及的道德議題了。

究竟來說，唯一一種眞正有價值的犧牲，便是自我犧牲。就如同本書其他部分所列舉出來的，這個犧牲就等同於救贖之道。它的難度——這確實是困難的，或許比任何其他一種人類行爲都來得困難——來自於誤解。「眞正的自我」，正是那個沒有被犧牲的事物。就如同捫的路徑，在我們每個人之中的眞實之物，能夠歷經巨大的轉化而毫髮無傷。當然，問題就在於如何理解這一點。

傳統的傳說在一個畫面中表達了這種矛盾，這也是在捫的路徑上進行工作時，所經常會遇到的個體之一。如同所有海底生物，淹水的巨人代表潛藏於意識底層的事物，隱藏但仍然存在。這類其他影像可以用來指被遺忘的記憶、或是過去階段的生物演化或精神演化所留下的神聖遺物，巨人在微觀宇宙上象徵著更高自我，在宏觀宇宙上則象徵著究竟實相本身。在幻想當中，它經常顯現爲一個出現在海底的巨大人型，在溺水的同時沉沉睡去，在一片海帶與泥巴中隱約地被看到。巨人所說出的任何字句都必須註記，並加以深思。

路徑㉒：拉美德（趕牛棒）

項目	內容
路徑的字母	ל，Lamed，拉美德（趕牛棒）
神之名	尤黑之黑，特措果瑪頓
相應的占星符號	天秤座，磅秤

相應的塔羅符號	大阿卡納十一號牌，正義
祕傳學標題	真理之總主的女兒，平衡之持有者
路徑文本	「第二十二條路徑是『忠誠智力』，之所以如此稱呼是因為藉由它，精神德行得以增長，地球上的所有居住者幾乎都處於其陰影之下。」
神話學法則	天堂的正義
路徑的經驗	狹窄的橋與通道；有守衛的大門，以及其他障礙物；二元性與各種區別的形象；過去世以及其影響力的幻覺；非人類判官所主持的審判。
路徑上的個體	天使，來自過去世的人們，大門守衛。
魔法形象	一個翡翠綠的拱門，拱頂石上面有一個亮白色的字母「ל」，拱門裡的門上有大阿卡納十一號牌的形象。
顏色	在阿其路：翡翠綠 在貝來亞：藍色 在耶其拉：深藍綠色 在阿希亞：淡綠色

從梯琺瑞特開始，有五條路徑上升，連結第六個圓質與其上方的五個圓質。這些路徑當中，有三條穿越深淵，也就是生命之樹上最強大的屏障，並且進入我們只能以最不完整的方式去理解的領域。其他兩條路徑則位於深淵下方，以反射後的形式進入庸常經驗的世界。這些路徑將梯琺瑞特連結到葛布拉與荷塞德，後兩者為兩側支柱的中點，也是生命之樹能量運作中的巨大極性力量；在微觀宇宙的層次上，它們也形成了位於

更高自我、或較低元靈當中三個主要連接點中的兩個，也就是汝阿赫所隱藏的潛能。

拉美德的路徑是這些路徑的其中之一，同時也是在上升的旅程中，第一條唯一沒有與任何面紗下方的事物有直接聯繫的路徑。對於其象徵來說，這是一個重要因素，因爲這條路徑與人類經驗當中某一個經常被追尋的面向相關，但此面向幾乎沒有被找到過，也從來未被充分定義過。那個元素就是正義。

大部分拉美德路徑的象徵，都與正義的概念直接相關。這是非常恰當的，因爲這條路徑連結了葛布拉的力量，並且掌控著梯琺瑞特的平衡。同時，它激發起了一連串的問題，因爲在西方世界，很少有其他概念比正義更容易引起爭論的。特別是在當下，最惡劣的貪婪與野心都被包裹在「權利」的外衣之下，因此若問權利爲何或應該爲何，便只是將自己丟入一灘充滿衝突概念的渾水，這當中沒有小路、也沒有指標能引導我們走出黑暗。

以卡巴拉用語來說，這必然是如此。直到整個世界的面紗都揭開之前，正義只能夠以反映後的間接形式存在於馬互特當中。直到個人的面紗揭開之前，正義只能夠被個人隱約地感知到，而前提是如果他能感知到的話。因此當我們在思考自己的意見時，將這一點牢記在心是很有用的。當我們在探索這條有時令人摸不著頭緒的路徑象徵時，謹記這一點也很有幫助。

分派給這條路徑的字母是「拉美德」，意思是「趕牛棒」。在現今社會，這是一個很少見的工具，但是過去人們依賴獸力而非柴油燃料作爲發展農業的動力時，這個工具幾乎隨處可見。公牛十分強壯，動作極爲緩慢，並且不是特別聰明。要使牠們動起來並保持直線前進，不是幾句好言好語能夠辦到的。趕牛棒便是設計來提供馴服之所需。這是一根長長的棒子，尾端處彎曲並削尖，當公牛偏離直線或是行動變緩時，坐在犁後面的人能夠以這根棒子鞭策公牛繼續前進。

趕牛棒的形象以許多不同方式作爲平衡的象徵。人類的聰穎與公牛的固執之間的衝突，迫使雙方必須符合對方的需求以及侷限，所表明的就是這一點。然而同樣重要的是，當公牛沿著一條直線前進時，若牠突然轉向其他方向，趕牛棒便會有所回應。這個形象指出，失去平衡將會導致痛苦。對卡巴拉行者而言，這個法則便是存在遊戲的基本規則之一。

掌管這條路徑的神之名是「尢黑乏黑」，特措果瑪頓，也就是分派給風元素的名字。這個名字的象徵可以在火與水對立的活動中找到，也就是賦予能量的「尢」以及接受性的「黑」，在創造的衝突之中結合，並生成了整個宇宙。沿用著相同的象徵，風元素本身是火與水互動的產物或是第一個孩子，即這些對立元素之間的中間值或是平衡，並且它也是中柱上圓質的元素相應物。再次地，平衡的意象在此占有首要地位。

路徑接下來的三個相應物，直接處理了正義的象徵。拉美德路徑相應的占星符號是天秤座，磅秤的星座。在彈簧與數位顯示機制發明之前，測量重量時必須使用磅秤，它是由一個簡單作爲樞軸的桿子以及兩個放置測量物品的秤盤所組成，兩邊的重量差異會立即從桿子的角度上呈現出來。

磅秤是代表平等、公平以及精確的象徵；在公認用來比喻正義的形象中，亦即那些出現在這條路徑相應的塔羅符號上的圖像，代表了這全部的特性，並且將其視爲導致正義實際化現的因素。然而，那個影像中還拿著一支寶劍。這可被視爲整條路徑的代表，它位於梯琺瑞特的平衡以及葛布拉的寶劍之中，但它也提及了趕牛棒所代表的相同要點。這個影像中的寶劍，傳統上被視爲處罰的象徵。這是失去平衡時所引致的痛苦，並且若要理解正義的本質，就無法將這一點排除在外。

分派給這條路徑的大阿卡納牌正義，只有在一點上與普通的正義形象有所不同，但這個相異處具有其重要性。一般正義的影像是將雙眼遮蔽，代表無偏私；但另一方面，大阿卡納十一號牌中的人物卻沒有將雙眼遮蔽。在祕傳學的象徵中，盲目的雙眼通常用來代表人類覺知的庸常狀態，視線則象徵魔法師與神祕學者所見的更寬廣的感知。這就指出了，一般所感覺到的正義以及在面紗之上所經驗到的正義本身，是有所不同的。

分派給這個路徑的祕傳學標題又再次提及了平衡，但同時也帶進了另外一個因素。拉美德路徑是「平衡之持有者」，但也是「眞理之總主的女兒」。眞理並不是一個簡單的概念；一切人類經驗的「象徵性本質」代表著，至少從一個角度來說，每個人類所說的陳述句都是、且必定是謊言，因爲這些話語無法獲取任何事件的眞理。從一個更加實用的層次來說，眞理如果無法被獲得的話，它還可以被視爲是一個理想；因爲說正義是眞理的女兒，這只是代表平衡和處罰都必須在對於情況的正確理解當中生起。這能夠有效地作爲人類行爲的引導方針，而從更廣義的範圍來說，這也是正確的。

如往常一般，路徑文本將往更複雜的議題前進，雖然這些仍然與正義的概念有關。然而，這裡的連結並不是十分明顯，並且還需要一定程度的解讀。

這個文本中涵蓋了兩種不一樣但相關的論點。第一個是路徑與精神德行之間的關係，另一個則是地球上的所有居住者「幾乎都處於其下」的「陰影」。第一個在現代人聽起來或許有點過度謹慎，至於第二個則是不祥的。然而就像許多的第一印象一樣，這些當中沒有一個正確反映了這條通道的意義。這條路徑的標題同時適用於這兩個要點，並且代表了可靠度。

第一部分所使用的精神德行，指的並不是道德；相反地，這裡所指的「德行」更像是草藥般的「功效」，也就是力量或效果，而「精神力量」也可用來作爲相同詞彙的翻譯。剛剛所提的要點是說，正義是力量的來源。這聽起來可能過於天眞，但這對魔法師來說卻是一個很重要且實際的法則。

在現在社會中，人們傾向於將合乎道德的行爲視爲是一種弱點。沒錯，若想要參與某些社會性的戲局，例如政治，則凡事遵守道德的習慣將會是一種嚴重的阻礙。然而，這些類型的戲局並不是人生的全部，並且以人類生命當中更深層的議題來說——獲得快樂、智慧與力量，與後者相比，政治上的控制只是那種力量的劣質仿製品——那些不道德的行爲才是眞正的弱點。所有組成人類邪惡的各式各樣的自私、無知及殘酷，不僅僅只是魔法師的障礙，同時也障礙了任何值得努力追尋的人類成就。

此外，人類並不是存在於一個眞空之中。所有的人類行爲都在一個更大的環境下發生，不斷地產生影響，並且受到更大力量的影響。這就是第二部分的文本所要說的重點。「陰影」指的是《聖經》中代表保護以及遮蔽物的比喻，這對於中東的沙漠氣候來說是十分合理的，而「地球上的所有居住者」，指的是所有存在於馬互特層次的人們，都「幾乎」位在一個「大過於人類範疇」的正義保護傘底下。

在這裡，至關重要的字當然就是「幾乎」了。一般普遍的經驗是，生命是不公平的，而就其本身來說，這個判斷也是正確的。再次地，正義存在於面紗上方，而不是在其下方。只有當面紗揭開時，正義的力量才會直接開始作用。

某種程度上，這只是一個感知的問題。一般情況下，沒有人能夠完全公正地評判自己的行爲；負面人格以及較低自我的弱點的影響力，總是了無新意地使得判斷力朝向利益自我的方向偏斜。面紗揭開後會帶來更清楚的視野，因此曾經看似最惡劣的不公不義，可能會被認爲是個人愚蠢的自然結果。關於轉世的傳統法教說，這一類洞見通常會受到前世的影響，而這種類型的經驗在某些工作當中並非是不尋常的。

然而，正義的保護陰影還有另外一面，即這條路徑的神話學法則所提到的，天堂的正義。以神話學用語來說，越過了面紗，也就進入了眾神的領域，這麼做將召來祂們的審判。個人的行爲將具有更迫切的重要性。在傳統的傳說中，不論該行爲是否道德，魔法師的行爲所產生的果報，比起做出完全相同行爲的其他人，會來得更加迅速，也更加極端。理論上，這是合理的；魔法師已經清除了力量下降到生命之樹下方的旅程中的一些障礙物，一個平衡且具有建設性的行爲所產生的自然結果，當然也會更加完整地在經驗領域中產生。另一方面，如果他（她）所召喚的力量轉爲葛布拉的寶劍，那麼魔法師除了自己，沒有其他人可以抱怨。

圓質5：葛布拉（嚴厲）

項目	內容
標題／稱號	GBVRH，Geburah，葛布拉（嚴厲）
神之名	ALHIM GBVR，Elohim Gibor，艾羅因吉帛（力量之神）
大天使	KMAL，Kamael，卡麥爾（親見神者）

天使宿主	ShRPIM，Seraphim，瑟拉分（凶猛的蛇）
相應的占星符號	MDIM，Madim，瑪丁（火星）
相應的塔羅符號	牌組中的四張五號牌
相應的元素符號	火
路徑文本	「第五條路徑被稱為『極端智力』，這是因為它本身就是同一之精要，它將自己與從原初智慧深處所生起的『理解』結合。」
魔法形象	一位全副武裝的戰士皇后，站在由兩匹雜色馬所拉著的紅色戰車前，她的黑髮披垂，頭上沒有其他裝飾，只戴了一個皇冠，手中拿著一支出鞘的寶劍。
額外象徵	五芒星
額外標題	PChD，Pachad，帕恰德（恐懼）
顏色	在阿其路：橘色 在貝來亞：紅色 在耶其拉：鮮亮的猩紅色 在阿希亞：帶有黑色斑點的紅色
微觀宇宙的相應符號	汝阿赫中的意志
身體的相應符號	左肩
啓蒙級別	6＝5，大達人
負面力量	GVLHB，Golohab，勾羅哈（火爐）

如何妥善地面對嚴厲之柱，是卡巴拉魔法師必須面對的許多重要考驗之一。當嚴厲之柱在生命之樹右側的對應支柱提供了自由與創意的空間時，左側支柱則教導了較為困難、通常也較為痛苦的關於宇宙的課題。關於這些令人不自在的課題，有一部分在先前位於嚴厲之側的路徑中已經討論過了，但它們在生命之樹上的主要位置仍位於第五個圓質。

葛布拉是代表衝突、不和諧與毀滅的圓質，其象徵便是戰爭的象徵，它的功能是藉由火來清理與淨化。位於嚴厲之柱的中點，它以最令人不舒服且最不妥協的方式，表達了該支柱的本質。根據傳統象徵，所有人們恐懼且試圖避免的事物，都來自葛布拉：悲傷、痛苦與恐懼，暴力與貧窮，疾病與死亡。

人類在面對這些事情時，天生的傾向就是轉頭而去，在面對我們經驗世界中充滿混亂與痛苦的現實時，閉上雙眼。若放置得當，這個傾向具有眞正的價值；當災難發生時，不論是個人的或集體的，這種傾向會使得人們在面對恐怖的遭遇時，將心門關上，繼續生活。然而，就像所有事情，如果做得過度，也會變成有毒的。若是走向極端，這會產生某些想法，宣稱葛布拉這一側的存在是幻覺；也就是說，人類所經受的各種痛苦，比起我們所經驗之世界的其他面向，是較不眞實的。這類的想法淵源已久，這其實就代表人類心智再次地試圖以一廂情願與利己主義來取代理解。

原本並不需要如此強調這一點，但因為近年來，這些態度在許多精神運動及假精神運動中開始變得極為普遍，在一些圈子當中，任何人只要提到痛苦與邪惡的存在，就會被視為是「負面的」或是「不夠精神性的」。許多人將卡巴拉的概念帶到這些圈子裡，卻也不幸地造成了許多的誤解發生。

因為情況如此，就應該將事情解釋清楚。邪惡、受苦、死亡、痛苦與悲慘，所有這些我們試圖逃避且不願去思考的事情，在卡巴拉魔法師的宇宙中，所占的地位就如同在任何其他人類經驗中，同等重大。這些事情會發生在每個人身上，包括那些高度具有「精神性」的人，並且也在內在發展的工作中扮演了極重大的角色。如果我們要理解生命，就必須理解痛苦在生命中的位置，而不是忽視它，或是將它甩到一旁。至少，這是傳統魔法卡巴拉的觀點；我們幾乎可以說，這也是一般人的觀點。

除了這一點之外，還有另外一個更深層的議題，這個議題會將我們帶入第五個圓質的核心意義。若我們仔細思考剛剛提過的態度，它可以被視爲來自於一個更深層的謬論的產物與症狀，這個謬論是指，人類經驗之宇宙能夠被人類的道德概念所充分評斷，比如說正義的概念；也就是說，對於人類來說看似「好」或「壞」的事物，在某些客觀的層面上，也眞的就是好的或壞的。

讓我們花一點時間來思考這個看法。這是一個在西方世界中根深柢固的看法，主流宗教連同一些較另類的精神團體，或多或少都將這一點視爲理所當然。甚至有一個被熟知爲「神正論」（theodicy）的西方神學分支，它的存在只是爲了解釋，爲何神與宇宙對人類來說是好的，即使它們經常不如此看待。這整個概念還是奠基於，「一切人類心智所感覺到的，便是其遭遇的正確複製品」，而我們已經知道這個宣稱是站不住腳的。

這其中還有其他因素，例如利己主義以及單純的無知。對於一個三歲小孩來說，吃冰淇淋和餅乾永遠都是好的，而被逼著吃蔬菜則是不好的。小孩的父母對於世界運作的方式有更深刻的瞭解，其看法就不太一樣了。由於人類的感知與理解存在著巨大的侷限，因此我們對於何謂好的概念，也總是習慣性地參雜著這種類似冰淇淋與餅乾的口味在其中。

如果我們認爲這樣就是代表，所有人類對於「對與錯」的概念都是無意義的，如同有些人的反應一般，那我們可就錯了。這些概念雖然有其限制之處，但是當人類將其應用在自己身上時，這些概念仍然有一定的用處與價值；當它們超出這個情況之外時，這些概念才開始失去了作用。貓殺了一隻老鼠而去控告貓謀殺、或是樹的枝幹掉到你的擋風玻璃上而去控告樹破壞公物，都是沒有用的；而在宇宙無法達到人類的預期時，對其加以撻伐責難，更加沒用。這就是葛布拉所要教導的其中一個主要課題，這將引向其最重要的禮物之一，也就是安寧。

剛剛所討論的概念，可能會讓第五個圓質聽起來——以人類用語來說——好像沒有任何可取之處。但這並非事實。之所以強調葛布拉令人不愉快之處，就是爲了強調某些需要提出的重點，但這個圓質也有較不令人生畏的一面。

圓質的標題是「葛布拉」，這個希伯來文字意指「嚴厲」，並且這個名字也是生命之樹左側支柱的名字。在本書其他地方所討論過的關於嚴厲之柱的內容，也可以同樣應用到圓質葛布拉身上。在生命之樹的能量之舞當中，葛布拉的角色主要是在設定界限與對抗不平衡，這是一個具有療癒與淨化的角色；在宇宙中，就如同在人體之中，無法控制的成長將會迅速成爲致癌物。

分派給這個圓質的神之名是「艾羅因吉帛」，這也代表了第五個圓質與絕對實相領域的關係。如前所述，「艾羅因」這個名字在生命之樹中出現三次，且三個全都位於嚴厲之柱的圓質上；在此，與艾羅因配對的是意指「力量」的吉泊，且這個字與標題葛布拉以及意指「神之力量」的大天使加百列，擁有相同的字根。在這個名字中，超越顯相之外的實相被感知爲純粹的威勢，也就是擁有許多面向的艾羅因之力。然而，此力是一種形體，而不是一種威力；它的作用在於限制範圍、定義、以及進行控管。在其本身，此力並非平衡——平衡要到生命之樹的更下方才會成形——但沒有了它，就沒有平衡。

正如其他部分的象徵將說明的，此力也是一種同一，並且它還超乎預期地與超凡物的更高同一相關。這點的其中一個例子就是分派給葛布拉的大天使，名字是卡麥爾，意指「親見神者」。貝來亞的相應物指的是，一個圓質「在感知發生前、存在於意識中」的那個面向；在此，它代表的是「集中意識，將覺知轉向單一對象並排除其他對象」的力量。這是覺知的工作中很重要的一部分，也是所有魔法與神祕學工作中一個很重要的因素，也就是這一點給了大天使他的名字；只有一個能全然專注的意識，才能達到自己潛能的最高層次。

然而，每一個力量本身也帶著隨之而來的風險，這個專注力能帶人前往地獄，也能帶人前往天堂。將覺知以單一一件事物填滿，並將所有其他事物排除在外，便是接近一種不平衡的能量狀態，這被卡巴拉視爲是負面力量的領域。爲此原因，古老的卡巴拉文獻有時會在神話中將葛布拉描述爲「通往善與惡」的一扇門，也正是通過這扇門，負面力量進入宇宙之中。

在耶其拉——這是存在與意識的互動領域，也是我們經驗世界的誕生處——在此，葛布拉的相應物是瑟拉分、或凶猛的蛇。這些像龍一般的生物，以毒蛇的形象出現在《聖經》中，也正是因爲牠們，銅蛇才被製造出來治療前者的蛇毒；這些即呼應了伊甸的紅龍以及墮落的圖表，它們能夠作爲對於這個圓質的毀滅性潛能的一種提醒。它們代表了痛苦的經驗，這也是人類身上最強大也最有效的一種限制。當然，痛苦也是進行內在發展工作的主要動機之一；大部分的時間，我們成長並且做出改變，乃是因爲如果不這麼做，我們將無法承受那樣的痛苦。雖然一般人對這種限制的力量沒有好感，但值得一提的是，在關於天使的傳統傳說中，將瑟拉分視爲「愛之靈」。

在第四個世界中，即阿希亞的世界，葛布拉的能量以一個熟悉的型態出現，而這是由葛布拉相應的占星符號作爲象徵——火星，在占星學上等同於衝突、對立以及戰爭。這代表了葛布拉最強硬也最不妥協的一面，同時它也顯現在暴力與毀滅中。在此，崩毀與混亂的力量找到了它們的家。再次地，這些都在我們經驗的宇宙中扮演了其中一個必要角色，不論我們是否理解到這一點。

路徑文本以大膽無畏的方式，回歸到葛布拉與同一連結的主題。它將葛布拉描述爲「它本身就是同一之精要」，並且將其與深淵上方的圓質后赫瑪和比那直接連結在一起。它也將第五個圓質命名爲「極端智力」；「極端」這個詞彙來自於一個代表「根部」（root）的字，在政治中，一個極端分子原本是指一個要從根本上解決問題並做出改變的人。將葛布拉稱爲極端智力就是暗示，它是以這種方式來接近事情，而這一點完全正確。當我們隨著生命之樹上的象徵而走時，這還象徵了第五個圓質的能量的特定方向，因爲生命之樹的根部位於克特，即代表同一的圓質。

在這個概念的中心，涵蓋著第五個圓質的意義的一個重要面向。葛布拉是一股限制性的力量；作爲意識的一部分，它代表了將覺知限制在單一物件上的能力；作爲人類經驗的一部分，它代表的是大部分那些最限制我們、也最壓迫我們的事情。但是要限制某件事物，要約束其行動或化現的數量或本質，是因爲要將其往同一的方向移動。因此，葛布拉的部分功能就是促使被創造物往克特的方向移動；換句話說，葛布拉、以及一般而言的嚴厲之柱，正是救贖之道的開端。

這個要點有其實際的應用方式，稍後會加以解釋。在卡巴拉的理論中，它還有另外一個值得一提的重要性。我們在討論梯琺瑞特的象徵時指出，位於生命之樹中點下方的那些圓質，主要是在處理個別個體的經驗；而那些位於中點上方的圓質，處理的主要是整體同一的經驗。在荷塞德與葛布拉之中，同一是一個複雜的議題，因爲它缺乏位於深淵上方的圓質所具有的極端單純性；然而，這兩個圓質都對應著「個體融進整體性經驗當中」的意識層次。這是透過兩個圓質的路徑文本而加以強調，它們在各自的文本中都提到了克特。儘管這兩個圓質以不同方式表達了與同一的連結：從荷塞德的立場，一切事物爲一，因爲它們皆誕生於同一源頭；從葛布拉的立場，一切事物爲一，因爲它們皆奮力往同一目標前進。

在剩下的象徵當中，魔法形象需要作個簡短的說明，這只是因爲這裡所給出的版本，與過去幾個世紀以來，魔法卡巴拉中最常用的版本稍有不同。在這個較爲普遍的版本中，作爲主要人物出現的是一位戰士國王，而不是一位皇后。由於較早期的偏見，一位男性的角色可能在這裡看起來更爲恰當，但葛布拉的能量學在象徵上其實是女性、而非男性。因此在這個形象當中，女性人物在實際運作中將更爲順暢。

五芒星在儀式魔法的練習中扮演重要的角色，而使用五芒星的儀式，將會在本書後半部詳細解釋。這代表了四大元素的力量受到第五個元素「靈」的控制與引導；五芒星也是代表人類微觀宇宙的傳統象徵。

關於意志，可說的內容極爲龐大。作爲在人類意識中的葛布拉之表達，意志是所有魔法工作主要的力量來源；以眞實的角度來看，整個魔法訓練的複雜領域，可被簡化爲是一個訓練意志的過程。十七世紀的神祕學者約瑟夫．格蘭維爾（Joseph Glanvill），將魔法對於意志的理解，做了一個最完美的總結：

「意志永存不死。鮮少有人知曉意志之活力的奧祕。上帝無他，一偉大意志而已，以其堅毅本性遍及萬物。人屈服於天使與死亡之下，只因意志柔弱；若意志強大，必非如此。」

然而，這段話在這裡有可能被誤解，因爲在現代社會中，庸常意志的概念是充滿問題的。在今日，當提起「意志力」時，我們會聯想到「臉色發白、咬牙切齒和肌肉緊繃」。這些都是內在衝突的症狀，而衝突——也就是意志發生分歧的結果——正是意志的弱點，而非其優點。就像葛布拉一樣，從其誕生之處，意志乃奠基於同一之上，因此當意志獲得同一時，便能毫無阻撓地達到它的目的。

因此，魔法師的主要課題之一便是學習使意志達致同一；每一次在運用意志使某事發生時，要將自我的全副精力用在單一事件上。對大部分人來說，要達到這個境界，他們必須面對內心許多被壓迫的慾望與需求，而這就是葛布拉與奈特薩荷，在梯玹瑞特的中介調停下所進行的互動。一般來說，這是一個緩慢的過程，但即使只是起初獲得少量的力量和意志的同一，也會對日常生活產生極爲驚人的影響。

關於意志，還有另一個值得一提的要點。正如同在梯玹瑞特之上的圓質的意識層次是與同一相關、而非個體，因此，與這些圓質連結的汝阿赫面向，也並非是保守字義下的「個人的」。當魔法師開始探索意志的本質時，將開始發現，作爲自我的一部分，意志並非透過自我而運作，而是來自於自我之外。這個認知是我們接近深淵、以及深淵之上的同一領域的重要一步。

葛布拉的最後一部分象徵，是分派給葛布拉的負面力量，命名為「勾羅哈」，這個字可以被翻譯為「火爐」、或是「那些以火進行毀滅的」。有一個現代的卡巴拉作家很巧妙地將它翻譯為「縱火犯」。傳統意象中，勾羅哈有顆巨大醜惡的頭，嘴巴張開，像火山爆發般吐出煙霧和火焰。然而，正如同其他的力量，這個繽紛形象代表的是普遍存在的邪惡，這隻怪獸並不存在於幻想中，而是來自於人性貪得無厭的渴望與作為，並且這只是我們生活中再眞實不過的一部分。

葛布拉位於面紗上方的位置，對其負面力量有某種程度的影響。正如我們在梯琺瑞特的塔吉瑞隆中所見的，面紗上方的每一個力量，都會以兩種不同的形式出現：一個是較低形式，它將在面紗下方的庸常人類覺知領域中作用；以及一個較高形式，它將在面紗上方作用，並且是為了「在精神旅途上粗心大意的人」所設的陷阱。

勾羅哈的反映形式，就是仇恨與殘酷。雖然仇恨在我們的世界中十分普遍、也十分顯著，但是仇恨的力量卻有一個不為人知的面向。葛布拉與奈特薩荷之間的極性，經常會將仇恨與嫉妒融合在一起，因此很多時候，我們所仇恨的，也正是我們背地裡所祕密渴望的。在此又再度證明了，我們的文化對於生命中奈特薩荷這部分的盲目態度，將使我們付出雖不可見但卻巨大的代價。

另一方面，較高形式則較為稀少，表達方式也較為隱微。當我們在討論梯琺瑞特的負面力量塔吉瑞隆時，我們看到意識的轉化方式有其自己的病症存在。這些病症當中的第一個，由塔吉瑞隆本身所代表，也就是傾向於教條主義。第二個病症通常是從第一個之中誕生。如果其他人不接受教條式的眞理，那麼教條主義者就會輕易下結論，認爲其他人若不是愚笨得無藥可救、就是眞正的邪惡，其他人若不是盲目的、就是故意對這些能自我印證的眞理視而不見。這樣的結果將引發另外一種形式的仇恨，這種仇恨會將所有的人分爲那些能夠理解智慧的少數人，以及那些無法理解智慧的可恨的大多數人。

葛布拉所面對的誘惑便是精神上的菁英主義，相信只有少部分人類值得走上精神之道。大部分時候，隨此概念而來的是對整個人類的厭惡、或是一種誇大的憐憫，而後者只不過是稍加裝飾後的厭惡。另外一個經常被採用的表達方式就是相信世界末日將會來臨，因爲這些人認爲（並且祕密地渴望著）唯有一個重大災難降臨，才能讓剩下的人類知道他們錯得多麼離譜。以這種方式說來，這個概念聽起來很幼稚，事實上確實也是；但有些時候，這種想法所導致的大量荒唐行徑與殘酷暴行，卻完全不像孩子的遊戲那般無傷大雅。

現今我們要面對的是，在我們的經驗世界中存在著非常眞實的邪惡，同時，世界上大部分的人都不願意爲自己的行爲負責，這些也提高了菁英主義的誘惑力。然而，這種想法不會帶來什麼眞正的作爲，其主要功能也只是強化那些同等無用的思維模式，例如傲慢和自認爲正義的憤怒。目前來說較有用的、雖然也是較爲困難的，便是增進自我認知，這能夠幫助我們認出自己的缺點與荒唐之處，同時也認出所有人類共同具有的成長能力，並且能夠看到以各種形式出現的精神之道，其實是一種對每個人同等開放的選擇。

路徑21：卡夫（手）

項目	內容
路徑的字母	כ，Kaph，卡夫（手）
神之名	AL，EL，艾歐
相應的占星符號	木星
相應的塔羅符號	大阿卡納十號牌，命運之輪
祕傳學標題	生命力之總主
路徑文本	「第二十一條路徑是『勸慰智力』，之所以如此稱呼是因為它接收到了神聖的影響力，此力從其恩賜處流經它、並且到達所有每一個存在。」
神話學法則	抱負
路徑的經驗	高處的飛行或是視野；在山間或是上山的旅程；耀眼的光線，通常是彩虹色的；心曠神怡的情感。
路徑上的個體	旅途中的朝聖者；老鷹以及其他有翅膀的生物。
魔法形象	一個明亮的紫羅蘭色拱門，拱頂石上面有一個亮白色的字母「כ」，拱門裡的門上有大阿卡納十號牌的形象。
顏色	在阿其路：紫羅蘭色 在貝來亞：藍色 在耶其拉：豔紫色 在阿希亞：帶著黃光的亮藍色

正如同位於生命之樹最外側的捫的路徑，卡夫的路徑同樣在沒有接觸梯琺瑞特的情況下越過了面紗，並且形成了生命之樹兩側支柱之一的一部分。這兩條路徑在生命之樹能量傳送的過程中，扮演相似的角色，並且共同具有一些重要的特徵：兩者皆透過威力之柱及形體之柱，各自對單邊極性全然地掌控，並擁有一種靜態得古怪的平衡；此外，它們在卡巴拉練習的內在結構中，亦占有重要的地位。正如同捫的路徑與南的路徑在某些方式上彼此鏡射，卡夫的路徑與艾因的路徑也是如此，兩者都朝恩慈的方向移動，一個從奈特薩荷而來，一個從后德而來。

然而，就算將這些相同之處全部加總，也不會使這兩者變成完全相等的個體。這些路徑也不應被視爲只不過是「它們幫忙形成的支柱」之化現而已。生命之樹上的每一條路徑，都是兩個圓質之間的獨特互動，帶有自己獨一無二的個性。正如同第二十三條路徑，其水的象徵以及強調犧牲，並非只是單純對形體之柱的表達，因此，第二十一條路徑也必須以它自己的方式被理解。

這些方式受到乍看之下互不相容的兩個元素所控制。第一個具有富足、甚至鋪張揮霍的特質，因此會帶來自然世界的豐盛意象。第二個元素看似與第一個元素相互衝突，它具有不安分的特質，不斷地探索著「改變」，沒有任何富足能夠滿足它。這兩者皆取用於恩慈之柱的角色與力量，因爲這個支柱正是我們經驗宇宙中的創造性能量來源。在它們更高的面向上，這些會在所有層面結合成永不止息的多產和豐饒。然而在較下方處，它們可能會在不同的目標中製造衝突感，這也是這條路徑的標誌之一。

這條路徑的字母，某方面來說也是路徑最重要的象徵，即是卡夫，意指「手」，並且特指「張開的手」

或是「手掌」。以身體層面來說，人類萬能的雙手是最令人驚嘆的自然創造物，它們能夠以充滿變化的方式形塑物理層次的各種經驗。空手道大師能夠徒手擊破堅硬的磚塊，手藝精巧的工匠能夠將原料製成多種實用而美觀的作品，愛人的手能夠喚醒熱情、使其滿足。作爲一種象徵，雙手一直與技能和創造力、權力、結構及領導等概念相連結。

其餘的意義則環繞著「張開的手」的象徵。緊握的手象徵著撤離、圍堵及保留的概念，張開的手則象徵參與以及慷慨。即使在今天，我們仍經常以「敞開的雙手」來形容一個慷慨的人。

分派給第二十一條路徑的神之名及相應的占星符號都是來自於相同的象徵，兩者都指出了關於這條路徑的一個重要事實。之前提到的幾個重點已經說過，路徑以及圓質象徵之間的連結，其本質經常難以捉摸且具有誤導性。一般來說，分派給某一行星的路徑與相同行星的圓質，並沒有直接關係。然而，這裡有一個例外，這個例外就是卡夫的路徑。卡夫的路徑被分配了聖名艾歐以及木星，相同的名字和行星也是荷塞德的相應物，而荷塞德便是位於第二十一條路徑上端的圓質。

這些象徵上的連結，其來有自。荷塞德是一個具有石破天驚的創造力以及建造力的圓質，它也是恩慈之杜上的能量中點和主要焦點。在閃電圖中，荷塞德是實相在深淵下方的第一個化現。卡夫的路徑則完全位於荷塞德的庇蔭之下，並且將其能量直線向下傳送到生命之樹上的一個接受性的圓質中；在這些情況下，荷塞德的力量是這條路徑上的主要影響力。

這個象徵上的連結，也表達了實際魔法中的一個議題。其他的圓質對於追尋者來說可能難以捉摸，並且必須透過奇怪、有時甚至迂迴的路線才能到達；但荷塞德不是如此。藉由朝一個明確的方向前進，第四個圓質至少可能會被找到。荷塞德就像是未經探測的汪洋大海邊緣處的一座燈塔，將作爲深淵陰影逼近之前的最後一個確定參考點。

神之名「艾歐」，在卡巴拉理論中具有極大的重要性，但我們最好等到達第四個圓質後再來考慮它。目前對你來說可能有用的是去注意捫的路徑，也就是這條路徑的對應物，與它有相同的聖名；這又是另外一個例子，說明了生命之樹上的所有對立面中隱藏起來的同一。比方說，在占星學中，木星是最向善、或者最正面的行星裡最重要的一個，它的影響力擴及樂觀主義、慷慨與擴張，並且主宰了領導地位、財富以及增長。

這條路徑相應的塔羅符號是大阿卡納十號牌，命運之輪。這張牌上的圖像是中古世紀另外一個非常普遍的視覺象徵。在一個大部分人都無法讀寫自己名字的時代，這樣的圖像——被刻在石頭上、在慶典中展示、在佈道時宣講——扮演了一個溝通的角色，猶如現代的大眾傳播一般。命運之輪的圖像，清楚地向觀看者傳達了世間生活的無常與不穩定性。在中古世紀的藝術中，這張圖像上經常畫滿了各種人物，畫面頂端的人物頭戴皇冠、身披長袍、一如國王般，畫面底部則是一個衣衫襤褸的飢餓乞丐。命運之輪的圓連結了這兩者，說明了一個在當時頗具革命性的概念，也就是：在衣物底下，不論是國王或乞丐，其究竟本質都是相同的，他們之間的差異並非來自於不變的宇宙律法，全然只是命運流轉的不同結果。這張圖像也會令人聯想到，在個人層次上，生命中的起落與擺盪，這提醒了觀看者：沒有什麼條件是永恆不變的，生命中唯一不變的，就是改變。

這個象徵所要說明的重點是，生命中的美好事物可以被享受，但是不能被依靠。我們經驗的世界中含有許多種類的快樂，但也含有許多種類的痛苦，而那些導致快樂或痛苦出現的各種因素，通常不在人類庸常的控制範圍之內。應當記住的是，要達到平衡，則痛苦和快樂都必須存在；思考這一點，將爲我們帶來動力，主動在個人層次上尋求平衡，而不是一種受到外力逼迫而爲的結果。

祕傳學標題說明了相同的要點。作爲「生命力之總主」——你會注意到是「力」，而不是「形體」——卡夫的路徑代表了，從恩慈之柱下降的創造性能量，流進了日常人類經驗的領域之中。這個力量有時會以令人愉快的方式發生，有時則否；這是一個能使小孩成長、也能使細菌繁殖的力量。在此，生命中的種種富足和嚴苛，都來自於相同根源。

相反地，路徑文本則是從一個更高的觀點來處理相同的創造性力量。在此，這條路徑被稱爲「勸慰智力」。爲什麼？根據文本，這是因爲這條路徑接收到了「神聖的影響力」，此力「從其恩賜處（亦即「加持」）流經它、並且到達所有每一個存在」。這裡的意思是說，生命之樹上的較高能量（神聖的影響力）下降進入這條路徑，因爲這條路徑自身的能量，在整個宇宙中扮演了創造性的角色。這正是恩慈之柱運作的精確描述，這條路徑亦是組成恩慈之柱的一部分。關於「加持」或是「恩賜」，這些字在傳統卡巴拉文獻中是具有準確意思的術語，指的是當存在的較高面向與較低面向進行接觸的那些階段，並且與「神聖性」這個詞彙形成對比，後者指的是永遠保持分離狀態的那些面向。

正是路徑影響力的特殊本質，給了路徑自己的標題。它的作用是勸慰、將衝突對立的力量導入和諧狀態。這個功能有一部分來自於第四個圓質的面向，這點已經在路徑文本中說明過了；另一部分來自於第七個圓質的本質，因爲它總是以愛的結合力，將個別事物連結在一起。

接下來，由於分派給卡夫路徑的神話學法則，我們又回到它與搾的路徑的關係。自我犧牲以及抱負這兩個法則，會在梯玆瑞特的象徵中結合在一起；當這兩者分開時，它們形成了一個極性，而面紗的揭開必須在此極性中發生。

抱負的神話訴說了，一個在尋找偉大事物並且將其成就的人；犧牲的神話則訴說了，一個擁有偉大事物、或者本身就很偉大，卻放棄了這些的人。在打開更高自我潛能的整個過程中——這個過程並沒有在首次上升到薩美荷的路徑時完成——要放棄的很多，能得到的也很多。每一次轉化，都是一次交易。

在這個過程中被放棄的是，那個庸常理解下的自我，也就是那個分離而孤立的意識，它被關在自己身體裡，猶如一隻小雞在自己的殼裡。這種自我的經驗，與其說它錯，不如說它不夠完整。這個經驗代表了，向人類覺知打開的一小部分可能性；然而，我們就是將自己的身分與價值建立在如此一小部分上，而從這裡，我們接著去衡量並評判周遭世界中的每一部分。這個自我是我們所擁有的事物當中最珍貴的，而我們所珍惜的每件事物，也都在某種方式上跟這個自我有所關聯。

在轉化過程中所獲得的，是一個更加廣大的自我，它存在於個體和同一的界限之間，既能保持分離，也能夠認知到它與其他意識中心的連結，並且開始探索與其他中心點的同一。所獲得的是能夠有意識地塑造經驗的能力，而不是無意識地使那些未被認知到的需求與能量、或是自身之外的力量，來塑造自己的經驗。最終，我們所獲得的正是自由，就如同小雞打破自己的蛋殼後，朝一個更加寬廣的世界走去那般。

世界各地之所以都有祕傳學的傳統，證明了對許多人來說，這項交易是很有價值的。然而，對於這件重要的事，每一個人都必須獨自做出自己的決定。

路徑⑳：尤（拳頭）

項目	內容
路徑的字母	י，尤（拳頭）
神之名	ADNI，Adonai，阿兜奈
相應的占星符號	處女座，處女
相應的塔羅符號	大阿卡納九號牌，隱者
祕傳學標題	光之聲的魔法師，眾神的先知
路徑文本	「第二十條路徑是『意志智力』，之所以如此稱呼是因為，它是所有每一個被創造生命的準備工具，透過這個智力，原初智慧的存在得以被知曉。」
神話學法則	荒野的旅程
路徑的經驗	孤獨；旅行經過沙漠及荒野之處；世界創造的影像；受到邪惡個體和惡魔的誘惑。
路徑上的個體	鳥；誘惑的靈。
魔法形象	一個黃綠色拱門，拱頂石上面有一個亮白色的字母「י」，拱門裡的門上有大阿卡納九號牌的形象。
顏色	在阿其路：黃綠色 在貝來亞：青灰色 在耶其拉：綠灰色 在阿希亞：青紫色

路徑 20 尤

雖然存在於深淵下方，尤的路徑卻擁有一個特質，當你在生命之樹的工作超越了這個最高屏障時，你會開始不斷地接觸到這個特質：矛盾性。超凡者的領域沒有辦法從其之下被領會。能夠讓人類心智最接近它們的方法，就是利用「全然對立面的完全融合」。雖然第二十條路徑本身並沒有提供穿過深淵的道路，但它作爲連結荷塞德與梯琺瑞特的這個角色——也就是超凡者的第一個孩子以及克特的反映之間——給了它某個相同本質的事物，而這個本質便反映在它的象徵當中。

從分派給這條路徑的希伯來文字母中，可以很清楚地看出這一點。尤的字義是指「合上的手」或是「拳頭」。卡夫張開而活躍的手，代表領導地位與慷慨；與卡夫相反的，尤的這隻手是合上的，其創造力也是自我設限的。由於合上的手中可以隱藏某些事物，因此，字母「尤」會造成隱藏與神祕的效果。此外，尤也在象徵上與種子的概念相關，特別是指精子；這是用來代表隱藏的潛能、被保留的力量與可能性、或是尚未化現的模式等概念。正如同單一一枚精子，雖然小到無法以肉眼看到，但卻能引發一連串的連鎖反應，直到最終導致一個新人類的誕生，因此，尤的路徑的能量中含藏了無法被輕易感知的潛能，但隨著時間推移，卻能帶來驚人的成果。

在卡巴拉的傳說中，這個要點的發展有兩個方向。第一個，正如傳統文獻所指出，藉由將字母尤旋轉、延展、或是以不同的方式重複添加於自身之上，便能組成希伯來文字母表中的每一個字母。由於卡巴拉用希伯來文字母來代表組成宇宙架構的所有基本互動，因此這並非只是某位學者的詭辯。這指出，尤以及它所代表的能量，正是其他的一切所汲取的源頭與模板；也可以說，因爲有了「該」字母，因此有了「該」路徑。

尤並非字母表中的第一個字母，在這個例子中，可能看起來有點奇怪，但這也表達了另一個要點。尤是第十個字母，這象徵著十個圓質。因此，生命之樹本身，便是其圓質間互動的源頭與模板；當創造性能量沿著每一條路徑下降並形成一個小閃電時，覺知的上升便是一條蛇的縮影。尤在字母表中的位置還暗示了一個概念，雖然字母象徵著多個開始，但這些開端並非從虛無當中生起，也並非發生在眞空當中。一顆種子必須透過一株植物才能被生產出來並成熟，同時必須掉入肥沃的土壤中，一株新的植物才能誕生。

在卡巴拉傳統中，字母尤出現的第二個位置是我們較爲熟悉的，但問題也較多。尤其是特措果瑪頓、主要創造性之名「尤黑乏黑」的第一個字母。在這個名字中，尤是能量的第一個火花，也是它而使得整個創造的過程開始發生，並且它能夠對應於火元素、父親以及相關概念。然而，我們很快便會看到，字母尤自己的眾多象徵中，卻有著極大的區別；事實上，在好幾個地方，尤自身所扮演的角色以及它在特措果瑪頓當中所扮演的角色，正好是恰恰相反的。

這樣的分歧並非意外，而可以說是一個刻意造成的矛盾。解決的方式是，在考慮到其他用於卡巴拉的神之名的情況下，去思考特措果瑪頓。或許特措果瑪頓是實際上最重要的聖名，但它並非創造過程中的第一個，也並非生命之樹上的最高者。而AHIH，艾黑耶，我們到目前爲止尚未提及的另外一個名字，則同時擁有這兩個頭銜。

因此，字母尤或許是特措果瑪頓的開端，但它並非萬物的開端。這就是解決矛盾的關鍵，也是理解所有路徑的功能以及能量關係的關鍵。對於那些在特措果瑪頓的尤之後而來並受其形塑的事物，尤是活躍主動並具有主宰性的；另一方面，對於那些在尤之前就存在並對其形塑的事物，尤是接受性的，甚至是被動的。在卡巴拉思想當中，這也適用於存在的任何事物，且這個要點便是宇宙中平衡的源頭之一。

分派給尤的神之名以及相應的占星符號，能夠幫助釐清之前所提及的，關於第二十條路徑象徵性的矛盾本質。特措果瑪頓中的尤代表火，具有男性象徵，這兩個欄目卻都與土元素相關，且具有女性象徵。神之名「阿兜奈」當然是分配給土的名字，並且也是爲了那個原因而被使用在此處；這裡的土，象徵先前所討論的路徑其接受性的那一面。星座處女座，三個土象星座之一，這是一個較爲複雜的特徵，並且將路徑的象徵往不可預期的方向延伸。

作爲一個被動性與接受性的元素，土需要一個外在力量的推動，才能在自身中產生行動和改變。處女座，即處女，爲同一個概念提供了一個精確的形象。從生物學來說，一個處女（男）或許完全有能力進行繁殖，但只要他或她仍保持處子之身，這個能力就只是潛在的。若未與異性有性行爲上的接觸，對於任何實際目的來說，處子都是不孕的。

正如同許多與性相關的議題，由於西方世界對於物質經驗領域強烈而模糊的態度，使處子的議題受到了不必要的大幅扭曲。西方的社會風潮經常在「過度拘謹」（被誤認爲道德）與「墮落」（被誤認爲解放）之間來回擺盪，並且完全不經過兩者之間較爲平衡的中間地帶。有些時代讚揚童貞，有些時代鄙視童貞，更有其他時代認爲童貞是一種可以交易的商品。

然而在這一切困惑底下，還有一種對於童貞的古老理解留存下來，在那個時代，事物隱藏的那一面經常在日常生活中出現，程度遠比現在來得多。關於這個古老理解的細節，對於目前的主題來說並沒有必要性，它涉及了（在許多相關事物中）用魔法控制繁殖過程的方法，而這些對現代世界來說是不恰當的，但其中有兩個基本法則值得我們在這裡討論。這些法則當中的第一個概念是，任何事物初次使用時，包含性能量，都會對該事物產生持久的影響。因爲這個原因，大部分的魔法古籍理所當然地堅持，魔法師在爲儀式做準備時，魔法工具必須是處子，也就是從未被使用過的。第二個法則是，性能量，最終是宇宙基本的創造能量的形式，一種極端純淨且高度集中的形式，可以被用在繁殖以外的目的上，例如建立親密關係的連結，以及享受歡愉快感。然而，若要以此方式重新導正性能量，通常的要求是，這個性能量必須不在一般的正常方向上進行表達。

這就是尤的路徑相應的塔羅符號，即大阿卡納九號牌隱者的重要性之一。這又是另外一個在中古世紀十分常見的圖像，牌中有個老人身著樸素長袍，依靠著一根手杖，並且（經常）提著一盞燈籠照亮前方的道路。在中古時期，隱者的生活方式是很常見的修行方式，這種方式不但放棄了性生活，也放棄了一般的人類互動。之後，相同的要點又在這條路徑的神話學法則中出現，「荒野的旅程」以及「惡魔的誘惑」（這是指人類自然慾望的「惡魔」），這個惡魔只是偶爾出現在那趟旅程中，但卻一直是中古時期隱者生活的一部分。

對現代人來說，隱者的生活方式看起來可能有點過於反常，但它卻對於所謂的「能量」本質有著清楚的理解。在大部分的情況中，形塑了我們經驗的宇宙創造性力量，都有其自然的表達方式。廣泛而言，那個方式朝向生命之樹下方走去，往更偉大的化現與複雜度前進，但卻遠離了以尋求「與能量本身之源頭進行接觸」作爲目標的神祕學者與魔法師。正因如此，煉金術師將他們的轉化藝術稱爲「與自然相抗衡的工作」，並且在一句座右銘中，將這個洞見表達得更清楚，即「未得協助的自然，亦將失敗」。

這裡的關鍵字當然是「未得協助的」。若完全抗衡能量的正常流動，就等於將自己生命的源頭阻塞了；而隨波逐流，便代表重新被打回舊有困境中，也就是救贖之道想要解決的那個問題。（現代人對於自然有些多愁善感，正是因爲「跟隨著自然」，比方說，獸群的忠誠本能，以及以暴力回應接收到的威脅，以致人類創造了當前所面臨的大部分困境。）這些分別是嚴厲之柱與恩慈之柱的錯誤，並且一如往常地，最有效的方式將在中柱的平衡當中找到。

第二十條路徑的祕傳學標題是「光之聲的魔法師，眾神的先知」。有三條路徑的標題中都有魔法師，並且在生命之樹上占有特殊地位，因爲它們表達了與深淵的三種關係當中的一種模式。它們的重要性會在稍後的章節中解釋。然而，作爲「眾神的先知」，這條路徑扮演了另一個角色。一個先知會將「不可見者的意志」傳達到日常世界以及其中的居民；先知的角色是主動的，他會向任何願意聆聽的人言說，並且他與神諭的角色剛好相反，神諭的功能是較爲被動的回答問題。同時，先知的使命中最重要的一點是，他們必須爲那個神聖力量發聲，而不是爲自己，而且那個推動他們的意志也絕對不會永遠屬於他們。

尤的路徑的其他面向則從路徑文本當中帶出，其中還跟隨著另一個較難以捉摸的「路徑與圓質」之間的關係。尤的路徑在這裡被稱爲「意志智力」。當然，意志是葛布拉的一個特質，而尤的路徑是引導向荷塞德的。同時，上方所提到的處子以及力量改向的議題，確實很明顯地與第五個圓質以及意志的運用相關。

當我們在探索這個矛盾時，很重要的是記住這條路徑是在梯琺瑞特上方，與深淵十分接近。事實上，同樣的情況會以不同的方式發生在拉美德的路徑上，這也是本路徑在生命之樹另外一端的相等物，因爲正義——那條路徑的主要特徵——也是荷塞德象徵中很重要的一部分。這裡的要點是，在生命之樹的這個高度上，想要畫出黑白分明的界限，將變得越來越困難。通往荷塞德的路徑依賴於葛布拉，而那些通往葛布拉的路徑也依賴於荷塞德，因爲它們都是從相同的同一中所生，並且再回歸其中。

剩餘的路徑文本，處理的是第二十條路徑在生命之樹系統中的功能，並且以非常簡潔的方式加以說明。這條路徑被稱爲「所有每一個被創造生命的準備工具」，指的是它在荷塞德與梯珐瑞特之間的位置，在此，荷塞德是宏觀宇宙從同一中誕生之處，梯珐瑞特則是每一個被創造生命成型並成爲個體之處。通過這條路徑下降到梯珐瑞特的能量，會將恩慈之柱的力量帶進這個過程中。

接著，透過尤的路徑，「原初智慧的存在得以被知曉」。原初智慧指的是后赫瑪，即第二個圓質。從下方，超凡者通常是從一個我們稱爲「艾瑪艾羅因」的合成體中被感知到的（如果它們能被感知到的話）；這個合成體從比那獲得自己大部分的象徵，因此，大部分深淵的黑暗，其實只是比那自己的黑暗與神祕的反映。另一方面，當尤的路徑打開時，其他的事物會開始出現，而這些更是屬於恩慈之柱的事物，而非嚴厲之柱，因此這將減輕深淵的重量，並且讓我們第一次看到可能有跨越深淵的方法。我們之後會發現，那個方式幾乎不可能被定義，雖然這經常是先知們想要做到的。這件事可以被魔法師所經驗，但是正如這條路徑的象徵所暗示的，這必須被獨自經驗。

路徑⑲：泰特（蛇）

項目	內容
路徑的字母	ט，泰特（蛇）
神之名	ALHIM，Elohim，艾羅因
相應的占星符號	獅子座，獅子

項目	內容
相應的塔羅符號	大阿卡納八號牌，力量
祕傳學標題	熾燃之劍的女兒，獅子的領袖
路徑文本	「第十九條路徑是修行者一切活動之『祕密智力』，之所以如此稱呼，是因為它從地位最崇高且最宏偉的榮耀中所擴散出的影響力。」
神話學法則	遇見另一個自我
路徑的經驗	火焰、陽光、能量；太陽的象徵；啟蒙與淨化的意識；力量與意志的測驗；與動物或半獸敵人的戰鬥。
路徑上的個體	賜予啟蒙的祭司與女祭司；孿生動物或是野生的自我。
魔法形象	一個檸檬黃的拱門，拱頂石上面有一個亮白色的字母「ט」，拱門裡的門上有大阿卡納八號牌的形象。
顏色	在阿其路：檸檬黃 在貝來亞：深紫色 在耶其拉：灰色 在阿希亞：紅黃色

泰特的路徑是生命之樹上第二條水平路徑，直接連結了兩側支柱各自的中央圓質。生命之樹上，沒有其他路徑比泰特路徑所形成的極性更加強烈、或比其所攜帶的能量流更加巨大。其他的路徑要不是參與了力量的活動，就是受到力量所影響，而這條路徑卻是最純粹極致的力量化身。泰特路徑的象徵便是力量的象徵，

它的考驗也就是力量的考驗；當路徑的課題被完成時，所得到的獎勵也正是力量本身。

這三條水平路徑全部都與力量的議題有關，但這樣的關係會因爲這三條路徑在生命之樹上的不同位置而有極大的不同。位於支柱頂部的第十四條路徑，在威力與形體之間的對立，會於超凡者的同一中得到化解，而力量在此化現爲愛。位於支柱底部的第二十七條路徑，對立力量的凝結，將它們帶進爆炸性的衝突之中。位於這兩者之間的第十九條路徑，某種程度上擁有兩者的本質。在荷塞德與葛布拉之間，即宇宙中主要的創造性以及毀滅性力量，衝突的可能性永遠都存在，而連結這兩個圓質的這條路徑所流著的空前巨大的能量強度，更將互動的壓力放大成一個引爆點。

然而，引爆衝突的最後一步從來沒有發生。荷塞德的完美秩序以及葛布拉的完美紀律，結合而成完美的控制。就像飛行中的戰鬥飛行員，第十九條路徑以微小的行動與細微的變動，使得龐大的能量轉向，而這是來自於持續的警惕以及對於涉及之議題的通盤瞭解。在此，當力量於深淵邊緣不斷地在支柱與支柱之間熊熊燃燒時，錯誤完全沒有發生的空間或可能性。

在實際應用上，泰特的路徑可以教導我們很多關於較高等級的魔法。它與拉美德的路徑和尤的路徑形成了一個三角法則，連結了更高自我的三個圓質，而這些法則也是這三個圓質達到平衡的方法。許多較爲進階的魔法練習公式，便是從這個三角的其中某些面向衍生出來的。

分派給這條路徑的字母是「泰特」，蛇。在整個世界的神話以及精神法教中，蛇幾乎是一個普世通用的象徵，本書中已經出現過兩次，一是作爲兩個伊甸圖中紅色的龍，二是作爲生命之樹的蛇，其蜿蜒的路線描繪出了救贖之道。蛇通常是極度純粹的能量象徵，但牠還有另外一個重要性。在《聖經》詞彙中，蛇「城府之深，遠超過任何其他野外的野獸」。這裡的城府（或稱敏銳度），可以被表達爲最高形式的智慧、或是最低形式的欺詐，但在面臨如此巨大的力量時，只能提供一種可運作的方式。特別是在泰特的路徑上，能量之流強大到若想直接嘗試去塑造這些能量，就好比試圖翻轉海洋的浪潮。然而，若是使用細微而間接的方式，這條路徑的能量便可以被接觸與使用。

這個要點，與剛才提及的許多蛇的其中之一相關。生命之樹的蛇，提供了一幅精神修行進展的意象，而這正是奠基於剛剛所提到的敏銳度上。第一眼看到生命之樹時，可能會認爲中柱，就其本身而言，是上升旅程當中唯一需要採取的路線。然而，在實際練習過程中，最直接的方法經常會失敗。若沒有后德與奈特薩荷所提供的平衡，薩美荷的狹窄路徑根本無法被行走；正如同深淵的大門開啓前，必須先喚醒並完全掌握葛布拉與荷塞德的力量。再次地，細微而間接的方法能夠在此產生作用，而非一個正面攻擊。

接下來四個路徑的象徵——神之名、相應的占星符號、相應的塔羅符號、以及祕傳學標題，都是從另外一個起點來到這條路徑上的。某方面來說，它們每一個都奠基於前一個；雖然這裡的起點跟我們剛才討論的議題幾乎不相關，但是當序列的解釋結束時，我們會再回到一個類似的地點，就好像我們是來自於一個非常不同的方向。

這個起點其實非常簡單。聖名「艾羅因」被分派給這條路徑來代表火元素，而火元素正好象徵了這條路徑充滿能量的本質。同樣地，分配給這條路徑的星座是獅子座，獅子也是火象星座當中最強大的。然而，因爲獅子，一個新的面向開始產生。這個星座與太陽相關，而太陽與獅子這些象徵在傳統上都與圓質梯琺瑞特有所連結。

乍看之下，第十九條路徑好像與梯琺瑞特沒什麼太大關係，因爲它並沒有與這個圓質直接接觸。然而，只要再看一眼生命之樹，就會發現它們的關係。梯琺瑞特是使荷塞德與葛布拉保持平衡的圓質，它在這些對立的力量之間建立了一個極性。然而，在能夠產生極性之前，必須先有所接觸，而泰特的路徑就是這個接觸發生之處。作爲第四個與第五個圓質之間的中點，第十九條路徑可以被視爲是梯琺瑞特的某種第一形象，它鏡射了爲和諧而產生的偉大力量，而這個力量之後將在生命之樹的稍下方處開花結果。

同時，梯琺瑞特的象徵並不會凌駕於火的象徵之上。即使是獅子，雖掌握了第六個圓質意象的某些面向，卻仍是象徵火的動物。作爲野獸，一直到今天，獅子對人類來說都還是危險的，因此這清楚地提醒了我們，泰特路徑的能量並未被馴服，也並非是無害的。

分派給這條路徑的塔羅牌，再將這個序列帶往下一步。大阿卡納八號牌力量，牌上的圖像是一個女人正在馴服一隻獅子。在許多牌卡中，她要不是在打開獅子的嘴巴、要不就是關上它。撇除這個明顯的衝突不說，這張圖片中卻沒有任何獅子掙扎或抵抗的徵兆。這個圖像結合了剛才所討論過的獅子的象徵，並且提及第二十七條路徑，因爲該路徑的字母「裴」，意思就是希伯來文的嘴巴。在此，泰特的路徑藉由掌控「將要於裴之中發生的衝突」的可能性，而展現出力量。

所有這一切都非常合宜的總結在祕傳學標題中，「熾燃之劍的女兒，獅子的領袖」。寶劍是風元素的象徵；作爲特措果瑪頓的乏，風是火與水互動下的產物，就如同泰特的路徑是透過葛布拉與荷塞德之間的接觸而創造出來的，並且風也是分派給梯琺瑞特的元素。然而，寶劍上有熊熊烈焰，這是用來表示火焰仍然掌管著這條路徑。剩下的標題重述了上面的要點，也就是說，路徑的能量動態並非只是用來攜帶巨大的力量，它還能夠形塑並引導力量到該去之處。

同時，火焰在卡巴拉傳統中當然還有另外一個意思，這將開啓標題意義的另外一面。先前的章節中提過，寶劍通常被稱爲閃電「下降能量」的另一個象徵，並且代表著十個圓質是單一創造性能量的不同修正狀態。「女兒」或是圓質的產物，即它們的互動結果，便會是在它們已建立的形體中的二十二條路徑——這也可以由蛇作爲象徵，因此是字母泰特。在此，我們所討論的意象序列剛好前後串聯，繞成完整的一圈。

第十九條路徑的路徑文本，要將我們以上所討論的象徵帶往另外一個方向，這也是一個具有最高重要性的方向。路徑在這裡被稱爲是「修行者一切活動之祕密智力」，對於這個頗爲驚人的標題，它的解釋句子將它連結到某個從克特下降的影響力。很明顯地，泰特的路徑並沒有與克特或是超凡者當中的任何一個直接相連，但在這裡，我們不需要像蛇那般細微；由於泰特路徑是梯琺瑞特的第一個形象，因此它也與第六個圓質一樣，扮演了「在深淵下方的克特之反映」的角色。事實上，當路徑直接加入了生命之樹上的主要極性時，某方面來說，它比梯琺瑞特本身更好地代表了最高同一的形象。

也正是在這個形象當中，「修行者一切活動之祕密智力」得到了表達。指向這個祕密的一個方式——說「指向」是因爲這終究只能藉由親身經驗而知道——便是記住，一切事物從馬互特之上的領域看去，都是一個精神性的生命體、同一的某一面向，並且參與著宇宙規模的能量動態。中世紀的魔法師，試圖用他們的植物、動物、石頭及金屬的清單來表達這個要點，因爲這些物品都吸取了星球或星星的精華。然而，沒有任何事物純然只是死去的物質，不論它們看起來有多麼的「物質性」。我們在處理周遭事物時，也就是在形塑許多力量，而這些力量將會再度回歸到最高存在的層次中。如果正確的理解，這正是魔法最深處的祕密關鍵。

關於這個相同要點，有某些事物隱藏在這條路徑的神話學法則中，也就是「遇見另一個自我」。這類神話通常涉及了在一個人類英雄以及一個動物或半獸人對手之間的掙扎。然而，這種掙扎並不會以某方戰勝的形式結束，而是以結盟的方式結束；大力神赫拉克勒斯打敗了尼米亞的獅子，但之後便永遠穿著獅子的皮毛；吉爾加美什以及半獸人恩季杜彼此摔角並打成平手，最後成爲兄弟。許多這些神話中的敵人，不論是孿生動物或是狂野的自我，都出現在這條路徑的工作上，也經常在夢中出現。凶猛、具威脅性、但也非常令人熟悉的是，它代表了那個即將降臨的覺知，這個覺知發現，自我與他人之間的屏障（即所謂舒適的內在以及未知的外在世界）本身就是一個幻覺——我們所經驗的以及我們本身爲何，最終並非兩者，而是同一者。

圓質4：荷塞德（恩慈）

項目	內容
標題／稱號	ChSD，Chesed，荷塞德（恩慈）
神之名	AL，El，艾歐（神）
大天使	TzDQIAL，Tzadkiel，查德克爾（神的正義）
天使宿主	ChShMLIM，Chashmalim，卡絜瑪林（光耀者）
相應的占星符號	TzDQ，Tzedek，查德克（木星）

項目	內容
相應的塔羅符號	牌組中的四張四號牌
相應的元素符號	火
路徑文本	「第四條路徑被稱為『凝聚性智力』或『貯存性智力』，之所以如此稱呼是因為它含藏著所有神聖力量，從中放射出帶有最崇高精華的精神善德。這些透過原初化身，亦即最高皇冠的力量，一個接一個散發出來。」
魔法形象	一個年老但威武的國王，坐在藍寶石色寶座上，身披藍紫色長袍，頭上戴著金色皇冠，手中拿著權杖以及寶球。
額外象徵	無
額外標題	GDVLH，Gedulah，葛杜拉（雄偉或偉大）
顏色	在阿其路：深紫羅蘭色 在貝來亞：藍色 在耶其拉：深紫色 在阿希亞：帶著黃色斑點的深天藍色
微觀宇宙的相應符號	汝阿赫中的記憶
身體的相應符號	左肩
啓蒙級別	7＝4，赦免的達人
負面力量	GAaShKLH，Ga'ashekelah，嘎許克拉（擊成碎片者）

可以這麼說，向上攀升至荷塞德的三條路徑，將總結荷塞德下方整個生命之樹的模式。從奈特薩荷開始的第二十一條路徑，進入了面紗下方的領域，並且總結了關於「威力」的課題；起始於葛布拉的第十九條路徑，越過了深淵邊緣，並且總結了關於「形體」的課題；而起始於梯琺瑞特的第二十條路徑，處理的是宏觀宇宙與微觀宇宙之間的關係，並且總結了介於威力與形體之間的中道課題。

這三條路徑全都匯聚在荷塞德。作爲深淵下方的最高圓質，荷塞德代表某種層次的覺知，在這個層次，我們所認知到的萬物初次進入存在。再次地，創造性的光首次在空間與時間當中延展，這也是宏觀宇宙以及經驗維度的誕生。某方面來說，當剛才討論過的三條路徑碰觸到生命之樹的較低部分時，從克特到馬互特的整個生命之樹便被總結在此單一圓質中，就好像一棵完全茁壯的樹能夠被含藏並總結在一顆種子當中。

除此之外，荷塞德是創造的圓質，其意義與象徵的核心元素正是從這個事實衍生出來的。作爲恩慈之柱的中央圓質以及此支柱最純粹的化現面向，它也帶有生命之樹這一側正面、擴張的特徵。此外，就像所有在中柱以外的圓質，荷塞德的意義也有一部分汲取自生命之樹遙遠的另一側那些協助平衡的圓質們。如同后德與奈特薩荷因爲雙方的衝突而定義了彼此，葛布拉與荷塞德也從彼此對立的狀況中，衍生出彼此身分的一部分，並且若沒有同時將雙方納入考量，無論任何一方都無法被清楚的理解。當葛布拉代表的是限制時，荷塞德代表的是擴張；當葛布拉代表暴力時，荷塞德代表了和平；當葛布拉摧毀時，荷塞德創造。然而，除此之外，這兩個力量之間還有一個更深層的連結。荷塞德將所有位於其下方的圓質都含藏在自己的象徵當中，這也包括了葛布拉。在許多荷塞德的象徵中，清楚地顯示了第五個圓質的存在，這也反映了在深淵之上的領域中，所有對立面的同一。

分派給第四個圓質的標題是荷塞德，意指「恩慈」，並且也直接指出了，此圓質的角色是作爲恩慈之柱能量的最清楚化現。就像葛布拉在生命之樹另外一側造成相同的作用，荷塞德位於一個夠高的層次，因此能夠以純粹的形式來表達支柱的本質——也就是說，不需要與面紗下方各個圓質的複雜性混淆在一起——同時又能留在超凡者的矛盾性同一下方。

這個陳述句本身看來自相矛盾，因爲剛剛才提到過，第四個圓質的象徵中包含了第五個圓質的元素。然而，這個困惑雖然明顯，卻非眞實。葛布拉能夠在荷塞德當中被感知到，是因爲荷塞德自己與恩慈之柱整體的本質，就是擁抱並含納萬事萬物。能排除並且限制事物的是嚴厲、而非恩慈。

然而，可預期的是，在荷塞德的象徵中，能最清楚看到葛布拉之存在的，正是那些目光向上、朝向超凡者看去的第四個圓質的象徵。一個例子是分派給荷塞德的聖名「艾歐」，這個字除了「神」之外，沒有其他任何翻譯。這個名字在早先的章節中已經討論過，它是艾羅因與艾羅阿的名字中的第一個元素，以及複合名紗代歐柴的中心部分。在荷塞德之中，艾歐獨自存在，代表深淵下方可能得到之實相的最高形象。

我們可以藉由組成這個名字的兩個字母，來探索這個形象。א，阿列夫，相應於風元素，以及塔羅零號牌愚者；希伯來文字母表中的第一個字母，代表了在最高層次上首度向外傾洩並化現的創造性力量，沒有形體、也沒有限制；它的名字意思是閹牛。ל，拉美德，相應於天秤座以及塔羅十一號牌正義；它代表了平衡、均衡、以及因果的概念。你可能還記得，它的名字意指趕牛棒。閹牛和趕牛棒，即起動力量以及引導性的限制力，兩者很清楚地用象徵詞彙代表了威力與形體的潛能，對於卡巴拉修行者來說，它們提供了我們所經驗的宇宙中，最可見、也最重要的極性。

這個名字所造成的影響，遠比這些議題所及來得廣大，其字母間的極性能夠從幾個觀點來理解。藉由將這兩個字母與剩餘的希伯來文字母表作比較，便能理解這當中較重要的幾個觀點之一。如果將整個字母表依正常順序排列後，將其分成兩半，你將會發現，阿列夫位於前半部開頭，拉美德是後半部開頭。某種程度上，這使得這兩個字母互爲平等，但這也暗示了它們之間一個重要的差異處。阿列夫是在整個字母表的最一開頭，拉美德則是在字母表的中點位置，因此，阿列夫的自由至少有一部分來自於它是第一個出現的，早於任何可能限制它的事物開始存在之前。同樣地，拉美德得到平衡也是來自於它自己的中央位置，以及它存在於一大群各不相同且有時相互對立的力量中央。

這兩個字母在生命之樹上的位置，也說明了一個要點。阿列夫與拉美德的路徑，分別是閃電從第一個圓質走到第六個圓質的起點與終點。若談到本章稍早所說的區分性，它們代表的是前半部分的閃電，其與同一更加相關，而非個體性。「艾歐」這個名字也可以被看成是同一的創造性力量之總和。

從第六個圓質走到第十個圓質的這部分閃電，能夠以希伯來文字「譚」（ThN，Tan）作爲總結，它是以第三十二條以及第二十四條路徑的字母所形成的。譚並非一個神之名；反而，它指的是「龍」，並且是代表在「伊甸」與「墮落」兩個圖中的七頭龍。它的影響力再清楚不過了。被區分以及個體化之後的創造性能量，正是負面力量的本質；同時，它又是無限性的下降之光。正如同原初世界的神話所指出的，即使是不平衡能量的惡魔力量，也是從相同的未知實相中衍生而出，並且具有相同的同一性，就如同其他一切萬物那般。

在荷塞德之中其他三個世界的象徵，意思直截了當。大天使查德克爾，神的正義，相應於意識的力量，這個力量讓我們能夠同時感知並且比較我們經驗的許多面向；它是評價與判斷的基礎，在更基本的層面上，它也是空間經驗的基礎。卡絜瑪林，光耀者，代表了向外照耀與擴張的過程。查德克，木星，占星學家認爲它具有領袖與偉大的特質，連同好運、以及涉及了「饗宴與類似享受」的單純物理性擴張。

接下來的路徑文本，會花去較多的時間。它從上述的立場開始，將荷塞德視爲生命之樹的總結，接著再往一個無論是理論上或實際上都有影響力的方向走去。

荷塞德被稱爲「凝聚性智力」或「貯存性智力」。從這兩個名詞以及它們的解釋——也就是荷塞德「含藏著所有神聖力量」或者圓質——可以很清楚地看出，荷塞德可以被看成是「整個生命之樹進入化現」的背景或是架構。第四個圓質的本質具有擴張性和包容性，本身就像是同一的反映，也是在深淵下方與同一最接近的相似物；它提供了一個背景，使葛布拉能夠描繪出限制的輪廓，而梯琺瑞特能夠帶來和諧。

接著，從荷塞德當中，「從中放射出帶有最崇高精華的精神善德」。我們可以看到，當考量進拉美德路徑的路徑文本時，「美德」這個詞彙必須以較古老的方式去理解，也就是「力量」。從荷塞德，最高的精神力量將自己延展至已化現實相的領域之中。另外，這裡還暗示了，拉美德路徑的路徑文本中所說的要點，也就是，被稱爲「美好」的事物便是力量的源頭。但是人們的盲目，使得他們將嚴厲、甚至毀滅，看成是比恩慈更爲強大的事物，這是墮落之後所導致較爲悲慘的結果之一。

最終，圓質的結合，連同荷塞德內部力量的結合，都在文本當中被連結回到克特。每件事物都是從前一件事物開始的，因為最終所有事物都是從「一」開始。然而，這個「一」本身是一個化現，它是藉由三道面紗，從其之上不可知的實相所開始。因此，這最後一部分文本提醒學生，不要犯下錯誤，以致將最接近實相的相似物與實相本身混淆了。

正如葛布拉，荷塞德也有一個額外標題：葛杜拉，意思是「雄偉」或「偉大」。這兩個圓質的額外標題之間的關係很有意思。葛布拉與葛杜拉這兩個字是平行的，它們的發音相似，並且擁有相同的字母數；有一個類似的連結，連結了荷塞德與葛布拉的額外標題：帕恰德，即「恐懼」。這個文字上的遊戲，有助於強調這兩個圓質之間的關係。

在剩下的象徵當中，微觀宇宙的相應物以及負面力量，需要作一些解說。第一個是指記憶；這是汝阿赫的一部分，而汝阿赫是一個「使得有意識的自我能發揮全部潛能」的官能聚集體。記憶為什麼分派給荷塞德並不清楚，或者說為什麼記憶值得位於如此崇高的地位，能夠作為汝阿赫的官能當中最接近奈紗瑪與超凡三角的。

一個減少困惑的方法是，去記起在面紗的下方，只有汝阿赫的反映模式能夠被平常的人類意識所使用。在所有被反映的汝阿赫的部分當中，記憶似乎是在反映過程裡，原貌流失最多的。模擬腦部的電流實驗顯示，人們有可能將過去記憶的細節分毫不差的記起來，並且暗示——排除物理性的腦部傷害——記憶可能確實留著一切被經驗事物的確切痕跡。然而，每天生活中的經驗都告訴我們，人類的記憶是一切儲存資料的方法當中最不可靠的。特別是在強烈的情感或信仰系統之前，記憶總是變得完全不可靠。荷塞德的包容性本質這一面向，使得記憶處於過度開放的狀態而無法抵抗扭曲，這將一直持續到記憶的過程本身變得完全有意識爲止。

即使在被竄改的版本中，記憶仍然具有驚人的力量。它是每一個人類花費最多生命於其上的媒介，它也是一個意識的宇宙，所有的感知都被鑲嵌於其中。現在，花一點時間思考對你來說重要的場所、人們以及事物。這些事物當中，有多少現在就位於你的感官之前？而其他所有的事物，對你來說都是記憶的痕跡。大部分那些形塑了你的宇宙經驗的事物，現在只出現在你的記憶之中，而這包含了當你在閱讀這些文字時，位於你腦後方的另一半空間。

對卡巴拉魔法師來說，眞正的記憶甚至超越了這一點。因爲它是來自一個位於梯琺瑞特上方的圓質，記憶與同一有關，也與個體性有關；也就是說，它並非僅是一種個人的官能，更是一個規模宏大的力量。就像意志，記憶的最根源超越於自我之上，而當魔法師跟自己較高自我的接觸不斷發展時，這些根源將會提供一條通往知識的路線，這些知識不但超越了個體性，也超越了空間與時間。

當西方魔法傳承在文藝復興時期大放異彩時，魔法師運用了這些考量來發展我們所說的「記憶的藝術」，這一整個練習的系統，能夠開啓記憶較高可能性的某些部分。這門藝術幾乎被後來祕傳學的學生遺忘了，但還是有夠多的材料被保留下來，或許哪天能夠被復原並回到實修魔法師的工具箱中。

荷塞德的最後一個象徵是關於負面力量，也就是不平衡圓質的象徵形式。傳統上將第四個圓質的負面力量取名爲「嘎許克拉」，意指「將事物擊碎者」，其形象是長著貓頭、巨大而扭曲的巨人。如同梯琺瑞特與葛布拉的負面力量，面紗在此的扭曲效力必須納入考量；「擊成碎片者」在一般人的反映中會有一個形體，但是對於那些曾見過面紗上方領域的人，荷塞德的扭曲會產生一個更加危險與相異的形狀。

作為一種象徵，貓的意涵十分廣泛，或許比任何動物都還要來得廣。在其負面意涵中，通常代表自私，也就是將自己的自我以及渴求擺在他人之前。嘎許克拉的反映形式就是從此而來，由於它的貪食和貪婪，使得荷塞德的擴張被扭曲成自我的無限膨脹。

但是在面紗上方，此邪惡卻搖身一變成為「位於面紗的第一個擾動以及深淵之門之間」的三個誘惑當中的最後一個、也是最高的誘惑基礎。這些誘惑中的第一個，如我們所見，是精神的教條主義，渴望將個人的洞見僵化成刻板荒謬的眞理替代物，並且誓死捍衛它。第二個誘惑則是精神菁英主義的陷阱，渴望鄙視整個世界的盲目，並且撤退到一個充滿自以為是與蔑視的保護殼當中。

第三個誘惑或許可以被稱為精神暴政的陷阱。當一個神祕學者或魔法師決定，他（她）的洞見賜予了自己權力（或者更糟的——責任）來告訴他人怎麼過生活時，這就是所謂的精神暴政。有些沒有安全感的人，總是在尋找某些方式來逃避自己該負的責任，而當這種態度遇到這些人時，便經常會從他們身上得到更多的能量，變得更加壯大。經常發生的結果是，那位神祕學者或魔法師成為了一群死忠信徒的中心，這些人放棄了自己的心智與意志，而以他們主人的心智與意志取而代之。

荷塞德的相應物指出，這個陷阱與擴張有關，即自我的擴張。然而，這個陷阱的受害者並非擴張進入自己的潛能深處，而是擴張到跨越了人與人之間的界限。此人背後的跟隨者，便成為了他們領導者自我的延伸，某種程度上，他們被消融進某種屬於代理狀態的「思想與感覺的同一」；當他們的主人膨脹時，他們卻不斷地萎縮。反之，如同在其他地方，荷塞德的包容本質在這個階段也會發揮效果，那些落入這個圈套的神祕學者或魔法師，最後會變成整個負面力量的玩物，因爲他的追隨者們無腦的奉獻，將給他做出各種蠢事的機會。

有許多運作中的嘎許克拉的例子，提供我們現在世界許多較爲駭人聽聞的故事。這種愚癡行爲的深層影響，超越了醜聞、虐待及濫用，甚至並非不常見的死亡人數統計。精神暴政的仿冒同一以及它的追隨者——寄生蟲與受害者的「同一」——對於那個必須在深淵上的自我最深處找到的眞正的同一，是一個障礙，也是一種逃避。作爲一種完成自我的方式，這種愚蠢的行爲是無用的；對卡巴拉魔法師來說，這是一個說服自己避免這種愚行的充分理由。

9 深淵上方的生命之樹

在經過荷塞德時，救贖之道也經過了生命之樹上最後一個能夠被有意識的自我所經驗到的區域，無論經驗呈現的方式爲何。在這之上的路徑與圓質，跟我們在周遭所感覺到的宇宙沒有關係，跟我們能學習去感知的任何更高層次也沒有相關，但卻與一個超越時間與空間的領域有關，在這純粹的狀態中，存在著我們經驗中不變的模式。從這個領域中，那些模式下降來塑造出我們所知道的世界；在這個領域中，住著人類靈魂不朽的那一面。因著這兩個原因，值得我們去稍微理解與超凡者相關的傳說，以及那些將它們彼此連結、並且與生命之樹的其他部分連結的路徑，因爲它們的祕密觸及了宇宙以及自我最深層的奧祕。

路徑⑬：吉莫（駱駝）

項目	內容
路徑的字母	ג，Gimel，吉莫（駱駝）
神之名	SHDI AL ChI，Shaddai El Chai，紗代歐柴

項目	內容
相應的占星符號	月亮
相應的塔羅符號	大阿卡納二號牌，女祭司
祕傳學標題	銀星的女祭司
路徑文本	「第十三條路徑被命名為『同一的智力』，之所以如此稱呼是因為它本身是榮耀的精華；它是個別精神有情之真理的實現。」
神話學法則	神性的降臨
路徑的經驗	沉默、空的空間、深淵的意象；沙漠、海洋、無人居住的處所；空曠而寂靜的廟宇；預見在梯琺瑞特東方的星星。
路徑上的個體	天使；沉默的祭司以及女祭司；帶著面具的人物。
魔法形象	一個藍色的拱門，拱頂石上面有一個亮白色的字母「ג」，拱門裡的門上有大阿卡納二號牌的形象。
顏色	在阿其路：藍色 在貝來亞：銀色 在耶其拉：冷的淡藍色 在阿希亞：帶有天藍色光的銀色

跨越深淵的過程，就如同揭開面紗般，都會歷經正常的上升路徑順序被打亂的問題。原本在這裡就有許多要面臨的難題，打亂的順序又增添了更多困惑的可能性。這些難題的每一個，都具有高度嚴重性。在轉向

超凡者時，卡巴拉魔法師所面臨的領域中，對立者成爲同一者，矛盾是最接近事實的相似物。在荷塞德之上，即使是徹底發展完全的有意識覺知，也無法到達。在這之上的路徑與圓質並非僅只是未知的，從現實面來說，它們仍是無法被得知的。

然而很明顯的，這些圓質與路徑都有各自的名字、象徵和傳統的解釋方法；許多傳說內容聚集在它們周邊，不論是在實際工作或是在理論當中，這些傳說都扮演了很重要的角色。能夠如此做到，部分原因是因爲大多數魔法師的生命之樹的工作，使用了生命之樹在「代表形象之圓質耶薩德中、或是在其他某一較低圓質中」的反映。然而在一定程度上，它是依賴於另一個重要性更深刻的要點。沒錯，汝阿赫終結於荷塞德，但汝阿赫並非人類靈魂的最高面向。在其之上是奈紗瑪，它將超凡三角反映在自我當中，而對於汝阿赫來說的未知國度，卻是靈魂更高階段所熟悉的家園。

因此，有意識的心智雖然有其限制，卻有辦法獲得在深淵之上的實相層次之知識。當心智的經驗接觸到位於汝阿赫以及其上的自我力量時，意象與理解會從較高處傳遞到較低處，以瞥見一些溝通上超凡領域的本質。與揭開面紗相同，這些瞥見會不斷地增廣並且加深，直到自我的這兩個面向開始作爲同一體而作用。

從下方層次向上攀升到超凡三角的路徑共有五條，分別是第十八條、第十七條、第十六條、第十五條、以及第十三條路徑。在此，正如面紗一般，路徑的選擇並非只是以便利爲考量。然而，超凡者的同一，使得這個選擇的結果，比魔法師在面紗之前所面臨的那些選擇更加不同。這五條路徑都達到了它們的目標。然而，它們不僅達到的方式不同，最後的結果也大相逕庭。

在這五條路徑當中，第十三條路徑因爲兩個特點而顯得與眾不同。首先，它是唯一一條依循著中柱的軌跡而跨越深淵的路線，以此描繪出生命之樹上半部的平衡方式。第二點，它獨自經過了達特，也就是較高與較低領域在深淵中心的接觸點。關於達特，可說的內容極多，我們稍後亦會探索它的象徵與意義；就目前來說，我們只需要知道，這個類圓質提供了跨越深淵的不同互動方式，遠超過路徑所能提供的。

正是透過吉莫的路徑，魔法卡巴拉將第一個旅程轉向同一之領域。正如同起始於馬互特的上升旅程從濤的路徑開始，經過面紗的路線則是從薩美荷的路徑開始，第一次跨越深淵所依循的正是中柱的路線。此處，正如在其他地方的魔法工作一般，平衡都是第一要件。

分派給這條路徑的字母是ג，吉莫，意指「駱駝」。這是源自於一個古老的象徵，它將深淵比喻爲卡巴拉行者所必須跨越的一個無水浩瀚沙漠。很少有生物能夠安全地橫越廣闊的沙漠，徒步行走的人類幾乎確定會在旅途中死去。然而，有了駱駝的協助，旅途便能完成。一方面，這指出了，在選擇橫跨深淵的路徑時，需要得到照顧；另一方面，這指出了，要完成這趟旅程所需的力量並非來自於有意識的自我。一步一步踩著燙腳沙礫穿越沙漠的是駱駝、而非騎者。

接下來的兩個象徵——神之名以及相應的占星符號，以另外一種關聯性表達了相同要點。同時，它們也提供了另外一個例子來說明「路徑—圓質之連結性」的複雜本質，這也是生命之樹上最極端的例子。分派給這條路徑的神之名是「紗代歐柴」，相應的占星符號是月亮，這兩個都是第九個圓質耶薩德的象徵，耶薩德位於梯玆瑞特的正下方，第十三條路徑則位於梯玆瑞特的正上方。在此，向下的路線便成爲了向上路線的倒置，令人感到暈頭轉向。

這個特徵澄清了上述的要點，並且將其延伸到練習的領域之中。魔法師越過面紗的工作，其實就是一個覺醒的過程，也就是開始對無意識狀態變得有意識，並且從知識出發，主動選擇自己的行動，而非只是跟隨著反射動作。然而，此刻，這一點必須被反轉。在深淵的邊緣時，魔法師必須學習依賴那些他（她）無法以意識得知的事物，並且要在行進過程中與那些自己無法理解的力量和平共處。

這條路徑相應的塔羅符號，從另外一個方向發展出了這個象徵。同時，這也很有效地提醒了我們，卡巴拉傳承隨著時間推移的可變動特質。在其現代的形式中，大阿卡納二號牌女祭司，畫面上通常是一個蒙著面紗的女人，坐在兩根柱子中央，一根是黑柱，一根是白柱。月亮的象徵出現在她的衣物和頭飾上，並且她通常手持一本打開的卷軸或是書本，置於腿上。這全部的意思都十分直截了當：兩個支柱代表威力之柱與形體之柱，第十三條路徑從這兩者之間穿過；月亮象徵上述的月亮—耶薩德的連結；書本和卷軸作爲知識的象徵，可以用來代表達特；面紗代表的是超凡者的精妙奧祕。總而言之，這張牌非常正確地總結了目前爲止所討論過的象徵，但並沒有多說什麼。

但這張看似顯明直白的大阿卡納牌，卻隱藏了一個祕密。這個祕密與象徵無關，而是關於歷史，因爲當前的二號牌版本並非原始版本。較早期的牌卡用的是完全不同的另一張牌：教皇或是女教皇。傳統上，這與傳說中的教宗瓊安相關，她是中古世紀後期頗爲惡名昭彰的人物。根據傳說，有個女人因爲自己的愛人是一個僧侶，因此她試圖假扮成男人，進入他的寺院。由於她所假冒的神聖性如此具有說服力，她最終被眾人選爲教宗，最後卻因爲在一場教宗儀式中進入分娩過程而被揭發。

某方面來說，教宗瓊安的形象確實符合吉莫路徑的意義，至少與這個大阿卡納牌的現代版本所達成的效果相同。她的訊息很簡單，但卻極度重要：事物並非如其表象所顯現的那般。在僵硬的法袍以及王權的力量下，卻有著某些不預期的事物正在進行。在吉莫的路徑上，通常是這樣的情況。

祕傳學標題跟同一組意象有關係，就如同現代版本的牌卡，但它還指向了這條路徑的傳統象徵當中最重要的一個。標題中提到的銀星，也被熟知爲東方的星星，這個星星的代表物通常被置放在西方神祕學傳承的某些分會、或者是共濟會等受到魔法影響之組織的東方牆上。對於路徑意義來說，這代表的是一個占有核心重要性的經驗。在梯琺瑞特等級所進行的魔法工作，有時候，不預期的力量或洞見會自己化現出來，從奈紗瑪下降到汝阿赫。這個由光作爲象徵（或者有時被感知爲光）的經驗，正標記了跨越深淵的第一步，如同「顫抖的面紗」標記了上升到梯琺瑞特的開端。

路徑文本將這些議題全部放在適當的上下文中。在所有的文本當中，這或許是其中最容易理解的；它有重要的事情要說，並且會在路徑的本質所容許範圍內，盡可能地說明清楚。

因此，吉莫的路徑在此被稱爲「同一的智力」。如前所討論的，梯琺瑞特是形式最基礎的個別存在的圓質，克特則是絕對同一的圓質。從第六個圓質旅行到第一個圓質，便是從分離到單一性、或是從特定到普遍的移動過程。這個旅程的結合性過程本身便是「榮耀的精華」——「榮耀」在這裡，就如同文本的其他地方，指的是克特——因爲第一個圓質之精華與第十三條路徑的過程是相似的，也就是從多回歸到一。接著，那個過程便是「它是個別精神有情之眞理的實現」，因爲那個「將每一個有情，從所有其他人當中區分開來」的界限，只是幻想出來的——以「幻想」一詞所確實代表的意思來說——並且它只是以作爲「克特的同一與自給自足的反映」而存在。

值得注意的是，梯玹瑞特正是這個「眞理的實現」被經驗之處，而不是在其他更高圓質當中。梯玹瑞特是深淵下方唯一能與克特直接接觸的圓質，它反映了克特，使得每一個個別事物都成爲第一個圓質之同一的形象；同時，它也是事物能夠個別存在於生命之樹上的最高點，而非只是作爲一個巨大整體的一部分。因此，每一個人爲了追求眞理，都上升到第六個圓質；反之，同一的能量則下降到第六個圓質，將那個眞理帶進存在之中。

最後這個要點產生了吉莫路徑的神話學法則，即「神性的降臨」。關於拜訪人世間的眾神與女神的故事，就是從這條路徑法則中衍生出來的；如同教宗瓊安，這樣的神祇通常是僞裝的。其功能是要揭露某些隱藏的眞理，讓人類知道，而這並不罕見或者不尋常，且那些眞理通常涉及了生與死的祕密。

深淵的大門：達特（知識）

項目	內容
標題／稱號	DAaTh，Daath，達特（知識）
神之名	AL，EL，艾歐（神）
大天使	無
天使宿主	無
相應的占星符號	天狼星，大犬座

項目	內容
相應的塔羅符號	無
相應的元素符號	風
路徑文本	無
魔法形象	一顆頭有著雙面，女人的臉朝上向左看去，男人的臉向下往右看去，兩個人都留著銀色捲髮。
額外象徵	空房間；一切象徵皆不存在。
顏色	在阿其路：薰衣草色 在貝來亞：淡銀灰色 在耶其拉：純粹紫羅蘭色 在阿希亞：帶著金色斑點的灰色
微觀宇宙的相應符號	汝阿赫與奈紗瑪結合之處
身體的相應符號	脖子
啓蒙級別	無
負面力量	SThRIAL，Satariel，薩塔瑞爾（隱藏者）；AaGAL，Augiel，奧吉爾（阻撓者）；ThAVMIAL，Thaumiel，濤迷爾（雙生子）

達特，這道深淵的大門，占據了「組成生命之樹上半部圓質之六角形」的中央空間。從上一個世紀以

來，達特就是魔法圈中許多困惑的起因，因爲它幾乎與生命之樹的整體目標格格不入。它既不是圓質、亦非圓質的某個面向、更不是圓質們的結合體，但是在某些情況下，它卻又具備以上所有功能。或許，最好的方式就是將達特想成是一個介面：生命之樹上的主要介面，事實上，此乃因爲它是生命之樹上幾乎所有主要力量的會面點。如前所述，它將超凡者與深淵下方的圓質連結在一起，這就是其核心意義所在。

達特還更直接地將克特與梯琺瑞特相連結。達特是克特在深淵下方的代表物，某種程度上，當我們談到克特時，我們所說的，通常都會跟它在達特中的反映有所關聯。（在更高層次的工作當中，這可能會成爲一個障礙。有一個卡巴拉行者說過：「當達特是時，克特就不是；當克特是時，達特就不是。」）達特在某些方面也作爲梯琺瑞特的較高面向，這個功能在許多較古老的卡巴拉文獻中都有提過，在掌管第六個圓質的神之名中，也能看到達特的標題在其中。

達特也連結了后赫瑪和比那。這最後一個角色便是達特的標題來源，因爲希伯來文慣常使用「知識」作爲代表「性接觸」的詞彙，而后赫瑪與比那的結合，父親阿巴與母親艾瑪，通常以直接的性愛詞彙來描繪。從神話學的角度，正是從此交配當中，宇宙於焉誕生。因此，達特定義了中柱，這也可以被命名爲「知識之柱」，而它作爲介面的角色，也多多少少是該支柱上所有圓質共同分享的。

一個介面，既可以是界限，也可以是會面場所；如同一道大門可以打開或關上——大門是達特的重要象徵——它能允許、也能阻止通行。這是達特本質的一個重要面向。對於有意識的自我在生命之樹上尋求眞理的經驗，達特是個不可突破的屏障。對於在達特之間相遇的極性，達特是它們彼此屈服於其對立面的最極限處。因此，達特與深淵相關的程度，就如同它與中柱相關的程度那般；它是這兩者間的交會處，亦即同一與分離彼此融合和區分之處。

由於先前章節所討論關於達特在創造與墮落神話中所扮演的角色，使得它的本質變得更加複雜。如同圖14（見87頁）中所看到的，達特是象徵性的納黑爾河，也就是從超凡者下降的能量流，區分成伊甸四條河流的分岔點。在墮落發生之後，如圖15（見92頁）所示，達特成爲了龍能到達的最高處，也就是生命之水被蛇的毒液汙染成死亡之水的地方。在達特，四個基路伯與熾燃之劍在較高伊甸的大門守護著，它們守護下方不平衡的力量，同時揭露這些力量能夠被克服的方法。

從這個觀點看來，達特作爲屏障的角色因墮落而提高，而它作爲接觸點的角色則被降低了——至少從人類的觀點看來。深淵的大門仍然可以被打開，而開啓大門本身正是卡巴拉魔法師實際工作中最至高無上的。

達特的象徵，在生命之樹的傳統意象中，占了一個不甚自在的角落。達特既非圓質、亦非路徑，儘管如此，它卻擁有某些相應於圓質的象徵，同時它又缺少了能夠定義其他圓質某些主要象徵性的表達。它沒有被分派到神之名、大天使、天使宿主或是路徑文本；這樣的象徵，並非永遠都能與整體生命之樹的結構配合得很好。

當然，它的標題是達特，即「知識」。這個詞彙並不是唯一具性暗示、也並非唯一具重要性的。達特是指性愛結合方面的知識，也就是各極性們具有創造力的結合。它也是英文詞彙中較常代表「對某件事物有意識的覺知」的知識，因爲它是感覺的基礎。

汝阿赫或者有意識的自我，經常被視爲（並且也視自己爲）自我用來感覺的那部分，它其實是我們所說「覺知」的結構或容器。然而，只要花幾分鐘，我們就能立即看出這個架構以及它的含藏物間的差異處。

如果你在思考以及感覺的時候去觀察自己，你會注意到你所感知到的想法或感覺，與那個在感知這一切的那部分自己，是不一樣的。思考和感覺屬於汝阿赫；「較低自我的想像、意志及記憶」的反映，也是屬於汝阿赫；而當面紗揭開時，這些官能的較高面向覺醒之後，它們亦是屬於汝阿赫。那麼，覺知本身是什麼呢？

這個問題雖然十分簡單，複雜的部分卻藏在它的答案裡。傳統的傳說中，微觀宇宙的后赫瑪和比那——席亞與奈紗瑪——據說將它們自己的一部分向下反映到深淵當中，藉此形成能夠感知到汝阿赫、奈紗瑪、以及古弗的架構和感官的那部分自我。這部分自我屬於達特，它被形容爲是在較低身體的燈籠中，點燃的一把火焰。在這個比喻當中，它散發出光芒，照亮了所感知到的事物。這個覺知之火焰，從比那之處接收了「感知的力量」，以及從后赫瑪之處接收了「選擇要感覺什麼的力量」。然而，它還從比那當中得到了其他事物：第一個個體性之種子，一種主體與客體之間的分別，感知者以及被感知物。

這個種子也是個核心點，達特的其他面向便是圍繞著它而形成的。在達到梯琺瑞特之前，還不會生起完整的個體性經驗；在荷塞德與葛布拉之中，它只是產生了一種與同一不大相同的感覺。一旦第一個區別造成了，其他的將隨之而來。這個區別就是化現過程的開端，這能以性行爲作爲象徵，而性行爲是「知識」這個詞彙的其中一個意思。這又使得「感知」有可能發生，而感知又是「知識」這個詞彙的另外一個意思。

它還是深淵的核心與精華。知者與被知者之間的區別，正是同一的第一個、也是最後一個區分：最先生成，最後釋放。在它生成之前，宇宙以及自我的較低層次無法存在，因爲在那裡，沒有創造行爲能夠奠基於其上的極性。直到它被超越了，直到覺知與「在感知行爲當中所感知到的事物」融合了，否則救贖之道無法被完成，而與超凡者的同一也無法重新取回。一旦它被超越了，達特的覺知回到它在席亞與奈紗瑪結合的源頭中，創造的循環再次完成。

這或許看似是個別自我的結束。然而並非如此，但這可能需要經過某些思考，才能發現爲什麼。覺知回歸到它的源頭，並不會使那個「讓自己開始存在的創造行動」歸零。汝阿赫、奈非許和古弗仍然存在，奈紗瑪、席亞和耶希達也仍然存在，所改變的是它們之間的關係。這個新的關係，可以用一個空間當中的中心點爲代表，就像舊的關係一樣，而這個中心點可以再度被稱爲「達特」。然而，這個中心點，是在最純粹的奈紗瑪與最完整的汝阿赫之間的直接接觸點。

這個改變的影響是什麼？對於永恆存在的奈紗瑪來說，沒有任何改變；對於非永恆存在的汝阿赫而言，一切都變了。正如我們所見，有意識的自我仍然存在，但下降到這個自我當中的覺知，能夠在經驗一切事物的同時，感受到這個同一，它也能在自己的生命與行動當中，感受到那個同一的存在與力量，並且透過回到自我之永恆面向的源頭，感受到自我對時間與空間的超越性。最終的這個人，能夠感受到每一個層次的經驗，從克特的同一到馬互特的物質經驗，而這個微觀宇宙將會是一個完整宏觀宇宙的反映——在卡巴拉神話的語言中，也就是「亞當卡德蒙」的形象。

分派給達特相應的占星符號是天狼星，也就是地球上方最明亮的一顆星。如天王星、海王星及冥王星等外側行星，看起來可能是更好的候選人，但它們的象徵（與那些古老世界所熟知的七大行星不同）在設計時並沒有將魔法法則考慮進去，因此試圖將它們與生命之樹連結，可能只會造成更多困惑。

另一方面，自古以來，天狼星就一直具有高度的魔法重要性，圍繞著它所建造起來的形象和概念也都具有重大價值。在現在魔法文獻中，天狼星經常被稱爲「太陽背後的太陽」，它等同於東方的星星，也就是從超凡者下降到梯珐瑞特的力量；在某些實際工作的等級中，它在天空的位置，傳統上具有某種重要性。作爲最亮的星星，天狼星在比那與后赫瑪相應的占星符號——分別是土星和黃道帶——之間，占有象徵性的地位，並且代表了這些力量之間的接觸。

達特相應的塔羅符號則是一個較爲棘手的問題。由於它處於閃電上的第三個和第四個圓質，在有些情況下，它被分派的數字是三又二分之一；這並非只是一種卡巴拉式的幽默，因爲作爲一個重要的魔法數字七的一半，三又二分之一出現在《聖經》與神祕學的許多象徵當中。同時，塔羅牌中並沒有任何三又二分之一號牌！或許，分派給達特最好的妥協方法就是將二十二張大阿卡納牌全部都給它，因爲某方面來說，達特作爲介面的角色，是所有路徑背後法則的總結。

達特相應的元素符號則較不那麼隱晦。作爲一個位於中柱上的點，某些情況下，其作用就如同一個圓質般，並且與中柱擁有相同的風元素特徵。大多數風元素的象徵中所出現的矛盾特徵，剛好與深淵大門的性格非常相符。

分派給達特的額外象徵，意思很直白，但它們暗示了一個很重要的實際法則。人類的覺知就像是一個堆滿雜物的房間，魔法師所面對的大部分工作，其實就是在這場混亂中建立秩序，讓需要的物品能立即被找到。然而，這只是第一階段，之後到了某個階段，魔法師必須將注意力從這些心理雜念上移開，如此才能聽到其他存在事物的聲音。要做到後面這一點，覺知必須被清空，而非只是有組織而已，並且在那些必須隨著垃圾一起移除的事物當中，還包括組織本身的象徵和法則。

這就是第二個額外象徵所要說明的重點。以象徵性的詞彙來說，理解達特的本質，最快的方法就是使「象徵完全不存在」。這本身便是個矛盾，但也是個實用的方針。在生命之樹的路徑工作中，達特的層次被達到時，最常接收到的徵兆是，路徑工作的影像開始漸漸消褪成一片空白。有的時候，這會在一次又一次的路徑工作當中發生，直到達特的顏色出現在內在視覺中，並且向我們展現，前方的道路已經打開了。

正是因爲達特在微觀宇宙與物質身體中的相應符號，魔法練習中最重要的議題再次出現。作爲「有意識的自我」以及「超越的靈」之間的連結點，達特是一個媒介，所有與較高元靈的接觸，都必須透過它而發生，直到深淵被一勞永逸地跨越之前。就像一扇大門那般，達特可以被打開或者被關上，並且打開的程度也有所不同。當完全關上時，對於在生命的物質面向以外的任何事物，達特將被反映爲全然的盲目；當達特打開時，自我的較高層次也被打開了。另一方面，在完全打開的狀態下，它將容許覺知回到超越性的源頭之中。

正如我們所見，傳說中記載著，達特的完全打開，涉及了最高層次的精神成就。另一方面，大門的部分打開，可以在較爲中等的發展層次中發生。對於梯琺瑞特層次的任何一種瞥見，都能使得第十三條路徑的能量覺醒，並開始這個過程；只要這個瞥見持續重複，這段期間或許橫跨了許多世生命，這個過程也將持續進行。事實上，將達特中心打開的初始階段，也正是面紗打開工作中不可或缺的一部分，而唯有當面紗打開了、並且當較高自我以及較低自我，於「梯琺瑞特層次之意識完整成就之際」相互融合時，這兩者才會有所區分。

對魔法師來說，將達特中心逐漸地打開，是至關重要的，這有兩個原因。第一個原因是，在汝阿赫與奈紗瑪之間的介面，據說也是兩部分自我之間的介面，一個是物質身體死亡時隨之消滅的那部分自我，另一個是不隨之消滅的那部分自我。當這個介面變得越來越活躍時，有意識的自我架構，有更多會透過死亡與再生的階段保存下來，而在一世生命中所學到的課題，也能較輕易地帶到其他世的生命中。

第二點，在汝阿赫與奈紗瑪之間的介面，是力量的源頭，也是知識的源頭。伊甸圖中的納黑爾河，代表了宏觀宇宙中的超凡者完整的創造性能量，連同在微觀宇宙中的。在神話語言當中，雖然河被龍的毒液所汙染，這條河仍然流動著，達特的開啓也可以用來象徵龍放鬆了對較低伊甸的把持。大門打得越開，降下的河流就更加純淨。值得一提的是，全然關注物質的心智經常是最爲被動的，它們只會受到生物驅動力的影響、或者聽信於領袖的行動或文字。另一方面，偉大的魔法師和神祕學者，卻都是一個個擁有驚人魄力與氣勢的男男女女。

達特中心在人類身體上的物質反映點是在脖子與臉部下方，包含了整個發音器官。這就是爲什麼，特殊的說話或唱誦方式，總是成爲魔法師工具箱中的強大工具。

表格中剩下的象徵，只有在某種特殊意義上屬於達特。表中列出的三個負面力量，相應於超凡三角當中的三個圓質：比那的薩塔瑞爾、后赫瑪的奧吉爾，以及克特的濤迷爾。然而，在墮落之中，超凡者並未受到染汙，它們在負面力量中的等値物，無法超越龍上升路徑的最高點。這個「地獄三角」，在達特中間有一個位置，並且在救贖之道的旅程上，提供了魔法師所要面對的最後一個、也是最危險的陷阱。

這三個力量與我們之前檢驗過的大不相同，就如同那些在面紗上方與面紗下方的事物不一樣那般。它們相應於那些「其汝阿赫的力量已經全然覺醒，成功地揭開並跨越面紗」的那些人所要做的三個選擇。這三個選擇與「超越我們感知之外的究竟實相」的概念與哲學，有某些相似性。事實上，在它們位於面紗下方的反映形式中，它們會產生某些關於宇宙的思考方式。另一方面，在它們純粹的形式當中，它們是關於超凡領域的人爲選擇、而非意見，而這些選擇是人類有意識的覺知，在所能承受的最高層次力量中運作時，所做出的選擇。透過較高自我的完整力量所做出的這些決定，將具有強大的影響力。

薩塔瑞爾或隱藏者的傳統形象是，一個巨人、有著一顆長角的惡魔頭，躲在一道厚重的面紗後方。在反映的形式中，它們代表了「究竟實相即是虛無」、或者「其實沒有任何事物存在」的觀點——這就是虛無主義的立基點。在純粹的形式中，它們代表了一個決定，也就是藉由拒絕位於深淵下方的一切事物，而擁抱超凡者的同一。

奧吉爾或阻撓者，其形象是一群扭曲變形的巨人，被纏繞在蛇群當中。在反映的形式中，它們代表，一切的存在物就是一大堆被卡巴拉標記爲阿希亞世界的混亂經驗，而在經驗領域以外，沒有事物擁有任何的現實存在——這就是相對論的立基點。在純粹的形式中，它們代表了決定否認超凡者之同一、而認同深淵下方的多樣性領域。

濤迷爾或雙生子，其傳統形象是雙生子的頭長在蝙蝠的翅膀上。據說它們沒有身體，因爲它們總是在尋找其他的生物與力量來跟自己結合。在反映的形式中，它們象徵了「唯一能夠存在的事物就是自己」的信念——這就是唯我論的觀點。在其純粹的形式中，它們象徵了，將有意識的自我視爲是「等同於、或是含藏了超凡同一本身」的決定。

這些負面力量的純粹形式，也可以用神學語言來講述。在這些說法中，薩塔瑞爾代表了曾經一度十分流行的諾斯替教派的態度，它們視創造爲邪惡的，並且爲了回歸到神之中而否認創造。奧吉爾則代表了一種到現在還頗爲風行的態度，它視被創造世界爲唯一現實，而神只是個幻覺。最後，濤迷爾象徵了永遠都會受人歡迎的態度，也就是將自己視爲神。另一方面，這些也可以從哲學的觀點來看，它們是介於一個充滿改變與無常的經驗，以及一個超越性而永恆的意義領域之間，三種可能的連結方式：藉由否認經驗是眞實的；藉由否認超越性領域是眞實的；或者藉由將「領受經驗的自己」視爲「超越性之領域本身」。

然而，這條龍的三支角是從一個頭上生出來的。從將它們結合在一起的共同因素，回頭去看達特與梯琺瑞特的關係，因爲這三個力量都是從梯琺瑞特的邪惡當中生起的，此惡就是傲慢。薩塔瑞爾除了最高的事物外，拒絕接受任何其他較低的事物給自己；在那個傲慢當中的奧吉爾，拒絕接受任何事物能夠在它可取得的範圍之外存在；高度傲慢的濤迷爾，認爲自己等同於萬物之結合體。正如同這些錯誤連結到梯琺瑞特，能夠克服它們的知識也與梯琺瑞特相連，此時，有意識的自我將在梯琺瑞特中認識到，它自己以及所有其他自我都是克特之同一的反映——不多也不少。

路徑17：札因（寶劍）

項目	內容
路徑的字母	ז，Zayin，札因（寶劍）
神之名	YHVH，尤黑乏黑，特措果瑪頓
相應的占星符號	雙子座，雙生子
相應的塔羅符號	大阿卡納六號牌，戀人

項目	內容
祕傳學標題	神聖聲音的孩子，威猛眾神的神諭
路徑文本	「第十七條路徑是『配置智力』，它為正義之人提供信仰，因此他們能夠以聖靈為衣，並且它也被稱為在較高事物狀態下的卓越基礎。」
神話學法則	介於神性與人類之間的愛
路徑的經驗	二元性與同一的象徵，與性愛之愛相關的意向，與靈的接觸，直覺與神諭性質的訊息，深淵的影像。
路徑上的個體	雌雄同體與其他二元性的生命體；廣大靈眾中的任何一個。
魔法形象	一個亮橘色的拱門，拱頂石上面有一個亮白色的字母「ז」，拱門裡的門上有大阿卡納六號牌的形象。
顏色	在阿其路：橘色 在貝來亞：淡紫色 在耶其拉：新黃皮革色 在阿希亞：帶著淡紫色的紅灰色

在橫跨深淵、進行道路開啓的工作時，那些「通往超凡者、但未經過達特」的四條路徑，具有第二重要性。它們並未像吉莫的路徑那般，幫忙打開達特的中心；對於將超凡者的力量帶下、或者對於深淵大門所保管的重生之道的轉化，都跟它們的角色沒有太大關係。然而，它們卻容許汝阿赫與奈紗瑪之間的溝通，這樣

的溝通本身就是一個十分有價值的禮物。每一條路徑都代表了與較高圓質接觸的不同管道，每一個管道都與卡巴拉魔法師工具箱中的某種實際技能有所關聯。

這四條路徑當中，札因的路徑是我們要探索的第一條路徑。雖然在這個階段，生命之樹上所有路徑號碼都亂了，但就上升順序來說，這正是下一條到達的路徑。它從梯琺瑞特上升到比那，這是超凡三角中的最低圓質，將有意識自我的核心圓質連結到究竟形體的領域。要將此領域打開，就要使想像力與原初形體達成和諧，原初形體是作爲我們所經驗的化現宇宙的藍圖。以實際的詞彙來說，與札因的路徑最相關的是直覺。

這條路徑在面紗上方的位置是作爲一個警告，即說明，它所代表的關係並不會出現在日常經驗的領域之中，比方說以一個純粹或直接的形體。在面紗揭開前所經驗到的「直覺」，一般都是透過耶薩德或奈特薩荷而反映，並且顯現爲模糊的影像或感覺，而這可能與任何事物都沒有關聯。路徑的位置顯示，只有在到達梯琺瑞特後，這些才會顯露出其眞實面貌，也就是清晰直覺的感知。

但是，直覺的發展仍然是魔法訓練中很重要的一部分，即使是在最基礎的層次上。在許多現代的祕傳學系統中，包含黃金黎明在內，這部分的訓練，是透過西方傳統中的許多占卜系統來處理。某種程度上，這條路徑與占卜者的工作有特殊關係，並且在黃金黎明的練習當中，它與特定的地占術、塔羅和卜卦占星等占卜藝術相關。然而，在這裡應當理解到，只有在對直覺有幫助的情況下，占卜的專業技法才有價值。此外，當面紗揭開且直覺也越漸清晰時，有些占卜的特定技巧可能就不再需要了。

比那是形體之母，梯琺瑞特則是個別存在之源頭。在連結它們的路徑上，同一與個體性議題的重要性開始加重，路徑的許多象徵也直接碰觸了這個議題。

分派給這條路徑的字母「札因」，就是這樣的例子。札因是希伯來文字的寶劍。後來因爲有其他威力更強大的武器出現，因此現代人想到寶劍時，總是將其渲染上黃金色澤的懷舊氛圍，但在古時候以及中古世紀，這件精心打造的器具，其目的就是用來殺人的。在最極端的情況下，寶劍可以象徵同一的分離；畢竟，寶劍只是一個將人類的身體從整體切爲部分的有效工具。寶劍的外形類似一條直線，並且就如同任何幾何學學生所學到的，它是由兩個分開的點所定義，能夠將一個平面分割成大小相等的兩半。

作爲同一的分離之象徵，寶劍也暗示了這個過程中更具毀滅性的面向，它連結到了諾斯替教派的信念，將「從同一下降到個體性」，視爲是一種墮落或是一個錯誤；這個觀點在最極端的形式中，與薩塔瑞爾相關，也就是連結到比那的負面力量。

然而，寶劍也象徵風元素，那個元素在路徑的象徵中扮演了重要角色。札因路徑的神之名與相應的占星符號，都是從這個元素中得來的。分派給這條路徑的聖名是「特措果瑪頓」，掌管風的名字；分派給路徑的星座是雙子座，是由水星所掌管的風象星座。

此外，雙子座是從路徑象徵的另一面出現的。這個星座的傳統象徵是一對雙胞胎，在神話中，他們是卡斯特和波勒斯，乃天神宙斯與一個凡間女子所生的雙生子。因爲父母的身分迥異，雙生子的其中一位是凡人，另一位則是不朽的。然而，這可以代表人類靈魂中凡俗與不朽這兩部分的關係，而札因的路徑與這段關係有著特殊的連結。汝阿赫位於梯琺瑞特的中央，奈紗瑪位於比那的中央，而與這些相連的路徑代表了，直覺是連結這兩者最重要的溝通管道。在更高層次的魔法工作中，這一點將具有某些實際的重要性。

接下來的路徑象徵，會將路徑的意義朝不同方向發展。第十七條路徑的塔羅相應物是大阿卡納六號牌，戀人。這張牌卡的意象隨著時間推移，已有了大量的改變。最古老的圖像沒有什麼神祕之處，只不過是一對年輕伴侶手牽著手。在之後的版本中，有些牌卡上是一個年輕人在兩個女人之間做選擇（有些牌卡使用的是新娘和母親，另一些牌卡是新娘和妓女），還有另外一些牌卡使用了伊甸園或是其他源頭更隱晦的意象。黃金黎明選擇了最後者，引用了希臘神話中柏修斯從海神手中拯救了安朵美達的故事，以此作爲象徵，代表「至少較適用於這條路徑」的那部分自我。最終，許多現代的牌卡回到循環的開端，開始使用了一對手牽手的年輕伴侶。

在此，大阿卡納牌最簡單的形式或許是最有用的，因爲它表達了寶劍的形象所引發之議題的另一面。曾有憤世嫉俗者指出，如果一切事物皆爲同一體，則一切性愛皆成自慰。免除這裡的諷刺不講，這個挖苦話倒有點意思，正是因爲兩個不同的人之間的互動，愛的行爲才有了特殊的涵義。較廣義的（且高度隱喻的）來說，對於作爲整體的個別存在，相同的要點仍然有效。寶劍在較爲負面的層面上，象徵的是同一的分離，但愛人的形象卻給了那個分離帶來較爲正面的角度：這並非從完美之處墜落，而是試圖去探索互動與關係的可能性。這類型的概念，與曾經可以在浪漫主義中找到的信念有所連結，而現在浪漫主義被許多人統稱爲「新時代」的意識型態。這些概念將打破同一視爲正面的一步，從相同性中得到解脫；而在極端形式中，這個觀點與奧吉爾有些關係，也就是連結到后赫瑪的負面力量。

分派給這條路徑的祕傳學標題又回到先前所提過的要點，並且帶出了一個很有價值的比較。這條路徑是唯一有多個標題的路徑——再次強調它和「同一與分離議題」的連結——並且作爲「威猛眾神的神諭」，它又將路徑以及上述的直覺力連結起來。

另一方面，標題的形式可能會讓人覺得很熟悉。它與第二十條路徑的標題「光之聲的魔法師，眾神的先知」，極爲相似。這個相似性指出了一個對比，這個對比，有一部分是來自生命之樹的威力與形體兩側之間，另一部分又來自一條位於深淵下方以及一條橫跨深淵的兩條路徑之間。魔法師和先知都是屬於主動性的標題，孩子與神諭則代表被動性，他們代表了「使自我與宇宙發生聯繫」的兩種不同方式。藉由採取一個主動性的角色，魔法師與荷塞德之中的宏觀宇宙擴張性能量進行接觸；藉由回歸到一個被動性的角色，魔法師與比那之中的宏觀宇宙下的原初形體進行互動。

路徑文本則從一個不同的方向來看待同一議題。由於使用了神學文獻中的詞彙，使得這裡的解釋文字更加隱晦。如「信仰、正義之人與聖靈」已經不斷地被使用及誤用，以致我們很難看穿它厚重的意義外衣，進而去理解它眞正的涵義。

首先，信仰與盲信並非同一件事。如同第八章所討論的，信仰應該視爲是一種「對宇宙的基本信任」。正如我們稍後會看到的，它的根源在比那，這個層次代表了一種位於宇宙底層的覺知的精要形式；最終，我們信任我們所理解的，而比那（在某種特殊的涵義上）正是一切理解的源頭。同樣地，「正義」在這裡與道德勸說沒有任何關係，它僅僅代表處於一個「宇宙與自我」的正確關係中。最終，「聖靈」（希伯來文中更好的翻譯是「神性的靈」）並非基督教三位一體的第三個人，而是超凡者對於汝阿赫意識的影響力。

接著，札因的路徑是「配置智力」——「配置」這個詞意指「安排、分配」，而它之後有了另外一個更爲現代的意涵是「捨棄、丟掉」——因爲透過這個智慧，比那的特殊禮物才能給予有意識自我，但前提是，此有意識自我必須先行獲得平衡與和諧。這些禮物包含了對宇宙的基本信任，而這必須對宇宙的深層本質有所理解之後才能得到；禮物還包含了一連串在不同層次光環上的細微影響，這可以在「以聖靈爲衣」中得到暗示。這些禮物是更高事物的基礎，或者換句話說，是魔術師的修道上所能達到的更高層次成就。

在這個文本底下的經驗，與祕傳學標題的接受性象徵具有深層的關係，可以用另外一種方式表達。在第四章中提過，深淵上方的精要「他者性」的那部分自我，使得某些卡巴拉行者將其視爲是另一個人的象徵——作爲神聖的守護天使、或者作爲阿兜奈——而這個象徵也出現在神話學的文獻中。在那裡，它通常以「人類以及天神或女神之間的愛情神話」出現。這些神話提供了這條路徑的神話學法則，而研讀這類型的傳說，可以讓我們對第十七條路徑的動態提供一些有用的洞見。

路徑⑱：黑特（圍籬）

項目	內容
路徑的字母	ח，Cheth，黑特（圍籬）
神之名	AL，EL，艾歐
相應的占星符號	巨蟹座，螃蟹
相應的塔羅符號	大阿卡納七號牌，戰車
祕傳學標題	水的力量之子，光的勝利總主

項目	內容
路徑文本	「第十八條路徑被稱為『勢力宮之智力』，透過它富足的偉大性，美好事物不斷地流進被創造物，從其中，透過調查，神祕物與隱含深意現前，這些原本隱藏於其陰影之中，緊抓著它，從一切起因的起因中。」
神話學法則	昔日的未來君王
路徑的經驗	界限、邊界與海岸；在衆世界以及時空之間的旅程；圍堵與圍繞的影像；遙遠過去的遺物；一種經常十分強烈的等待或思考的感覺。
路徑上的個體	過去時空的鬼魂；沉睡的國王或皇后。
魔法形象	一個鮮豔琥珀色的拱門，拱頂石上面有一個亮白色的字母「ח」，拱門裡的門上有大阿卡納七號牌的形象。
顏色	在阿其路：琥珀色 在貝來亞：褐色紫紅色 在耶其拉：深亮赤褐色 在阿希亞：暗綠褐色

黑特的路徑從葛布拉開始到比那，形成了嚴厲之柱的上半部。如同下方捫的路徑，它也藉由對於單側極性關係的完全掌握而得到一種特殊平衡。這個平衡的特質又因爲路徑兩端的圓質而受到加強，比那的形成性本質與葛布拉的限制性力量，都會給這條路徑一種限制、牽制及控制的特殊氛圍。它表達了嚴厲之柱性格中

最嚴酷的一面，對於中柱的平衡性能量或是梯珐瑞特的和諧性影響力，完全無動於衷。

然而，路徑的這種特徵並不會產生任何停滯或僵硬，反而帶來一股行進中的巨大力量。這或許看似矛盾，但它所表達的那個法則，當一具汽油引擎發動時、或是當一把手槍的扳機扣動時，運作的法則皆相同。將汽油或火藥粉倒在地上並點燃時，產生的現象至多不過是一把火焰。但另一方面，如果將汽油或火藥粉裝在有限制的密閉空間中，例如裝在圓柱的牆面裡或是槍筒中，則它們所含藏的能量將會轉化爲一股動能。任何其他能量的來源也是如此，包括人類的意志。

某種程度來說，這與我們在討論葛布拉時所探討的「意志的同一」議題相關，但它超越於此之上。「限制的法則」，這是人們對它的稱呼，是實際魔法背後最重要的法則之一，也是現在社會中最不被人理解的一種。隱藏於其中的是整個護身符的藝術，另一方面，許多啓蒙儀式的特殊方法就是從這裡引申而來的。若我們想要仔細查看這些議題，我們會離題太遠，但是稍後的章節將會更加全面地探索這個法則的應用方式。

在卡巴拉魔法師所用的實際方法中，黑特的路徑具有不同的應用。正如札因的路徑與魔法師工作的接受性那一面相關，它的目標是比那，即究竟形體的領域。札因的路徑代表占卜的藝術，黑特的路徑則可能與各種等級的魔法工作相關，我們稱之爲「預示性經驗」，在黃金黎明傳承中，是透過實際的方法發展出來，例如水晶球占卜以及路徑工作。正如占卜的專業系統，大部分「預示性工作」的特定方法，有助於幫助自我與生俱來的力量——在這個例子中，是對較不物質性的經驗領域所開放的「庸常感官的細微類比物」——並且可以在這些力量完全發展之後，將類比物捨棄；然而在魔法師的訓練中，專業的方法可能具有很重要的位置。它們代表了「承載這些經常難以捉摸之能力」的「形體」——實際上就是指容器——並且提供了有架構的管道，如此使得經驗的隱藏面向能被感知到。

分派給第十八條路徑的字母是黑特，意思是「圍籬」或「圍欄」。在過去大部分是鄉村與農業的社會中，圍籬的重要性是現在都市居民難以理解的。牧場和農田是生存的基礎，許多財富大部分是由牲口所組成，諸多用來代表財富的古詞都是指家畜或者牛群。在這樣的社群當中，圍籬的功能就像現在的銀行帳戶一樣。這些理解，讓第十八條路徑的意義超越了原本「包圍」的簡單概念，而進入價值的議題中。

接下來的兩個象徵，即神之名以及相應的占星符號，又將主要的關注移轉到路徑在生命之樹上的位置，而非路徑本身的本質。分派給這條路徑的名字是艾歐，相應於水元素，相應的星座是巨蟹座，螃蟹，也就是三個水象星座的其中之一。水元素是整個嚴厲之柱上的主要影響，掌管了兩條路徑，並且形成了支柱的三個圓質的其中兩個。如此提及一個接受性最高的元素，強調了嚴厲之柱本身最重要的被動性本質。就像先前所使用過的例子：圓柱牆面或是槍筒，形體的能量所扮演的角色是，接收威力、形塑它、並將其導引到最後的目標。

黃道帶的巨蟹座也與這個象徵相關，但是它本身有一個要教導的課題。所有中古世紀的動物當中，螃蟹是代表圍堵與力量之結合的最佳象徵，這也正是這條路徑的核心意義。被包圍在堅硬的殼當中，螃蟹仍然得以快速移動，牠的鉗子亦使得牠能做出攻擊的選擇。就像一個穿戴盔甲的男人，堅硬的武裝正是他力量的來源。

一個穿著盔甲的男人，在第十八條路徑的下一個象徵中扮演了重要角色，雖然這是複雜象徵中的一個元素。分派給這條路徑的塔羅大阿卡納牌是七號牌，戰車。這張牌的大部分版本是一個男人全副武裝地站在由兩匹馬拉著的戰車上，馬匹可能由人面獸身的斯芬克斯或是其他更奇異的野獸所取代，但通常一隻是黑色、一隻是白色。

戰車的形象在西方世界的祕傳學傳統中歷史悠久，並帶有複雜的涵義。戰車通常被視爲是最普遍的自我象徵，因爲它的馬匹、各種驅力及力量都必須由較高層次的自我來駕馭並加以引導。然而，幾乎所有大阿卡納牌的版本中，能允許這種控制方向的韁繩，在畫面上似乎都看不見。

在此暗示的是奈紗瑪的角色，亦即精神自我，以及其相對於葛布拉之意志的關係。在戰車的形象中，奈紗瑪才是眞正的戰車駕馭者，有意識的意志只是更高面向之自我所操作的乘具。（嚴格來說，在這種引導工作中，是后赫瑪中的席亞或精神意志力，在比那的奈紗瑪中運作著；葛布拉的路徑文本所提及的智慧與理解，便適用於此。）這代表這個導引發生之處，並沒有被有意識的自我感覺到。它們隱藏在深淵上方，不用任何可見的韁繩來引導自我之戰車前進。意志的力量帶有限制性與導引性，它在一個汝阿赫無法看見、卻又無法逃避的範圍中運作著。

反過來說，這條路徑的祕傳學標題回到了許多過去已經提及的象徵。黑特的路徑是「水的力量之子」，這是因爲水象徵在整個嚴厲之柱所扮演的主導性角色，也因爲路徑是從比那下降的，而比那即是汪洋大海；它是「光的勝利總主」，這是因爲北半球的夏至，即一年當中最長的一天，發生在太陽進入黃道帶巨蟹座時。

進入路徑文本後，對於象徵的聚焦也逐漸加深。雖然這裡所涉及的大部分概念，都已包含在先前處理過的象徵中了，但是所產生的影響卻直擊卡巴拉魔法師工作的核心議題。

文本中所使用的「勢力宮」，是從占星學的傳統語言借用來的，指的是宇宙中能被某個已存在力量所影響的區域或面向。作爲「勢力宮之智力」，黑特的路徑可以被視爲是，標識出這些不同區域或面向的互動本身，它也扮演了一個與這條路徑所連結的圓質有明顯互動的角色。

文本繼續指出這個角色的兩面，一面是作爲創造之道的一部分，一面是作爲救贖之道的一部分。作爲一個創造性力量，「（第十八條路徑的）富足的偉大性」增加了那些「流進被創造物的美好事物」。對於一條位於嚴厲之柱的路徑來說，這樣形容可能有些奇怪，但是文本用了「美好事物」，而不是某些更爲無形的概念，例如祈福或賜福。作爲一個形體的源頭，路徑幫助形塑了創造性力量的下降，使其進入具體的形體中，透過不同的勢力宮將這個力量分布開來，將同一加以區分，成爲我們所經驗到的富足宇宙。

另一方面，作爲一個救贖性力量，路徑直接引向了預示性魔法練習的祕密。「從其中」，文本接著說，「透過調查，神祕物與隱含深意現前」，這些是與路徑相關的，但它們最終並非從這條路徑而來，而是從「一切起因的起因中」而來，也就是克特本身。在此，「隱藏的感官」也可以翻譯爲「隱藏意義」或是「影射」。藉由探測限制之祕密，這部分文本暗示了，源自於克特的祕密與隱藏意義——從任何階段的自我所能獲得的存在的最高形象——能夠被有意識的心智所理解。在此，再次地，如同札因的路徑，這條路徑的運作，使得一條橫跨深淵的溝通管道得以開啓。

反過來說，隱藏在這條路徑中的「神祕物」與祕密，對於自己如何在實際工作的經驗中被感知，擁有強大的影響力。當路徑的能量以任何方式覺醒時，「等待或者沉思、以及某件隱匿已久的事情一躍而出」的感覺，可能會非常強烈。這用語與分派給黑特路徑的神話學法則有很大的關係。

許多文化中都有這樣的傳說，是關於一位過去著名的領導者或英雄，雖然他彷佛已經死去，但他總有一天會再度歸來。亞瑟國王就是一個最著名的例子，雖然他不是最古老、也不是最爲人所知的；大部分的基督教神學，也是建立在這種關於耶穌神話的化身上。正如許多神話當中，在路徑工作中，沉睡的國王和皇后，通常會在一個地底的密室或是純淨的大廳裡被找到，他們平躺在一群戰士與寶藏之中。從很多方面，這可說是捫的路徑中，「溺水的巨人」這個形象的後續發展，並且代表了自我的所有潛能，等待著所有傳說中的預言都被實現的那一刻。

圓質3：比那（理解）

項目	內容
標題／稱號	BINH，Binah，比那（理解）
神之名	YHVH ALHIM，Tetragrammaton Elohim，特措果瑪頓艾羅因
大天使	TzPQIAL，Tzaphqiel，扎乏基爾（神的沉思）
天使宿主	ARALIM，Aralim，阿拉林（英勇者衆）
相應的占星符號	ShBThAI，Shabathai，紗巴太（土星）
相應的塔羅符號	牌組中的四張三號牌以及四張皇后牌
相應的元素符號	水
路徑文本	「第三條路徑是『使聖潔之智力』，它是初始智慧之基礎；它被稱為信心的創造者，且其根源在阿門（Amen）。它是信心的父母，從其善德中生出信心。」

項目	內容
魔法形象	一個年老的女人，有著一頭白色長髮，穿著簡單的黑色長袍，手持一根粗糙木杖。她面朝向觀者的右方。
額外象徵	所有陰道類的象徵
額外標題	AMA，Ama，阿瑪，暗沉不孕的母親；AIMA，Aima，艾瑪，明亮多產的母親；MRH，Marah，瑪拉，汪洋大海。
顏色	在阿其路：深紅色 在貝來亞：黑色 在耶其拉：暗褐色 在阿希亞：帶著粉紅斑點的灰色
微觀宇宙的相應符號	奈紗瑪，精神理解
身體的相應符號	頭部右側
啓蒙級別	8＝3，殿堂領袖
負面力量	無（見達特）

在魔法卡巴拉傳承中，有時會將跨越深淵比喻爲一段朝未知海域航行的旅程。就像在歐洲海上探險時期的船長們，此刻，走上救贖之道的卡巴拉魔法師將熟悉的世界拋在背後，朝向未知的領域前行。繼續沿用比喻來說，札因與黑特的路徑被視爲是要被航行的海洋，生命之樹的第三個圓質比那則成爲海洋另一端遙遠的

陸地。

當我們在奈特薩荷、后德與耶薩德的圓質中，進行著這些路徑之反射的工作時，這個比喻就產生了最大用處，這些也是訓練中的魔法師，工作發生最多的地方。在這些層次上，被反射的深淵可以在冥想及路徑工作中被跨越。當生命之樹的上行持續進行中、同時深淵亦逼近時，這個比喻便減弱了；當魔法師開始處理深淵完全完整的實相時，這個比喻便必須被捨棄或是重新詮釋。那個海洋無法透過汝阿赫而被跨越；它將終止，就像古老傳說中平坦大地周圍的海洋那般，終結在一陡峭斷層與一虛空之中。反過來說，在其之上的世界極爲奇異，是地球上任何一塊新大陸永遠無法擁有的那種奇異。即使是阿波羅號太空人的旅程，他們的太空船將從馬互特到耶薩德的路徑轉成一個環形軌道，也只是到達了一個比我們現在所討論的更加令人熟悉的處所。

超凡領域的陌生感，完全不似任何熟悉的事物，在學習完全位於深淵之上的圓質與路徑時，這一點必須隨時謹記在心。超凡者是屬於同一的領域：這並不是一個「使形象在此成形」的同一，如同葛布拉；也不是一個威力向外擴展的同一，如同荷塞德；這是一個全然的同一，在此無法想像出任何存在的區分、分別或分離。在比那中，那個同一是形體的源頭；在后赫瑪中，它是威力的開端；在克特中，它無法被定義，即便是以如此抽象的方式。

卡巴拉法教如此耗費心力地完整描述一個完全陌生的領域，或許令人覺得費解，特別是由於汝阿赫，即有意識的自我，在處理這些反映與矛盾時，只不過僅能與之勉強搏鬥。然而，如前所述，有意識的自我並非人類靈魂的最高極限。對於奈紗瑪、席亞與耶希達，即微觀宇宙的三個最高面向，這個陌生領域是它們的家園，這些層次的覺知也會在達特開啓後獲得。究竟來說，汝阿赫僅只是一個覺知的架構；再回到比喻本身，它正是卡巴拉魔法師用以航行的船。那艘船只能完成部分旅程，之後便會沉沒。在後續旅程中，有意識的覺知將無法再使用任何經常用來定義自我的熟悉架構，而是必須獨自走完。就如同某些在傳說中遭遇船難的漂流者，裸身來到了海洋另一端的海岸，孑然一身，除了自己，什麼都沒有。

「要從經驗的領域中，建構出比那的象徵」這個需求，雖然可以被汝阿赫所理解，卻在第三個圓質的象徵中製造出某些不和諧。其中有許多不同主題，且並非全部皆能輕易相容，不斷地在其象徵中前後移動。從比那作爲嚴厲之柱源頭的角色所生起的模式中，包含了黑暗、限制以及接受性等象徵。與此緊密關聯的是，從深淵的象徵中所取得的一組相關形象。另外一個模式則明顯不同，它透過多產、誕生與母親的形象，強調比那作爲形體之源頭的角色。此外，在未受到墮落影響的圓質中，比那的位置是最低的，這重新塑造了第三個圓質與其下方圓質的關係，產生了一個對邪惡勢力開戰之形象的模式。

第三個圓質的標題，主要是從這些模式中的第一個所取得。「比那」這個字可以被翻譯爲「理解」，代表的是知道的方式，其接受所知的、並將信息放進一個脈絡中；當我們看見某件事物的因果、它的關係以及它的意識時，我們便是瞭解了該事物。當這種感知的形式仍是汝阿赫的一個功能時，它便是作爲我們可以得知的「比那本身意識模式」最貼近的相近物。它也有效地強調了比那與達特的關係，某方面看來，就像是理解之於純知識。

如果這個象徵考量到了汝阿赫的限制，則下一個象徵並沒有。分配給比那的神之名是YHVH ALHIM，特措果瑪頓艾羅因，也就是偉大創造性之名與力量的結合。這兩個名字在我們於生命之樹的上行過程中各出現了兩次，而它們第三次、也是最後一次便是出現在這裡——於深淵之上。這兩個名字暗示了「超越顯相之實相」的不同、甚至是對立的形象。特措果瑪頓是一個位於同一之中的循環性創造過程的形象；艾羅因不只是暗示了同一，且是多種不同力量透過彼此互動而帶來了創造。這兩者結合在一個名字當中，是一個刻意的矛盾，提醒我們在深淵之上所象徵的限制性。

接下來兩個象徵，一個新的模式出現了，對抗負面力量的意象開始扮演主要角色。比那的大天使是扎乏基爾，被稱爲「對抗邪惡的精神衝突」；比那的天使宿主是阿拉林，即「英勇者眾」。在貝來亞與耶其拉的世界中，第三個圓質被視爲是一個抗衡不平衡力量的活躍力量。如前所述，這主要是與墮落的神話有關，但這也跟比那位於形體之柱頂部的位置有關；它本身並沒有被區分開來，但作爲形體的源頭，它是所有區別的開端，而葛布拉的限制以及后德的差別與定義，都由此誕生。

扎乏基爾的名字意指「神的沉思」，代表了庸常心智無法達到的意識之潛能，透過與一切事物原型的結合而理解它們。這就是奈紗瑪的一般狀態。反之，阿拉林作爲比那在耶其拉的相應物，代表的是在這個層次的意識過程。

相反地，在阿希亞的世界中，如上所述的第一個模式又重新出現。比那相應的占星符號是土星，代表的是限制與休息、年老與惰性，以及時間的影響。在實際工作中，土星經常被視爲「彷彿是達特的相應物」一般被使用，這反映了一個重要的要點：在某種意義上，達特是從下方所見的超凡三角的形象，而在此形象中，比那的象徵與力量擁有主導地位。作爲限制性力量，超凡者在魔法工作的某些面向扮演了重要角色。

比那的路徑文本又將焦點轉回救贖工作中。在此，比那成爲創造者、父母以及信心的源頭。信心，如我們已知的，可被理解爲：對宇宙的基本信任，全心相信有某種潛在的模式與目的存在；而這個態度剛好跟一般毀滅性的態度相反，後者將生命視爲本質上是無意義的，宇宙只是隨機出現或甚至具有惡意。信心來自於比那，因爲比那作爲形體的源頭，也同樣是所有穩定及可預期之模式的源頭。

文本也將比那稱爲是「初始智慧之基礎」，這個句子需要一些額外關注。智慧是后赫瑪，即第二個圓質；而翻譯爲「基礎」的字是耶薩德，即第九個圓質的標題。耶薩德是生命之樹上偉大的凝聚中心，更高圓質的能量在此點上，接受了形體與威力的模式，並在馬互特生起了物質與能量的經驗。將比那稱爲「后赫瑪的耶薩德」，就是把「凝聚以及凝固第二個圓質之能量」的相似角色分派給它，這也是一種理解比那功能的方式。比那和耶薩德也在數字上有所連結，因爲9＝3×3，在某些卡巴拉傳承的分支中，它們共享某些其他象徵。

文本中的另外兩個句子也需要加以解釋。第一個句子說比那的「根源在阿門」，「阿門」這個字，現在經常被簡化爲祈禱文結束時的一個口說式標點符號，但其實它本來是更具重要力量的字之一，並且在卡巴拉的用法中，它是克特的一個標題。另一個句子稱比那爲「使聖潔之智力」，「使聖潔」代表「使某物變神聖」，將某物帶進與永恆的關係當中；在這裡的影響是，這個過程是透過比那而發生，也因爲比那是超凡者當中最可觸及的一個，因此這是有道理的。

比那象徵中的接受性元素，與第三個圓質接下來幾個象徵中的多產意象相連結。作爲我們文化偏見中的一個症狀，這些當中的第一個，並非家喻戶曉的名詞；其實不論在夢中、文學或是生活裡，陰道的象徵都與陽具的象徵一樣普遍。陰道或許是代表比那最完整的象徵。接受性且黑暗，陰道包含了繁殖的行爲，並且從中生出新生命的物質形體。陰道每個月流出經血（耶薩德的一個連結，與月亮的週期相關），暗示了土星作爲「時間之總主」的角色；它帶有鹹味的分泌物則反映了大海的水，這是比那的另一個象徵。

連結到這個的，還有比那的兩個額外標題。阿瑪和艾瑪是希伯來文的「母親」，它們之間的差別只有一個字母「尤」，一個有，一個沒有。「尤」這個字可以象徵精子。也因爲組成阿瑪和艾瑪這兩個字的字母數値，第一個被稱爲暗沉而不孕的，第二個被稱爲明亮而多產的。然而，這些並非價値判斷。阿瑪，是「作爲神祕事物之角色，以及作爲限制之源頭」的比那；艾瑪，則是「作爲一切形體之起源」的比那。正是從艾瑪當中，創造之道誕生了；但在救贖之道上的旅行者，跟阿瑪比較相關，因爲它守護著深淵的祕密。她是沉默而憂傷的女士。

比那的最後一個額外標題，先前已經提過了：瑪拉，汪洋大海。在早期，人們對海洋的概念，就好比我們現在對外太空的概念一樣，廣大而未知，其中隱藏了危險和寶藏、失落的文明及恐怖的生物；即使是那些旅行者，也只能看到大海願意展現的那一面而已。全部這些事情都與一種神祕感相融，而神祕感正是比那的主要特徵之一。

另一方面，大海也與比那的微觀宇宙相應符號相關，也就是奈紗瑪。在神祕學的一個最古老的比喻中，當個人覺察回歸到一切覺知的源頭時，是被想像爲一滴水回到汪洋之中。這個比喻有其限制。從汝阿赫的角度來說，是海洋進入了水滴，將水滴與所有世界的汪洋連結、而不會將其撐破；另一方面，從深淵之上開始，也可以說，水滴將不再離開海洋了。這仍然是一個很有用的形象，並且在某些啓蒙儀式的傳統象徵中具有重要的角色。

如前所述，奈紗瑪本身是一個更高的理解、或精神的理解，它代表了人類靈魂中感知力量的根源，正如同席亞，即后赫瑪之反映，也是行動力的根源。作爲一個在超凡者領域中的力量，奈紗瑪超越時間與空間，而從其而來的感知力量，並不必然會被這些因素所限制。殿堂領袖，也就是那個跨越了深淵到達比那的魔法師，據說能夠同時瞭解過去與未來；當降到較低層面上時，這個相同的力量將會產生某些在占卜方面驚人的成果。

路徑⑮：黑（窗戶）

項目	內容
路徑的字母	ה，Heh，黑（窗戶）
神之名	ALHIM，Elohim，艾羅因
相應的占星符號	牡羊座，公羊
相應的塔羅符號	大阿卡納四號牌，皇帝
祕傳學標題	早晨的兒子，英勇者中的主將
路徑文本	「第十五條路徑是『構成智力』，之所以如此稱呼是因為它在純然黑暗中組成了創造的內容物，並且在這些沉思中說：這是那個在經典中（約伯 38：9）所說的黑暗，而厚重的黑暗是其襁褓帶。」
神話學法則	黃金時期的君主

路徑的經驗	春天與新生命的意象；太陽與星雲之象徵的結合；世界或眾多世界的創造；無限太空的影像。
路徑上的個體	帶有隨從的皇室成員；天使；各種等級的創造性之靈。
魔法形象	一個亮紅色的拱門，拱頂石上面有一個亮白色的字母「ה」，拱門裡的門上有大阿卡納四號牌的形象。
顏色	在阿其路：鮮紅色 在貝來亞：紅色 在耶其拉：熾焰紅色 在阿希亞：豔紅色

攀登生命之樹時，有一條規則，對於路徑的數字標記方式以及擺放位置所產生的困惑，有很大的幫助，那就是：每一個圓質的上升，都是從一個最低的可能點開始。如果達特也算是一個圓質的話——在某些有限制的情況下，是會發生這種情況——則這條規則甚至在跨越深淵時也是有用的；跨越的每一個階段，到達特、到比那、到后赫瑪、再到克特，都是從梯玹瑞特開始。廣義來說，這條規則可以被視爲卡巴拉魔法師所有工作的導引，因爲它指出了「將那項工作的每一個階段，都奠基於先前已熟練的階段上」的價值。然而在跨越深淵時，此規則還有一個更深層的意思：跨越的每一部分都是從梯玹瑞特開始；每一次覺知延伸進入人類意識的更高可能性層次時，都要從有意識的自我核心開始，並從自我知識的基礎上生起。

特別是在上升到第二個圓質后赫瑪時，這一點更是具有特別的重要性。從深淵下方，三個圓質藏在從比那衍生出的黑暗之中，並且也是比那提供了這三個最高圓質大部分的魔法象徵，如同「奈紗瑪」被用在所有人類覺知的最高階段上。這個象徵是奠基於經驗，但它也可以引向一個陷阱。

那個陷阱是一種思維習慣，也就是「只從比那這方面，將超凡者思考爲黑暗、隱藏並且是空無的」。沒錯，這些概念可以應用在超凡領域中；然而，它們的相反面也能完全正確地應用於此之中。在超凡三角的結合中，一切的對立面都同等眞實，也同等虛假。這些黑暗、隱藏、空無的超凡者，也同樣是明亮、揭露、無限充滿的；它們也同樣是以上皆非，超越於這些以及所有其他人類標籤之上。

如同跨越深淵的道路所暗示的，要避免這個陷阱，最好的方法可以透過「在梯珐瑞特中生起的對自我的認知」中找到。那裡，在汝阿赫的平衡點中，對立面的同一透過具極性之圓質的和諧而被暗示；在那裡，克特的同一被反映在自我意識中，我們可以透過內省來獲得某些自我的同一。每一條上升到梯珐瑞特的路徑，都有某些「關於自我與同一」的關係可以教導我們，而這個關係也就是卡巴拉魔法更高階段的核心內容。

黑的路徑本身，即五條路徑中的最後一條，與儀式魔法的藝術具有特殊關係。如同札因與黑特的路徑，黑的路徑是汝阿赫與自我更高中心點的連結，但它的終結點是在后赫瑪、而非比那；它連結了威力的主要來源、而非形體的主要來源，因此使其下降的是威力、而非感知。札因的路徑掌管了占卜師的工作，黑特的路徑掌管了預視者的工作，至於黑的路徑可被視爲掌管了儀式魔法師的工作，透過象徵性的行動來形塑力量。在此，同樣地，黃金黎明傳承提供了大量關於方法的專業知識給訓練中的魔法師；在此，同樣地，當魔法師學習到如何更直接地使用自我的自然力量時，這些專業的方法可能會漸漸被淘汰。

更廣義來說，黑的路徑處理的是力量與自我之間的全部關係。分派給這條路徑的字母，是這個文本的核心。黑是希伯來文的「窗戶」，在過去有效的室內照明尚不存在時，窗戶是房屋及其他建築物中提供照明光線最重要的方式之一。然而，窗戶並非光的來源；它們只是容許太陽光穿透牆壁，照耀裡面的房間。

這裡的象徵是很精確的。某些魔法理論將魔法師力量的源頭視爲是魔法師本人，其他則將力量視爲是存在於某些外在事物之中的事，比方說，星星和星球、或是草藥和寶石。相反地，在魔法卡巴拉中，這些事物並不被視爲是力量的源頭，而是這些力量可以穿透的窗戶，至於力量的源頭本身則被視爲是處於活躍狀態下的超凡者之同一，也就是后赫瑪。更廣義而言，這並不只適用於魔法力量，也適用於任何一種在經驗宇宙中的能量化現。

當然，字母「黑」在卡巴拉思想中還有另外一個角色，它是組成「特措果瑪頓」的字母之一。它在此上下文中的象徵，剛好是它在生命之樹上的象徵的精確對立面；這並不是意外。同樣的事情也發生在字母「尤」身上，這個明顯的矛盾將透過我們對第二十條路徑的討論而得到解決。就像一扇窗戶，字母黑所象徵的力量關係，一方面是接受性的，另一方面又是主動性的。黑在特措果瑪頓中象徵接受性的女性角色，透過一個在生命之樹上主動的男性象徵而得到平衡。

這個主動的角色，掌控了接下來幾個象徵。分派給這條路徑的神之名是「艾羅因」，以及相應的占星符號是黃道宮的牧羊座，兩者都與火元素相關。作爲一個被火星主宰的火象星座，牡羊座是傳統十二星座的第一個星座，它的第一度也表示了春分。后赫瑪與整體的黃道宮相關，也就是太陽、月亮和行星們遠古時發生舞動的星球帶。后赫瑪的力量透過黑的路徑下降到梯珐瑞特，在一個不同的層次上，這反映了能量從黃道宮下降，並透過牡羊座來到春天的太陽。

第十五條路徑相應的塔羅符號也以最強烈的形式，帶出了這個相同主動而充滿能量的角色。大阿卡納四號牌皇帝，展現了一個頭戴皇冠、坐在寶座上的帝王，手中握著代表領袖的寶球和權杖。（許多現在的牌組會在寶座的雕刻上放上公羊的頭，以延續牡羊座的象徵。）值得一提的是，他的樣貌是一位帝王，而非只是一個國王。在中世紀的政治思維中，不僅反映在這裡、也反映在塔羅牌的其他地方，帝王被視爲是地球上最高的統治者，遠比國王優越，其地位只低於神。中古世紀的兩個皇室家族——也就是所謂的「神聖羅馬帝國的帝王們」，他們統治了大部分的中歐，以及現爲希臘與土耳其的「拜占庭帝國的帝王們」——都在政治事務上扮演了特殊的宗教角色，宣傳自己是神的代言人。大部分擁有這些皇家稱號的人，言行舉止反而總是最稱不上是神的代言人所做的，其程度甚過刻意嘗試；然而，這個象徵仍然有力到足以使後來的國王們以「神聖權利」的形式再被複製。

這些朝代中的政治假象在此並不具什麼重要性。但另一方面，它們的象徵是重要的。這些帝王，作爲地球上的最高權力中心，更作爲更高力量在地球上的代表，與黑這條路徑已標示出的角色大有相關。作爲高於國王之上的統治者，帝王也有效強調了梯琺瑞特依賴於在自己之上的圓質。

這個象徵的模式，在路徑的祕傳學標題中達到了一個至高點，「早晨的兒子，英勇者中的主將」。如我們所見，英勇者在這些標題中代表的是后赫瑪與比那，這個標題的後半部正是一個代表后赫瑪本身的正確稱號。然而，它在這裡出現仍然是適當的。這條路徑的統治者與力量的意象，只是反映了它作爲后赫瑪之力量的管道角色；在其中一個最重要的意義中，這條路徑是后赫瑪在深淵下方最清楚的一種反映。

「早晨的兒子」這個句子比較複雜。這個標題是用於《聖經》神話中的「晨星」，接著被基督教的作家們誤用（連同路西法（Lucifer）這個名字，意思是「持光者」，其實也是金星的一個名字）在撒旦身上。在魔法卡巴拉中，這兩個傳承都被取用，以作爲榮耀的象徵；並且也代表傲慢自大的象徵，這是梯珐瑞特的缺點，也是掌大權者普遍的缺失。

然而，這些統治者的形象還有另外一面。這個世界的神話中有許多都包含了某段時期，當時只要有一位偉大的君王，就能將全世界帶入和平。這些神話有時會跟最一開始的天堂混淆在一起，但是這兩者從根本上就不一樣。君王的角色經常跟多產魔法的老舊概念相關，不論是以最直白的意思或是較模糊的意思來看。在近代的世界，亞瑟王或許是這些人物當中，我們最熟悉的，雖然只要讀過古老神話以及最近的政治雄辯，就能提供更多例子。

「黃金時期的君主」，是我們稱呼這個神話學法則的方式，通常會成爲黑特路徑中唯一的未來君王；這一點以及這些字母本身的相似性，會指向這些路徑之間某種更深層的關係。使用這些字母作爲形象時，我們可以說，窗戶關上了，留下國王在他自己墳墓的墓穴中。對於黃金時期的神話，最重要的是，它們總是會結束；而同樣重要的是，它們有一天也可能再回來。

路徑文本從這些議題移動到路徑意義的另一個面向。作爲從后赫瑪下降的能量流，黑的路徑在創造過程中扮演了一個角色；這個過程以及其解釋方式，是許多較早期的卡巴拉思維中很重要的一部分；而雖然魔法卡巴拉有其他研究方向，某些過去所專注的議題所留下的痕跡，還是會讓許多不謹慎的學生感到困惑。這個路徑文本，是三十二條路徑中，唯一一個包含《聖經》引用文句的；這是另外一個舊有時期的特徵，當時的卡巴拉文獻是以「《聖經》的解釋」形式而存在。

然而，這個文本的主題證明了轉向舊有形式是正確的。我們被教導說，黑的路徑，「在純然黑暗中組成了創造的內容物」。這個黑暗被形容爲「襁褓帶」（也就是用來包裹新生兒的布），而黑暗以及包圍的意象說明了這指的是比那。另一方面，這也是深淵，也就是在這裡，后赫瑪的下降之光形成了第一個「創造的內容物」。

對這個文本的詳細解釋，將需要更大的篇幅，我們在這裡沒有辦法做到，因爲這會引用到不同於本書第一部分的神話中所提及的「創造」文本，也就是《塞弗耶其拉》以及其他古老卡巴拉文獻的文本。我們目的的重點是，黑的路徑代表了創造過程中最基礎的運作力量。它並不僅僅代表了一年之中的春天，而是代表了一切存在的春天。文本暗示了「創造的內容物」——構成我們一切經驗底層的「東西」——是能量，也就是后赫瑪毫不受限的威力。

路徑16：乏（木釘）

項目	內容
路徑的字母	ו，Vau，乏（木釘）
神之名	Adonai，阿兜奈
相應的占星符號	金牛座，公牛

相應的塔羅符號	大阿卡納五號牌，教皇
祕傳學標題	永恆之眾神的魔法師
路徑文本	「第十六條路徑是『勝利或永恆智力』，之所以如此稱呼是因為它是榮耀之喜悅，在其之上，便沒有任何榮譽像它一樣，並且也因為它是為正義之人所準備的天堂而有此稱號。」
神話學法則	智慧的守護者
路徑的經驗	前往廟宇、山中僻靜的隱居處、以及相似處所的朝聖之旅；從誕生、性、死亡、以及其他基本生物過程中所得來的意象；智慧法教的溝通；對於一切時間的洞見。
路徑上的個體	古老的智慧生命體，並非永遠都是（或者完全是）人類；進行著儀式或法教的祭司型人物。
魔法形象	一個深紅橘色的拱門，拱頂石上面有一個亮白色的字母「ו」，拱門裡的門上有大阿卡納五號牌的形象。
顏色	在阿其路：紅橘色 在貝來亞：深紫藍色 在耶其拉：深暖橄欖綠 在阿希亞：豔咖啡色

支柱在卡巴拉思想中所扮演的角色，已經多次在本書中加以強調。某些方面來說，關於這些極性以及其解決方法的象徵，在實際上比生命之樹本身更加重要，在理論上又比生命之樹更加基本。在一定程度上，這

是因爲支柱比較容易在一般經驗的領域中去做連結；必須經過一定的練習（連同想像力的練習），才能夠學習將行爲與感知分派給生命之樹的圓質，但是每日生活中對立面之間的互動，卻是明顯到能夠立即被掌握。每當一個男人與一個女人結合後孕育出孩子時，或是當太陽與土壤滋養著一棵植物，從種子到開花結果，都展現了三個支柱的形象。在一個更大規模上，創造的整個過程是從「退離」的階段開始，也就是在神之內創造出一個「神不在的空間」，接著，後續生命之樹的誕生，可以被理解爲「在神與空無之間平衡」的中柱之形成。

在生命之樹的結構中，描繪出支柱行進方向的七條路徑，都擁有某種這樣的初始特質；它們也全都擁有平衡的特徵，不論此平衡是來自於兩種力量的融合、或是一種力量的主導。在乇的路徑上，這兩種因素都位於它們最強大的狀態中。作爲威力之柱的更高自我，它代表了創造性力量以最純淨的形式下降，連結到后赫瑪，亦即所有力量開始存在之處，接著再到荷塞德，亦即能量在深淵下方的第一個突破展現之處。這個相同的向下湧現的力量，使得乇的路徑達到一個完美的平衡；也唯有黑特的路徑，即乇的路徑在生命之樹上的等值物與對立面，才能與之相較。

初始性與平衡的元素，形塑了乇的路徑的大部分象徵。然而，另外一個因素也占有重要的地位。這條路徑處理的是生命之樹上某些最高層次，但其處理方式是，藉由將這些層次的能量往下帶到有意識自我能夠理解的層次上。大部分來說，乇的路徑在這裡是一個「使穩定」或「使錨定」的角色。在卡巴拉魔法師的工作中，它代表了在經驗與意識中「那些即使位於深淵之中也能被依賴」的因素，亦即「能在魔法師旅程的較高層次上，提供一個脈絡」的背景知識。反之，救贖之道中的角色，是引用於創造之道中的一個相似角色；藉由將后赫瑪的創造性能量透過深淵帶到化現的領域中，進入生命之樹，威力與形體在極性互動中的結合處，乇的路徑可以被視爲是「使宇宙本身的各種初始力量穩定的行爲」。

對於第十六條路徑的大部分象徵來說，這個「穩定功能」具有核心地位，並且也給了當中的某些象徵一些驚人的務實性格。在生命之樹上使用陰莖和陰道作爲主動性與接受性力量的形象，這一點可以提醒我們，魔法卡巴拉並不遵循「組成了絕大部分西方精神意象」的那種吹毛求疵又神經質的繁文縟節。

在可以被分派給這條路徑的某一練習分支中，也能找到相似的務實特徵。那個分支就是煉金術，也就是關於物理物質的祕傳科學和科技。現代人的態度太常將煉金術擱置一旁，視其爲在冶煉金塊時的一種徒勞無功的嘗試，或者最好的說法是，將煉金術視爲是一種對於現代化學的錯誤嘗試。對於一門如此精細複雜的知識領域來說，這種說法是極爲不公正的。金屬的煉金術只是這門藝術中許多分支的其中之一，並且絕對不是最重要的；煉金術有許多種類，如藥物和農作物、呼吸和以太力量、心與靈的力量，這些科目中還有許多能夠助益人們的內容，即使是現今世界亦然，甚至可說特別適用於現代。（許多現在有機與生物動力的務農方式，其實都是源自於古老煉金農業的傳承。）

就像儀式魔法形成了黑的路徑的實際應用，煉金術也與從后赫瑪下降的力量有關，但儀式的工作主要是透過梯琺瑞特的微觀宇宙而專注於此，煉金術則是透過荷塞德的宏觀宇宙來達到，而乇的路徑的較低終點就是位於荷塞德。因此，對於煉金術師來說，宏觀宇宙中的一切事物都是活生生且帶有力量的，並且能夠透過煉金術的過程加以形塑與引導，使其更加飽滿地展現出內在的本然能量。對於我們在這一章回顧過的其他應用藝術，這些過程是藉由特定的專業方法被定義，但是當藝術的更深潛能與自我這兩者開始互動時，那些方法可能得先擱置一旁——事實上是必須如此。

煉金術的藝術是黃金黎明傳承的祕傳學練習的主要分支之一，也是其中最發展不全的；然而，在較高階段的訓練中會教導一種煉金術的方法，協會中的達人也會心無旁騖地研讀幾份煉金術手稿。在傳承的所有面向中，此面向可能是能夠對當前的創造性工作提供最廣大格局的。

這條路徑的第一個象徵是ו，字母乇，意思是木釘（木樁）。這個形象明顯與「穩定」的概念相關。作為將事物綁在一起的方法中，最簡單、同時也是歷史上最舊的方法之一，木釘提供了一個「將兩件分開的事物帶進一個固定關係中」的平凡意象。木釘通常與它們所連結的事物並不相同，如同乇的路徑與其所連結的圓質，在象徵上也沒有什麼關聯。這裡所暗示的性行為象徵也並非不恰當；當兩個人做愛時，這個行為會將他們帶進一個特殊的（用以太詞彙來說是「半永恆的」）關係中；如果情況允許，他們可能會懷上一個孩子，這個孩子與父母在肉體上是分開的，但卻又在他們之間創造了另外一種固定關係。字母乇在特措果瑪頓中也扮演了一個角色，作為在名字當中的兒子，它暗示了許多在此討論過的相同概念。

在特措果瑪頓中，字母乇對應於風元素，但乇自己的元素象徵卻指向了對立的土元素；如果你有注意到的話，大概就不會對此事實感到驚訝。分派給第十六條路徑的神之名與相應的占星符號，就來自於此。如前所述，土元素是「作為火元素、水元素及風元素最終結合體之總和」的特殊角色，還對應於「這三個元素的源頭、或是初始結合體」的靈。土元素的穩定性與堅固性特徵，也與路徑的性格搭配得很好，暗示了先前討論過的穩定性角色。

金牛座也暗示了幾個其他的要點。公牛，路徑的象徵形象，還出現在生命之樹的另一個地方——在阿列夫的路徑上，連結克特與后赫瑪。阿列夫與乇的路徑組成了單一的力量流，它們從克特的結合體伸展出去以進行創造，接著建立起恩慈之柱。在占星傳說中，主宰金牛座的行星是金星，這暗示了該支柱的終點是在面紗下方的奈特薩荷中。

在金牛座的意義中，還有另一個面向是很重要的。在占星學中，據說月亮在金牛座中是「崇高的」，也就是保持活躍於最正面的態度。這一點之所以有趣是因爲，黑特路徑的占星象徵巨蟹座，是由月亮所主宰，而月亮本身卻是吉莫路徑的占星特徵。另一方面，這三條橫跨深淵的垂直路徑，與月亮有特別的關係。那個關係並不難理解，只要當我們記起，深淵正下方的三個圓質是深淵上方三個圓質的反映，就好像月光是太陽光的反射一般。理解到這個事實，對於打開這些路徑中的每一條來說是很重要的。

路徑的其他三個象徵，又引用了一組不同的意象。第十六條路徑相應的塔羅符號是大阿卡納五號牌教皇，這又是過去幾世紀以來，歷經劇烈改變的眾多牌卡之一。在最古老的牌卡中，原本僅只有一位教宗，展示了身著禮袍的羅馬教堂領袖的熟悉形象。就像帝王，這個形象也是來自於中古世紀的政治剪影；因爲塔羅牌的結構需求，在此需要有一個精神上的男性，以平衡女祭司（原本的女教皇），即大阿卡納二號牌精神上的女性，以及皇帝，即大阿卡納四號牌世俗上的男性。教皇與皇帝之間的權力鬥爭，震動了整個中古世紀，使得這個形象的選擇變得相對明顯，就好像當初教皇作爲西方世界的精神領袖，這個地位也無人挑戰。然而，現今這兩種事實都屬於歷史教科書的問題，且當情況改變時，形象也需要加以改變。

「教皇」這個字是希臘文，意指「揭示神聖性的人」。在古老與現在的啓蒙系統中，包含黃金黎明的外圍協會，這個字被用來稱呼儀式的主要幹事，其任務是「將啓蒙意識的精華實際傳給候選人」的人。更廣義來說，教皇的角色就是把較高的連結到較低的，將精神連結到物質，因此，較高層次的力量形塑了每日經驗的內容物。這呼應了教皇作爲牧師（Vicar，其表面字義是「替代」，即基督在人間的代理者）的傳統角色。

在此暗示了所有宗教組織的系統。在西方，這個組織在偏執、權力政治鬥爭及貪婪的壓力下，已經陷入死後「屍僵」的最後階段，其核心概念就跟其他人類機構一樣並不腐敗。當擺在正確的位置上時，一個宗教組織系統的禮拜儀式，應該是作爲一個「將社會秩序與超越性之領域連結起來」的錨，而不是一根穿過人類靈魂的木釘。

連結到此相同概念的是這條路徑的祕傳學標題「永恆之眾神的魔法師」，以及神話學法則「智慧的守護者」。第一個是生命之樹上三位魔法師的第二個；如同尤的路徑，「光之聲的魔法師，眾神的先知」，乏的路徑幫我們描繪出生命之樹的一個模式，我們會在本章稍後加以討論。另一方面，神話學法則又是世界傳說與神話中的另一個有名人物。傳說中的印度賢者瑞詩（Rishis），與大熊座的七顆星星相關，形成了這個模式的一個例子；另外一個是彌米爾（Mimir），是古代斯堪地那維亞神話中「智慧之泉的守護者」。在西方祕傳學傳說中，具有此能力的著名人物是麥基洗德（Melchizedek），神祕的牧師國王，「無父、無母、無後代，既沒有日子的開始、也沒有生命的結束。」這個奇怪的人物，有許多相關的書寫文獻，大部分都是胡言亂語，但是每次當西方祕傳學的文獻被發掘出來時，他的名字總是相伴出現。

在此，這條路徑要考慮的最後一個象徵是路徑文本。第一眼看去，這好像與我們之前討論過的所有象徵完全離題。乏的路徑被描述爲是「勝利或永恆智力」，作爲「榮耀之喜悅」以及「爲正義之人所準備的天堂」。然而，再次地，文本所使用的語言會誤導現代人的判斷。文本確實指向了這條路徑的另一個面向，跟我們到目前爲止所檢視過的面向不同，而那個面向可以在我們已經研讀過的象徵中找到。

就如同文本的其他地方，在此，「榮耀」指的是克特。被翻譯爲「勝利」與「永恆」的字是來自於與奈特薩荷相同的字根，即「勝利」，對於喜悅的提及則指向了第七個圓質。接著，作爲金牛座的行星主宰者，金星的位置也是如此。

文本的意思是說，從這條路徑下降的力量（或者更精確地說，於該過程中的參與），能夠以人類詞彙被最佳地描述爲「喜悅」。這個因素的核心——也與金星在黑的路徑的祕傳學標題「早晨的兒子」相關——必須在下一個章節中，也就是此議題發展得最完全的時候，加以討論。

然而，關於「爲正義之人所準備的天堂」，又該如何思考呢？這一點非常細微，但並非無法理解。這裡所指出的重點是，天堂、淨土，並不是一個讓靈魂坐在雲端彈奏豎琴的地方，或是一個擁有任何描述的任何地方。其實，它是一種意識的境界，而當這種意識套上情緒的外衣時，能夠被最好地加以表達。這種境界，在較被動的模式中，或許可被稱爲「喜悅」；在主動階段，它幾乎總是被稱之爲「愛」。稍後我們將會看見這個境界的祕密，組成了魔法師工作中最重要的議題之一。

路徑16 之

路徑14：達雷特（門）

項目	內容
路徑的字母	ד，Daleth，達雷特（門）
神之名	YHVH TzBAVTH，Tetragrammaton Tzabaoth，特措果瑪頓嚓巴特
相應的占星符號	金星
相應的塔羅符號	大阿卡納三號牌，皇后
祕傳學標題	威猛者衆的女兒
路徑文本	「第十四條路徑是『啓蒙智力』，之所以如此稱呼是因為它是一道燦爛光輝，亦即神聖及這些準備階段的隱藏與基本概念的創建者。」
神話學法則	天堂與人間的結縭（婚姻）
路徑的經驗	自然世界以及自然豐富性的形象；極性與性慾的形象；星星與黃道宮的象徵。
路徑上的個體	女神與天神
魔法形象	一個翡翠綠的拱門，拱頂石上面有一個亮白色的字母「ד」，拱門裡的門上有大阿卡納三號牌的形象。
顏色	在阿其路：翡翠綠 在貝來亞：天藍色 在耶其拉：淡春綠色 在阿希亞：亮玫瑰紅或櫻桃色，帶有淡淡的綠光

生命之樹上三條最高的路徑，就像三個最高的圓質一樣，在卡巴拉理論與實修工作中，有著特別的角色。作爲超凡者結合中的關係模式，這三條路徑定義了生命之樹結構中最基本的元素，並且形成了每一個其他種類的互動——不論是在圓質、支柱或是不同的世界中——最終奠基於其上的模板。阿列夫與貝特的路徑，分別從克特延伸到后赫瑪和比那，建立起一個極性的兩端，達雷特的路徑則以創造之行爲解決了極性的問題。這個模式不斷地在本書中重複出現。

這個三角的前兩條路徑碰觸到了克特，而這樣與絕對同一的接觸，造成了它們難以捉摸的特質，因此要理解它們的象徵，就猶如想抓住風一樣。相較之下，分派給達雷特路徑的形象與概念，可能會顯得頗爲直截了當。某種程度上，這是熟悉度的功勞，因爲這條路徑的主要基調一路向下在整個生命之樹上迴響著。特別是生命之樹上的其他兩條水平路徑，它們是從達雷特的路徑取用了它們的精要本質；在第十九條路徑上的能量融合，以及在第二十七條路徑上威力與形體的爆炸性撞擊，都是第十四條路徑在不同程度上初始結合的形象。

同時，這個熟悉度也隱藏了一個極端的差異性，如果我們要清晰地解讀這條路徑的象徵，就必須對這一點有清楚的理解。泰特與裴的路徑存在於深淵下方，並且作爲彼此的對立面而連結；達雷特的路徑存在於深淵上方，並且直接連結到同一本身。反之，泰特與裴的路徑在另外一個層次上生起了同一，即泰特的路徑在梯琺瑞特中創造了平衡的同一，裴的路徑則在耶薩德中創造了力量的同一；相反地，達雷特的路徑並沒有生起同一，而是在深淵下方生起了整個多數性的領域。多變爲一，一再變爲多，這兩個模式互爲鏡射，但是——至少在深淵下方——「某物之反映」與「事物間的相同性」，這兩者並非同一件事。

第十四條路徑的象徵也包含了對立面融合的另一種形式。它將「創造與複製的形象」結合了「精神轉化的概念」，將創造之道與救贖之道帶入一個象徵的同一。當然，這個融合與深淵上方所有事物的同一相關，但它也有一個很重要的課題要教導。

分派給這條路徑的字母是達雷特，意指「門」。以最簡單的意思來說，指的是對立面的結合，就好比一扇門連結了被牆隔開的兩個空間般。然而要注意的是，這個連結點暗示了分離性；比方說，在一個空曠空地上獨自站立的一扇門，完全沒有任何功用。因此，作爲一個象徵，門同時暗示了結合與區隔。

這個象徵可能會（也應該如此）提醒你某些與達特（即深淵的大門）相關的概念。某方面來說，達特是達雷特路徑的向下投射，亦即后赫瑪與比那的結合投射到深淵之中，而達特作爲創造性力量之管道的功能，正是路徑的創造性力量的後續發展。我們將會看到，就像一扇大門，達特可以被打開或是關上，成爲一條道路或是一道屛障。在深淵上方的領域中，矛盾是通往清晰度最近的方法，達雷特的大門總是同時打開與關上的：同一以及同一的區別，同時存在於單一的創造性行爲中，而這個行爲無法從其所結合起來的圓質中區分出來。

這一點透過路徑的神之名與相應的占星符號，得到了更深的發展。「特措果瑪頓嚓巴特」的名字以及行星金星，都指向第七個圓質奈特薩荷，即融合力量的象徵，以人類詞彙來說則是愛的象徵。在奈特薩荷的意識層次上，愛可以被視爲不同生命體之間的關係，但這種感知的方式只有在深淵下方才能運作；在深淵上方時，分離性與同一是融合在一起的。

同時，奈特薩荷中的愛的力量，其本身就是一種廣義力量的發展。在恩慈之柱底部，奈特薩荷從同一支柱頂部的后赫瑪取得了它自己本質的核心；這兩個圓質是同一威力的不同階段或化現，而那個力量也可以被稱為「愛」。

在達雷特路徑的層次，愛是同一的活躍形式，而同一是創造的源頭，也就是力量進入形體，以此讓整個世界進入存在的管道。對卡巴拉魔法師來說，這暗示了愛與力量不能被視為是兩件分開的事物。就像先前說過的，關於道德行為作為力量的源頭，在當下憤世嫉俗的大環境中，這聽起來或許有點像是陳腔濫調。但並非如此。沒有任何力量高過於愛，沒有任何威力強過於愛，也沒有任何保護比愛更持久——不論從最務實的角度、或從魔法訓練與工作的每一個面向來看，這都是事實。

這可能是一個很難加以實行的忠告，但最主要是因為現代人太常將愛與成癮、嫉妒、性慾和所有權完全混淆在一起。儘管如此，如果愛能夠以慈悲與包容接受的方式來進行，則再也沒有比愛更好的導引了。

第十四條路徑相應的塔羅符號，使用了路徑在生命之樹上另一處的反映。大阿卡納三號牌皇后，曾經不過就是一個穿著長袍與皇家禮服的人，這又是另外一個從中古世紀的日常生活中借來的形象。但是隨著牌卡的改變與發展，新的元素悄悄加了進來，背景出現了田野與森林，花和成熟的穀物從寶座周邊生長出來；在某些牌卡中，可以看出皇后是帶有身孕的。在許多現代牌卡中，這張牌的形象與另外一個你可能還記得的形象很相似，也就是第十個圓質馬互特的魔法形象。

在對生命之樹的一種解釋中，克特可以被視為是「存在於純然潛能中」的宇宙，馬互特則是一個「處於全然化現狀態」的相同宇宙，生命之樹剩餘的其他部分則是作爲從一邊走向另一邊的整個過程。在此過程中，達雷特的路徑形成了最重要的步驟，透過極性建立起創造的模式，而極性正是接下來所有事情的掌控者。因此，馬互特便是第十四條路徑潛能的完全發揮，如同克特的潛能被完全發揮出來那般。

在祕傳學標題中，路徑象徵又回到之前提過的重點；此處就如同其他地方，「威猛者眾」指的是后赫瑪與比那，達雷特的路徑（以及透過它而創造出來的宇宙）是它們的小孩。這個相同的象徵也掌管了這條路徑的神話學法則，即「天堂與人間的結縭」，以及這條路徑在實際工作中被經驗的許多方式；此處就如同其他地方，初始極性之結合，亦即一切萬物的誕生處，採用了人類性慾的熟悉意象，並且引用了許多人類經驗中最強大的能量。

最後，路徑文本要往一個不同的方向前進。在此，精神與魔法發展的象徵是最重要的。達雷特的路徑被稱爲「啓蒙智力」；正如我們所見，光的象徵在全世界的精神傳承中，都是一個非常普遍的象徵，因爲許多最容易獲得的高度覺知狀態，通常都伴隨著光明的經驗，因此我們有所謂的「正覺」（字義是「使發亮」）這個詞彙。許多西方的祕傳學傳承會對這個「內在之光」做出不同的區分。這個區分在這裡有一個功能，因爲這條路徑被稱爲「燦爛光輝」，在希伯來文裡，就是卡絮瑪（Chashmal），這個字與荷塞德的天使（卡絮瑪林，Chashmalim）是同一個字。

當我們考慮剩餘的文本時，這個連結的要點就變得很清楚。我們所讀到的達雷特路徑是「神聖的隱藏與基本之概念」，以及這些「準備階段」的「創建者」。要談論概念，就要將這個討論放置在深淵下方的領域中，這是有意識自我形塑概念的地方，荷塞德的角色則是在組織並記錄這些概念，這是很清楚的。然而，這裡所暗示的是，在這個層次上的某些概念與第十四條路徑的創造性力量兩者之間，有某種關係存在。

這些概念是「神聖的基本概念」，但是它們也是「隱藏的」。之所以被隱藏，並不是因爲安全性的問題，有些可以在西方魔法象徵中的某些部分被找到。眞正的原因是，這些是用來思考宇宙的概念與方法，也是魔法路徑上的核心重點，但是它們並沒有被溝通，因爲它們無法被溝通或傳達。它們需要具備某些特定的內在轉化經驗、並且經過特定階段後，才能從中生起。如果這些事情都沒有發生的話，那麼這些隱藏的概念將完全無法被有效地溝通。

這聽起來會令人覺得極爲神祕，但其實距離我們的日常經驗並不遙遠。一個六歲的孩子可能在學習一首直白地表達性慾的歌時，完全錯過了這首歌的重點；即使是關於如何置換變速器的最清楚指導，對於一個從來沒有看過引擎蓋下方的人來說，那段話永遠會讓人覺得莫名所以。但是當青春期來臨或是對於修理汽車產生興趣時，曾經沒有道理的話語便開始產生意義。對於魔法路徑的內在祕密來說，情況也是如此。

當然，西方就如同其他地方一般，還有與魔法傳承相關的其他種類的祕密。某種程度上，這是因爲過去曾經有一段時期，公開參與魔法活動等於是爲自己宣告死刑；某種程度上，它們來自於理解到祕密經驗強大的內在能量，我們會在後續的章節討論這樣的效果；某種程度上，它們是爲了要保護某些強大的技法免於疏忽大意或不道德的使用。

大部分這些被我們稱爲魔法外圍祕密的內容，在過去幾個世紀以來已經多次出版；幾世紀以來的祕密法教，現在只要到任何一家藏書豐富的書店，就可以用合理的價錢買到。但魔法的內在祕密則不能被購買。另一方面，它們卻可以被任何人學到，不論有沒有辦法得到這些書籍，只要你付出努力、耐心以及願意承受自我認知的包袱；而相比較於能夠買到的格局與規模，這仍然是一個非常中肯的代價。

圓質 2：后赫瑪（智慧）

項目	內容
標題／稱號	Chokmah，后赫瑪（智慧）
神之名	YH，Yah，亞（神）
大天使	RZIAL，Raziel，拉齊爾（神的祕密）
天使宿主	AVPNIM，Auphanim，奧玹尼（輪子）
相應的占星符號	MZLVTh，Mazloth，瑪茲洛特（黃道宮）
相應的塔羅符號	牌組中的四張二號牌與四張國王牌
相應的元素符號	火
路徑文本	「第二條路徑被稱為『啓蒙智力』；這是創造的皇冠，同一的燦爛光輝，與其相等。它高過每一個頭部，被卡巴拉行者命名為『第二榮耀』。」
魔法形象	一個留著長長白鬍子的老人，穿著一件簡單的灰袍，手中握著一根粗糙的木杖。他面對著觀者的左方，稍微向上方望去。
額外象徵	所有陽具象徵
額外標題	Abba，阿巴，超凡之父
顏色	在阿其路：純淨柔和的藍色 在貝來亞：灰色 在耶其拉：虹彩般的珍珠灰 在阿希亞：帶著紅、藍、黃斑點的白色

微觀宇宙的相應符號	Chiah，席亞，精神意志
身體的相應符號	頭部的左邊
啓蒙級別	9＝2，魔法師
負面力量	無（見達特）

對卡巴拉的學生和教師來說，超凡三角的三個圓質一向都是一個困難的課題。這三個圓質位於深淵上方，它們只能夠以最概略且最不完整的詞彙來說明。極有可能的是，西方魔法中七重象徵的大部分，其出現是爲了能夠「以不討論這三個最高圓質而解決這個問題」的做法。對於純然進行實際工作的魔法師來說，由於超凡者與此階段的魔法工作沒有太大關係，因此這對他們來說是合理的。另一方面，對於眞正的卡巴拉魔法師，超凡者所代表的意識與經驗的境界，是整條魔法之道的最高目標，而它們必須被言說，不論所用詞彙多麼地不足以表達。

在比那的層次上，這個問題還能夠被避免，因爲這個第三圓質透過達特之道接觸了深淵下方的領域，而此接觸的本質可以（也經常）被用來表達比那自身的本質。另一方面，后赫瑪的難題就更加明顯尖銳了。后赫瑪與深淵下方的圓質並沒有直接接觸——連結后赫瑪到荷塞德與梯琺瑞特路徑的作用方式，無法通過被達特所表達的比那媒介，在二次元的圖表上顯示出來——並且它的力量只有透過其他圓質才能被庸常的人類意識所使用。用一個現代的比喻來說，后赫瑪就像是穿透過有色濾鏡的一道光。

當然，從另一方面來說，比起光，后赫瑪本身更像是濾鏡的其中之一，因爲它的能量來自於第一個圓質克特。這就好像是比那隱藏了后赫瑪，后赫瑪隱藏了克特，而這些圓質中的每一個都比前一個更加難以被定義。比那能夠透過它作爲人類覺知的反映，以一種高度有限的方式被理解；在后赫瑪之中，那個覺知消融於更加無形的力量概念中；對克特來說，該力量又消融於純粹的存在中，而此存在本身則是消融於未化現者之面紗以及不可知的實相中。

后赫瑪的象徵，很明顯是一個力量的象徵。如同本章早先所討論過的，生命之樹上許多力量的化現，最終全都來自於第二個圓質。后赫瑪表現了威力的初始表達，能量與改變法則的第一項與最終項活動。在祕傳學傳統的脈絡中，人類對於威力的最高表達可以在魔法裡被找到，因此對於魔法師來說，后赫瑪便是無上圓質，並且在這個階段分派給這個圓質的啓蒙儀式，標題就是「魔法師」，這也不令人意外。

另一方面，后赫瑪的第一個象徵，關注的重點有所不同。第二個圓質的標題是后赫瑪，意指「智慧」。「知識、理解以及智慧」這三項，依序形成了逐漸加深的感知層次；一個人可能知道某件事情，卻不瞭解該事，並且一個人可能瞭解那件事情，卻不具備合理應用該事物的智慧。很重要的是注意到，「知識」與「理解」這些字都暗示了一個對象——一個人知道了某件事情、或是理解了某件事情——「智慧」則非如此。你不可能「使某件事情變得有智慧、或者說去智慧某事」，一個人若不是有智慧的、就是不智的。另一方面，成爲明智的，仍然是成爲某種狀態，而克特（在此順序的下一個更高層次上）就並非是某件事物，而是一切萬物。

這裡所暗示的是一個對於超凡者的細微分析，我們可以將它們與第一章所討論的生命之樹的最基本分析做比較。對於克特，唯一能說的事情只有一件，那就是「它是」。然而在談到智慧時，暗示了兩件事情：首先是，某件事物是；第二是，它是某件特殊的事物——在這個例子中，即是明智的。換言之，在談到理解時，暗示了三件事情：一是，某件事物是；二是，它理解；三是，某件事物理解了。最後，談到了知識時，暗示了四件事情：一是，某件事物是；二是，它能知道；三是，有某件事物是它知道的；四是，那件事物——知識——從其知道的行爲中衍生出來了。這四個階段對應了特措果瑪頓的字母，也對應於四個世界。

依這個順序來說，智慧的階段是最重要的，因爲它提供了整個過程發生的脈絡；一旦「某事物是」變成了「某件事物是某某物」，那麼某某物對於「某事物」如何被感知就具有決定性的影響。（比方用日常語言說出「某件事物是某某物」之類的陳述句的力量，例如：「那是一顆炸彈」，或「他是一個沒用的人」。）我們也可以稱這個階段是「脈絡的階段」或是「定義的階段」，在魔法工作中也同樣極爲重要；在這裡，就如同在所有生命過程中，一個目標如何被定義、以及它給予了何種脈絡，將大幅決定這個目標如何、以及會不會被達到。

某些特定卡巴拉傳承，使用了神學的語言，將智慧描述爲一位威猛的女神，也就是神的第一個創造物以及新娘。在一個不同的層次上，英語語言以「巫師」（wizard）這個字對智慧的概念做出禮敬的表示，巫師的字面意義爲「智者」。對於修煉中的魔法師而言，一個更有用的禮敬可能是對這個概念所引發的議題特別加以關注，並且去注意它們在魔法與每日生活中的應用。

分派給后赫瑪的神之名是「亞」。這個名字是由特措果瑪頓的前兩個字母組成，就像是「存在」這個動詞的古體。猶如智慧的概念，它暗示了在「實相」與「實相在覺知中的脈絡」之間的第一次互動。它也代表了極性背後的核心力量，結合了主動性與接受性、男性與女性，成爲一個平衡的同一體。

后赫瑪的大天使是拉齊爾，即「神的祕密」。古老傳說認爲拉齊爾是卡巴拉法教的最源頭，因爲他在伊甸園將其傳授給亞當，並且有一本書是爲他而寫的，即《塞弗耶其拉》，這是中古世紀猶太魔法的主要典籍之一。在神話學的語言之外，它代表了覺知的狀態；在此，覺知本身消融於力量的單一行動中，也就是宇宙。它的名字也強調了這個先前提過的概念，也就是，后赫瑪是完全隱藏於深淵下方的。

接下來，分派給后赫瑪的天使宿主是奧珐尼，意指「輪子」。認爲所有層次的經驗當中的所有行動，都是依照圓的循環而進行，對於古代的各種智慧傳承來說，是很普遍的概念。這個概念雖然一度被現代科學的創建者摒棄不用，卻在上個世紀成爲物理界革命性發現的一部分而再度興起。我們發現，比起現代人，相對論的某些面向對於活在幾千年前的人可能更加有道理。當然，同樣這個概念，在魔法傳說中也是一個常見的概念；如我們所見，魔法行爲的循環本質建構了祕傳學的訓練方法，以及魔法在實際使用上的某些普遍限制。

后赫瑪相應的占星符號是瑪茲洛特，即「黃道宮」。在此，同樣的圓形模式在圓質的象徵中扮演了重要角色。黃道宮是天空中的一個圓，當我們從地球看出去的時候，太陽、月亮及星球就順著這個圓形移動。在占星學中，它提供了一個各種力量的背景，使得星星的力量能夠倚著它在其中移動並產生影響力，就如同后赫瑪的力量提供了生命之樹整個能量結構的背景。在我們發現天王星、海王星及冥王星這些外環行星之前，依照邏輯，黃道宮的恆星是朝土星向外踏出的下一個步驟，而這正是比那以及最遠可見行星的象徵。

在路徑文本當中，象徵的關注從后赫瑪在魔法師工作中的角色，轉移到后赫瑪與自己背後圓質的關係，也就是該項工作的最高目標。在文本中，后赫瑪被稱爲「啓蒙智力」。達雷特路徑的路徑文本使用了相同的標題，這是因爲翻譯的緣故，原本的希伯來文是用了兩個不同的字來代表相似的意涵。但是這些概念之間有一個確定的關係。達雷特路徑所允許的啓蒙以及它所揭示的祕密，兩者都是根源於后赫瑪的啓蒙力量，正如先前提到的拉齊爾傳說所說的。在此，力量、愛以及啓蒙全部出現，而它們只是同一種超越性力量的不同名字。

接著，路徑文本繼續用某些令人驚訝的詞彙來描述后赫瑪。第二個圓質被稱爲「創造的皇冠」，「皇冠」的希伯來文是克特，也就是第一個圓質的標題。后赫瑪也被稱爲「同一的燦爛光輝」；同一是克特，「燦爛光輝」這個標題暗示了耀眼的光，也就是克特象徵的一個重要部分。最終、也最令人驚訝的是，后赫瑪竟然被說爲是與同一地位齊等——這裡所說的也就是與克特齊等。

我們必須記住，后赫瑪與克特都是超凡三角的圓質，它們存在於一個「一切萬物皆爲一」的層次中，理解了這一點，我們才能夠清楚地讀懂這段文字。后赫瑪確實與克特齊等，事實上還與同一體完全相同；后赫瑪是屬於克特之中同一的主動面向，就如同比那是其接受性的面向，而這個同一甚至超越於這些分類之上。此外，克特本身也是超越於所有感知的；我們對於克特的一切所說、所想或所知，都是來自於克特下方的圓質，而不是從克特的存在本身而來。

事實上，克特象徵的主要來源是后赫瑪。后赫瑪是同一的主動面，也是力量及創造過程的源頭。因此，「純粹的同一領域」是以克特爲象徵，后赫瑪則是此領域的一個「可作用的相近物」。這就是路徑文本最後一部分的來源，上面說，后赫瑪被卡巴拉行者命名爲「第二榮耀」。一如其他地方，「榮耀」在此是文本用來指稱克特的詞彙，而使用「第二個克特」來描述后赫瑪所扮演的角色，更是再恰當不過。

然而，文本的最後一部分還有另外一個重點要說明。若說某標題是卡巴拉行者特定給予后赫瑪的，這也就是暗示說，相同的標題也可能被那些不是卡巴拉行者的人用來給予其他圓質（或是其等值物）。事實上，正是這個原因，大部分的神學歷史都與在此涉入的選擇有關。

比方說，從基督教的觀點，第二榮耀並非后赫瑪，而是梯玹瑞特。耶穌以及基督教思想的象徵，從頭到尾都是使用與「梯玹瑞特層次之意識」相關的形象，而關於渴望、犧牲以及個人與神之間的關係，這些議題不僅是梯玹瑞特的核心，在基督教的神學中也是至關重要的。同樣地，梯玹瑞特的缺點是精神上的傲慢，這也是從基督時代以降，基督教一直爲人所詬病的原罪。

相反地，從佛教的觀點，第二榮耀一般來說是比那。先不論卡巴拉與佛教一直到近代以前，幾乎鮮少有過任何接觸，但在佛教中的主要議題與形象，與那些被卡巴拉思想分派給比那的議題與形象，有著極大的和諧性，而比那的缺點——一種精神上的懶散，這將引導神祕行者背棄被經驗的世界，而傾向於選擇被動的消融狀態，進入空無——一直以來也是佛教的缺點。

最後，在許多新非基督教徒（即新異教徒）的宗教中，第二榮耀是馬互特，它們主要的神學概念與形象，跟物質世界的每一個面向、以及在每年循環和生命循環中所存在的「神性」有關。對於這些新的信仰能夠如何更佳的處理，人們對於物質和性慾的貪執——卡巴拉思想中以莉莉絲爲象徵——這些已經出現的問題，尚有待觀察。

接下來，關於選擇什麼作爲最高實相的形象，便具有一定的重要性。然而，我們應該這麼說，所有的選擇都是有效的；生命之樹上的每一個圓質，都是對相同實相、相同力量、相同覺知的一種表達，在最高意義上是由克特作爲代表。不同的人會以不同的方式跟神祕學之道的核心做連結，而這些不同方式中的每一個，都分別有一個最高者的相應形象；這個洞見可以在許多古代世界的多神論信仰中看見。

然而，在卡巴拉傳承中，克特的主要形象一直都是（如同文本所說的）后赫瑪。這個結果是抽象的，而非一個藏在卡巴拉的繁複象徵、以及巴洛克式神話學背後的「究竟存在者」的非人概念。同樣地，從后赫瑪之中，出現了力量、隱藏眞相、啓蒙以及愛的主題，這些都是絕大多數卡巴拉思想的核心議題。反之，卡巴拉的優點也有其瑕疵；它爲人詬病之處就是背離了同一的經驗，而進入複雜的理論與視覺系統的建構之中，層層的心智之網將會模糊了洞見而無助於其發展：在正確的層次上，這一切都是「奧吉爾之錯誤」的反映。

路徑⑫：貝特（房子）

項目	內容
路徑的字母	ב，貝特（房子）
神之名	ALHIM TzBAVTH，Elohim Tzabaoth，艾羅因瘵巴特
相應的占星符號	水星
相應的塔羅符號	大阿卡納一號牌，魔術師
祕傳學標題	力量的魔術師
路徑文本	「第十二條路徑是『透明的智力』，因為它是那個名為『預示性』（visionary）的偉大種族，這個名稱正是『人們所見幻覺之發出地』的名字。」
神話學法則	世界的創造

項目	內容
路徑的經驗	創造的影像、從無相中浮現的形象；過去、現在與未來的影像；「亞當卡德蒙」的經驗。
路徑上的個體	有許多形體的人或變形人；亞當卡德蒙。
魔法形象	一個亮黃色的拱門，拱頂石上面有一個亮白色的字母「ב」，拱門裡的門上有大阿卡納一號牌的形象。
顏色	在阿其路：黃色 在貝來亞：紫色 在耶其拉：灰色 在阿希亞：飾有紫羅蘭色斑點的靛青色

那三條直接引向第一個圓質克特的路徑，無疑是所有路徑中最難以掌握的。一方是「完全無可被定義的同一」，另一方是「該同一的每一個主要表達」，作爲這兩者之間的關係，這三條路徑必須在一個如此抽象且包含廣泛的層次上運作，因此它們的象徵性表達，比起一般情況，更加難以令人滿意。

事實就是如此，正如我們所見，即使是吉莫的路徑，它下降到生命之樹一半的距離來到梯琺瑞特，並將「克特的同一」與「其在個體中的反映」這兩者連結。對於貝特與阿列夫的路徑來說，更是如此。這兩條位於生命之樹上的最高路徑，將「同一」與「其力量和形體」、或「行動和感知」的兩極相連結；在超凡三角自身之中進行的過程，它們會與三角本身的象徵和能量相融合。

值得一提的是，這些路徑，跟在生命之樹較下方的兩條同樣問題較多的路徑互呈平行。克特和梯琺瑞特，各自站在兩條下降路徑的頂端，這也是生命之樹上唯一的兩個地方，中柱上的圓質直接與兩側較低圓質做連結。這個互呈平行的狀態不僅只是關於位置，艾因與貝特的路徑具有象徵性的連結，如同南與阿列夫的路徑一樣。

然後，它們之間仍然具有一些重要的差異。這兩對路徑都代表了，一個平衡的力量朝著不同極性向外延伸。在梯玹瑞特的層次上，這涉及了一個產生不平衡的危險性；相反地，在超凡者的同一裡，這個危險性卻不存在，而較高路徑的象徵就反映了這個差異。在置放「死亡以及惡魔令人生畏的身形」之處，貝特與阿列夫路徑的象徵中置放了「魔法成就的最高階段」形象。

路徑的第一個象徵是最具普遍性、但也是最抽象的。分派給第十二條路徑的字母是ב，貝特，意指「房子」。在祕傳學用語中，這個字確實具有非常廣泛的應用；黑特路徑的標題是「勢力宮之智力」，即可以作爲這樣的例子。「房子」可以代表容器或文本背景、環境或是具影響力的圓質；作爲一個與接受性相關的概念，它與比那相關，也與特措果瑪頓的第一個黑相關。作爲這個路徑的一個象徵，它暗示了「同一的接受性面相」在比那之中聯合起來，形成了一個后赫瑪的主動面向能夠運作的背景。

在較古老的卡巴拉文本中，字母貝特是一個具有特殊重要性的象徵。在卡巴拉進行解釋《聖經》文本的偉大計畫中，之前提過《創世紀》的第一個希伯來文字是BRAShITh，be-Rashith，畢—羅西特，意指「一開始」。這個字的開頭就是字母貝特，這個字母被視爲含帶了創造過程的精華；而在貝特之前的字母阿列夫，則被視爲是一個「先於創造」的象徵。雖然這一類字母分析在魔法卡巴拉中所占篇幅並不多，這個特殊的分析卻在魔法文獻中不斷地重複出現，對剩餘的路徑象徵也具有特殊的應用方式；我們將看到，這條路徑以及創造性力量的各種連結是非常廣泛的。

後續四個貝特路徑的象徵，所關注的重點較爲集中，它們處理的是威力與形體結合的某一特殊面向，而不是該結合作爲整體的面向。分派給這條路徑的神之名與相應的占星符號，都是從第八個圓質后德衍生出來的。作爲威力之柱上的最低圓質，后德可以被視爲是「被貝特路徑所啓動的模式」最完整的化現，並且也是在正常意識領域中，唯一存在於面紗下方的化現。后德也是傳統上代表魔法藝術的圓質，且這一點在此非常重要。

由貝特的路徑來含帶魔法的象徵，這一點或許看來奇怪，因爲對於魔法師工作如此重要的后赫瑪，卻是位於生命之樹的另外一側。然而，在超凡者的領域中很難劃清界線，對立者毫不費力地相互結合，這會使得過度要求清晰的心智產生挫折感。所有三個超凡者，事實上都是同一者，兩位超凡者之間的任何關係也會涉及第三者，並且由於克特與比那在第十二條路徑上的關係，后赫瑪的角色便是由此路徑本身來扮演。

因此，此路徑的象徵，絕大部分都與第二個圓質有所連結。一部分相應的塔羅符號，也屬於這個模式。在最早的牌卡中，大阿卡納一號牌被稱爲「變戲法者」，牌卡上的人物穿著江湖郎中的衣服，站在桌子後方，桌上擺滿了稀奇古怪且經常無法被定義的物品。之後的牌卡將這張牌重新命名爲「魔術師」，將桌子變成聖壇，各式各樣的物品則變成魔術師的權杖、聖杯、寶劍及金幣，而先前評價不高的變戲法者，則成了身穿法袍的魔術師。同時，這兩個形象都與古老神話中創造力的概念有關。某些最古老的創造性神祇，都是魔術師兼騙子，他們藉由有時近似詭計般的手段，將整個世界創造出來。魔術師能夠掌握魔法界的四大工具，在現代牌卡中，也暗示了力量從后赫瑪下降到荷塞德的四層領域裡。

路徑的祕傳學標題建構於相同的象徵上。貝特的路徑被稱爲「力量的魔術師」，它是生命之樹上三個魔術師中的第三位。對卡巴拉魔法師來說，帶有此標題的三條路徑之間的互動，其重要性是最高的，它概述了「自我」與魔法成就最高階段中「創造之初始力量」兩者之間的關係。那個關係取決於圓質后赫瑪以及我們稍後會看到的荷塞德，並且它也與汝阿赫、達特中心及奈紗瑪之間的互動有極大關係。

從汝阿赫的觀點來看，最能清楚反映出魔法路徑的是尤的路徑，「光之聲的魔法師，眾神的先知」。從這個立基點，魔法師是超越性能量的代言人和詮釋者，他或她跟宇宙的創造性力量達到和諧狀態，並參與了能量之舞，從此舞蹈中，經驗世界的存在得以誕生；但在此工作中，魔法師有意識的自我並非只是一個工具。從達特中心的觀點來看，在汝阿赫與奈紗瑪之間，最能清楚顯示魔法師最高角色的是乏的路徑，也就是「永恆之眾神的魔法師」；在這個形象中，創造的威力透過魔法師而運作，魔法師則體現了化現領域中的永恆力量。最終，從永恆的那部分自我觀點來看，代表魔法師最佳形象的是貝特的路徑，即「力量的魔術師」。在此，魔術師透過究竟的力量，將究竟的同一塑造成究竟的形體，而在超凡者的一元性中，內與外是沒有意義的。

在此，象徵了跨越深淵的其中一個較爲重要的影響力。如同在達特中所反映的覺知會消融於奈紗瑪的無限覺知中，因此被反映在達特之中的行動能力，重新消融回后赫瑪的無限力量中。此兩者的轉換涉及了一個重心上的轉變，我們或許可以稱其爲「自我重力中心」，也就是從汝阿赫轉變到三層次的奈紗瑪。汝阿赫通常將自己視爲主宰者與統治者，此時會將它的主權交給更高層次的自我；而那個更高自我的感知與行動，超越了時間和空間的限制，在它的指導下，汝阿赫必須跟那些它自己無法看見或理解的力量和諧共處。接著，就汝阿赫自己來說，這個層次的汝阿赫就像是一個先知，服務於一個遠高於自己的力量；當它在達特中與奈紗瑪進行互動時，就像是一個祭司，召喚著一股內在的力量；只有席亞本身（即更高意志），才是眞正的魔法師。

如同這條路徑字母的象徵，將專注力放在后德與后赫瑪對魔法師的意象上，分派給這條路徑的路徑文本所專注的範圍將持續縮小。它說，貝特的路徑被稱爲「透明的智力」，是「那個名爲『預示性』的偉大種族」，並且與看見幻覺的經驗相連結。

雖然這段文字乍看之下頗爲晦澀難懂，一旦我們記起生命之樹相關部分的象徵時，文字的意涵就會變得非常清楚。在此，「偉大」是葛杜拉的一個譯文，也就是荷塞德的別名。（這又是另一種與后德的連結；你可能還記得第八個圓質的路徑文本，將后德的根部放在「葛杜拉的隱藏處所」中。）對於「偉大種族」，若我們以現代的解讀方式，將該詞置換爲「荷塞德的面向」，在意義上並不會造成太大改變。在第二十條路徑上，荷塞德延伸出去與梯琺瑞特連結的那個面向，已經帶著「先知」的標題，因此現在若說又有另外一個面向也包含某特殊種類的先知經驗，並不會太奇怪。作爲宏觀宇宙的圓質，以及生命之樹上偉大的擴張性力量，荷塞德經常會拓展意識，並將那些通常對人類關閉的感知領域打開。這對魔法師來說是無價的；后赫瑪帶來力量，但荷塞德帶來擴展的覺知，這使得力量能夠被正確使用。在此需要強調的是，如同這條路徑的路徑文本指向荷塞德，尤的路徑文本則提到了后赫瑪，這兩條路徑在生命之樹上所走的方向是平行的，並且從較大的格局來看，它們前進的方向也是平行的。

最後，還需要說明一下關於第十二條路徑的相應物，這是一個經常與這條路徑相關的個體，也經常可以在路徑上被看到。在其下方組成了嚴厲之柱的兩條路徑，它們都與神話學中的形象的各個變種有所關聯：溺水的巨人與沉睡的國王，都指向了一個更廣大且可能較年長的人物。亞當卡德蒙，即原初人類，並非僅只是卡巴拉的一個概念；這個最早存在的初始人物，其身體成了組建整個宇宙的原始材料，並出現在許多神話中。印度的普拉吉帕提、瑣羅亞斯德拜火教的嘎唷馬特、古挪威的伊米爾，都是這個人物的一切版本；巴比倫傳說的替亞馬特、大海的噩夢女神，看來也是它的扭曲版本。正如我們在第四章所見，這整個模式其實反映了人類意識如何向上進入同一的領域中，並透過發展而逐漸認知到，我們是以「我們自己為何」或者「我們可能是什麼」的形象來感知宇宙；很重要的是，這個形體與同一之間的究竟互動，就是發生在「認知到這一點」的過程中。

路徑11：阿列夫（閹牛）

項目	內容
路徑的字母	א，阿列夫（閹牛）
神之名	YHVH，Tetragrammaton，特措果瑪頓
相應的占星符號	風
相應的塔羅符號	大阿卡納零號牌，愚者

項目	內容
祕傳學標題	以太之靈
路徑文本	「第十一條路徑是『煥發的智力』，因為它是那道簾幕之精要，而此簾幕鄰近於配置之秩序；它還擁有一種特殊的尊嚴，也就是它可能會站在衆因之因面前。」
神話學法則	初始之空無的孩子
路徑的經驗	無
路徑上的個體	無
魔法形象	一個淡黃色的拱門，拱頂石上面有一個亮白色的字母「א」，拱門裡的門上有大阿卡納零號牌的形象。
顏色	在阿其路：明亮的淡黃色 在貝來亞：天藍色 在耶其拉：帶藍的翡翠綠 在阿希亞：帶著金色斑點的翡翠綠

作爲第一條路徑，阿列夫的路徑將「絕對同一」與「作爲此同一之最基本表達的力量」連結在一起。卡巴拉理論將路徑視爲「架構起我們所經驗之宇宙」的基本關係，它是所有關係當中的第一個，並且它與所有其他路徑相關聯的方式，就像是正品與複製品產生的關聯那般。這是一個位於「同一」與「力量」之間的互動，同時也位於「精要」與「從該精要衍生出的行爲」之間，位於「是」與「做」之間，位於「名詞」與

「動詞」之間，位於「存在」與「成爲」之間。從這裡，衍生出其他所有的一切。

在複製過程中，每一個環節都會流失一些細節，因此，第十一條路徑擁有一種完整性與普遍性，這是生命之樹上任何地方都找不到的特質。同時，作爲位於超凡三角之間的關係，這條路徑能夠以抽象的方式被理解。正如幾何學中的正圓和無限延伸的直線，只能夠被想像、而無法被畫出，這條路徑也規避了更加具體的表達方式。

這兩個特徵：普遍性與抽象性，對阿列夫路徑的象徵及意義來說，扮演了具有主導性的角色。在生命之樹以及（從卡巴拉的觀點來看）宇宙當中的每一個關係，都可以被視爲是這個初始互動的特定模式，亦即一個以某些特定方式被定義與限制的形式。同樣地，路徑本身的每一個象徵，都指向生命之樹上的其他路徑或圓質，就好像它在尋找一個本身太過籠統的過程的例子，而無法用其他任何方式來描述；在路徑工作中，從這條路徑上生起的經驗與個體，並不遵循任何可預測的模式。即使當路徑在生命之樹上的角色受到討論時，被提及的仍是路徑兩端的圓質，而非路徑自身的任何特定特徵。既是一切也是無物，它避開了定義，就如同最高處的圓質克特，完全避開了任何被感知的行爲。

分派給這條路徑的字母是א，阿列夫，意指「閹牛」（去勢的公牛）。在語言學歷史上有件特別的事，那就是世界各地的字母表中，第一個字母都跟牲畜有某種關係。英文字母A也是如此，這個字母是取自於腓尼基人的語言，而這又是從埃及文中代表閹牛的象形文字複製得來的；即使是如古代挪威的盧恩符文（北歐古字碑文）這樣的遠親，也是如此。有一些作者推論，這與古老的占星學象徵有關，當時金牛座是黃道十二宮的第一個星座，而非牡羊座；或者與某些神話學有關，當時的故事將無限大的公牛和母牛放在許多創造神話的起點。

然而，「閹牛」是一隻被去勢的公牛，這在路徑的象徵中具有特殊的重要性。閹牛身形巨大且十分強壯，但顯然地，這種力量不會以性慾的方式來表達。如我們已知的，卡巴拉使用「性慾」作爲一個最普遍的比喻，來代表「透過極性作用的創造過程」。而閹牛所代表的非性慾的力量，對於其中沒有極性作用的關係來說，是一個很有用的象徵。一方面，這條路徑上確實有極性存在，比方在克特與后赫瑪之間的關係就形成了一個極性；然而，更廣泛而言，在后赫瑪與比那出現之前，極性在生命之樹的架構上並未扮演什麼重要角色。在阿列夫的路徑上，可以追溯回閃電的起點，且其仍然迴響著最早的創造階段，也就是極性的過程尚未成爲具有主導地位的階段。

前一部分提到，在較古老的卡巴拉文本中，阿列夫被用來作爲先於創造本身的象徵。因爲這是從《聖經》文本中衍生出來的詮釋，因此，它對卡巴拉的魔法傳承沒有什麼特別可說的，但它卻仍然適用於在此所討論的概念。如果如卡巴拉思想所說的，創造本身是與極性相關的議題，那麼阿列夫的路徑——也就是「第一個創造性的極性」尚未形成的路徑——必定是先於創造本身。

分派給這條路徑的神之名以及相應的占星符號，都與路徑的元素象徵相關，即風元素。這部分的路徑象徵所走的方向彼此相反，如同前一部分的象徵，因爲風元素與「乏」或「特措果瑪頓的兒子」相關，也就是象徵形式最基本的「極性之產物」。在分派給這條路徑的聖名當中，這個對立性是最強大的，因爲與風相關的名字是特措果瑪頓本身，也就是透過極性而運作的「創造之原型」。

這個明顯的矛盾之處，事實上是指向這條路徑本身的性格，即其作爲一切路徑的起源與總集。阿列夫路徑本身是位於極性所運作的層次之上，但那並不表示它與極性或創造沒有任何關係。事實絕非如此。在阿列夫的路徑上或許看不出明顯的極性，但這是隱含在第一個交互互動產生的過程中。一旦初始力量從初始同一之中出現，並且進入與同一的關係中，生命之樹及其一切複雜的面向便隨之而來。

這條路徑相應的塔羅符號所走的方向又不一樣，新方向帶有許多深刻的意涵。大阿卡納零號牌愚者，其圖像細節隨著時代而有許多的變化，較舊的牌卡上通常呈現一個衣著破爛的男人，手中拿著一根棍子，在追趕一隻狗、或者甚至是被一隻狗咬著；然而，較新的牌卡將這樣的畫面稍微做了清理，呈現出一個衣著尊貴的年輕人，他的狗以較友善的態度在他身旁小跑著。黃金黎明本身對於零號牌，就像對其他的大阿卡納牌一樣，是按照自己的方式來呈現，而這張牌的版本顯示的是一個裸身的孩子，手中握著一匹狼的韁繩，並從一株玫瑰樹上摘下一朵玫瑰花。

對於愚者這張牌在塔羅牌中的適切位置，一直以來都在神祕學圈子中引發大量爭議與困惑的議題，到目前為止仍然有許多不同的意見。這種現象並非偶然。如前所述，阿列夫的路徑可以被視爲所有路徑的源頭，因此準確來說，愚者可以被有效地置放在生命之樹上的任何位置。

然而，它與阿列夫路徑的關係具有至關的重要性。「愚者」這個詞彙在被濫用之前，曾經是一個專業的稱號；愚者或是弄臣，在中古世紀國王的宮廷內具有備受重視的地位。在他們的功能背後，並且將其與古老的紀錄相連結時，我們便可拼湊出一個較古老的薩滿傳承，其將瘋狂狀態視爲出神、智慧以及死亡的近親。愚者、狂人、純潔之人，來自於世俗事物的制度之外，他們立即對此秩序造成威脅，卻也提供了制度自身無法得到的洞見。

因此，這條路徑在這裡的社會功能便是「作爲一面鏡子」，這是一個較爲普遍的角色。對於魔法師在社會中的關係，不論是在古代或現代，這條路徑也有一些話要說。很少文化能夠完全對魔法師的存在感到自在；當前的魔法圈與異教徒圈的看法並非如此，對於女巫及魔法師的迫害並不僅限於基督教、一神教或是西方社會。作爲一個魔法師，在某種程度上，永遠是自外於社會所劃定的界限之外，由此所得到的，既是自由、也是脆弱。

第十一條路徑的祕傳學標題，將原本對社會象徵的關注，轉移到哲學和宇宙學的領域。這條路徑被命名爲「以太之靈」，在現代魔法語言中，以太屬於耶薩德層次之經驗的細微物質，因此，這又是這條路徑的另一個特性，要將我們引向其他的地方。從馬互特的觀點來看，以太是看不見、無形且無法被定義的；然而，物質世界的一切複雜維度，卻又是從以太當中衍生出來。這樣看來，阿列夫的路徑便是生命之樹的「以太」，即圓質之間的形體與威力之舞背後的抽象存在。這個比喻也可能被過度延伸——阿列夫的路徑可以被視爲是一種「物質」，不過這只是一種模糊且不特別有用的說法——但從自己那方面來說，阿列夫確實擁有其價值。

可以想像到，路徑文本處理的又是路徑的另一個面向，在此，與路徑相關聯的生命之樹的那一部分是克特本身。阿列夫的路徑被稱爲「煥發的智力」，並且被描述爲「因爲它是那道簾幕之精要，而此簾幕鄰近於配置之秩序」，它「特殊的尊嚴」，使其能夠「站在眾因之因面前」。「眾因之因」以及「配置之秩序」都是用來描述克特的詞彙，因爲在克特當中，含藏了一切事物的「因」與「配置」。然而，阿列夫路徑的角色是令人意想不到的，它的功能是作爲「簾幕」——這個希伯來文字也可以被翻譯爲「面紗」——並且這個詞作爲「煥發」，同時具有閃耀或眩目的意思。因此，阿列夫的路徑是被隱藏的。

在這裡，微妙地暗示了阿列夫路徑與圓質比那之間的連結。就如同克特與比那之間的關係暗示了后赫瑪，而如此意涵被反映在貝特路徑的象徵當中，因此，克特與后赫瑪之間的關係也暗指了比那；如果同一將發展出一個威力面向，它同時也必須發展出一個形體面向。再次地，阿列夫的路徑證實自己含帶了整個生命之樹架構的潛在形體。

在許多古老的神話中，這種潛在的存在都是由一個神話的形象作爲代表，而此則被反映在這條路徑的神話學法則中。「初始之空無的孩子」是一個人物，他就像是初始的公牛或母牛，傾向於出現在創造神話的開端處；沒有父母、沒有源頭，他出現在黑暗的水裡或霧中，體內含帶著宇宙的一切力量。在某些神話中，他成了「麥科任索波斯」（Macranthropos），他的身體是造成整個世界的原料；在其他神話中，他成爲了第十六條路徑的「智慧的守護者」，或是第十五條路徑的「黃金時期的君主」；在生命之樹的較下方，還能在與克夫路徑相關的某些神話中看到一些迴響。就像阿列夫的路徑本身，它以許多型態出現，並且在這全部之中迴避了完整的理解。

圓質❶：克特（皇冠）

項目	內容
標題／稱號	KThR，Kether，克特（皇冠）
神之名	AHIH，Eheieh，艾黑耶（我是）
大天使	MIThThRVN，Metatron，枚塔銃，面容王子
天使宿主	ChIVTh HQDSh，Chaioth ha-Qodsh，卡特哈－克德序（神聖生物）
相應的占星符號	RAShITh HGLGLIM，Rashith ha-Gilgalim，拉須特哈－居歐嘎林（轉動的開始或原動天）
相應的塔羅符號	牌組中的四張一號牌
相應的元素符號	風
路徑文本	「第一條路徑被稱為『受欣羨的智力』或是『隱藏的智力』，因為它是一道光，此光將理解的力量給予無始的第一法則；同時它也是初始榮耀，因為沒有任何被創造的有情能夠達到它的精華。」
魔法形象	一個略微被勾勒出來的人類的臉，向觀者的右方看去，可以透過耀眼的光被看到。從畫面中看不出細節，甚至看不出性別。
額外象徵	點、皇冠
額外標題	邁可普斯波斯，更巨大的容顏；阿門；原初的點；「不是」的頭腦。

顏色	在阿其路：純然的光輝 在貝來亞：燦爛的白色 在耶其拉：燦爛的白色 在阿希亞：帶著金色斑點的白色
微觀宇宙的相應符號	耶希達，自我的精神精要
身體的相應符號	頭頂的上方
啓蒙級別	10＝1，Ipsissimus，伊帕西西姆斯，究竟之我
負面力量	無（見達特）

在卡巴拉魔法師於生命之樹向上攀升的旅途中，十個圓質是旅程的主要里程碑，它們以能量之舞標記出上升和移動的階段。這些里程碑，每一個都有自己的性格、所需面對的挑戰、以及所需獲得的力量；每一個都能以不同的方式在不同的層次上達成。

從某個觀點來說，第一個圓質就是這些工作中的最後一個、也是最高階段。從另一個更深的層次來看，克特在魔法師的旅途中所扮演的角色，是生命之樹上其他任何圓質都無法相提並論的。較低圓質是旅程的休息站，克特則是旅途的終點。同樣地，當我們從創造之道的立基點來看生命之樹、而非從救贖之道的立基點來看時，克特又再度擁有了其他圓質所無法宣稱的地位，因爲透過其他圓質加以表達並轉化的整個能量模式，都是源自於第一個圓質。生命之樹上的所有力量與關係，都來自於克特、依賴於克特、也回歸到克特。

同時，若認爲克特僅只是我們目前所研讀過的所有圓質與路徑的總和，將是一個錯誤。事實上，光是想像克特會是某種事物，這本身就是錯的。所有的想法和感知，其基礎都在於差異性；比方說，如果宇宙中的一切事物永遠都是同一種綠色，那麼顏色的概念將沒有意義。在第一個圓質當中，任何差異都不存在，因此在那個階段的想法與感知，也同樣不可能存在。

在克特層次的意識上，一部分的本質是它可以被達到、但不能被經驗到；若要精確地達到，就必須跨越任何對事物的經驗而來到「純粹經驗」本身。不論以任何方式面對或接觸克特，就像是在解決一個數學問題，其中一個最重要的代數等於無限大。雖然那個問題能夠以某種特定的方式來解答，但其結果幾乎不可能以任何正常的方法被理解。

在這些考量因素中，克特看似完全脫離於正常世界之外，但就如同每個人一樣，魔法師大部分的時間都必須在這個世界裡度過。然而，這只是一個錯覺，去理解「克特層次的經驗與意識」如何與「每日生活」產生關聯，是至爲重要的；且唯有這麼做，它的潛能才能被開啓。

克特與馬互特是生命之樹上相反的兩極，就此事實來看，它們其實是一個單一相續體的不同部分。兩者都是意識狀態，也是使人類能夠經驗宇宙的方式。它們兩者也同時都是象徵性的。有一個不論在現代或古代都極爲普遍的傾向，就是將「較不容易達到的意識狀態，例如克特」，想像成比「馬互特的正常狀態」更加眞實。只有在特殊情況下，這麼說才正確。這些其他狀態的經驗，能夠對一個既定的經驗提供較廣的參考觀點，而一個從馬互特的立基點看來不具太大意義的現象，也會在這些不同層次上扮演十分迥異的角色。然而，不論是這些觀點或是這些角色，它們之中沒有任何一個是眞實的。它們全部仍是對於「一個無法被任何事物所掌握的實相」的一種象徵性表達、或是一種意識的反映。

這或許是關於第一個圓質所要學習的主要課題。光譜之一端的存在，暗示了另一端的存在；提及同一，就已經是暗示了區分的概念。以此方式，克特與馬互特生起、並且相互依靠。

同時，有一句卡巴拉傳承的箴言，說明了在這種相互依賴中，存在著細微的扭曲狀況。這句話是：「克特存在於馬互特」，並且「馬互特亦存在於克特——但以另一種方式」。每一個圓質都以自己的方式含帶對方。在克特的同一中，包含了馬互特中的無數不同事物，在此，馬互特是「位於不可分隔之同一中的潛能」；在馬互特的多元性中，則含藏了克特的無上同一，在此，克特是「某個已包含萬物的事物」。因此，在西方的神學語言當中，連帶其徹底物質主義的觀點，「神」這個詞可能會被使用在那個同一中，並且「神」與「創造」被分開來；從一個馬互特的觀點看來，這是正確、也是恰當的。反之，東方的神祕學傳承傾向於摒除馬互特的那一面，認為這樣的分別是一種幻覺；從這些法教的核心觀點來看，這個觀點也是正確而適當的。

另一方面，對卡巴拉魔法師而言，這兩種觀點以及其他觀點，都是正確、也是不正確的，都是適當、也是不適當的。它們每一個都有自己的用處、自己的優點及缺點。沒有任何一個具有絕對的正確性。當許多學派的神祕學者都在尋找「開悟」的轉化經驗時，魔法師認知到，這只是許多可能的意識狀態中的其中一種，它在某些情況下很有價值，在其他狀態中則否。魔法師知道、但神祕學者有時不知道的一點是，有某些時空背景，最接地氣的馬互特層次的意識，事實上是面對眼前問題最好的方法。

這個傳承分派給克特的象徵、標題與形象，比起給生命之樹上其他部分的數量都要來得多。這可能看似奇怪，因爲據說克特的本質完全不在人類的感知範圍內，但這一大串連珠炮似的象徵，只證實了象徵系統的缺點、而非優點。這就像是在雪球大戰中的小男孩一樣，他盡可能地朝每個方向丟出最多的雪球，希望自己能夠擊中些什麼；而在那個時代創造了卡巴拉的學者與大師們，也使用手頭上所擁有的任何比喻，試圖擊中第一個圓質的某些面向。

這些比喻中的第一個是圓質的標題，也就是克特，意思是「皇冠」。這有一部分是指出克特中心在身體內的位置，另一部分則是指向克特與梯琺瑞特之間的連結的雙關語——畢竟，皇冠乃是位於國王之上的事物。然而，皇冠在魔法傳說中具有更精確的角色，而這與某些較深入的啓蒙儀式象徵有關。

在許多文化的宗教藝術和神話學中，都呈現了聖人及超凡者的頭上出現光圈，有時是圓形的光環或是火焰，有時是從額頭處發出像角一樣的光線，兩者同時出現則較爲稀少。這兩種模式可以連結兩種不同的「垂死之神」版本，因此也有兩種不同的啓蒙方法，經常與現代魔法傳承結合在一起使用。這些系統的細節跟我們目前討論的主題並不相關，但它的結果——即一種發生於頭部的光輝經驗，此經驗爲部分肉體、部分非肉體——正是皇冠的起源，而皇冠是國王皇袍的一部分。這原本是一種增加光環之光的方式，之後卻用來取代光環的光，因爲這些古代國王背後的傳說已經流失了，但皇冠還保留著圓形的造型，以及從本源處向外延伸的光柱。就我們的目的來說，它可以作爲精神力量的一種象徵，同時也提醒了我們，形象與實相之間的差異性，這一點在面對克特時極爲有用。

分派給克特的神之名，更加深入了圓質的意義。名字AHIH，艾黑耶，是希伯來文動詞「存在」的其中一種，就如同特措果瑪頓；然而，特措果瑪頓是一種古老的形式，其眞正的意涵並不清楚。但在AHIH，

「艾黑耶」這個名字周圍沒有這樣的模糊性，它的精確意涵就是：「我是」。

「我是」。你會想要思考一下這個句子將產生的結果。在《聖經》神話中，這是神在西奈山上對摩西揭示自己時，給自己使用的名字；這並非只是一個人類用來描述「究竟」的詞彙，它代表了那個「究竟」對自己的描述。這也是唯一一件可以用來正確描述克特的事物。「它是」則無法做到；只要「我」和「它」是分開的，克特的意識狀態就尚未被達到；在同一中，唯有同一存在。

這個最高的名字，還有另外一個意義。透過這本書，象徵與實相之間的差異，也就是「能夠被經驗的」以及「究竟爲何的」，成爲了核心議題。從我們已經探索過的立基點來看，就好像是一個人的意識在牆的另一端，而牆位於象徵與實相之間，意識試著要去感知的其他一切事物則在牆的另外一邊。這是一個實用的思維模式，但卻隱藏了一個重要的要點。

一切我們所能知道的，都是象徵性的；同時，每一個象徵，也都是某件事物在實相領域中的代表。這一點不僅對人類意識來說是如此，對其他任何事物也是如此。我們無法直接知道我們自己，就如同我們無法直接知道任何其他事物一般，兩者程度相當，但理由相同的是，我們所感知到的那個「我們自己的覺知」，也是某件事物的反映，而這個事物是宇宙背後那個不可知實相的一部分。因此，名字AHIH，艾黑耶，也是我們每個人都能用來精確地描述我們自己的詞彙。

這個名字的字母，也有它們要教授的課題。它們代表了：YH創造性的二元性，從能量背景（H）中生起，從「未化現」（A）中升起。因此，AHIH（艾黑耶），YH（尤黑）與YHVH ALHIM（尤黑乏黑艾羅因），這些超凡三角的名字，是「創造性的極性」出現的三個階段，並且由特措果瑪頓作爲象徵，它們在深淵下方的鏡射則是AL（艾歐）、ALHIM GBVR（艾羅因吉帛），以及YHVH ALVH VDAaTh（特措果瑪頓艾羅阿乏—達特），這些是作爲「存在的多元性」出現的階段，在此由ALHIM（艾羅因）作爲象徵。

分派給克特的大天使是枚塔銃，即「面容王子」，這是我們之前遇過的人物。在古老且微帶異端氣息的猶太傳說中，給了這個大天使「較小的尤黑乏之黑」稱號，以及「神的第一副手」頭銜，這兩個頭銜——就如同「枚塔銃」這個名字本身——都是衍生自「救世主米特拉神（Mithras）」這號人物，而這位古波斯的光神，又來自於解放了以色列人的波斯統治者所信仰的宗教。在其他的傳說中，枚塔銃將其他人帶到上帝的面容之前，而這些故事就是它的一般稱號的起源。我們已經看到了，枚塔銃與撒達風一同分派給馬互特，這代表了最高圓質與最低圓質之間的連結。作爲克特的貝來亞相應物，枚塔銃可以用來代表「純粹的接受性意識」，沒有任何限制，不受威力與形體的控制。

分派給克特的天使宿主是卡特哈—克德序、或是神聖生物。這些生物有四種，每一種都有三對翅膀，象徵梯珐瑞特；每一種都有四顆頭，即人類、老鷹、獅子以及公牛，相應於耶薩德的天使「基路伯」，以及馬互特當中的元素。作爲克特的耶其拉相應物，這些生物代表了「純粹有情與純粹意識」的結合，其中含藏了特措果瑪頓的種子，以及由生命之樹作爲象徵的「整個威力與形體之舞」的種子。

克特的阿希亞面向，即相應的占星符號，稱爲Rashith ha-Gilgalim，拉須特哈—居歐嘎林，即「轉動的開始或原動天」。在中古世紀以地球爲中心的天文學時代，天空最外面的球體稱爲「原動天」或是「主要移動者」，也是移動整個系統的動力來源。這個象徵強調了克特「作爲一切事物之開端」的角色，即生命之樹上所有能量的來源。

在第一個圓質剩餘的象徵當中，路徑文本是目前爲止最重要的，並且如往常一般，它立即導入了某些在卡巴拉傳說中非常厚重的部分。值得一提的是，當我們在此處理一個「能以同一被最佳描述」的圓質時，路徑文本使用了兩個不同的標題，並且討論了四個不同的面向。這是一個矛盾嗎？確實，但這是奠基於我們已經涵蓋過的議題之上。

在文本當中，克特被描述爲一道光，此光能使人領會第一法則；克特也是一個榮耀，其精華沒有任何被創造的有情能夠達到。光、第一法則、榮耀與精華，都是用來描述克特的詞彙。作爲光，這個用來代表「精神覺醒」最普遍的象徵，掌管了救贖之道；作爲第一法則，它是創造之道的起源；它的榮耀就是它對生命之樹其餘全體的影響力；它的精華就是它自己本身。作爲一個能形塑其他經驗層次的力量，它被命名爲「受欣羡的智力」；而在作爲一個無法被理解的層次時，它則被命名爲「隱藏的智力」。總而言之，這些數量充沛的象徵，確實爲第一個圓質之本質的各個面向，做了可信度頗高的總結。

在此所給的額外象徵與標題，是從一個更大的資料庫中挑選出來的，讀者可以在大部分關於這些議題的書中找到。許多象徵都能應用在那些對早期卡巴拉行者的工作來說十分重要的《聖經》神話上，還有少數幾個象徵與現今修煉的魔法卡巴拉相關。那些有關聯的已經列在這裡了。在它們之中，有一個特別值得研讀：「不是」的頭腦。在生命之樹的象徵中，克特是峰頂、來源以及終點；它也是一個位於其他圓質當中的圓質；它同時是對一個自己無法理解的「實相」之不足的象徵。它是頭部，而它也不是。正如第一章所提過的，在克特之上是未化現者的三道面紗，即：「恩索夫歐爾」或者無盡光、「恩索夫」或者無盡、「恩」或者無。在這些刻意維持模糊的形象之外，是一個永遠無法被知道的實相，而那才是真正的峰頂、真正的源頭、真正的終點。

第三部

魔法卡巴拉的修煉

10 修煉的基礎

過去近一千年來，卡巴拉這門學問累積了極爲龐大的教授內容，本書前兩部分所涵蓋關於理論與象徵，只是所有內容中分量不算大的一小部分，並且這些內容總是以某種方式與黃金黎明傳承有密切關聯。截至目前爲止，本書所討論過的任何一個要點，都能被提出來輕鬆做出大篇幅的討論，甚至不需從相關主題的希伯來文文獻中引經據典。

然而，過多的理論並非絕對優勢，啃讀書本也不足以讓你成爲一位魔法師。事實上，若只是爲了追求隱藏的知識而去追求，對於許多想要成爲卡巴拉資深達人的人來說，正是妨礙他們實現魔法道上之潛能的障礙。一般看法認爲，要眞正掌握魔法，必須得到某些奇異的信息，然而這種想法完全是誤導的。對於初學者來說，魔法最重要的「祕密」並非特別奇異、也非特別神祕。

爲什麼這些會被當成祕密呢？它們其實跟那些爲任何其他人類活動帶來成功的元素一樣——因爲這一點，許多的魔法師認爲，一切的人類活動最終都是一種魔法。因爲這些元素在魔法背景下，通常會籠罩著一股故弄玄虛的氛圍，因此或許我們從另一個狀況來看它們會更加有用。

比方說，想像一個想要成爲音樂家的人。這個渴望本身是毫無力量的，除非它開始被表達在行動當中，而就連行動本身也不必然是足夠的。這個想要成爲音樂家的人必須做到三件事情，才能讓渴望成眞。首先，她必須決定自己想要成爲哪一種音樂家，至少她必須要選擇一種樂器和一種大概的風格，接著決定她要到達這個目標所要採取的各個步驟。第二，她必須盡可能經常地練習彈奏樂器。第三，她必須從自己的練習當中學習，將現在的演奏成果跟自己的目標比較，以作爲改進的指引。

這相同的三個元素：清楚的目標、持續的努力、以及學習的能力，也同樣是獲得魔法成就的關鍵。同時，它們也正是在面紗上方的汝阿赫的三個圓質，其務實的一面。清楚的目標是「梯珐瑞特」想像力的產物，若想成就目標並走完旅程，則在被達到之前，它們必須先被想像過。持續的努力是「葛布拉」意志的產物，至於學習的能力則來自於「荷塞德」的記憶。

當一個心懷抱負的魔法師面臨第一個偉大的轉化時——也就是揭開聖殿的面紗——這三個圓質便是轉化的目標、同時也是工具。這裡很重要的一點是，整個轉化工作僅僅是學習如何使用這些圓質當中只發展了一半的潛能，亦即學習如何完全且清晰地進行想像、行使意志與記憶。更廣泛而言，同樣的想法也可以應用到生命之樹上的其他圓質，因此，整個魔法師的工作能被視爲是有所追求的去感受、去發展直覺、去思考與感覺、去想像與行使意志和記憶、去休息、行動和存在，並且依這些事物能夠且應該被完成的方式去做，而不是以心不在焉且不稱職的態度去做，雖然後者是頗爲普遍的情況。

魔法師的工具

魔法師的工作是簡單的，但是「簡單的」並不必然也是「容易的」。若說想像力、意志力與記憶既是魔法成就的關鍵、同時也是其結果，這本身會帶來矛盾；要用來開門的那把鑰匙若是被鎖在門內，則這把鑰匙對誰都沒有太大幫助。這個比喻並不完美，因爲我們每個人都會以反映形式擁有這三種力量的一些痕跡，但是這個情況所帶來的困難仍然存在。

大部分魔法訓練的技巧，從最基礎的到最怪誕的，都僅僅是用來越過這個困難的簡單方法：在分量上補強或增益普通的想像力、意志力與記憶，如此一來，剛入門的魔法師便能夠熟悉他自己這些部分的可能性，並且對於魔法與神祕學的練習加以運用，因爲這些練習需要他們投入的程度之大，一般人無法在沒有協助的情況下進行。

有許多這類的技巧目前還在使用中，也有一些是過去被使用、但現在卻遭到大部分學派所摒棄的技巧。比方有一種曾經很普遍的方式是，將初學者置於各種極端恐懼、羞辱或受虐的狀況中，藉此幫助他們發展意志力。某些魔法傳統也會使用各種藥物來幫助入門者卸下一些心理防線或拘束感，使其不再阻礙想像力的自由運作。還有許多書籍和老師同時鼓勵這兩大類方法，但是這兩種方式通常都會導致某種程度上的傷害，比起原先預期的好處，通常弊大於利。那些爲數不少的鼓勵使用藥物的魔法師，可能不同意最後一個觀點；但是請試想，經常性的幻覺閃現或是短暫性的失憶，都不利於魔法工作的進行。

另一方面，當前主流的黃金黎明傳承中，用來增益想像力、意志力與記憶的方式，可能過於平淡無奇，但卻是更加可靠的。黃金黎明用來「增益想像力，使其能訂下目標與方法」的方式是「研讀」；用來「增益意志力，使其能付出持續努力」的方式是「規律」；用來「增益記憶，使其能夠促進學習」的方式是「強調工作記錄的重要性」。這三件事情便是有效的魔法訓練基礎，也是魔法初學者的工具箱中最基本的工具。

魔法訓練的學習

將學習作爲這些基礎工具的其中之一，看起來好像與本章開頭對於祕傳知識給出的些許嚴厲評價有所衝突。但若擺放的位置正確，對於魔法傳統與理論的學習，將能夠對魔法初學者帶來巨大的幫助。（否則，本書的大部分內容就只是在浪費紙張了！）在這裡，很重要的一點是，在經常練習的情況下，魔法學習是有價值的，就像在有學習的情況下，魔法練習也會獲得更多的深度與效力。

說到「能對卡巴拉魔法主題的學習產生有效影響」的各種主題，其範圍之廣，沒有任何人能夠完全掌握。蒂昂・芙泉（Dion Fortune），這位或許是本世紀前半最重要的黃金黎明理論學者，建議最好能夠對所有的自然科學、歷史、數學、邏輯和哲學、更不用說心理學與宗教比較學了，都擁有扎實的基礎知識，這對於想要成爲入會者的人來說，是一個很好的起跑點。從蒂昂・芙泉寫下這段文字到現在爲止，每一個領域中的知識信息又增加了好幾倍，甚至還有一些當時根本不存在、但具有相關性的學科，例如系統理論和控制論，或許也應該加上。

如果所訂出的目標，沒有任何學生能在合理的期待下達到，這本身就沒有什麼意義。更務實的來說，今日世界的魔法初學者可能會專注在某幾個學習領域。首先，當然是魔法本身；在卡巴拉魔法這個專門的領域之中與之外，有大量值得閱讀的魔法經典文獻及較近代的著作。第二點，跟第一點很相近，便是民間傳說與神話學，也就是所有魔法傳統的生根之處，而許多實際的魔法公式也是從此延伸而來的。在第三點的名單上，則合理地列有多項學科，例如人類學、宗教比教學、哲學、心理學，以及任何能爲魔法師的知識體系有效增添價值的學科。

在這些主題之外，練習魔法的學生還會對其他領域有興趣，他（她）也應該按照自己所想，盡可能的去追求；無論什麼學科，幾乎多多少少都能照亮我們的魔法之道。

魔法的常規練習

魔法是今日社會反主流文化的其中一種共同興趣，因此在魔法場景中，「常規」這個概念聽起來可能有點格格不入。許多人之所以開始練習魔法、或至少做出魔法的舉動，恰巧就是因爲魔法看起來和常規、普通及可預期的事物不一樣。同時，人類是習慣的產物，當你理解並開始使用這個事實，它將會是魔法師在訓練時，手中最有用的工具。任何事只要重複做，大多都會變成一個習慣；如果此事在相同的地方、相同的時間、或者相同的情況下去做，由此建立起來的傾向幾乎不可能打破。

以自我探索爲目的，讓自己任意選擇一個習慣來使用這個法則，可能會是一個有用的練習。另一方面，現在魔法中對於習慣與常規的使用，並非只是一種簡單的實驗而已。若適當的使用此方法，習慣將成爲意志力的後盾，而單靠意志力無法克服的困難，通常能在慣性的協助下被解決。

因此，卡巴拉魔法的主要學派總是強調魔法練習每天都必須進行，不可中斷；並且如果可能的話，要在相同時間、相同地方、依照相同的儀式過程進行。一旦這麼做了一段時間之後，習慣就會養成，而在習慣完全建立之後，每跳過一次練習，就如同跳過一頓飯一般，體內會生起不安。後續章節所描述的大部分工作，都跟建立一套常規訓練、以及如何發展那套常規中的各個元素有關，如此一步接著一步，直到這些簡單的機械式練習開始漸次地被較深層次的洞見與成就所取代。

很重要的是，不要走到另一個極端，在魔法上一下子過快地付出太多的時間；這麼做可能使人筋疲力盡、或者產生精神官能症的問題。在接下來幾個章節中會對練習的常規做出建議，這些練習能夠以最簡單的形式去做，每天練習半小時到四十分鐘。對於那些不曾做過每日練習的人，這是一個很好的起點，而且不論多麼忙碌，任何日程表幾乎都可以擠出這樣的時間。

記錄魔法日記

我們在這裡所要檢視的是三個基本工具中的最後一個，即魔法日記。如同常規能增強意志力、學習能幫助想像那般，魔法日記也能以相同方式增益記憶力。在所有靈魂的更高作用當中，人類記憶或許是最不可靠的；看到同一起車禍的十個目擊者，按照各自的記憶，十個人會描述出十個完全不同的事件，就如同法院中無數的案子那般。對於魔法師來說，這可以是一個很大的問題，因爲他（她）在自己的魔法之道上所發生的大部分眞正重要的事件，並不會有其他的目擊者在場，而且即使是最深刻的領悟，隨著時間流逝，也會從記憶中慢慢消褪。

對於這個問題的解決方法，或許跟書寫存在的歷史一樣悠久。每天將魔法的學習與練習寫在日記本上或是留存記錄，間隔一段時間之後再回頭查看，如此一來，記憶將有個落腳處，進展也有了比較的標準。最好是能使用一本空白的線裝書或是日記本來做記錄，因爲有的時候，在魔法之道的某些階段，你可能會非常想要把書頁撕下來扔掉，因爲相同的原因，將這樣的紀錄存在電腦中，可能是不明智的。此外，想要用什麼樣的形式和格式做記錄，都是個人的選擇。練習的日期、時間和細節是有用的信息；每隔一段時間，對自己訓練進行的情況作出評估也是有用的。（幾年之後再回頭來讀這些評估筆記，通常很有意思。）

魔法練習會碰到的障礙

剛剛討論的三種魔法師工具有許多應用方式，但是它們最重要的功能是在訓練工作開始且魔法之道上的第一個主要障礙出現之後，才開始起作用。「臨界點的看守者」，這裡所使用的是傳承分配給此障礙的一個十分戲劇性的名稱，本書先前已經提到過了。它代表了在魔法師的發展過程中，普遍事件模式中最核心的重要階段。由於每個人都不一樣，因此這個模式會以許多形式發生；同時間，現代社會中有某些因素，傾向於對「與看守者會面」勾勒出一個特定的形狀。

人們會開始學習魔法有許多原因，但在現今想要成爲魔法師的人當中，有兩個因素通常是共有的。其中一個便是受到「作爲一個面具或一種姿態」的魔法所吸引，因爲這種魔法形象能夠被用來取代在嚴厲的自我檢視下，頗爲低迷的自我形象。魔法遠播的惡名，以及過去數千年來所受到的種種迫害，對於那些自覺被疏離於西方文化的權力結構之外的人們來說，卻是特別具有吸引力的。在這個方面，「成爲一位魔法師」，提供了一個身分，並且經常提供了一個社群——至少在具有一定人數的城市當中——在這裡，「被迫害以及全能之神」的幻想經常融合在一起，這應該是社會心理學系的學生頗爲熟悉的現象。

但這個安慰性的面具只是硬幣的其中一面，硬幣的另一面則是一種渴望，這個渴望通常模糊且未成形，它想要的事物遠遠不是在一個面具或一種姿態下的惺惺作態，它想要的是某種眞實的事物，不論主導性的文化結構或是那些魔法的次文化，都無法與之相提並論。這個渴望的力量並不是導向「想要成爲魔法師」，而是更加導向於「成爲同一狀態」。經常是因爲另一個渴望的存在，才將想成爲魔法師的人引向魔法，而不是我們社會中任何其他可能的反主流文化。

只要魔法初學者將工作侷限在閱讀書籍和參加少數的社群儀式當中，這兩個渴望，即面具與現實，便能在進展中和平共處。但是在初學者開始規律的練習時，這個和諧卻被粉碎了；你有可能是一位魔法師或者想要成爲一位魔法師，但你不能兩者皆是。魔法訓練的紀律性，對於任何種類的面具都是非常不友善的，即使是所謂「魔法師的面具」。剛入門的魔法師，對於偉大魔力的種種自負幻想，在他（她）的腦中奮不顧身地衝撞，直到跌進現實，發現自己連想要控制自己的想法兩分鐘都做不到。從更深的層次來說，大部分基本的魔法紀律其實就是「自我認識」，而也正是對於自我認識的恐懼，成爲了每一種面具背後的動機。

因此，這個恐懼是當實際工作開始或是接近開始時，所必須克服的障礙。這個恐懼可能以無數種方式隱藏起來。有時候，恐懼會喬裝成無聊，而許多基礎的魔法練習確實是單調乏味的。有時候，恐懼會喬裝成挫折感，而許多基礎的魔法練習也確實令人感到挫折，有的甚至是刻意而爲的。有時候，恐懼會化爲其他種類的興趣、或是一整個系列的其他興趣，因而占用了魔法練習所需的時間——當然，魔法訓練每天都需要花一段時間來做。有時候，最終，恐懼以自己的形象——全然的驚駭——毫無預警地生起，並且多半毫無理由地出現在某個練習的中段。

無論恐懼呈現什麼形式，都沒有辦法跳過這道關卡，唯一的解決方式就是：堅毅不拔。若在此刻放棄修行、或甚至大幅度的改變練習，便是被看守者給擊敗了。無論無聊、挫折、受到其他活動的吸引、或者是害怕改變和成長，只要你堅持下去，就是最後的贏家。看守者可能會再回來，因爲我們要丟棄的面具通常不止一個，但是每一次勝利都會讓其他挑戰變得更容易達成。

在此，本章先前所提到的三個基本訓練工具終於登場了，這三個都是用來對抗看守者的武器。學習能夠讓新手魔法師辨識出他（她）自己的經驗，是屬於共同模式的一部分，並且能從知識的立基點來面對看守者。常規能幫助新手魔法師在面臨看守者強大壓力的同時，繼續進行實際的訓練工作。魔法日記能讓魔法師將每一次面對看守者的掙扎，拿來與先前的回合作比較，並且在過去經驗的協助下繼續向前。沒有這些工具，也有可能成功，但這些工具將大大降低整個過程的難度。

四種基礎練習法

除了我們目前爲止所教過的「練習三支柱」之外，西方的祕傳傳統還有許多基本的練習，在開始練習之前談論它們是最好的時機。這全部的練習都是、或者是可以從魔法訓練的第一階段學到並練習，在各方面爲未來的工作奠定好基礎。這些練習的其中兩種，即每日回憶法以及中午禮拜法，許多年前就成爲了黃金黎明傳承的一部分，在許多相關主題的書中都被提到過；至於其他兩種練習，即太陽以及月亮的以太補充法，則是從一個相關傳統中借用的，在英語系國家幾乎無人知曉。全部這四種練習將證明對魔法師的訓練是極具價值的。

「每日回憶法」是西方祕傳學記載中最古老的修法之一，可以被追溯到西元前六世紀的神祕數學家畢達哥拉斯的法教。此修法的精要至今仍沒什麼改變，只是在細節上有些變化之處。原本方法的核心是「單純性」本身：每天晚上睡覺前花幾分鐘，依照發生順序，回想當天的所有事件。不需琢磨大量的細節，但每一個重大事件都必須回憶到。

這個練習的目的，某方面來說跟魔法日記的道理相同。回憶法訓練的是記憶力，同時幫助強化了「汝阿赫」這個最容易犯錯的力量。但是回憶法這個習慣的目的，還有一部分是要達成自我認識的廣泛目標。這可能會以很明顯的方式來運作，比方說，在當時看來可能非常合理的某個行動或態度，事後冷靜地回想起來，卻展現了完全不同的面貌。然而，這裡還有更細微的可能性介入其中。人類最常用來避免自我認識的一個方法，就是選擇性記憶；我們選擇回憶「那些會增強我們想看見的自我印象」的事物，並且盡可能地不去想那些與此相牴觸的事情。規律的回憶練習，會改變記憶使用的節奏，也就是將記憶建立在簡單的事件順序上，而不是建立在我們個人的喜好上。以此方式，我們使用了較不扭曲的方法，來打破我們平時回憶的慣性模式。

「中午禮拜法」有個極爲古老的根源：在基督公元開始之前，埃及希臘化時代赫密特傳承的神祕學者們，就在太陽路徑上的不同站點行禮拜。在卡巴拉思想中，以太陽作爲梯珐瑞特的形象，在很多方面反映出太陽在更古老的傳承中的重要性，並且對許多人而言，我們所經驗的宇宙當中，「被我們稱之爲神」的同一之存在，太陽仍然是其最有效的象徵。

中午禮拜法便是想要運用這一點。每天在太陽時間正中午、當太陽到達天空的最高點時，面向正南方，觀想太陽的形象，將它視爲「神在此自然世界中存在」的象徵，一如神學理論家們可能稱呼的那般。如果你能站在陽光下做，這樣很好；但請記住，不要直視太陽，以免對眼睛造成傷害。如果你在一個無人打擾的地方，那麼在禮拜之後進行「卡巴拉大十字」（下一章會講述，見379～381頁），是一個實用的結束方式；否則，就只需要在心中持有形象並沉思一會，接著再回到你的日常活動當中。

另外一個困難點在於，應當在太陽時間正中午進行禮拜，而這不一定是時鐘上的中午時間。如果有日光節約時間，你必須將時鐘上的時間減去一個小時。取決於你距離子午線的東方或西方多遠，太陽時間也可能會有所不同；東邊時間的標準子午線是向西七十五度，中央時間是九十度，山區時間是一百零五度，太平洋時間是一百二十度。只要你位於標準子午線的西邊每一度，就從時鐘上的時間減去四分鐘；位於東邊每一度，則增加四分鐘。你可以在地圖上找到你居住地的經度，或者詢問當地的占星學者。

中午禮拜法之所以有效，有幾個原因，有些很簡單，有些則埋藏在錯綜複雜的魔法理論中。在最簡單的層次上，在自己每天日程活動的中間點，記得並且去執行這個任務，對於覺知來說，就是一個很有價值的練習。在更深的層次上，在心中回憶起一個象徵以及它的意義，一次又一次的持續很長一段時間，不僅會加強這個象徵的能量，還會與「那個象徵所代表的現實」建立起一個連結——在這個例子當中，則是在看似困惑的馬互特中，梯琺瑞特的存在以及梯琺瑞特的意識。此外，在人類的微觀宇宙以及所有經驗層次上的太陽，兩者之間還有一連串的細微關係，這些關係能夠在很多方面被用來加強以及平衡自我。

剩下的基礎練習則更專注地來使用最後一個層次的互動。太陽以及月亮以太補充法的練習，本身並非特別屬於傳統的黃金黎明魔法，而是取自於一個與黃金黎明密切相關的傳承，此傳承與黃金黎明傳承許多領域的工作都有連結，這些領域也就是普遍被人們所忽略的著名的「黃金黎明煉金術」。

首先，我們來看「太陽以太補充法」，進行的做法如下：

步驟一：一個晴朗的早上，在十點之前，站在一個沒有玻璃且陽光能夠直接照射到你的地方，最好的位置是一塊空地；但如果房間裡有一扇打開的窗戶且方位正確，這樣也可以。面對太陽站著，閉上雙眼，讓你的身體盡可能地暴露在陽光下。將你的雙手舉到身體兩旁，就好像十字架的雙臂，掌心向前。緩慢的呼吸，感覺陽光沐浴著你的身體裡外。

步驟二：過了一分鐘之後，將你的手肘彎曲，手向內微微往上移動，因此你的雙手會在前額不到十公分的地方幾乎相互碰觸。把你的掌心向著你，盡可能清楚地觀想陽光與熱能從你的掌心流到你的前額。

步驟三：將你的雙手慢慢地從前額移動到太陽神經叢（位置在肚臍上方與胸骨下方的橫隔膜上），整個過程都保持觀想。做完之後，雙手分開做一個向外掃除的大動作，盡可能地彎腰，接著再回到第一個姿勢，雙手向外伸展。重複這個過程七次。

「月亮以太補充法」也是以完全相同的方式進行，唯一不同之處在於，這裡是以月光、而非陽光，作為提供練習工作的能量來源。月亮以太補充法應該在月亮漸盈的時候進行，也就是月亮每月週期的前半部，即新月到滿月期間，並且最好在晚上十點以前進行。

這兩種練習都是設計來影響「奈菲」（nephesh，希伯來文，經常被譯為「靈魂」）或是以太身。太陽是地球的以太能量與物理能量的主要來源，因此，奈菲的中心補充太陽的力量，將能夠加強並活化以太身的整個結構。相反地，月亮的以太力量則會提高敏感度，特別是針對細微的能量，以及那些我們經常因為理解能力不足而將其與「直覺」混為一談的某些感知狀態。經常這麼做，能夠幫助我們在進行較高階的魔法工作時，為以太身做好「接受更強烈的能量流經」的準備。這兩種練習都會對身體健康產生正面影響。如果條件允許，我們可以隨時隨地進行這些練習；但如果在二十四小時內，每種練習各做超過一次以上，便可能會產生某種暫時性的能量失衡。

11 儀式魔法的境界

在各種類別的魔法練習當中，首先出現在任何人腦海中的，通常是儀式。即使是那些對魔法最沒有概念、也不知道魔法能做什麼的人，也傾向於將魔法想像成是一種有長袍、權杖、奇怪的手勢、且口中必須大聲嚷嚷著一連串咒語的古怪儀式。雖然這是一種將儀式漫畫化的手法，但它仍然指向了正確的方向，因爲以最廣的意涵來理解的話，儀式是魔法師所使用的實際方法中，最重要的一種。

以實用的目的來說，我們可以將儀式定義爲是一種象徵性的行動。每一種在儀式背景當中所做出的行爲，不論是說一個字、做一個手勢、進行一次呼吸、或是在想像中建構出一個畫面，都是一個刻意形成的象徵，它代表著某件事物，並且是某件特定的事物。在一個設計良好的儀式中，這些意義將會相互呼應，就像樂曲中的音符在一個完整而平衡的形式中，表達出了單一意義的模式。

從卡巴拉的觀點來看，這個定義可以稍微加以延伸，使得行爲與意義的融合，可以透過架構完整的儀式工作，在生命之樹上的每一個層次發生。因此，肉體行爲、以太模式、概念、情感、意志力和記憶，將會在想像力的引導下，在儀式當中結合起來，而想像力本身將會向上攀升達到初始形體、威力以及超凡者的結合。如此看來，儀式是一種方式，目的是將「自我」的所有層次融合起來，並且將其引導向一個單一目標。

這個同一與方向的組合，使得儀式成爲了魔法師在任何經驗層次上的主要行動工具。

更精確地說，這就是儀式所能夠達到的境界。要使那個可能性成眞，需要許多條件的配合，但它們大部分都是爲了達到同一個目標：練習。但是無可避免地，在一開始進行儀式時，必定會歷經笨手笨腳的揣摩期、試圖記憶口令和手勢，並且盡可能地以最不古怪的方式來完成這一切。一旦這些困難都克服了，就必須開始處理儀式的內在面向，直到儀式的各種層次達到彼此和諧的狀態，且第一個穩定的效果開始出現。即使到了這個時候，這些效果也必須透過不斷的發展直到成熟，才能發揮全部的潛能。

從上述內容看來，魔法的實際應用，似乎是個十分冗長且頗爲枯燥的過程；如果必須花費數年時間才能夠完全掌握某一項儀式（這其實是很普遍的情況），那麼當魔法師遇到了一個新的可能性或是一個意料之外的緊急狀況時，又該如何反應呢？幸運的是，黃金黎明系統中所使用的儀式形式，一開始就規劃了大量的彈性調整空間。每一個儀式都是由較小的元素構成，在這之前，學生會對這些較小元素進行個別的練習，而大部分儀式都可以藉由改變象徵的某些部分，而被導向目標範圍更廣的其中任何一個目的地。一旦基本元素以及其應用的練習完成後，就可能針對幾乎任何一個想像得到的目的，在短時間內組合起一個儀式並加以執行。

因此，關於如何掌握魔法儀式，要說是死記硬背、學習一套既定儀式，不如說是去理解每一種儀式的公式，也就是儀式內在的象徵性結構，即儀式組成之細節所環繞的那個架構。反之，那樣的理解又是來自於經驗到公式在練習中發揮效力的方式。在此，再次地，行動與意義必須結合在一起，儀式的潛能才能眞正被喚醒。

儀式的目的

然而，在談到魔法儀式的實際應用時，等於是去碰觸一個多年來已經在魔法圈中製造出大量問題的議題。許多作家會在兩種魔法應用中做出有效的區別。第一種稱爲「高階魔法」或「神力術」，是使用魔法來加速魔法師的精神發展；第二種稱爲「低階魔法」、「實用魔法」或「奇蹟術」，是使用魔法來產生在任何一種經驗層次上其他種類的改變。第一種等級的魔法是較爲重要的，因爲要掌握任何一種魔法，主要都取決於內在的發展。然而，第二種魔法又是如何呢？

在這個議題中，至少有兩個與其緊密相關的問題。第一個問題是：魔法有什麼樣的實際作用？第二個問題也是一個同等重要的問題：魔法應該要有什麼樣的實際作用？

若要從歷史脈絡中尋找第一個問題的答案，只會陷入一團困惑的泥沼之中。曾經，若基督教徒認爲魔法並非只是一種幻覺，而是擁有任何一點效力的話，就會被認定是有罪的。之後卻又頒布命令說，若基督教徒不相信魔法有效力的話，也同樣有罪。後面這個時期，也就是大舉獵殺女巫的時代，我們可以看到，審判者以及其清教徒同伴，以宣傳手法，將魔法師的潛在能力誇大到極爲荒謬的程度。

當然，到了較近代，時代的鐘擺又朝另一個方向擺盪。對現代理性主義者來說，若相信魔法除了是詐欺或自我欺騙之外，還有任何其他一點存在價值的話，幾乎就等於是犯罪。有些現代魔法師對此態度做出回應，他們將魔法重新定義爲是一種心理學，並且接受其力量具有侷限性，以此與現代心理學理論保持齊等。還有其他魔法師完全駁斥這一點，他們宣稱魔法具有種種魔力與潛能，到了一種幾乎可以說是癡心妄想的程度。

就事實而言，我們目前並不知道魔法的力量有什麼樣的限制存在。很清楚的是，魔法的過程能夠影響那些在我們社會中經常被稱爲「主動性」或「心理學」領域的經驗，而那些與「客觀性」或「肉體上」等方面的經驗最緊密連結的事物，比方說免疫系統的運作以及一般而言的肉身，也似乎都會受到魔法的影響。另一方面，有人宣稱某些較爲極端的力量，能夠控制住客觀與肉體的經驗，例如使重物騰空，在練習中幾乎完全不可行。在這兩種極端之間，是一大片充滿可能性的灰色地帶，在其中，確實看似有某些限制存在。在想畫出任何更加確切的界限之前，必須要有大量的實驗，並且最重要的一點是，必須對結果進行誠實的評估，由此才有可能實現。

什麼樣的目的對魔法來說是適當的，這樣的問題——亦即魔法的道德觀——也同樣令人困惑。對於魔法的使用與誤用這個主題，有許多毫無道理的文本被書寫出來。關於這個主題，眾說紛紜，相左的意見如同光譜的兩端，一端有人要脅著，若將任何魔法技巧用於達成神祕學成就以外的目的，即使是最微不足道的小事，也將面臨慘重的後果；另一端則有人認爲，整個魔法訓練的目的就是獲得神一般的力量，成爲世界的主宰，並且獲得自己在物質慾望上的一切滿足。

通常而言，這些極端的意見都可以忽略掉，但在這些極端中間的平衡之道，則必須小心翼翼地描繪出來。或許最佳的指導方針是「魔法行動循環本質之法則」，這在本書的第二部分關於后赫瑪象徵的討論中有提到。這個法則不論在古代或現代的神話創造中，一直都是重要的議題——當前威卡教（Wicca）傳說的「三重回歸」，就是一個例子——但它表達了一個實用的眞理。每一個魔法行爲，除了會影響到標的物，也會影響到自身的源頭。如果你準備用魔法去摧毀另外一個人，那麼你也會將自己的意識調頻到仇恨與毀滅的能量中，而這些能量會在你的生命中成型，就如同它們有效地在你預謀的受害者生命中成型那般。如果你是準備要去控制另外一個人——這正是大部分所謂「愛情魔咒」所做的——你將同時削弱你自己的意志力，並與受到你凌駕之標的物的意志力下降的程度相等。同樣的過程，在使得魔法行動得以形塑另外一個人之經驗的同時，也能同樣輕易地使其形塑魔法師的經驗。在這裡，沒有任何人是法官，也沒有某些魔法類書籍作者熱愛的那種所謂「神祕學的警察」；這只不過是一個很簡單的因果定律。

那個經常爲人所鄙視的黃金法則：「想要別人怎麼待你，就怎麼對待他人」，可以作爲考慮使用魔法時的衡量標準。因此，在一個更高層次上，理想中的愛，可能會在達雷特路徑的象徵中找到。然而，有一句很普通的格言，或許能爲這些議題提供一個最清晰的忠告。在魔法當中，也如同在生命的其他部分，種什麼因，得什麼果。在毀滅性魔法的例子中，同樣也有一句格言值得我們思考：近朱者赤，近墨者黑。

當我們考慮將魔法使用在任何實務上時，必須要有一個目標——並非只是一個模糊的概念，而是一個細節詳盡的精確目標，你必須能夠用簡單的一句話清楚表達。再次地，魔法道德的議題在這裡是非常重要的。你是否確定你眞的想要「你認爲你想要的那件事物」，並且你是否確定「你願意承受得到那件事物之後的結果」？

同等重要的是，將你的目標設定成恰好就是你想要的事物。魔法圈裡有一個很有名的故事，有一個人試著用一種觀想的技巧來得到金錢。他觀想自己處理著大筆大筆的鈔票。不久之後，他被一家銀行雇用了——在那裡，他每天花八個小時，領著微薄的薪資，數著他人大筆鈔票的存款。這個故事還算有趣，但許多其他人所犯下的錯誤就不是如此輕鬆無傷：有些人想要安全感，但卻將金錢當成他們行動的目標；或是渴望愛，但卻將掌控他人當成自己的目標；或者是希望內心平靜，但卻將自我孤立當成自己的目標；還有一些人得到了自己在追尋的事物，而不是自己眞正想要的事物。

從魔法卡巴拉的角度來看，任何目標，只要不是用於精神轉化這種偉大的工作上，就是一種錯誤的例子：整個西方魔法傳承的核心教學都說，想從其他任何地方找到快樂之前，我們必須先透過回復內在的健全性來找到自己的快樂。同時，若我們「應當改變自己的環境以及改變自己」的時機成熟了，那麼，魔法就是魔法師在做這部分工作時，能夠使用的工具之一。

魔法儀式的實際練習

在提到儀式的主題時，能說的就更多了，不過幸好大部分內容已經有很多人在其他地方講過了，特別是在關於這個主題的經典作品中。考量到這本書的目的，上述提到的一些要點已經足夠了，剩下最主要的就是魔法儀式的實際練習。若要完整涵蓋儀式工作的主題，需要一整本書的篇幅，因此在這裡，我們可以透過此傳承中兩個最重要的基本儀式練習，來探索這個分支的卡巴拉魔法。

在黃金黎明傳承中，介紹給入會者的第一個儀式是一個簡短的典禮，稱爲「小五芒星儀式」。這個儀式是從許多不同的社團中借用過來的，而大部分涉足於現今魔法社團的人，至少都對這個儀式稍微有所瞭解。這個儀式除了簡單明瞭之外，還具有豐富的深度，並且還擁有一些只有透過大量練習才能被發現的潛能。

如同此後會出現的其他較複雜的儀式，小五芒星儀式帶有上述「具調整型」的特徵，且可以藉由改變儀式的象徵來產生兩種不同的效果：「召喚」（將能量聚集）、或是「驅逐」（將能量驅散）。進行儀式時，你需要一個不受干擾的個人空間，還有一個足夠讓你在相距幾公尺處繞圓行進的空間。這個儀式的進行方式如下：

步驟一：站在該空間的中央處，雙腳合併，手臂放在身體兩側，面向東方。停下一切，清空心中的思緒，接著觀想自己向上與向外展延擴大，穿過大氣層、穿過太空，直到你的雙腳在地球表面站穩，就好像雙腳距離三十公分左右，站在一顆球表上方那般。將你的右手舉到前額處，將手向下方移動，手掌面向你的臉，觀想有一道光從你頭部的上方高處下降。用手指碰觸你的前額，觀想這道下降的光形成了一個光體，位於你頭部頂輪的正上方，體積與你腳下方的地球等大，並且以共鳴方式說出「阿特」（ATEH）這個字，發音爲「阿—特」（ah-teh）。

註解：「共鳴」，這個我們在魔法領域中所用的詞彙，指的是一種將具有力量的字或神之名說出或唱誦的方式。最佳的描述方式是，一種低哼或嗡鳴的吟誦方式。要學習這種發音方式，首先發出「阿」的聲音，在同一口氣中將聲音盡可能延長，直到你的身體能夠感受到一種震動或微顫的感受時，接著改變音調及嘴形。透過練習，這個感覺可以被引導向物質身體內部或外部的任何位置。

步驟二：將你的手向下移動，碰觸你的太陽神經叢，並且觀想有一道光束從頭頂上方的球體，下降到你雙腳之間所觀想的那個地球。以共鳴聲發出「馬互特」，發音爲「馬—互特」（mahl-kooth）。將你的手帶回胸部的中點處，接著移動到右肩膀，觀想有一道光從垂直的光束中發出，直到剛好越過你的肩膀外處，形成一個亮紅色的發光球體，與其他球體體積相等。以共鳴聲發出「乏—葛布拉」，發音爲「乏葛—布—拉」（veh geh-boo-rah）。接著將你的手直線移動到左肩膀，觀想有一道光束從胸部中心點發出，直到剛好到達你的肩膀外處，在該處形成一個亮藍色的發光球體，與其他球體體積相等。以共鳴聲發出「乏—葛杜拉」，發音爲「乇葛—杜—拉」（veh geh-dyoo-lah）。

步驟三：將手帶回胸部中央的正前方，雙手合十，手指併攏朝上。觀想地球以及其他三個能量球體在十字架的光束中，合而爲一。以共鳴聲發出「勒歐婪，阿門」，發音爲「勒歐—婪，阿—門」（leh o-lahm, ah-men）。

註解：前述三個步驟，形成了所謂的「卡巴拉大十字」。這些文字本身是希伯來文，是基督教會在許多世紀以前，從古老的儀式祈禱文中借用過來的，翻譯之後的意思是：「願王國、力量與榮耀永遠與你同在，阿門。」馬互特、葛布拉與葛杜拉，明顯地指向了其在卡巴拉教義中的意思，它將生命之樹套用在肉身上；連同一開始的擴大意象，它將魔法師等同於亞當卡德蒙。在一個較不具象徵性的層次上，它同時將能量灌注到魔法師的奈紗瑪的某些中心點，使其平衡。接著，透過專注力，使前四個字每一個字的共鳴聲進入之前所形成的光球中，並使最後一個字的共鳴聲進入大十字光束的影像中，將能夠（也應該如此）加強後來的這個效果。

步驟四：在你進行儀式工作的空間裡，朝東方角落走去。用右手的食指和中指（拇指與其他手指合起），手臂打直，朝前方約一公尺處的空中，描繪出一個五芒星的形狀。作爲召喚之用，描繪出下頁圖17中的召喚五芒星；作爲驅散之用，描繪出驅散五芒星的圖樣。這些圖像應該盡可能描繪得均勻而準確。當你在描繪時，想像你的手指所畫出的線，散發出耀眼的藍白色光芒。

當你描繪完畢後，用手指指向五芒星的中心點，以共鳴聲發出「尤黑乏黑」之名，發音爲「耶—侯—瓦」（yeh-ho-wah）。

步驟五：保持手臂打直，沿著水平方向，描繪出四分之一圓的軌跡到此儀式空間的南面處，想像這條線同樣帶著耀眼的藍白色光芒。在南方描繪出同樣的五芒星，進行與之前相同的觀想，並指向中心點，以共鳴聲發出「阿兜奈」，發音爲「阿—兜—奈」（ah-dough-nye）。

步驟六：接著，描繪出四分之一圓的軌跡到此儀式空間的西面處，並且重複上述步驟，這次以共鳴聲發出「艾黑耶」，發音爲「艾—黑—耶」（eh-heh-yeh）。接著再描繪出四分之一圓的軌跡到此儀式空間的北面處，重複上述步驟，這次以共鳴聲發出「阿格拉」，發音爲「阿—格—拉」（ah-geh-lah）。

圖17　五芒星

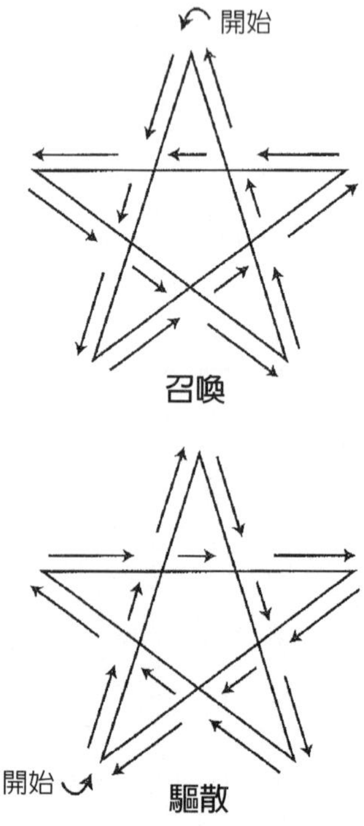

註解：關於這些名字的發音，與所屬的傳承有關，因此無可避免地會有許多相左的意見。特別是特措果瑪頓，多年來一直都是多方爭論的對象。猶太傳承完全禁止大聲說出這個名字，黃金黎明協會則教導會員在發出共鳴時，大聲發出各個字母的聲音——尤黑乏黑。這麼做確實能起到某種

程度的作用，但在西方魔法傳承中，這是一個重大突破。

古代世界所使用的「魔力之名」的名號家族中，特措果瑪頓就是其中一個名字。在此亦如同在他處，正統一神論與異教徒之間的差異，其實比雙方願意承認的程度還來得小。古典拉丁文將字母「J」發爲字母「Y」的音，將字母「V」發爲字母「W」的音，因此被用在羅馬天神朱比特的名字「Jove」，實際的發音爲「尤－威」（Yo-weh），而希臘的神祕學使用了例如「Io」與「Evoe」等「魔力之字」，諾斯替教派則經常在他們的寫作中使用了例如「Iao」與「Ieou」等魔力之字。許多的精神傳承都使用一種特定的母音排列模式，所有這些魔力之字都是此母音模式的各種變形。首先將《聖經》翻譯成拉丁文的早期基督教學者，絕不會不知道異教徒擁有更深刻的精神層面，因此他們將特措果瑪頓寫成「耶和華」，發音爲「耶和華」（Yehowah），這個發音也正是西方魔法圈中的標準發音，從中古世紀早期一直到十九世紀都是如此。在練習中念到這個名字時，比起其他發音方式，這種發音的效力更強大，也有更大的平衡作用。

在這裡以及本書其他地方，所給出的其他名字的發音方式，都是根據標準的黃金黎明練習而來。

步驟七：將線的軌跡繼續描繪回到東方，一個完整的圓到此已完成。現在你站在一個觀想出來的環狀光圈裡，四個角落的每一角都有一個閃耀的五芒星。回到中央並面向東方，如同你一開始的位置，但將你的雙手向兩側水平伸展，如同十字架的雙臂，手掌向上，大聲說出：

「在我前方，拉菲爾；在我後方，加百利；在我右手邊，米迦爾；在我左手邊，歐瑞爾。在我周圍，點燃五芒星；在我之上，閃耀著六芒星！」

註解：當你念出大天使的名字時，以一般的天使形象來觀想他們，其身形比人類高大，發出眩目光芒。拉菲爾發出黃色與紫羅蘭色的光，帶著一把劍；加百利發出藍色與橘色的光，手中拿著一個酒杯；米迦爾發出紅色與綠色的光，手持權杖；歐瑞爾發出各種大地色與綠色植物的光芒，帶著刻有五芒星圖案的圓盤。當提及這些五芒星時，要盡可能清楚地觀想它們。當說到六芒星時，觀想一個「大衛之星」在你身體前方約六十公分處，尖角朝上的三角形為紅色，尖角朝下的三角形為藍色。

步驟八：重複步驟一到步驟三的卡巴拉大十字。儀式到此結束。

在一系列使用相同公式的典禮當中，這個儀式是最基本的。在這裡，魔法師透過卡巴拉大十字，將自己與力量的源頭對齊，因此那個力量必須有一個專屬的空間，首先在空間邊緣處必須有象徵與名字，接著在中央處必須有一個「使力量平衡」的祈願；最後，魔法師重複第一個步驟，將剛創造出來的結構與其中心的力量連結在一起。這整個公式與黃金黎明的「秋分典禮」（Equinox Ceremony）有一些相關之處，這是協會儀式中最引人注目的典禮，也經常是最不被人瞭解的。在這個公式的特殊應用上，這個模式所使用的象徵是奠基於數字4、5、6，代表了汝阿赫更高面向的圓質，也代表了宏觀宇宙、微觀宇宙以及它們之間的互動，因此可以被看成是一個對更高自我的簡單祈請。

在驅散模式中，這也是目前實際應用上最普遍的一種，小五芒星儀式通常被視爲是一種純粹用來保護或防禦的技巧，在環境周圍畫出的五芒星與圓形則被看成是抵禦惡勢力的屏障。雖然這個概念有一部分是正確的——透過練習，五芒星和圓形會在以太層次上形成一個有形的存在——但是更加有用的是，將五芒星儀式想成是一種建立能量平衡的方式，不論是在較高或較低層次的能量上，而它的效果將延伸超越所描繪的圓形邊界。接著，儀式的驅散模式會減少在場的能量，同時將平衡加諸於其上；這個平衡過程對一個惡意的個體或魔法攻擊來說，是十分具有破壞性的，但它也具有其他一系列可能的使用方式，且許多都與這類的保護工作沒有任何關係。

其他使用相同公式的儀式，可以在黃金黎明儀式魔法的書籍中找到。目前來說，最有用的事情就是專心在此儀式上。我們應該每天進行這個儀式，至少持續兩個月，然後再去做本章所教導的其他儀式。方式爲：一天進行召喚模式，另外一天進行驅散模式，如此持續變換。請注意你感覺到的任何差異性。如同別的練習，將每一次進行儀式的紀錄，寫在你的魔法日記中。

開啓能量中心

小五芒星儀式，是卡巴拉魔法所有構成要件中最基礎的。每一個主要的儀式，以及許多次要的儀式，都是以此開始，以此結束。其驅散模式，也就是我們在此所使用的，會在儀式開始之前清理掉相互衝突的能量，並在儀式終止時，將儀式本身的能量關閉。

另外一個要學習的儀式工作，是奠基於一個完全不同的公式，用途也不同。這個練習稱爲「中柱練習」，它幾乎不曾被用來作爲任何其他儀式的一部分。然而，這對於訓練中的研習儀式者來說是同等重要的，因爲它的目的就是打開體內的能量中心。這些能量中心在第四章曾經提過，它們完全對應於中柱的四個圓質，再加上達特。使它們覺醒，或許是剛開始學習儀式的學生所面臨的最重要任務，因爲正是透過這些能量中心點，使用在儀式中的力量才得以聚集、導向並發揮作用。

如同小五芒星儀式，中柱練習也是從魔法社群的許多團體中借用來加以改編的，很多人都對這個練習多少有些瞭解。不幸的是，這個被作爲借用與改編之起點的版本，在過去就已經歷經許多拙劣的修改，例如其中一個中心點的置放位置、以及能量的循環模式等。在這裡所給的是原始形式，是設計來使以太身的結構發生某些非常特定的改變，而這些無法透過較普通版本的練習來達到。如果你很熟悉中柱練習，就會注意到你所學到的版本與這裡所使用的版本之間的任何差異，並且注意在結果上所產生的差別。

中柱練習的必要條件，跟小五芒星儀式的條件一樣。練習的進行方式如下：

步驟一：先進行完整的小五芒星儀式的驅散模式，如上述一般。

步驟二：站在儀式空間的中央，面向東方，雙腳併攏，手臂放在身體兩側，將你的注意力轉向一個距離頭頂上方無限遙遠的點。想像這個點發出閃耀的光芒，就像一顆星星。接著，吸一口氣，想像一道光束從那個點下降到你頭頂正上方的區域，在那裡形成了一個發出強烈白光的球體，直徑約二十公分。球體底部恰好懸浮在你頭頂正上方。專注在這個球體上，想像它是克特，同時緩慢而沉重的呼吸四次；在第四次吐氣時，以共鳴聲發出「艾黑耶」（發音爲 eh-heh-yeh）這個名字。試著讓這個聲音在發光球體的內部產生共鳴。

步驟三：在下一次吸氣時，將光流向下帶到你喉嚨的中央，在那裡形成另一個體積相同的球體，顏色是柔和的淡灰色。專注在這個球體上，想像它是達特，同時緩慢而沉重的呼吸四次；在第四次吐氣時，以共鳴聲發出「耶和華艾羅因」（發音爲 yeh-ho-wahell-o-heem）這個名字。再次試著讓聲音在球體內產生共鳴。

步驟四：以相同的方式，在心間部位建立一個梯琺瑞特的黃金球體，以共鳴聲發出「耶和華艾羅阿乏達特」（發音爲 yeh-ho-wah ell-o-ah vah da-ath）這個名字；在性器官部位建立耶薩德的紫羅蘭色球體，以共鳴聲發出「紗迪艾歐克伊」（發音爲 shah-die ell chye）這個名字；接著在腳底觀想馬互特的球體，顏色可以是黑色、深綠色、或是球體的四個貝來亞的顏色，並以共鳴聲發出「阿兜奈哈阿黑特」（發音爲 ah-dough-nye ha ah-rets）這個名字。

步驟五：稍作暫停，接著將你的注意力導向頭頂上方克特的中央。吸一口氣，想像有一道明亮的光束，隨著吸氣，下降到你心間梯琺瑞特的中央；觀想梯琺瑞特的中央點，在你吐氣時，閃耀得更加明亮。重複這個步驟四次。在最後一次吐氣時，梯琺瑞特的中央應該像太陽一樣眩目光耀。

步驟六：緩慢的吸一口氣，感受空氣經過你的鼻孔，接著下降到你的氣管。觀想空氣進入你心間處梯琺瑞特的中心，從那裡離開往左，進入左側以及左腳，再到雙腳的馬互特中心。在這裡屏住氣息，時間與你吸氣時所用的長度相等，接著再以同樣的節奏吐氣，想像氣息從右腳以及右側上來，進入梯琺瑞特的中心，接著再向上經過氣管，從鼻孔出去。接著，保持屏息狀態，以等長的時間屏住氣息。（在這四個階段當中的每一個，心中默念一到四是很有幫助的——吸氣、屏息、吐氣、屏息，以此來抓到節奏。這是一個「四重呼吸」的應用方法，下一章會介紹。）對於氣息的移動，要盡可能具體的觀想，因此你應該能夠感覺到呼吸路徑的上下移動，就好像那是一個眞實的動作。重複這個過程四次。

步驟七：稍作暫停，接著進行卡巴拉大十字來結束這個練習。

對於任何具有卡巴拉背景的人來說，中柱的公式是十分直截了當的。如同卡巴拉大十字，它將魔法師視爲亞當卡德蒙，象徵性地將個體與宇宙進行融合。然而在這個融合過程當中，它也會啓動某些特定的改變：首先，它會使與中柱的圓質相關的肉體、以太體與星光體的中心點，獲得能量；接著，它拉近了克特與梯琺瑞特中心點的距離；最後，它使用從呼吸引來的以太物質，將克特與梯琺瑞特的中心點進行連結，同時清理了、也平衡了這兩個中心點，並且間接地將克特的能量導向掌管肉身的中心點。

値得一提的是，關於中柱的公式，還有一系列更深入的發展，而這些是奠基於黃金黎明的啓蒙儀式中所使用的各種公式，它們能將以太身的轉化狀態推向前所未有的高度。這些已經遠遠超越了本書目前所要涵蓋的範圍，但任何人只要熟悉協會對於內在儀式所寫的文獻，都可以輕易地得到這些信息。

這個練習的效果不一，主要取決於練習者自身的以太狀況。肉體上與情緒上的健康得到改善，或許是最普遍的效果。另外一個是開啓有時被稱爲「通靈」的能力，也經常發生。爲了避免這些中心點的能量超載，一天不應該進行超過一次——至少對於訓練的第一年來說。另一方面，一天做一次，其實也是合理的最低數量。一旦完成了兩個月的小五芒星儀式，中柱練習就應該成爲任何卡巴拉魔法學生的每日練習。一天只需要花十五分鐘來做，但這十五分鐘會是魔法訓練早期能做的任何投資中，最重要的一種。

12 魔法卡巴拉的冥想練習

作爲黃金黎明傳承的魔法訓練的一部分，「冥想」技巧或許不如儀式那麼爲人所知，但它與儀式幾乎同等重要。儀式形成了主要的主動性技巧，冥想則是最有用的被動性技巧；儀式形成了能量，冥想則形成了覺知的形式；儀式建構於象徵上，但唯有透過冥想，那些被使用的象徵才能成爲自我的一部分。

對於那些目的在「使被動性覺知產生特定修正」的內在技巧，在英文語言中，用來形容這個領域唯一較普遍的詞彙就是「冥想」，某方面來說，這是有點遺憾的。一開始，這個字（拉丁文是meditatio）僅僅是代表思考，特別是沉思。當這個字被用在「導向宗教概念思維」的天主教練習時，是因爲教團找不到一個更好的字，來形容東方的僧侶及神祕學者所使用的那些不盡相仿的修行方式。一旦意義的範圍開始擴大，這個字的意義便持續地延展，直到完全超越原貌，而直到現在，「冥想」這個字已經被許多人用來指涉幾乎是任何種類的精神修行、或是僞精神練習。

另一方面，爲了我們的目的之用，「冥想」這個詞彙會被用來指涉一個特定（且某些方面來說也頗爲困難）的技巧：即透過一個被心所持有的象徵，來與那個象徵所代表的更深沉實相進行接觸的能力。如果你過去曾經做過東方的冥想練習，這類工作對你來說可能有點不尋常，而我們用來學習並使其完善的方式，看起來可能更奇怪。同時，這裡呈現的卡巴拉冥想系統，是奠基於所有精神修行中都很普遍的某些核心元素。

一開始就應該說明的是，這裡所呈現的冥想系統，雖然是奠基於黃金黎明中所使用的方法，但它卻是許多種類的卡巴拉冥想工作的其中一種而已。關於其他冥想方式，有一些幾乎與這本書所教導的完全不同，只要是你想得到的面向，幾乎都不一樣。無論是哪一種系統，特別是本書所教導的這一種，都不應該被視爲是「眞正」或是「正確」的系統。就如同任何活生生的事物，魔法卡巴拉也會藉由許多不同方式成長，並且產生自己的各種分支，而這樣的幅度及多樣性，正是代表這些方法充滿活力的徵兆，而非代表困惑或錯誤。黃金黎明在此挑選的使用方式，主要是因爲這個方法在整體的協會系統中，適用於大部分的學生，前提是學生們必須願意付出不懈的努力。

初步準備工作

在這裡所給的冥想方法，是奠基於本書先前討論過的各種象徵內容。那些象徵，必須一次一個的被仔細思量、探索、研習，不斷地以思考去剖析檢測，就好像你試圖要去瞭解一部結構精密複雜的機器，而這些象徵就是機器的各個部分。接著，每一個象徵都必須被放回它原本的位置上，因此，這部機器——延續著這個比喻——才能被啓動並開始運作。

某方面來說，這種形式的冥想，跟一般的思考方式相去不遠。主要的差異處是，在整個冥想過程中，你只會想著一件事情。這並不是一種我們多麼不熟悉的狀態——大部分的人偶爾都會經歷到，比如當他們深陷於一個問題之中時。然而，要透過意志力每天做到，又完全是另外一回事了！

有一些特別簡單的做法能幫助你獲得這個技巧。最好不要試著在用餐過後約兩小時內、或是當你勞累疲倦時進行冥想；這兩種狀態都會讓你的頭腦昏沉，成爲你主要的干擾來源。周邊有吵雜的音樂或電視聲也是另外一種障礙，如果可能的話，應該要排除。

最好如同第十章所指出的，每天都安排固定的時間來練習，並且加以堅持。對很多人來說，最佳的冥想時間或許是在清晨時分，也最好是醒來後所做的第一件事情。在這個時段，通常沒有什麼背景噪音，且一天當中的各種壓力與困惑，此時也尚未在心中形成強烈的阻力。

第一階段的冥想

至此，你已經選定了一個時間，也準備好開始進行了。下一個任務就是發展冥想所需要的基本技巧。你需要學習的最基本、也是最重要的技巧就是，培養一種放鬆的專注力。注意「放鬆」這個詞；在這裡，我們最不需要的就是一種咬緊牙關的心理備戰狀態，而這是「專注力」一詞經常引發的聯想。接下來的練習會幫助你開始學習如何達到這個狀態，以作爲開始練習卡巴拉冥想的第一步驟。請在每天設定好的練習時間，進行這個冥想。

練習時，你會需要一個安靜但不會過度明亮的地方進行工作，有一張直背的椅子，坐上去時，椅面高度必須使你的雙腳能夠水平踏地，大腿與地面平行。你也必須在不必轉頭的情況下，在所見之處放置一個鬧鐘或手錶。雙腳與雙膝併攏後坐下，後背挺直但不僵硬，雙手放在腿上。你的眼睛應張開，看向前方、但不特定聚焦於任何事物上。

花一點時間覺察你的物質身體。從你的頭頂開始覺察，一路向下直到腳掌。特別注意你身體上的任何緊張感覺。不要試著去放鬆、或是以任何方式改變這種緊張感；僅只是覺察到它們即可。一段時間過後，這種簡單的覺察舉動，將會藉由意識到潛伏於緊張模式底下的僵化思考與情感模式而降低、並消除這些緊張狀態。然而，就如同大部分的冥想，這個過程必須讓它順其自然的發生。

在進行所有冥想的過程、以及後續所有練習時，盡可能保持靜止不動，不要動來動去或移動位置，但同時也不可讓身體變得緊繃僵硬。這裡的目標是，讓你的身體進入一種平衡且放鬆的姿勢，如此它才不會去干涉你所嘗試進行的工作。請注意，你可能需要經過大量的練習，才能達到這個目標。大部分的學生都會覺得身體發癢、抽筋或是其他類似的狀況，且隨著時間過去，這些障礙通常會變得越來越多，而不會越來越少——至少會持續一段時間。最終，隨著持續不懈的努力，身體會學習讓自己在冥想的姿勢中放鬆，而這些難題將不復存在。

當你簡短地評估過自己的物質身體後，接著將注意力轉移到你的呼吸。緩慢勻和地深吸一口氣，接著在心中從一數到四；屏息，從一數到四；慢慢吐氣，從一數到四；最後，屏息不吐氣，從一數到四。接下來，重新吸氣並進行數數。當你屏息時，不要將喉嚨閉鎖。呼吸的氣息應該由胸部的肌肉控制進出，因此只要在胸部上一敲，就會釋放空氣。所有這些呼吸都應該從鼻孔進出，嘴巴應當微微閉起，舌頭輕抵上顎。

當你在呼吸時，你的心會想要跟著一連串的念頭跑走。此時要把心抓住。持續注意呼吸的節奏，以及空氣進出肺部的感覺。等你的心開始跟著雜念的軌跡溜走時——這是一定會發生的——溫和地將心帶回你的呼吸上。心的專注力將一而再再而三地不斷溜走。將注意力帶回你的呼吸上。只要加以練習，你會發現自己能夠偶爾保持住專注力，在那些片刻中，你會找到一種奇異的平靜，同時帶著警覺的清晰度。這就是你要試著達成的境界。如果這個境界剛剛一感受到就消失了，不要覺得沮喪。回到練習，持續不斷，清晰度將會重現。

練習的第一週，你應該要花至少五分鐘來做這個名爲「四重呼吸法」的練習。之後，每天至少要做十分鐘。若進行超過二十分鐘，在目前來說就稍微過長了。

顯然地，這並不是我們所討論的那種象徵性的冥想。然而，這裡所教的技巧，對於你之後更進階的練習來說是至關重要的。此外，這個特殊的練習是用來在眞正開始冥想之前，將我們的心先行淨空，接著回到正常意識。花在這上面的時間，絕對有回報。

第二階段的冥想

第一階段的冥想練習，是用來向你們介紹所謂「專注的覺察力」，這是後續所有的練習會持續使用到的。因此在繼續下一個階段之前，應當花約一個月左右的時間來做第一階段練習。對於卡巴拉工作來說，在這裡就如同他處一般，你會發現，最好的忠告是古老的薔薇十字會的座右銘：穩中求快。若一開始就急著想跳過訓練階段，之後勢必要花費更長的時間來彌補未完的工作，反而造成拖延。

在你開始第二階段的工作之前，回顧你的練習日記，並將第一階段的工作與上述的指引作比較。你可能會發現自己開始變得偷懶，或是將整個練習忘記了。這種情況很普遍，也絕對不是一場災難，只要你能夠修正錯誤，繼續前進。當然，最後這一點通常是最難做到的。

一段時間後，當你準備好開始第二階段的工作時，回到第一章，閱讀討論到第一個圓質的段落，接著將書放在一旁。以先前的冥想姿勢坐下，花一分鐘審視身體的緊張程度，接著開始進行第一階段的四重呼吸法。呼吸期間，你不應當去想著圓質或是任何事情；僅僅只是去覺察呼吸的節奏，並讓清晰度自然建立起來。

如此進行五分鐘之後，從四重呼吸法換到正常緩慢的呼吸，並且開始思考關於圓質的事。盡可能完整地回憶起本書對於圓質的描述。接著開始以一個概略的方式去思考圓質的概念，不要讓你的心離開這個主題。最後，在許多出現的想法與影像當中，選擇一個思緒，仔細地跟著它，一直到最後。再次將你的心保持在主題上。如果心離開了主題，溫和地將其帶回思考的軌跡上，重新開始。

你大約需要花十五分鐘在這個練習上，接著再回到四重呼吸法約一至兩分鐘。當你的心再度清晰時，就可以結束練習。記得要記下在冥想中出現的影像和想法。請注意，你會想要以圓質的排列順序來進行冥想——首先是克特、接著是后赫瑪、接著是比那等等。每天對一個不同的圓質進行冥想，當你結束這個循環時，再重頭開始，同樣以克特作為起始。你應該要規劃完整地進行整個循環至少四次，才能接著進行下一階段的冥想工作。

這是卡巴拉冥想中第一個、也是最基本的冥想，這也是你之後在課程中會進行的大部分工作的關鍵。它看起來或許有點簡單、甚至無聊，但這個方法所蘊含的內涵與深度，若沒有經過時間和耐心的練習，是不會出現的。你的目標應該是，帶著你在有節奏的呼吸練習上所學到的相同放鬆的專注力，保持心能夠溫和但堅定地專注在所選的主題上。當你達到這一點時，進入較深層的卡巴拉冥想之道將會開啓。

第三階段的冥想

冥想練習的第三階段，會與上述第二階段緊密關聯。對於這階段以及所有後續的冥想工作，它們的結構都是一樣的：覺知到身體以及身體的緊張感，接著是五分鐘的四重呼吸法，接著是指定的冥想，然後以幾輪四重呼吸法作為結束。

這個階段新的部分是從四重呼吸法的第一段結尾開始。此刻，回到平穩而緩慢的正常呼吸節奏，盡可能淨空你的心，並以清晰的心觀想馬互特的魔法形象，如同本書第二部分的圖所提供的。一次建立起一個圖像，盡可能補上詳盡的細節，接著試著清楚地同時看到整個影像。你的目標應該是能夠非常清楚地看到一位坐在黑色寶座上的年輕女子，清楚得就好像用自己的肉眼看到了她。同時，觀想周邊整個空間都成了一個沒有任何特徵的球體，根據你所正在進行的生命之樹的部分，爲其上色，可以使用圓質的貝來亞顏色、或是路徑的阿其路顏色。在這個例子中，是柑橘色、橄欖色、紅褐色及黑色。要將以上這些影像完全拼湊起來，需要花很長的時間和練習，但只要持續練習，你將發現這有助於使你的心專注在冥想主題上一段很長的時間。

一旦你建構起了影像，盡可能清晰地將其持守在心中，並且盡力排除一切其他思緒。在這段頭腦清明的期間，默念分派給馬互特的聖名四次。最後，讓名字與影像自然地消融於覺知當中。

在前兩次或前三次對某特定圓質或路徑進行冥想時，最好不要做超過上述的步驟——雖然你應該繼續在這安排好來進行冥想工作的十五分鐘之內，將全部時間用來進行影像的建立。在這之後，這個次序將用來作爲冥想的預備步驟，每次最多只會維持幾分鐘。

另外一個較難以捉摸的元素，會在這個階段開始出現。生命之樹上的每一條路徑與圓質，都有其相對應的一種情緒或情感基調，它們生起的方式，就好像是音樂的情緒，會從一段聲音的交錯演奏當中自然生起。由於英文缺乏可以表達更細緻層次的情緒詞彙，因此這些情緒並沒有被包含在相應物的圖當中，但它們仍然是生命之樹的完整意義模式中，很重要的一部分。當你在進行跟不同的圓質與路徑相應的影像和概念工作時，可能會發現，這些都會對你的情感狀態有特定的影響；去注意你自己的反應，特別是當你在觀想魔法影像時，隨著時間，這些效果會結合成一個對於情感相應物的清晰而穩定的感知，而這個感知的重要性是難以言喻的；另外就是，它提供了一種最正確的方式來測試在預知狀態中所接收到的物質。

接著，在此刻，你已經完成並釋放了對於魔法影像的觀想，以及你所進行的生命之樹部分有色圓質的工作。接著，如同第二階段的冥想，在心中回憶起冥想的主題，花一段時間進行概略的思考，接著選擇這個主題的某個面向，隨著思緒而自由發展。在此，另外一個方式是，特定的面向必須跟隨一個特定的順序。

在墮落之後，每一個圓質在進入人類意識時，會先由意識中「負面力量」這個不平衡的形式切入，而這是必須面對與克服的，如此一來，之後才能經驗到受聖名所主宰的平衡形式。在第三階段，你的第一個冥想主題是莉莉絲的形象與意義。在此，可以閱讀第七章對於莉莉絲的討論與其象徵涵義，之後再開始進行冥想，並且試著去理解「強迫性的恐懼與慾望」，在你個人之中、在世界上、以及在第十個圓質當中所扮演的角色。

對於這裡的工作，最少要做三至五次的冥想。之後，對於聖名「阿兜奈哈－阿瑞茲」的象徵與意義，進行至少相同數量的冥想，並且使用第七章的內容作爲冥想的起點。接著是分派給馬互特的大天使、天使宿主以及行星圓質，將每一個都當作冥想的主題，並且盡可能地進行全面的探索。這個過程完成之後，再接著進行第十個圓質剩下的象徵，依你想要的順序，進行個別的冥想。

當你對馬互特的整組象徵都進行完冥想工作之後，接著開始第三十二條路徑。在此，可以依第七章的圖所給的順序進行冥想、或是任何其他方便的順序。用你探索馬互特的方式去探索它們。在你繼續進行路徑工作的過程，並且開始生命之樹的預示性上升之前，你會想要對這些主題與它們的意義擁有全面性的理解。

當你結束了對第三十二條路徑的工作時，依照本書第二部分所排列出的圓質與路徑順序，對剩下所有生命之樹的部分繼續進行同樣的工作。如果以這種方式來探索，則每一個圓質與每一條路徑，大約需要花上一個月、甚至更久的時間才能完成。因此，整個上升的過程差不多會花上三年的時間。這當然是一個很大的承諾，而且也只有你自己才能夠決定這是不是你願意做的事。

在這個階段中，你應該逐漸增加花在每一個練習的核心冥想階段的時間。當你終於一路上升到克特時，你會想要花三十分鐘進行冥想——如果可能的話。在此，你比任何地方都還有可能誤導你自己，因此，放在房間裡讓你在冥想時用來注意時間的時鐘，將是你最好的盟友——如果不是你最討厭的人的話！

第四階段的冥想

當你透過冥想與路徑工作，上升到生命之樹頂部，你對於圓質與路徑的象徵也將更加熟悉，而非只是表面上的認識，那麼，這一系列冥想的最後階段便開始了。在此所使用的技巧跟第三階段所使用的技巧一樣，改變的是工作本身的目標和方向。在這個階段，你的任務是將生命之樹上的各種不同元素合成爲同一體，你將使用的工具，便是第二章所討論的生命之樹內在架構的元素。

接著，透過克特的魔法影像與聖名，跟克特的能量相連結，就如同你剛開始要對克特的象徵進行冥想一般。然而，你的冥想主題是生命之樹上的三個主要三角中的最高者，也就是從克特的角度出發的觀點。接著，探索組成那個三角的三個圓質與三條路徑彼此互動的方式。觀察克特的象徵以及三角其他部分的象徵之間的連結。

在這些冥想當中，整段時間都要試圖維持在克特的角度，盡可能地持守住。從絕對實相觀點的準則去度量一切事物。你在第三階段所進行的冥想工作，會讓你對於「克特與它自己連結的方式」有一些理解，亦即使第一個圓質成爲它今日模樣的那些特殊品質，且這應該被用來作爲第四階段工作的導引。

接下來，在其他的冥想中，將你的觀點轉爲后赫瑪的觀點，藉由透過影像與聖名連結第二個圓質的能量，並且從純粹的動態威力的觀點，去探索第一個大三角。之後，從比那的觀點，重複做同樣的練習。

接下來的冥想，順序相同，將探索剩餘的大三角、三個支柱和小三角。當你完整地進行完所有的工作時，且它們之間的每個關係對你來說都十分清楚之後，再接下去進行寶劍與蛇的工作；也就是，首先從各個圓質的觀點去瞭解每一個圓質，接著從每一條路徑的觀點去探索各條路徑。最後，在你的冥想當中，將整個生命之樹結合起來，如此，你便能夠理解三十二條智慧路徑中，每一條路徑與所有其他路徑之間的關係。

這全部都會涉及某種程度的重複性，也就是第三階段與第四階段的內容。這是刻意的，某種程度來說，這也是必須的，因爲透過冥想練習而得到的洞見，才能是下一個洞見建立的基礎；你所瞭解的克特與后赫瑪之間的關係本身，會在你理解了那兩者與比那的個別關係後，產生大幅的改變。但是當整個順序都被完成了——如果以應有的徹底而周密的態度來進行這個工作的話，整個過程需花費好幾年的時間——你對這些關係中某些關係的概念，會有戲劇性的改變，因爲你已開始熟悉新的理解。

冥想的序列在這裡解說完畢。但這個魔法工作的強大方法，其使用範圍並不僅限於此。你在生命之樹裡上上下下的過程中所發展出來的這些技巧，也可以使用在一系列的其他探索上，不論是針對黃金黎明的魔法卡巴拉傳承，或是這之外的課題，比方說你可以學習藝術及神聖幾何學的科學、或是去挑戰煉金術師的謎團、去探索魔法哲學的深度、或是傳統啓蒙儀式的內在架構與運作方式。冥想的技巧就如同一把萬能鑰匙，將能開啓許多神祕的大門。

13 路徑工作的技巧

儀式與冥想的紀律，構成了黃金黎明的魔法卡巴拉練習的基礎。透過這些技法所發展出來的技巧，能夠提供整個內在發展過程的根基。然而，這些並非傳承中唯一的練習方法；在訓練與實際工作中，還應用了許多其他種類的方法。

在其他的技巧中，其中一種是「路徑工作」，即透過想像的力量，在生命之樹上進行攀升。在路徑工作中，卡巴拉行者透過一段觀想力強大的旅程，途中經過各路徑上的象徵性景觀，藉此在圓質與圓質之間移動。接著，這些旅程會在其他層次上打開這些路徑，並且使魔法師意識內的生命之樹結構相互連結並獲得能量。

這些內在旅程所使用的旅行方式，是奠基於象徵性思考的法則之上，與我們先前學過的內容相同，但這之中有一個決定性的相異處。關於圓質，每一個人類都會透過相同或相似的象徵，以相同的方式來感知它們；但路徑則是個人經驗，必須透過某種個人象徵的方式才能被理解。

黃金黎明的傳承裡，有幾位作家說過，「圓質是客觀的，但路徑是主觀的。」在這個議題上，這樣的表達方式稍嫌死板。不論是圓質或路徑，各自都具有主觀和客觀的面向，只有四個世界的法教能夠充分解釋主觀與客觀進行互動的方式；然而，這句話的重點仍是重要的。圓質可以給出一整個影像與象徵的系統，並且只要是進行卡巴拉練習的人，這個系統可以喚醒他們體內完整的圓質能量與潛能；圓質能做到的程度如此之大，是路徑做不到的。

爲什麼會如此呢？答案可以在我們先前指出的相異處中找到，也就是路徑的兩個面向之中。一方面，每條路徑都是兩個圓質之間的一個接觸點，也就是兩種不同層次的實相之間，其能量互動的管道。另一方面，每一條路徑都是一條在樹上旅行的路線，也是一種覺知上的變動，以此，卡巴拉行者才能在圓質與圓質之間移動。我們可以將這兩種分別想成是：理論上與實際上的意義。

就卡巴拉的理解而言，理論上，路徑是宇宙中的主要元素，且並不比任何其他事物來得「不客觀」。實際上來說，相反地，事情的界線則較爲模糊。由於每一個人類都具有獨特的心理結構，並且以特殊的方式去回應自己的經驗，因此當嘗試著從某一層次的覺知移動到下一層次的覺知時，每個人使用的方法也會有所不同。對於一個人來說能夠完美運作的象徵與轉化性工具，對另外一個人來說或許完全行不通。因此，雖然我們完全有可能透過對傳統路徑與象徵的冥想來理解路徑的理論性本質，但若你試著藉由直接使用它們來開始路徑的旅程時，問題就會出現。

在此上下文中談到路徑工作時，其實是有可能引發某種程度的困惑，因爲在魔法練習當中，「路徑工作」事實上代表了兩種非常不一樣的魔法練習，而在當前神祕學圈中較爲普遍的那一種練習，並不是我們在這裡所要解說的。在那個較爲普遍的練習中，路徑工作是一種引導式的觀想，從一段準備好的文字中大聲念出，其中可能會、也可能不會用到卡巴拉的象徵。這樣的冥想活動必須事先被詳細規劃出來，而經驗到這種路徑工作的人則觀想他們自己歷經不同的事件，並且遇見那些在觀想文字中向他們描述的各種人物。

這種引導式的冥想工作，在魔法練習中有其重要性，特別是在團體工作訓練的早期階段，更是如此。另一方面，若是作爲個人在生命之樹路徑上的探險方式，這個方法就不是那麼完美了。由於圓質對於所有人來說都是共同的，而路徑則是較爲個人的，因此，圓質可以給出一套複雜而相互連鎖的象徵系統，並且以此將其中一些精華溝通讓學生知道，但是路徑則需要一個更加開放性的方法；傳承中所能提供的僅只是那些作爲路標的形象，而它們將指向通往眞正的路徑經驗的方向。一旦透過冥想來學習並理解了這些路標，要想在路徑上產生任何確實的進展，都必須透過個人獨特的經驗所產生的個人理解來達到。若要將這個過程替換爲一連串事先設計好的引導性觀想，將是一個很大的錯誤，因爲沒有任何一組影像能夠適用於每個人；若是將一組固定的路徑經驗介紹給學生，那麼那些擁有極爲不同個人經驗的學生，可能會完全錯失這條路徑。

路徑工作的實作練習

在我們接著繼續解釋這個方法的細節之前，有幾個要點必須先說明。第一個要點雖然之前提過了，但有重複的必要性：冥想和儀式、而非路徑工作本身，組成了魔法卡巴拉練習的基礎。不論是在黃金黎明傳承之內或之外，都有團體會忘記這一點，以致他們變得有點像是在進行「星空旅行」的社團。不管是在進行路徑工作或是其他相關工作時，他們都將工作以外的事物完全隔絕在外。不論有沒有成效，大部分的時間，這樣做是無傷的；在其他較極端的例子中，某些人如此深陷於自己的想像中，因而產生了心理或精神方面的問題。

因此，對於初學者來說，最好能在進行這一分支的工作時，放慢速度，並且應該規律地進行那些性質較爲穩定的練習。所以在訓練的第一年，一個星期進行兩次工作，或許是一個合理的最大值。因爲這個以及其他種種原因，也應該在透過第三階段的冥想完整地探索了路徑之後，再對任何路徑進行路徑工作的練習。

解決了這個問題後，現在我們可以專注於路徑工作的實際機制上。本練習的基本架構，跟你在冥想時所用的架構是一樣的。因此，首先，先以冥想姿勢坐好，覺察你的物質身體，接著進行幾分鐘的四重呼吸法，將心淨空。接下來，你需要觀想你想要旅行的那條路徑上的魔法影像，如同你在路徑的冥想中所做的那般，並且盡可能清楚地在你心中持有這些影像。接著，慢慢地觀想門開始打開，直到你可以看到門後有什麼。你可能會發現有一些影像立即出現；如果沒有的話，觀想有一條隧道，穿過由路徑元素所組成的物質中——比方對於帶有土元素的路徑，就是石頭；帶有風元素的路徑，就是一團雲朵——不斷地向前延伸到遠處。

現在，緩慢而清晰地想像你從椅子上起身，走到門的前方，接著穿過門走進去。在你走進去之後，門保持打開的狀態。

此時，在你心中盡可能對那些位於門後方的事物，保持清晰的心理影像，接著朝向路徑走去。讓你的心爲這條隧道加上各種細節：方向與顏色的改變、路上碰到的物品、門、房間、個體等等。一開始，你可能很少看到那些自發性出現的影像，甚至你可能除了隧道的牆壁之外，什麼都沒看到。然而，這不應該是令你擔心的原因。無須練習太久的時間，你就會發現，各種意象開始活躍起來，猶如有了生命一般。路徑可能會擴大成爲一個洞穴、穿過一道瀑布、從一座狹窄的階梯下降、或是來到一個地方後，發現那裡有些東西或人物在等著你。

當你決定結束路徑工作時，想像你停下來並轉過身，接著沿著你來的路徑走回去。每一個你經過的地標都重新路過它們，如同你走在一條眞實道路的回程上。當你再度來到那道門時，通過它，並且感覺你重新坐回椅子上。看著門緩慢但牢牢地關上。花一點時間專注在這個形象上，接著利用幾次的四重呼吸法來淨空你的心，然後結束這個練習。

稍後，你可能會發現不知自己身在何處。如果發生這種情況，可以吃一點東西。在那些將預示性感官關閉的方式當中，很少有比吃進肚子裡的食物還來得有效的。四處走動，做一些日常生活的行爲，譬如洗碗或是諸如此類的事，也很有效，這會幫助你的意識回到馬互特的圓質以及日常生活的領域中。

與圓質連結的實作練習

一旦對上述較爲簡單的方法有了經驗之後，就可以加入另一個較爲複雜的方法。在這個方法中，必須將路徑置於它們在生命之樹上的準確位置。要這麼做，我們必須將一個新的元素加到預備工作中。當你用四重呼吸法淨空你的心之後，以及接下去做任何事情之前，在你的心之眼中，於路徑下方喚起圓質的有色光和魔法影像，就好像你要開始對圓質進行冥想那般。盡可能完全地進入圓質的意識模式當中。當你這麼做的時候，讓意象自然的改變。想像一個帶著圓質的貝來亞顏色的圓形空間，魔法影像便位於此空間的中心處，讓這裡成爲一座圓形的廟宇，牆上的各扇門相應於路徑的魔法影像，這些又與該圓質相關聯。此刻，想像你從椅子上起身，走到你想要旅行的那條路徑的影像之門前面；從這裡，你開始走上路徑，直到你感覺到你的旅程已經獲得了該有的結論，接著觀想前方就是路徑的終點。這是一道有著兩扇門的拱門，就像路徑的魔法影像那般。然而，這個門位於路徑上方，並且帶有圓質的貝來亞顏色，上面刻著圓質占星相應物的象徵。因此，比方說，在第三十二條路徑上方的門將會是耶薩德的紫羅蘭色，且門上會帶著象徵月亮的新月圖案。

在繼續前進之前，先花一點時間將這個影像建立起來。此刻，你有兩個選擇。如果你尚未在冥想中探索過路徑上方的圓質，那麼就轉身走上你原本過來的方向。觀想你循著回程的道路，一路回到圓質的廟宇當中。觀想路徑的影像之門關閉，接著釋放這些影像，並且以平常的方式關閉這次練習。

另一方面，如果你透過自己的冥想工作，對路徑上方的圓質已經擁有了扎實的理解，模式則會改變。在你到達路徑的終點時，站在圓質的門前，看著門緩緩地在你面前打開。在門後是一道明亮的光，其光暈與門的顏色相同。向前走進光之中，它成爲了你周遭圓質的廟宇，圓質的魔法影像就位於其中央。以你所能達到的最大強度，進入圓質的意識模式。在魔法影像前方，你會找到一張椅子。感覺你坐上這張椅子，一旦你坐定了，讓這張椅子變成你的物質身體眞正坐著的那張椅子；從你心中清除這些影像，並以數次的四重呼吸法作爲結束。你不需要再沿著路徑回去、或是將自己重建於你開始的圓質中；你只需要從較高的圓質直接回到正常意識之中即可。

這種做法或許令人驚訝，但這卻是依隨著卡巴拉對於人類覺知的較高層次的基本理解而來。無論我們是否能夠意識到這些層次的覺知，所有這些層次無時無刻都在運作當中；正是因爲我們通常沒有意識到這一點，因此要發揮一切，到達人類可能性的巔峰，便看似遙不可及。從一個圓質上升到另一個圓質，這樣的行爲並非是一段進入陌生領域的旅程；相反地，這是對那些一直都存在於人類意識中的潛能的重新確認。只要練習本身有以明確的行動作爲結束——即四重呼吸法最後階段的目的，在此與其他情況相同——那麼，關閉這些潛能之一，即使是以象徵的形式關上，對我們並沒有任何價值；相反地，以如此方式打開一條路徑，將會有助於在其他層次上以其他方式打開相同的路徑。事實上，這可以被特意用來作爲個人轉化的練習。

相似的原因，路徑工作的方向，應該總是從較低的圓質前往或進入較高的圓質，絕對不能反向進行。（按照卡巴拉理論的象徵性語言，這麼說可能是最好的：「寶劍的路徑已經建立了；仍需我們付出努力的是蛇的路徑。」）在一開始進行任何給定路徑的工作時，之所以要沿著原路回到最初的起點，是因爲每一個路徑工作，都必須在一個確定層次的意識狀態中結束，而不是結束於一個不確定空間中的某處。這兩種類型的路徑工作──「探索性的路徑工作」，從相同的圓質開始與結束；以及「完成性的路徑工作」，透過路徑橫跨於不同的圓質之間──在魔法卡巴拉行者的工具箱中，都有各自的位置。第一種路徑工作在發現「自己用來接近該條路徑」的個人方式時，較爲有效；第二種路徑工作則是用於追溯該個人方式與圓質之間的連結方式；一個主要是有助於冥想，另一個的作用則範圍較廣。

反之，完全性的路徑工作的轉化力量，在處理時需要一定程度的謹慎，就如同任何其他的轉化技巧一樣，如果使用不當，可能會產生反效果。在這個例子中，最重要的一條規範其實很簡單：你在進行生命之樹上的第一組完全性的路徑工作時，應當要跟隨一個平衡的上升順序──從馬互特到克特。這個標準順序就是傳統的蛇的路徑，也就是本書第二部分路徑出現的順序。如果採用這個順序，這些路徑工作的效果便會彼此平衡，因此，這個練習在覺知與能量上所帶來的長期改變將會順利展開，並將阻礙出現的可能性降到最低。

另外一個很好的做法是，在嘗試做一個完全性的工作時，先對任何一個特定路徑，做幾次探索性的路徑工作，以此爲不同圓質之間的順利轉換打下基礎。並且，理所當然地，你也需要透過實際進行冥想，來支持整個路徑工作的過程，這是非常重要的。

路徑工作與冥想的關聯

此刻，路徑工作與冥想之間的關聯，需要一些討論來加以釐清。冥想──此事值得複誦──是本系統當中核心的感受性練習，路徑工作則是一個從冥想工作中生起的後續發展；你的路徑工作的深度與價值，會大舉受到（事實上應該說是依賴於）你對冥想所做之準備工作的完善程度所影響。

這個準備工作有兩個面向。一方面，冥想的心理訓練，是你能夠帶到路徑工作過程當中的一個最重要技巧，當你越能有效率地淨空思緒、集中注意力、並且不讓內心細碎的雜念干涉生起的意象，路徑工作的經驗就會更加生動且強大。

另一方面，扎實地理解你所行經路徑的傳統象徵，將能夠幫助你理解該經驗的意義，並且還能對那些令人困惑與不確定的影像進行探測。如果對於象徵的這些理解，同時也透過冥想被傳遞到意識的較深層次，那麼，這個象徵就能夠成爲連結自我之中有意識與無意識面向的共同語言；當你冥想中的影像出現在路徑工作中時，你就能以極佳的清晰度去解讀與理解，並且它們還可以作爲「用來理解那些較難被掌握的象徵」的關鍵。

因此，對於任何給定的路徑，最好是將第三階段的冥想結束之後，再藉由路徑工作去探索那條路徑。取決於你可用的時間長短，你可能會希望在開始進行路徑工作之前，將整個第三階段的冥想順序全部完成；但通常最有用的方法是，同時進行冥想與路徑工作來完成生命之樹的上升：在完成每條路徑傳統象徵的冥想後，接著開始進行該路徑一系列的路徑工作，並對你經驗到的影像與事件進行冥想。

最後這個冥想方式，是路徑工作的過程中，最有價值、也最容易被忽略的一部分。特別是在你進行完第一個路徑工作後，你可能會發現，自己隔天就想直接穿過門再度回去。別這麼心急！請記得，路徑工作是用來協助冥想，而不是用來當作星際旅行的。你已經將你在路徑工作中看見的所有事情都寫進你的魔法日記中（你寫了吧？），而現在正是它們派上用場的時候。至少花兩到三次的冥想，去重新看過路徑工作的影像與事件，將它們視爲是一種象徵，就好像它們是生命之樹上的傳統象徵那般，並且去探索它們與你已經知道的概念和影像之間的關聯。如果你需要更多的時間來確保你理解了所有的象徵，那麼就花時間去瞭解。一個透過冥想而完整探索過的路徑工作，會比十幾個你幾乎無法理解的路徑工作來得有價值。只有當你覺得你已經將所有可能從路徑工作中得到的東西，全都得到了之後，你才應該繼續前往下一個路徑工作。

尋求路徑工作上的指引

如果由一個有經驗的卡巴拉行者來做的話，路徑工作可以成爲逼眞而生動的冒險，有點像是一場「醒夢」（waking dream），在其中，所有的象徵都活了過來，傳承爲每條路徑所提供的簡單架構也因爲個人的知識與預知力而被添加了血肉。雖然在你的技巧能達到這種程度之前，可能要花上一段時間，但有一些步驟可以讓你的路徑工作發揮最大效用。

這些方法中最重要的一個，可以歸納爲一句話：「慢慢來！」絕對不要在你感到不舒服的情況下，強迫自己進行路徑工作。特別是在你前幾次的經驗當中，在穿過門之後，不要走太遠的距離，並且要仔細去注意你所遇到的每一個影像，不論它們看起來多麼地微不足道。如果一個影像看似模糊或是不清楚——這在一開始是很可能發生的——則應該在影像前先行暫停，試著讓自己盡可能清晰地去感知它。同樣重要的是，在進行路徑工作期間，要將你在路徑上所遇到的任何事物當成是眞實的一般對待。如果你碰到的影像是一個活生生的人物，那麼注意他說了什麼；如果你遇到一個物品，用你在物質世界裡碰到一個相似物品的方式去對待它。你越能夠「將這些經驗視爲是眞實的」那般去對待它們，它們對你就會顯現得越加眞實。

當你在路徑工作中遇到那些看起來很眞實的人物時，有件事情必須特別注意。在這些人物當中，有一些是誠實的，並且會教導你有價值的事物；但有一些則是不誠實的，並且會試著去欺騙你。你可能很難想像將這種思考方式應用在這些「想像出來」的人物上，但是經驗會很快地告訴你，這些人物不僅有自己的性格，他們的行爲更會令你意想不到。如果你很難相信這一點，想像一下那些出現在你夢中的人物，以及他們的行爲是如何獨立於你的意志而運作的。

過去的卡巴拉行者有幾種有效的方式，用來分別誠實與不誠實的人物。首先，你應當學習的第一件事、同時也是你在路徑工作全程中應該培養的一個習慣，就是：任何帶著「主宰你所在路徑的聖名」的人物，你都必須練習去挑戰與質疑他們。因此，比方說在第三十二條路徑上，你會想要問你遇見的人物：「你是否以特措果瑪頓之名而來？」如果這個個體說「是的」、或是重複這個名字，那麼他或許是誠實的；如果他說「不是」、或者不回答這個問題，你就必須以相同名字之名，命令他離開，並且必須等到他完全離開了，才能繼續進行路徑工作。如果那個人物拒絕離開，便使用儀式那一章所教導的小五芒星儀式（見379頁）。這一切聽起來可能有些怪異或有點傻氣，但是你很快就會學到這些測試的價值。

你也能以採取主動的模式，來使用這個聖名的測驗方式。在剛開始踏上一條可能較爲艱難的路徑時——比如一條你之前遭遇過困難的路徑、或是一條在生命之樹上橫跨過主要障礙物的路徑——你可以大聲喊出：「以某某之名（任何主宰該條路徑的神之名），我尋求祢在這條路徑上的指引。請派給我一位嚮導！」接著，停在這條路徑的剛開始處，直到有人過來；用「名字」對其進行測試，如果他通過測試，便接受他對你的旅程的導引。同樣地，這種類型的嚮導也可以在路徑上的其他地方被召喚，譬如當時你彷彿沒有任何進展、或者有惡意或不誠實的人物開始活躍。在此，再次地，對大部分人來說，這樣的方法需要他們放下自己的懷疑與不信任，但是這些方法確實被世世代代以來的卡巴拉行者證明爲是有用的。

以路徑顏色進行測試

路徑工作這門藝術，如我們之前所提到的，是最近才被加到卡巴拉方法的工具箱中。它證實了自己是一個有用且有價值的技巧，在當今的卡巴拉傳承中，就算不是大部分、也有許多的團體工作都會使用到這個技法。然而，在使用時需要小心謹愼。有一些團體以及團體中的某些個人，會以錯誤的方式來進行路徑工作，還有很多人發現自己陷入極大的困惑與一些難以脫身的問題當中。

事實上，在路徑工作的內建結構中，存在著一個陷阱。這個陷阱可以被避免，但需要我們謹愼的處理，以及大量而扎實的常識背景。這個陷阱是什麼呢？很簡單，就是選擇一個出現在路徑工作上的影像，但這個影像卻與該條運作的路徑沒有任何關係。

在路徑工作背後的法則（以及其他幾種相似的技法），其實是一個很實用的事實：一個專注在特定象徵模式上的心，會傾向於挑選「與那個模式互爲和諧」、並且來自於「感官之圓質」的影像。一般來說，這能行得通，但有許多因素會導致錯誤的發生。在訓練的早期階段，這些當中最重要的是，心理專注力的不穩定性。當你試圖在冥想中建立一個象徵性的影像、或是試圖專注在一個主題上時，你的心有多常會忘掉自己的主題而分心？這些其他的想法會在你周邊的以太中成形，並且將那些與它們自己相關的影像串流帶進來，就如同那些你特意接近的影像或主題一樣。

在工作的早期階段，這是很正常的，隨著時間過去，也不會成爲太大的問題。然而，這在目前來說，就代表你的路徑工作很有可能是一個同時帶著有用影像與無用影像的混合體，就好像收音機電台的訊息受到了靜電干擾。如果這個情況持續下去，你就會需要一些方法來分辨這兩者。幸運的是，有一些方法可以這麼做。

在檢測你的路徑工作影像時，其中一個最有效的方法，與各種圖表中所給出的路徑顏色有關。一直到目前為止，這些顏色都還是無關緊要，但現在它們開始有了自己的重要性。

這個方法特別簡便。不論是當你正在進行一個路徑工作、或者是當你在對之後的結果進行考量時，心中記著你所行經的這條路徑的顏色。如果是以這些顏色出現的物品與個體，它們很可能會是屬於這個工作過程的；而那些帶著不同顏色的個體與物品，則較可能不屬於此工作。因此，比方說，如果一個穿著紅色盔甲的戰士影像，出現在第三十條路徑的工作當中，他可能就是屬於那裡的；但如果同樣的戰士出現在第二十九條路徑上，他的顏色將洩露他其實是一個入侵者的身分。

這個方法可以用某些特定方式來加以改善與精緻化，也就是使用生命之樹的顏色相應物背後的四個世界的系統。每一條路徑都有四個顏色，每一個世界都有一個顏色。你可能還記得，這些世界可以用來代表感知過程的四個階段：阿其路代表被感知的事物；貝來亞代表進行感知的心的結構；耶其拉代表使兩者結合在一起的一系列事件；阿希亞代表最終結果，即心中的感知。當然，你所擁有的每一個感知，按照定義而言，都是位於阿希亞世界的；但比起其他三個世界，其中某一個世界可能會對你的感官造成更大的影響。這些就是我們可以利用顏色去揭示出來的信息。

比方說，在黑許路徑的路徑工作上，你可能會遇到一個穿著金黃色長袍的國王，他告訴你某些事情，而在第三十條路徑的表格上，金黃色是黑許路徑的貝來亞顏色，因此，你可能會想要將國王的信息，想成是「與你自己意識的內在結構」相關的信息。當你在冥想路徑工作的這個元素時，你會想要在心中記住國王所說的話來進行探索。比方說，你可能會決定，那個信息對於你的路徑工作是有特殊價值的，因為它表達了你個人對於這條路徑的某部分回應，但是你可能不太會為了相同原因，而將它作為給予任何其他人的忠告。

一個帶著路徑的阿其路顏色的影像，經常會以「彷彿它存在於自己本身」的方式去指涉路徑，並且會在一種抽象且非個人的層次上去處理路徑的意義；一個以耶其拉顏色出現的影像，則必須小心地研讀它關於路徑的魔法應用的線索；而以阿希亞顏色出現的影像，通常指的是路徑的能量如何顯現在每日經驗的世界當中。

以行星的字母進行測試

在測驗路徑工作中看到意象時，另外一個測驗方法使用的是卡巴拉象徵中不同的部分。由於這是一個較爲進階的技巧，使用者必須對路徑工作具有一定程度的經驗，並擁有一定程度的自我認知。這個新的技巧，本意是用來輔助透過顏色的測試方法、而非取代它；它能夠讓你以更加細微的方式，去測試你在路徑工作過程中所遭遇到的影像，且這個方法能夠讓你更加有效的理解，通常會對過程產生干擾的「靜電」源頭爲何。

在你開始使用這個方法之前，會想要先讀完你已經完成過的幾個路徑工作，並試著去理解可能將它們汙染的靜電源頭是什麼。通常最普遍的干擾來源有以下七類，這些是被分派給希伯來文字母表中的七個「雙重」字母或「行星」字母。

- 記憶被分派給字母ת，濤；
- 刻意的建設被分派給字母כ，卡夫；
- 憤怒與不耐煩被分派給字母פ，裴；
- 驕傲與虛榮被分派給字母ר，黑許；

●性幻想被分派給字母ד，達雷特；
●單純的想像力被分派給字母ב，貝特；
●漫遊的思緒被分派給字母ג，吉莫。

這些特性，跟一般行星的意義稍微不同，應該將它們記下來以備路徑工作之用。（它們是來自於傳統的祕傳藥學與心理學系統，也是屬於西方古老的魔法技藝中，被遺忘得最徹底的魔法藝術；它們還有其他的作用，但在這裡跟我們沒有什麼相關性。）

這些字母以及其所代表的分類，都應該在路徑工作的過程中牢記在心。當你遇到某些讓你懷疑是否碰到干擾時，你該做的是，從上方選擇適當的字母，並且觀想你的手在前方將字母寫出來，然後看到字母以白色的光成形。在心中持有這個字母的影像一會兒。如果這個有嫌疑的路徑工作變得模糊、改變或是消失了，則想像你自己說出分派給路徑的聖名四次；如果這麼做仍無法使入侵的影像消失，便使用上述的小五芒星方法。

如果能夠熟練這兩種透過顏色以及字母的測驗方法，將能有效地平衡你的路徑工作經驗，並使其具有建設性。除此之外，常識和幽默感更爲重要。路徑工作能成爲一個很強大的工具，加深你的理解，並將內心隱藏的可能性完全打開。同時，在這類型的工作中也有它的危險；以此姿態在路徑上探索的魔法師，將會遭遇到謊言、扭曲、刻意的隱晦難解和奉承，如果他只是將路徑上發生的經驗照單全收，結果將會是困惑、或者以最極端的例子來說則是發瘋。在這裡就如同在其他地方，魔法工作的獎勵雖然巨大無比，但面臨的危險也是眞實的。

14 祈禱文

祈禱文的涵義

在屬於黃金黎明傳承的各種神祕學及魔法的專業方法中，祈禱文或許是現代魔法文獻中最沒有得到重視的一門技藝——即便在許多較古老的祕傳學文本中，仍有一些對於祈禱文的方法與目的較爲詳細的討論。事實上，有些魔法圈傾向認爲祈禱文是某種跟魔法理論和實修不相容的事物，或者更糟的是那些再也無法從自己的神學系統中獲得進展的人，對魔法的敷衍嘗試。

這樣的宣稱帶有某種可信度，其說法是奠基於對祈禱文本質的極端誤解上；但是那樣的誤解在現今社會中是非常普遍的，甚至（或者甚至可以說特別是）在那些最強調祈禱文的宗教中也是如此。爲了澄清這個議題，我們必須詳細檢視這個錯誤之後，才能描述並探索魔法卡巴拉進行祈禱文的方式。

何謂祈禱文？對於社會中大部分的人來說，不論是否相信西方正統宗教，祈禱文通常被認爲是一種與神對話的練習，不論目的是藉由讚揚神而取悅祂、或是向神要求一些自己心所渴望的事物。（那些具有清教徒背景的人，可能會回想起祈禱文《禱告良辰》（*Sweet Hour Of Prayer*）中的詞句：「命令我，在我天父的寶座之下，使我所有的渴望與願望都被得知。」）這些說法雖然都非常普遍，但其實不論是從常識上或是從那些相同的宗教神學理論，它們都是很奇怪的，而奇怪還只是保守的說法。

在第一種情況中，反對的理由很簡單：作爲宇宙的創造者與主宰者，人類的奉承對祂究竟有什麼用處？第二種情況，則涉及了較細微的矛盾。如果神是全知的，那麼，祂早就已經知道你想要什麼了；事實上，祂從無始以來就知道了，那麼你何須提醒祂呢？同樣地，如果神總是決意給予每個人對他們而言最好的事物，並且祂的意志總是毫無謬誤地實現的話，那麼你要求祂給予你那些祂尚未給你的事物，你便是在請祂（無論你自己在這件事當中的意見如何）給你某件比你現在應有的更不好的事物！這種類型的矛盾，幾乎可以無止境地延續下去。

這兩種關於祈禱文的說法，都是奠基於一個單一假設，而這也正是它們問題的根基。那個假設就是：祈禱文的目的在於，它對神所起的作用，無論是藉由取悅祂、誘導祂、或是以其他方式促使神最終給我們好處。如果以這種方式去想祈禱文，就眞的是將祈禱文轉化爲某種魔法，並且通常是一種不溫不熱的魔法。這也會錯失練習的重點。祈禱文的目的是在於：它對做出祈禱的當事人所產生的效果。

事實上，在正統宗教的大部分主要傳承中，若要理解祈禱文的更高涵義，以上所述正是最關鍵處。在當前的宗教主流中，這已經不再只是少數人所認同的、並且對於較爲古老也較爲誠實的祈禱文等概念的復興運動，在目前來說，已經有一定數量的跟隨者了。

在這些概念中，有一些也使用在魔法卡巴拉的祈禱文方法。我們可以藉由第七章提到的一個要點，來開始探索那個方法，也就是在討論分派給第十個圓質的神之名的討論中。人類總是傾向於在馬互特層次的意識當中，將他們經驗到的宇宙感知成人形；這些思維習慣使得我們將究竟實相——那個造成我們感知的「不可知的起因」，也被我們稱之爲「神」——想成是一個人，而非比方說是一塊石頭。這當然純粹是一種象徵性的經驗，而就像我們其他任何的感知一樣，這樣的思維方式，很大一部分只說明了關於「我們」是什麼、而非「它想描述的那個對象」是什麼；在促成上述所討論的那些對於祈禱文的錯誤曲解時，它也扮演了一個重大角色。作為一種象徵性的經驗，這個思維習慣打開了某些不可預期的可能性，因為我們與他人連結的方式中，有一些深度是平常無法被實現的。

如傳統格言所說，克特位於馬互特之中，而馬互特也以另一種方式位於克特之中。大部分的時間，在馬互特層次的意識中，我們認為我們的環境是由一堆物品及堅硬的表面所組成，在其之外，則是我們的覺知無法穿透的。我們遇到這些物品、感知它們、對它們採取行動、或是讓它們對我們採取行動，然後離開。接著在某些特定情況下，這個經驗會不預期地將自己轉化為一種同一的經驗。這可以發生在某些與自然界的互動中，同時也促成了某些大自然祕傳學各種傳承的誕生。

然而，這種經驗通常發生在較為強烈的人類互動類型裡，特別是那些我們稱之為「愛」的互動。這也促使了某些性愛與浪漫主義的祕傳學傳承的產生，連同那些我們用來談論愛的大量語言文字。

最終，這個性質相同的互動也可以在馬互特的層次上，存在於一個「人類」以及「存在本身」，藉由使用以馬互特的聖名為象徵的「經驗」，作為「超越感知以外的實相」的象徵性形式。在這個「個人」與「無限性」的互動裡，克特出現在馬互特之中；同一與個體性融合，而進入這個關係的個人覺知也立即同時參與了這兩種境界。那個融合是象徵性地發生在梯琺瑞特，雖然說這個經驗並非永遠、甚至也不是經常會被連結到一道打開的面紗，並且實相的擬人化形象——以卡巴拉詞彙來說，是微顏，即次要容顏；以神學語言來說，即普通意涵的「神」——是分派給梯琺瑞特的。

這就是祈禱文所能發揮的最高效用。對於一般的宗教信仰者（亦即「開放路徑」的跟隨者）來說，祈禱文的效用就代表了：「能使人獲得超越性的經驗」的區區幾種方法的其中一種。對於神祕學者來說（這裡的神祕學者以一般西方世界的認定爲準），祈禱的方式提供了一個轉化的主要工具，在許多西方正統宗教的某些分支中，這個工具已經朝著正確的方向，獲得完善而強大的發展。最後，對於魔法師而言，祈禱的方式提供了第二種轉化的方法，而這可與祕密之道的方法一起使用，以此提供另一條道路來達到那條路徑的最高目標。

接著，從魔法卡巴拉的角度，祈禱是一個獲得最高層次的人類覺知的直接方法，也就是使我們與那個「我們稱之爲神」的實相距離最近的方法。這並不是一個使我們所經驗的宇宙發生改變的主要方式，雖說它可以造成這樣的改變；任何在意識上的轉化，都有能力改變我們所經驗的世界。它的主要效果並不是作用在神身上、或是作用在世界上，而是作用在魔法師本身。這是一個神祕的練習，且「神祕」一詞在這裡必須嚴格的來說——它引向同一、而非力量，因此，它將會作爲魔法師旅程中的一種平衡性力量及引導來源。

祈禱文的三種級別

不像有些其他種類的練習，不論是發展中的技巧或是特殊的成就，祈禱文都很難被輕易地歸類。一個單一方法可能從工作的開端開始使用，一直到最後結束，甚至還有後續階段，而在這兩點之間的各種經驗與階段，通常相互交疊、沒有清楚的界限，因此這會使得有條理的心感受到挫折。然而，如果眞的想要談論這個主題，我們就必須使用某種架構。在這裡，我們將使用黃金黎明傳承某些分支所使用的一個修正後的架構。

在這個分類中，祈禱文可以分成三個級別，相應於黃金黎明分支中的寬勒克分會（Cromlech Temple）所使用的三個等級的啓蒙儀式。文獻中，它們的名字指的是這些級別，但目前我們不需要知道；我們可以簡單地稱呼它們爲第一個、第二個與第三個級別。

第一個級別的祈禱，大概相應於一般概念下的祈禱文；也就是說，這個祈禱是透過溝通的方式，以我們一般會接近一個人的相同方法去接近隱藏的實相。在這個級別中，魔法師以文字進行祈禱，對神聖性的概念說話。這裡最明智的是，不要觀想出一個形象、或是將你所要進行對話的力量的概念想得太過具體。某些情況下，特別是在某些等級的儀式中，具體的觀想是有用的；但在這裡，這樣做可能會干涉到後續的工作階段。

每天都騰出幾分鐘時間，以你覺得舒服的方式，向這個最抽象的神的概念進行談話，就彷彿你能夠跟整個宇宙說話，並且會得到聆聽一般，將心中的話毫無保留地傾訴；如果這些字眼表達了憤怒、挫折、怨恨或是任何情緒，都沒有關係。這裡的目標是，不要像鸚鵡學舌般去說一些敬神的話、或者是想要對無限性奉上讚頌或奉承——再次地，你的奉承究竟能給神帶來什麼用處呢？你要做的是，開始習慣以一種不同且非常特殊的方式，跟整個宇宙連結。

取決於過去的經驗——那些之前曾經有過正統宗教經驗的人，在進行這個練習時，可能會有比較多的問題、或可能是比較少的問題——在祈禱文的第一個級別上，可能需要花費數天、數週或是數月的時間，才能顯現出徵兆，並且深化爲某種不再只是對自己喃喃自語的行爲。這些徵兆可能包括：一方面是，感覺到有什麼事物在聆聽著你的話語；另一方面是，得到一些預示性的經驗，以及一陣瘋狂而強烈的情感出乎意料之外地向你洶湧襲來。不論是哪種情況，最好的回應就是繼續堅持這個練習，以及其他的練習。

從祈禱文的第一個級別到第二個級別的轉換過程，應該自然而然地發生。當祈禱文的主題從任何事物——並且，如前所述，這可能是任何事物——轉變到個人的精神狀態時，這就是轉換發生的時候。這就是神祕學進入祈禱之道的起點。那些傾向於培養罪惡感的宗教團體，在這個階段通常會強調對罪惡告解；這些宗教傾向於培養不純淨的感覺，並且將強調的重點放在淨化上。魔法卡巴拉認爲這些方法並沒有什麼價值，因此，這個級別的專注力永遠是轉化與健全性。然而，在這裡，一條筆直的道路仍然需要靠每一個人憑藉一己之力去找到；很少有私密性比這件事更加強烈的事了。

在許多西方魔法的系統中，轉化性祈禱文一直都占有核心地位；《阿伯米林之書》（*The book of Abramelin*），其實修部分就是一本祈禱文合集，以及約翰．迪伊（John Dee）原始的以諾系統（Enochian system），都是很好的例子。然而還有另一個等級的祈禱文，就是沉默的默禱，在我們所探索的分類中屬於第三級別。對於進入這個級別的轉換過程，就像在到達第二級別一樣，應該要任其自然發生。當擅於言語的心開始不再冒出要說的話，剩下的唯有一個「轉向較低自我完全無法感覺到的某樣事物」的專注力時，這個過程就發生了。以卡巴拉詞彙來說，在此節點上，達特回到自己在超凡者之中的源頭。同樣地，這個狀態也必須加深；它的第一個階段可能不過就像是空白的心，後續階段將會一步接著一步進入同一的藏身處。在這之後，關於同一，就沒有什麼太多能說或應該說的了。

使祈禱文更有用的方法

如同任何其他的練習，祈禱文也能從以下三種事物的支持中獲益：研究學習、規律作息，以及寫魔法日記。閱讀的所有書籍，只要是能引動某種奇特的情感，使心轉向那超越一己之上的事物，便是有用的研究學習；西方及東方的偉大神祕學家的著作也一樣。對於規律作息及寫魔法日記來說，祈禱文的練習中也應該包含這些面向，就像任何其他練習一樣。

通常很有用的是，盡可能使用一個與之前的傳統祈禱姿勢不一樣的身體姿勢，特別是對那些離開了一個經常念誦祈禱文的宗教團體的人來說，更是如此。一個證明有效的方法是，借用魔法冥想的開頭與結尾的姿勢。當你挺直地坐在一張椅子上，身體保持平衡狀態，心透過四重呼吸法進入專注狀態時，與一般雙手合十、磕頭、跪在地板上的習慣，有如天壤之別。端坐的姿勢，以及這個姿勢想要引發的情感狀態，對於魔法技巧中的祈禱文來說是完全恰當的；若用稍嫌嚴厲的口吻來說，這是一個「自由的人類，自由地尋求存在的源頭與基礎」的姿勢，而不是一個「跪求施恩的奴隸」的姿勢。

相似的原因，這也可以用來避免一般西方對於祈禱文的正統措辭，也就是以父母類詞彙來代表無限性。就好比究竟實相不會是一個孫子那般，究竟實相也絕對不會是一個父親，同樣也可說不是一個母親，並且這類詞彙通常會帶來一連串的情感包袱，特別是在現今，當父母與孩子之間的關係變得日益複雜時。然而，在此，再次地，這也必須基於個人的需求與經驗，接著由自己決定。

在這裡所說的最後這段話，能夠最爲廣泛地應用在祈禱文的所有細節上。在一定程度上，這是祈禱文潛在法則下的一種成效，個人的互動會透過個人的因素而被塑造，不論那個互動是與另外一個人類、或是（最後一次掉進神學的語言中）與神所發生的。然而，在一個更深的層次上，這與克特在這種魔法工作中的存在有關，也就是於同一之中消融了一切硬性規定的那種存在。最終，你自己與這個同一——不論你知道與否，這是一個你自己也參與其中的同一——的接觸方法無他，「你自己」就是那條能找到它的唯一路徑。

15 日常生活中的魔法卡巴拉

現今許多的魔法師，無論他們是否隸屬於黃金黎明傳承，都面臨到一個難題：魔法與每日生活世界中的明顯鴻溝。在受到許多魔法團體成員熱愛的奇幻小說中，魔法師總是能拯救浩瀚疆土，制伏邪惡勢力；另一方面，在我們所謂的眞實生活當中，修習魔法的學生所拯救的通常是自己的荷包、而不是某個王國，而他們所要對抗的邪惡（這確實是存在的），通常只存在於那些瑣碎到令人惱火的個人微小事物上。在偉大理想與卑微現實兩者之間的錯位，不僅是造成現今社會大眾對魔法最主要的一般印象的推手，同時也是造成魔法社群中極爲常見的故作姿態及浮誇宣稱等現象的主因。

然而，關於這個鴻溝，說它是眞實的，不如說它是顯而易見的。造成這個鴻溝的主因，與魔法本質（或者說與我們在周圍所感知到的世界之本質）的相關程度較低，而與一種「習於透過無可救藥的玫瑰色眼睛來看待其他時空」的普遍現代習慣的相關程度較高。在各種不勝枚舉的如魔法師梅林的複製品背後，還有許多古老人物，雖然更奇特也更加令人信服，但卻看似更加平淡無奇：彌爾丁．威爾特（Myrddin Wyllt），一個藏身於古蘇格蘭森林中的半瘋狂先知，渾身濕透地在冬季的風雨中顫抖著；約翰．迪伊變賣自己的藏書來購買日常所需，使他與他的占卜者得以繼續鑽研宇宙奧祕；以及那些創造並形塑了黃金黎明赫密特派修會的英國中產階級男男女女等各路人馬。我們必須記住，這些人——而非奇幻小說中的虛構人物——才是眞正的魔法師，而且他們的工作就發生在一個最終來說與我們的世界沒有那麼大的不相同的世界中。

從卡巴拉的觀點來說，這個相同的概念，可以用一個稍微不同的方式來表達。魔法師會在十種不同層次的經驗與覺知上進行運作，這些就是生命之樹的十個圓質，而其中一個——馬互特，則是每日生活之領域。不同種類的魔法，所適用的層次與領域也各不相同，因此，這裡的問題便成爲了：什麼樣的魔法與馬互特的本質最相融？

覺知的訓練

就如同大部分簡單的問題都有一個複雜的解答一般，這個問題也是如此。某種程度上，所有的魔法至少都有一部分是發生在馬互特，這是因爲物質身體以及日常生活的環境條件，都至少在形塑每一種魔法工作時，造成了某些影響。另一方面，某特定種類的工作——路徑工作是其中一個例子——涉及了將覺知的專注力從物質層次移轉開來。

還有其他練習是將魔法師的專注力導引到每日生活及感官經驗的細節中，以此作爲平衡。由於比較難以像「儀式與冥想的核心練習、或是路徑工作的輔助性技藝」那般被系統地分類，因此這些練習可以被大概劃分在一個「覺知練習」的標籤下。它們在卡巴拉練習中形成了一個有用、但有時容易被忽略的領域。

或許最簡單、同時也是最實用的一種覺知練習，就是在心中將物質事物與它們在卡巴拉象徵中的等值物相連結的練習。在一開始學習象徵時、或是在進行有次序的象徵冥想時，這麼做特別有價值。比方說，某個月份，當你對任何一個圓質進行第三階段的冥想時，在你碰到的事物當中，若你將彷彿與你在探索的圓質有關聯的事物記錄下來的話，事後可能會給你帶來極大的啓發。例如，在進行奈特薩荷的各種冥想時，你可能會記錄下那些讓你想到第七個圓質的事物，從綠色植物到各種情緒的表現；在進行克特的冥想時，你可能會試著去注意那些彷彿在某方面與同一的概念有連結的任何事物。與此相關且同時可用來測試你對象徵的理解程度的，是隨意選擇一個物品或事件，並且去思考該事物與生命之樹象徵的連結性。這並非只是像填字遊戲般用來填充思想孔隙的事物，雖然它們確實也可以被如此使用（或是假扮爲如此）；這些練習能夠教導新進魔法師，開始以卡巴拉的視野去思考與看待每日生活。

同樣有用的是擴展這些練習，使其能夠訓練想像力、意志力及記憶力。比方說，你可能會去注意並記錄你在走過十條街道中所碰到的紅色事物。就其本身來說，這種類型的練習是沒有意義的；當然，不論在一條街上有三百三十四個紅色物品，或者是有十倍之多的物品，都不是重點。這種練習是心的韻律操，它能夠發展覺知與感知的技巧，就如同身體的韻律操看似毫無意義的運動可以建立起力量一般。

刻意而謹慎的生活方式

相同的法則，也可以應用在範圍更廣的日常生活活動裡，並且在此，它們能夠輕鬆成爲不只是簡單的練習而已。許多不同學派的魔法師和神祕學者都一再指出的同一件事情是，大部分人都是「反射性」的在過日子。慣性（習慣之力），我們之前將其視爲是對魔法師工作的一種協助，但它也有令人不悅的面向；習慣這個暴君主宰了許多生命。一旦一個行爲模式在某一時間點開始啓動，即使它們已經不再有任何作用、或甚至開始變得有害時，它們還是會維持很長一段時間。對於那些我們稱之爲「意見」或是「信仰」的僵化思考模式也是如此。當我們被困在這種習慣模式中時，通常會不斷地一個接一個遭遇各種危機，我們將怪罪於周遭宇宙給了我們這些災難，但事實上，這些災難是我們爲自己創造的。

相反地，魔法師會去學習如何「刻意謹慎」的過生活，也就是選擇自己的行爲行動與反應，而非讓慣性來幫他們選擇。這並非表示，所有的思維與行爲方面的習慣都應該被去除掉；相反地，這是意指心的這個「製造習慣」的力量必須被探索，如此才能夠受到汝阿赫的控制，並且必須在——也只能在——當這些力量能作爲眼前工作的適當工具時，才去使用它們。魔法師是習慣的主人，而非習慣的奴隸。

如何做到這一點？在工作中，此處就如同在別處，關鍵元素是覺知。冥想時，我們將專注力與清晰度轉向生命之樹上的象徵，但我們也可以同樣將這些轉向日常生活的事件與行爲。如果有規律地這麼做，將能夠給魔法師一個較寬廣的視野來看待自己的行爲；一旦這個視野開始產生，就能夠隨著選擇與情況的發展，使得改變發生。

有一些魔法學生會傾向於忽略此第一步驟，並且對於「刻意謹慎的生活方式」這個概念，他們的反應是想要立即做出大規模的改變。但如此這般的嘗試，幾乎永遠都是以失敗收場。一部分是因爲，在這些事件中不帶覺知的行動，就好像是戴著眼罩開車，並且可能會產生相同程度的破壞力。然而，使這些失敗發生的原因，有一部分是因爲，強烈的習慣通常是一種對於混亂情感的回憶，而要改變這些習慣，通常必須去面對所涉及的情感。因此，最有智慧的做法應該是，在做出任何改變之前，先試著去觀察自己；同樣有智慧的做法是，先從小的習慣開始，並且至少在一開始時，一次只做一個改變。

或許在學習刻意謹慎的生活方式時，最有用的練習是，我們在第十章所討論的回憶法練習。藉由訓練魔法師去回憶並評估日常生活中的事件，回憶法的練習將大大超越一個單純的記憶訓練所能產生的影響；隨著時間流逝，這能夠使人產生離開習慣與預期的範疇的能力，並且能以更清晰的角度來看待自己的行爲。

守密的目的

在魔法理想以及當前現實社會的鴻溝中，有一個較令人挫敗的面向，就是西方世界的魔法藝術以及傳承的名聲、或說多重名聲。即使說出「我是一個魔法師」，在希望這句話能夠被那些可能聽到的大多數人瞭解之前，必須先通過幾千年來的歷史事件這一道關卡。基督教觀點是，魔法的定義就是對邪惡力量的崇拜；另一方面，理性的觀點是，魔法在定義上就是詐欺或是妄想的，接下來也沒有太多空間能讓魔法師來向世界定義他們自己。

對於這個難題，傳統的回應本身就引發了極大的困惑。曾經，即使只是被謠傳涉入了與魔法相關事務，就足以引來宗教法庭的關照。在那個時代，保持祕密是一個絕對必要的條件。到了後期，這麼做還是有用的，比如害怕修習魔法會引來他人的嘲笑、怕這種傳言會毀掉自己的事業，以及害怕會被人脅迫將自己定罪爲精神失常。在今日，這樣的威脅幾乎對大部分的魔法師來說都已不是問題，因爲如此，許多魔法團體的人開始廢止此行，認爲保持祕密是怯懦的行爲，並且要求人們爲自己的信念公開站出來。這確實協助創造了一個高度可見的魔法次文化，他們有自己的言論方式、衣著和裝飾，一個願意、甚至渴望將自己的興趣告知全世界的次文化。在這個情況中，保持祕密的舊習慣看起來似乎十分過時，而這還只是保守的說法。

同時，保持祕密並非僅只是一種保護機制，它還是一種關鍵的魔法練習方法。保持祕密的這個紀律，教導新進的魔法師要三思而後言，並用一個更廣的標準來衡量言語和行爲。因此，這是一個很強大的覺知練習，並且也可以養成刻意謹慎的生活技巧。

更細微地來說，它能夠改變訓練中的魔法師與社會環境產生關聯的方式。那個環境是一個溝通的網絡，是由大範圍的言語及非言語的行爲所組成。大部分的這些都不被注意；我們並不會經常去思考閒聊的目的、或是某件特定衣服所傳達的信息。然而，這些目的與信息確實存在，對於我們與他人的互動、以及我們與自己連結的方式，具有強大的影響力。它可以是一個指引性的經驗，讓我們有意識地探索這些影響力。比方說，在三個不同時間，到一個公眾場合三次，每次的衣著風格都極端不同，接著注意到這些如何影響到不僅只是其他人的行爲，還包含一個人的感覺和想法。然而，有一件事不僅更具引導性、同時在魔法上也是非常重要的，那就是「破網而出」的經驗：超越社交溝通的庸常模式，向外移動，進入未定義的空間中。

這個模式之網可以用許多方式被衝破。然而在這些方法中，大部分只會對經驗者帶來負面結果。許多人對於有精神問題的人充滿一種幾乎出於本能的恐懼，就是來自於瘋狂會將受害者從溝通之網當中切斷；同樣地，許多在暴力家庭中受虐的孩童所遭受的心理創傷，也是來自於這些家庭認定了某些特定主題與事件，無論多麼令人痛苦，都絕對不能成爲這些網絡的一部分。在人類較不理性的行爲中，有很大一部分都是來自於此類過程。

相反地，在魔法的守密行爲中，自發性的紀律以一種特定、有限制且具管控的方式，打破了這個網絡。「祕密」，就其自身的守密性質來說——而這可以是關於任何事情的任何祕密——是自外於社會環境的；但由於祕密本身又是魔法守密行爲的一部分，因此只有持守祕密的人知道，在整個（社交）網絡中，有個地方被切斷了。那個保守祕密的魔法師因而是站在社會環境的邊緣，一半在內、一半在外。他或她可以自由參與網絡之內的一切，但他必須有意識地去做，因爲若是掉進了不加思索的行爲迴圈中，就會冒著揭露祕密的危險。同時，魔法師的守密行爲是自發的、而不是被強迫的，並且只涵蓋了魔法師的一小部分生命。在傳統的魔法社團中，守密的內容或許只不過是幾句簡短的密語、幾個象徵性的手勢、以及幾項儀式的細節，但是，這已經足以用來重塑一個人面對整體社會環境的方式。

因此，魔法守密的練習，能夠將社會環境轉變成一個覺知領域，並且隨著練習而成爲一個有意識的行爲領域。這必須奠基於「刻意謹慎」的生活法則之上，但又遠遠不僅只是如此。這是許多傳統魔法師形象的基礎。在西方歷史上的偉大魔法師，他們有許多力量的源頭都是歸功於此，而不是任何其他「明顯的魔法類」工作。一旦流通於社會網絡的無數小小信息再被帶回意識中時，它們便可以被魔法師刻意的讀取、形塑並且引導，進而能對社會環境帶來巨大的影響力。

當然，所有這些並不是代表，現代的卡巴拉魔法師應該如過去傳統般的守密；在有些時空應當發言，有些時空則應當守密。在此處亦如他處，不加思索的慣性可能會成爲一種負擔、而非幫助；而過分死板的守密行爲，就如同張揚地從對街吆喝一句神祕學的流行語：「嘿，我是一位魔法師！」同樣地，不事生產，也同樣惱人。相反地，魔法師應該能在適當時機，敞開心胸談論自己的工作，並且在沉默較爲有益時，保持靜默，不論是以非言語或是言語上的方式。再次地，覺知以及有意識的選擇是最重要的因素，平衡則是最實用的道路。

將魔法卡巴拉視為一種生活方式

超越這些特定議題之外——不論是關於覺知的訓練、刻意謹慎的生活方式、或是守密行爲——整個魔法卡巴拉的練習會在馬互特的領域中產生影響力。任何需要付出大量時間與精力的行爲，都幾乎會圍繞著這個主題而去形塑往後的生命。例如，運動員、藝術家及音樂家的生命就顯示了，在這些領域付出的努力，其影響力將遠遠超乎練習時以及表演當中所花費的那一段短短時間。

所以，同樣地，對於那些研讀卡巴拉並加以練習的人、以及那些生命因卡巴拉而改變的人，魔法卡巴拉是一種生活方式。魔法師們不會在完成一節冥想起身後、或是在收起儀式工具後，就不再是一位魔法師了。生命裡的一切，會以各種方式被帶進魔法工作中。

在許多精神修行發展的系統中，這個過程是透過生命的法則而被系統化，不論該法則簡單或複雜。這些當中，有一些會涉及巨量的細節，從不能吃的食物清單、到與他人相處的規範、一直到睡覺時需要朝哪一邊躺下的指示。上述這般的規範是有用的，就如同守密的規範那般，它們能夠教導自我紀律以及有意識的行爲，並且可以被用來爲整個日常生活的架構加上象徵性的弦外之音。但同時，它們也能夠輕易地被轉變成一種堅硬死板的習慣，就如同那些它們已經取代的舊有慣性一樣，而當這種情況發生時，它們通常會成爲負擔、而非工具。

魔法卡巴拉捨棄了這所有的一切——其一度曾經擁有從猶太教的律法庫當中所借來的巨量教條法令——而這是在黃金黎明傳承形成之前很久的事。結果是，訓練中的卡巴拉魔法師必須在沒有這種引導的方式下，去調適自己的生活。這避免了某些問題，但也產生了其他問題，特別是對於那些不明智且過度自我中心的魔法師來說。或許要花上許多時間與痛苦，才能使一個人理解，「缺乏一套既定的規則」以及「缺乏責任感」，並非同一件事。究竟來說，這就是自由的風險。

因此，作爲一位魔法卡巴拉的學生，所面臨的任務是，你必須自己決定這項工作對你的意義爲何，以及這個工作將在你的生命中占有何等地位。或許你需要做一些改變與調整，才能在那裡待得長久穩定，但總之，以強硬手段讓事情發生，幾乎從來都不是個好主意。一個較有用、並且更符合我們所探討的各種法則的方式是，緩慢而穩定的成長過程，這也是隨著時間推移以及每一次的魔法練習而自然演進的。與其試圖一步登天，最明智的是在每個情況中，奠基於你認爲發生了什麼、以及你對所涉及的法則的理解之上，去尋求一個回應。以此方式，雖然你可能會犯下更多的錯誤，但是你絕對會學習到更多關於你自己以及魔法的種種。

如同先前討論過的，回憶的練習以及魔法日記，是你的最佳盟友。有人說，健忘是大部分人類愚蠢行徑的源頭，並且如果我們對令人不悅的後果記憶猶新，這將可以有效嚇阻我們想要犯下蠢行的渴望。學習去記得，同時記得去學習，這就是卡巴拉路徑每天所處理的過程中，最重要的一個步驟。

當你在這條路徑上不斷前進，隨著你對「自己」以及「那些環繞著你且形塑了你的力量」的理解不斷加深，你可能會發現，某些最適合卡巴拉魔法練習的生活方式，也很接近於那些我們可能會稱爲「善益」的行爲。有人說，合乎道德的行爲是魔法師的力量來源，這個要點以前有人提過，在這裡也值得我們討論，因爲它可能隨著救贖之道的工作持續進行，而在卡巴拉魔法師的生命中扮演越來越重要的角色。然而，在一切導師中，「個人經驗」才是最佳導師，並且這本書並不是關於道德規範；你會想做的是穿過自己特殊的困惑糾結，一步一步地找到自己的修行方式。

參考書目

一個如魔法卡巴拉這般如此多元的傳承，不可能有哪一本書能夠涵蓋它的全貌。你在書頁中所讀到的法則、象徵以及練習等等，是接近卡巴拉傳承的富饒內容的一種方式；然而，本書的其他地方也提過，在這之外還存在著許多不同的學習方式。

這裡所列出的書目清單提供了一種方式，讓讀者可以開始探索其他的學習方式。這份書單代表了，關於魔法卡巴拉這門學科所能提供的內容的一小部分，以及關於所有魔法範疇的內容的更小一部分。被列在這裡的每一本書，或多或少都涵蓋了與本書內容相同的特定主題或實用方法，因此對於本書的讀者來說，或許是特別有用的。

然而，有一個內容來源值得我們在這裡特別列出。以色拉・雷葛迪的著作《黃金黎明》（Llewellyn，第六版，一九八九），是包含了黃金黎明赫密特派修會中的理論性文件、儀式、以及其他所有內容的一部巨集，而這個協會也是上個世紀末仍然活躍的一個最重要的魔法傳承。雷葛迪大部分時候都是將協會文檔以其被發現的原貌直接呈現，結果就是，本書在內容呈現方面，組織度不佳，且經常隱晦不明；但是，作爲一份魔法卡巴拉的資訊來源，還沒有哪一本書能與之相提並論。

還有其他一些或許有用的書包含：

Cicero, Chic and Sandra Tabatha. *Secrets Of A Golden Dawn Temple* (Thoth Publications, 2005). 涵蓋了黃金黎明傳承中魔法工具的建造與使用。

Crowley, Aleister. *Book Four* (Weiser, 1980). 本書介紹神祕學與魔法的基本概念；就如同艾利斯特・克勞利大部分的著作一樣，古怪但實用。

__. *The Book Of Thoth* (Weiser, 1969). 克勞利最後的主要著作，是一本深入卡巴拉理論的塔羅牌論著。

__. *Magick In Theory And Practice* (Dover, 1976). 這是一本關於魔法法則的著作，出自於克勞利自己些微怪異的觀點。本書的附錄給出了極爲廣泛的實用技巧，非常值得一讀。

__. *777* (Weiser, 1973). 關於「黃金黎明傳承大量的對照圖表」，克勞利自己的版本。

Davidson, Gustav. *A Dictionary Of Angels* (Macmillan, 1969). 這是一本以英文寫成的解釋天使的名字、傳說以及力量的書。

Fortune, Dion. *The Mystical Qabalah* (Weiser, 1978). 這是一本很棒、但有點過時的關於生命之樹的書。

Godwin, David. *Godwin's Cabalistic Encyclopedia* (Llewellyn, 3rd ed. 1994). 對於在卡巴拉當中所使用的希伯來文，這是一本必要的參考書。

Mathers, Samuel L. *Astral Projection, Ritual Magic And Alchemy* (Destiny, 1987). 這本書收錄了未在雷葛迪書中出現的其他黃金黎明傳承的文件，此選集也包含了某些重要的技術性文件。

Regardie, Israel. *Ceremonial Magic* (Aquarian, 1980). 一本關於魔法儀式方法的著作，其中有詳盡的實用指導。

__. *The Middle Pillar* (Llewellyn, 1970). 中柱練習的釋義。

__. *The Tree Of Life* (Weiser, 1969). 一本關於魔法目的與意義的著作，這仍是針對這個主題，寫得最好的當代作品之一。

名詞對照

三道面紗

恩（AIN）
恩索夫（AIN SOPH）
恩索夫歐爾（AIN SOPH AUR）

十個圓質

克特（Kether）
后赫瑪（Chokmah）
比那（Binah）
荷塞德（Chesed）
葛布拉（Geburah）
梯琺瑞特（Tiphareth）
奈特薩荷（Netzach）
后德（Hod）
耶薩德（Yesod）
馬互特（Malkuth）
深淵的大門：達特（Daath）

二十二條路徑

阿列夫（Aleph）
貝特（Beth）
吉莫（Gimel）
達雷特（Daleth）
黑（Heh）
乏（Vau）
札因（Zayin）
黑特（Cheth）
泰特（Teth）
尤（Yod）
卡夫（Kaph）
拉美德（Lamed）
捫（Mem）
南（Nun）
薩美荷（Samech）
艾因（Ayin）
裴（Peh）
嚓帝（Tzaddi）
克夫（Qoph）
黑許（Resh）
辛（Shin）
濤（Tau）

四個世界

阿其路（Atziluth）
貝來亞（Briah）
耶其拉（Yetzirah）
阿希亞（Assiah）

生命之樹的支柱

威力之柱（Pillar of Force）
恩慈之柱（Pillar of Mercy）
形體之柱（Pillar of Form）
嚴厲之柱（Pillar of Severity）
中柱（Middle Pillar）
意識之柱（Pillar of Consciousness）
溫和之柱（Pillar of Mildness）
平衡之柱（Pillar of Balance）

國家圖書館出版品預行編目（CIP）資料

生命之樹卡巴拉：西方神祕學的魔法根本 / 約翰．麥克．格里爾（John Michael Greer）著；蕭漢婷譯. -- 二版. -- 新北市：橡實文化出版：大雁出版基地發行，2024.08
面；　公分
譯自：Paths of wisdom : a guide to the magical Cabala.
ISBN 978-626-7441-54-1（平裝）

1.CST: 靈修

192.1　　113008636

BC1044R

生命之樹卡巴拉：西方神祕學的魔法根本

Paths of Wisdom: A Guide to the Magical Cabala

作　　者　約翰．麥克．格里爾（John Michael Greer）
譯　　者　蕭漢婷
責任編輯　田哲榮
協力編輯　劉芸蓁
封面設計　陳慧洺
內頁構成　歐陽碧智
校　　對　吳小微

發 行 人　蘇拾平
總 編 輯　于芝峰
副總編輯　田哲榮
業務發行　王綬晨、邱紹溢、劉文雅
行銷企劃　陳詩婷
出　　版　橡實文化 ACORN Publishing
地址：231030 新北市新店區北新路三段207-3 號5 樓
電話：02-8913-1005　傳真：02-8913-1056
網址：www.acornbooks.com.tw
E-mail 信箱：acorn@andbooks.com.tw
發　　行　大雁出版基地
地址：231030 新北市新店區北新路三段207-3 號5 樓
電話：02-8913-1005　傳真：02-8913-1056
讀者服務信箱：andbooks@andbooks.com.tw
劃撥帳號：19983379　戶名：大雁文化事業股份有限公司

印　　刷　中原造像股份有限公司
二版一刷　2024年 8 月
定　　價　620元
I S B N　978-626-7441-54-1